企業と法の現代的課題

市川兼三先生古稀祝賀論文集

〔編集委員〕
柴田潤子
籠池信宏
溝渕　彰
肥塚肇雄

成文堂

市川兼三先生

謹んで古稀を御祝いし
市川兼三先生に捧げます

執筆者一同

はしがき

市川兼三先生は、二〇一四年三月に、めでたく古稀を迎えられました。市川先生を敬愛するわたくしたちは、市川先生の古稀を心から御祝いするため、市川先生の御業績を記念する論文集の献呈を企画し、市川先生が御活躍されておりました四国を中心に学界関係者および実務家先生方に御協力を御願い致しましたところ、多くの先生方から御力添えを賜り、本論文集を刊行し市川先生に捧げる運びとなりました。

市川先生は、昭和四三年九月に神戸大学大学院法学研究科を修了され、同年一一月に香川大学経済学部に助手として着任された後、昭和四四年一二月に経済学部講師、昭和四八年七月に助教授に昇任されました。そして法学部開設に伴い、昭和五六年四月には法学部に移られ法学部助教授に就任されました。昭和五七年四月に香川大学法学部教授に昇任され、香川大学附属図書館長および香川大学教育研究評議会評議員を務められ香川大学の発展に御尽力されました。その後、香川大学大学院香川大学・愛媛大学連合法務研究科の設置に伴い、平成一六年四月に連合法務研究科教授に就任されるとともに同年七月に香川県弁護士会に弁護士登録もされ、「将来の法曹を育てる場」としての連合法務研究科の礎を築くことに大きく寄与されました。市川先生は、平成一九年三月に定年退職を迎えられましたが、香川大学在職中の御功績が認められて、同年四月に、香川大学名誉教授の称号が授与されるだけではなく、姫路獨協大学法科大学院法務研究科に教授として迎えられました。

市川先生は、香川大学に着任されてから平成二四年三月に姫路獨協大学を退職されるまでの四四年間、法学の研究に教育に多大な貢献をされました。市川先生の研究面での御業績の第一は、「株式会社間の相互参加（株式相互保有）の規制」についてであり、『大企業の所有と支配―相互参加規制を考える―』（成文堂、一九九四年）として上梓されました。同書に対する学界の評価は高く、平成八年に早稲田大学より博士（法学）が授与されております。第二は、従業員持株制度の研究についてであります。アメリカの従業員退職所得保障法（Employee Retirement Income Security Act of 1974（ＥＲＩＳＡ））についての研究に先駆的に取り組まれ、『従業員持株制度の研究』（信山社、二〇〇一年）を公刊されました。同書では、従業員持株制度について比較法的に考察され、わが国の従業員持株制度を、一般的大衆が経済的生存権を確立する手段であると位置付けられ、従業員持株制度の問題点を浮き彫りにされました。同書はその公刊後の従業員持株制度に関する研究論文にはほぼ必ず引用されるほど学界において重要な研究書として位置付けられております。第三は、会社支配者の行動と社会的利益との関係について研究を『会社支配と社会的利益』（成文堂、二〇〇三年）にまとめ出版されています。これらの研究成果を踏まえて、会社法をわかりやすく解説された教科書『株式会社法入門―新聞記事に学ぶ―』（成文堂、初版、一九九七年）があり、その後改訂を重ねて第四版（二〇〇二年）まで出版されて多くの学生が本書を通じて会社法を学びました。

教育面におきましては、少人数の法学部や大学院法学研究科の演習に限っても、市川先生から厳しくもあたたかい御指導を受けた学生数および大学院生数は多く、彼等は士業に就いてまたは県・市等もしくは各企業で活躍しております。

さらに、市川先生は、理論と実務の架け橋として弁護士活動をされ地域社会におきましても大きな足跡を残されております。

このように研究と教育のみならず、地域社会においても、多大な貢献をされた市川先生の古稀を御祝いし先生の御業績を記念して本論文集を公刊できますことに編集委員一同、たいへん栄誉に感じております。また、たいへんご多用の中、御寄稿賜りました執筆者の先生方には衷心より御礼申し上げます。「企業と法」に関する現代的課題を探り問題提起を行うという企画の萌芽から、四国の各大学教員、弁護士および税理士の先生方が心を一つにして執筆に取り組んで頂き「実」を結んで本論文集が刊行されますことは、ひとえに執筆者の先生方の市川先生を御慕いする御心によるものであります。

株式会社成文堂編集部の篠崎雄彦氏には、本論文集の刊行について多大な御尽力を賜り心より感謝申し上げます。本書の企画・刊行について、同社編集部長の土子三男氏の御理解と御快諾がなければ、本書は世に出ておりません。故土子氏の御冥福を心より御祈り致しますとともに深く御礼申し上げます。

最後に、市川先生と御家族の皆さまの御健康と御多幸を祈念申し上げつつ、本論文集をわたしたちが敬愛する市川先生に捧げます。

二〇一四年七月八日

編集委員

柴田潤子
籠池信宏
溝渕彰
肥塚肇雄

目　次

株主提案権の拒絶と総会決議取消事由

内海淳一

一　はじめに

近年、株主総会において、従来からの運動型株主による議題・議案の提案等に加えて個人株主の提案に係る議案の提出が増加して、株主提案権が行使される状況が数多く見受けられ、これにより会社・株主間あるいは株主相互間の意思疎通が促進されようとしており、この点で株主提案権制度の実質的意義が認められ、株主提案権が株主総会での注目すべき事柄となっている。しかし、実際上、株主の議案提案が株主総会において株主の多数の賛成を得て決議として成立する事例は決して多くはなく、また提案権の行使が必ずしも会社・株主間あるいは株主相互間の適正かつ有益な意思疎通を図っているとはいえない事例も散見され(1)、今後、株主提案権の適正な行使対策が重要視されようとしている。

そこで本稿では、会社側からのアプローチとして、株主提案権、とりわけ公開会社（会社法三二七条一項一号所定の取締役会設置会社）における議案提案権の行使が会社側によって正当に拒絶できる可能性とそれが株主総会の決議取消事由にどのような影響を与えるかについて若干の検討を試みることとする。[2]

（1）『株主総会白書 二〇一一年版』商事法務一九四九号一二頁以下（二〇一一年）、澤口実「株主提案権の今」資料版／商事法務三四〇号一八頁以下（二〇一二年）、菊地伸ほか「近年の動向からみる株主総会のあり方」商事法務一九七三号三八頁以下（二〇一二年）、武井一浩「株主提案権の重要性と適正行使」商事法務一九七三号五二頁（二〇一二年）、『株主総会白書 二〇一二年版』商事法務一九八三号一六頁以下（二〇一二年）、松井秀征「株主提案権の動向」ジュリスト一四五二号四三-四四頁（二〇一三年）、中西敏和「株主総会のあり方―株主提案権を中心に―」資料版／商事法務三五一号二五頁（二〇一三年）、前田重行＝松井秀樹「対談『商法―株主総会の実務と理論』」法学教室三九六号二七頁［松井発言］（二〇一三年）参照。なお、これまでの株主提案権制度に関する詳細な利用状況として、中西敏和「株主提案権制度の変化と総会実務への影響」資料版／商事法務三三八号一五頁以下（二〇一二年）、田中慎一「株主案権制度の問題点」法学論集（西南学院大学）四五巻三・四号一六八頁以下（二〇一三年）参照。
（2）株主側からのアプローチとして、拙稿「日本における株主提案権の射程範囲」松山大学論集二四巻一号一〇三頁（二〇一二年）参照。

二　会社側による拒絶

会社法では、株主は、株主総会において直接その目的である事項（当該株主が議決権を行使することができる事項に限る）について議案を提出することができる（会社三〇四条一項本文）。さらに、事前の議案提案権の行使要件については、公開会社（取締役会設置会社）の場合、総株主の議決権（当該議題について議決権を行使することができない株主が有する議決権の数は算入しない）の一〇〇分の一（定款でこれを下回る割合を定めた場合には、その割合）以上または三〇〇個（定款でこれを下回る数を定めた場合には、その個数）以上の議決権を六か月（定款でこれを下回る期間を定めた場合には、その期間）前から引き続き有する株主は、取締役に対し株主総会日の八週間[3]（定款でこれを下回る期間を定めた場合には、その期間）前までに株主総会の目的である事項（議題）につき当該株主が提出しようとする議案の要領を株主に通知すること（書面または電磁的方法）を請求することができると定められている[4]（会社三〇五条一項・三項）。また、非公開会社（取締役会設置会社のとき）の場合は、六か月の株式保有制限がなく（同条二項）、非公開会社（取締役会非設置会社のとき）については、単独株主権として行使することができ、六か月間の株式保有期間の制限がない（同条一項本文）。ただ、当該議案が法令もしくは定款に違反する場合、または実質的に同一の議案につき過去の株主総会において総株主（当該議案について議決権を行使することができない株主を除く）の議決権の一〇分の一（定款でこれを下回る割合を定めた場合には、その割合）以上の賛成を得られなかった日から三年を経過していない場合[5]には、議案の提出ができない（同条四項）と定められているので、これらに違反する議案提案権の行使については、会社側は拒絶することができる。しかし、これ以外で会社側が拒絶できる場合に関しては、論理的に検討する必要があるといえよう。

1　権利濫用的事由

株主提案権は会社法上の株主の権利である以上、権利濫用の法理の適用を受けるから、それが正当な権利行使と認められないような場合には、権利濫用として会社はこれを拒絶することができる。

この問題に関して、株主提案権は社員権（株主権）のうち共益権[6]としての性質を有しているので、その行使については自益権に対する権利濫用法理の射程範囲以上に会社の業務の正常な運営・株主共同の利益保護を図る面からも一定の制約を受ける。[7]とくに、個人株主からの提案が増加すれば、具体的にどのような事例（場合）が権利濫用に該当するかについて検討する必要があるといえる。すなわち、株主は、株式会社なる団体の構成員の資格において株主権が与えられていることから、会社という団体共通の利益のために団体的制約が認められ、株主たることと関係のない利益、ことに株主の純個人的利益を追求してこれを行使することにより、会社利益を侵害するような場合は株主権の濫用にほかならない。[8]したがって、株主が株主たる資格と関係のない個人的利益を追求してその権利を行使したとしても、それにより会社利益が侵害されない限り許されることとなる。[9]さらに、株主が提案権の行使によって株主たる資格と関係のない個人的な利益（政治的あるいは社会的な主義・主張など）を実質上追求しているとしても、形式上はそれを株主として有する経済的利益と結びつけて提案することも十分に可能であることから、権利濫用を認定することは極めて困難と思われる。[10]かつて、アメリカでは、ＳＥＣの解釈基準として「経済全般、政治、人種、宗教、社会など」の株主提案について、委任状説明書から除外することができるとされていたが、こうした内容の株主提案に対し「業務に関連して重要でない、または会社の権限に含まれない」という業務執行に関連づける修正[11]を行うことにより、公共政策的な株主提案が激増する状況がみられた。[12]いずれにしても、株主としての権利の側面から株主提案権を捉えるとするならば、別の視点からのアプローチを考慮しない限り（他の機関権限、費用負担など）、極端な状況下でしか権利濫用は起こり得ないであろう。さらには、株主権という株式の所有によって実現されるのは経済的な収益だけではなく、「立派な会社」となることを望むような人格的利益も含まれると考えられることから、社会目的による株主提案権の行使についても、「共有」財産たる会社の人格的側面に関するものとして有効に提案できるとの指摘もなされている。[13]

また、日本はアメリカと異なり、一人の株主が提案することができる議案の数について法的制限はない。[14]したがって、最近では一人の株主が数多くの議案を提出するという事例が見受けられる。[15]実際、ある株主が株主提案権に基づき提出した五八個の議案を会社側が拒絶したため、これを株主総会の招集通知に記載等を求める仮処分事件（抗告審）決定において、「株主提案権といえども、これを濫用することが許されないことは当然であって、その行使が、主として、当該株主の私怨を晴らし、あるいは特定の個人や会社を困惑させるなど、正当な株主提案権の行使とは認められないような目的に出たものである場合」には、権利濫用として許されず、また、「株主提案に係る議題、議案の数や提案理由の内容、長さによっては、会社又は株主に著しい損害を与えるような権利行使として権利濫用に該当する場合があり得る」との判断が示されている。[16] ただ、この事案では、結論として、「本件株主提案が全体として権利濫用に当たるといい得るまでの事情は認められない」が、「保全の必要性の疎明があったとは到底いえない。」と申立てを棄却している。[17] 今後、嫌がらせなど不当な目的と評価しうる株主提案権の行使は勿論のこと、[18] 株主総会の招集通知やその参考書類の記載[19]をめぐって会社に著しい損害を生じさせるような株主提案権の行使については、権利濫用として拒絶事由となる可能性が考えられ、新たに適正行使についての枠組みを考えることも必要となるであろう。

2　権限逸脱的事由

会社法では、取締役会非設置会社の場合には、株主総会は会社の最高かつ万能の機関であるとされている（会社二九五条一項）。これに対し公開会社である取締役会設置会社の場合には、会社の業務執行権限は原則として取締役会に委譲されている（会社三六二条二項一号）ので、株主総会において決議することができる事項は、法定および定款所定の事項に限られている（会社二九五条二項）。そこで、株主の議案提案権の行使により定款に定めることができる事項に関して、それが取締役会の業務執行権にも及ぶかどうか重大な問題となっている。

この問題に関連して、定款の定めによって株主総会決議事項を拡張すること自体は、一般に許容されているが、[20]

個別・具体的な事例においては、たとえば代表取締役の選定・解職を定款の定めによって株主総会の権限に留保することができるかどうかについて、学説上の見解は分かれている。すなわち、これを認めると取締役会が有する代表取締役に対する監督権限が失われるとして否定する見解[21]があるのに対し、これによっても取締役会の命令・監督権限が失われるわけではなく、取締役会はその解職を議題として株主総会を招集することができるので、定款による総会権限の拡張は認められるとする見解[22]がある。いずれにしても、株主総会の権限として決議することができる事項は、法定事項および他の機関権限から定款の定めによって移転することができる事項となる。しかし、他の機関権限、とりわけ取締役会権限からの移転が可能かどうかの権限分配についての考え方、さらには権限移転を可能とした場合、それを取締役会自身ではなく、株主提案権の行使により実現することが果たして妥当かということが重要な問題となる。なぜなら、取締役会による法定の決議事項については、株主総会の場合（会社二九五条三項参照）とは異なり、会社法上、定款の定めによって上位機関である株主総会への変更が禁止されていないからである。

会社機関の権限分配に関しては、取締役会の業務執行権を株主総会の権限（決議事項）とすることができるかという観点からさまざまな議論が展開されている。

まず、取締役会の権限である業務執行権についての規定は強行法規であり、これに反する定款の定めは無効とする見解[23]がみられるが、事柄の性質上、株主総会に権限を付与することが妥当ではない事項（株主総会の招集決定など）や法が特に総会以外の機関権限とした事項を除き、株主総会の決議事項は定款変更によって限定なく拡大することができるとするのが多数説[24]である。また、取締役会の業務執行権に関する規定の強行法規性と定款規定の有効性の観点から、一九五〇年の商法改正において創設された取締役会制度の位置づけをその根拠として、株主総会の権限に一定の制限を加える見解がある。[25]アメリカ法の導入により取締役会制度を創設することは、「所有と支配（経営）の分離」に基づき株主総会と取締役会の権限分配を確立することにその目的があったからである。[26]さらには、本来であれば取締役会の業務執行権の下に行われた取締役の行為に対する責任（義務違反）問題が、株主総会決議を経たことを根拠にその追及が困難または回避される危惧があることも指摘されている。[27]

このような会社機関の権限分配の議論を踏まえて、取締役会の業務執行権に対する株主総会の関与は、大会社における非効率性や取締役会の無機能化の問題が認められても、それを取締役会権限と株主総会権限の峻別として捉えることはできないとする見解がある。[28] 一九五〇年の商法改正における株主総会権限の縮小は、原則として法定事項に限定されたのであって、これについては最終的に株主の意思によって権限分配が決定されるべきものであるという。[29] さらに、株主が全員一致をもって業務執行につき決議をなしたときは、その決議は取締役会を拘束するとの指摘[30]も考慮するならば、株主の全員一致が一般的に想定されない大会社または公開会社（取締役会設置会社）では、少なくとも立法論として、取締役会の業務執行権に対する株主総会としての権限に一定の制約を加えることも可能と思われる。株主総会による取締役会権限に対するオーバールールは、大会社でない非公開会社（閉鎖会社）において顕在化すると考えられるからである。[31] これに関連して、一人会社の株主が同時に代表取締役であって取締役会の承認手続きを経ずに行った自己取引（旧商二六五条一項／会社三五六条一項一号・三六五条一項違反）について、「会社と取締役間に商法二六五条所定の取引がなされた場合でも、…実質的に会社と当該取締役との間に利害相反する関係がないときには、同条所定の取締役会の承認は必要ない」との判例がある。[32] 同様に、一人会社の株主が定款に定める取締役会の承認を得ずに行った株式譲渡（旧商二〇四条一項但書違反）について、最高裁は、「一人会社の株主がその保有する株式を他に譲渡した場合には、定款所定の取締役会の承認がなくとも、その譲渡は、会社に対する関係においても有効」と判示している。[33] また、会社法において株主提案権を行使する場合、非公開会社（取締役会設置会社のとき）の株主は、公開会社とは異なり六か月の株式保有期間が要求されていない（会社三〇三条三項・三〇五条二項）ことから、それだけ株主総会による介入が広く認められているが、公開会社（取締役会設置会社）の株主においては、最低六か月間は取締役会を信頼せざるを得ない状況にあると考えられる。したがって、大会社かつ公開会社（取締役会設置会社）では、業務執行権について取締役会権限への信頼を基礎として株主総会権限との調整を認めてもよいのではないだろうか[34]。株主総会の最高機関性に関しては、これを仮に大会社における機動的経営の観点からみた場合、株主総会権限として直接的に取締役会の業務執行権に対する関与を全面的に認める非効率性と株主総会が有する取締役の任免権によって間接的に取締役会の業務執行権に対し株主意思を反映させようとする非効率性を比較検討する余地はあるように思われる。

取締役会の業務執行権が株主総会権限に移転されることによる取締役の責任追及（会社四二三条・四二九条）については、たとえ株主総会の決定事項として業務執行する場合であっても取締役の責任が加重または軽減される訳ではなく、他の総会決議に基づく取締役の行為と同じく善管注意義務（会社三三〇条、民六四四条）および忠実義務（会社三五五条）違反の問題として任務懈怠を判断すればよいといえる[35]。

つぎに、多数説のとおり株主総会の決議事項は定款変更によって限定なく拡大することができたとしても、それが取締役会の業務執行権に関わる場合、株主提案として行うことが果たして好ましいかどうか検討してみたい[36]。現状の業務執行に関する株主提案は、多くは定款変更議案としてなされているため、当然に株主総会の決議事項となっている（会社四六六条）。しかしながら、既述のとおり会社機関の権限分配の考え方によっては株主総会権限が限定される可能性がある一方で、たとえ株主総会権限が限定されないとしても株主提案の拘束力の有無として議論されている。すなわち、大会社における業務執行権に関して、取締役会自身が定款変更議案として株主総会の決議事項とすることは可能であるが、株主がそのような定款変更の提案をすることはできず、取締役会に対し定款変更を発議すべき旨の勧告的提案をなしうるとの見解がある[37]。また、取締役等の選任・解任に関する株主提案以外は、拘束力のない勧告的提案にとどまるとの見解もある[38]。さらに、立法論として、公開会社における業務執行に関する株主提案は勧告的なものにとどめるとする見解[39]、すべての会社の業務執行に関する株主総会議案の発議権を取締役会に認めるとする見解[40]があるが、解釈論においても定款の定めによる株主総会の決議事項を制限できるとする見解[41]などがある。ただ、これらの見解に対しては、株主総会の最高機関性を認めたうえで、総会の決議事項の限定については株主の通常の意思として捉えるので、状況が変われば業務執行に関する総会への権限委譲を制限的に考える根拠はそれほど強くないのではないかとの指摘もみられる[42]。

いずれにしても、株主のイニシアティブによる株主提案権が行使されることで当然に株主総会の権限が業務執行にまで拡大されるわけではないが、定款による総会の権限拡大の自由と提案権が結合することによって、総会の権限が業務執行権にまで及ぶという効果を生じている[43]。したがって、株主総会と取締役会の権限分配を前提として業務執行権に関する株主提案権ついては、立法論を含め定款変更に関わる株主総会権限の明確化、あるいは株主総会の権限として株主提案権の拘束力をどこまで認めるかという問題に帰結するように思われる[44]。ただ、この問題は、コーポレート・ガバナンスとしてみた場合、株主総会による取締役会への監視強化と捉えるか、それとも取締役会の株主総会に対する適正経営の担保と捉えるかによって、その方向性は異なるであろう。現状では、株主は、業務執行権に関する議案とともに取締役の選任議案を会社の費用で提出することができるという、非常に強い権限を有しているといえるのではないだろうか[45]。

（3）　大阪地裁平成二四年二月八日判決（判例時報二一四六号一三五頁）では、振替株式を保有する株主が株主提案権を行使する場合、株主提案権自体は法定要件である株主総会日の八週間前までになされたとしても、社債等振替法に基づき振替機関から会社への個別株主通知が総会日の八週間前になされなかったことは、当該株主が六か月間の株式保有要件を満たしているかを会社が確認したうえで、株主総会招集通知（公開会社の場合、総会期日の二週間前までにしなければならない（会社二九九条一項））の発送準備期間として最低六週間を確保した趣旨が没却されるので、会社は本件株主総会に本件株主提案に係る議題および議案を記載しなかったとしても招集手続違反はなく、したがって総会決議取消請求は棄却された。

(4) アメリカの株主提案に関する規定では、株主は、議決権を有する株式を一パーセント以上または時価総額二〇〇〇ドル以上で、かつその株式を一年以上保有していなければならず(SEC規則一四a-八(b)(1))、提出については原則的に年次総会のための委任状説明書の発送日の一二〇日までに会社に提出しなければならない(SEC規則一八a-八(e)(2))。株主は、株主提案の行使日以降、いつまで保有し続けなければならないかについては、アメリカでは株主総会期日まで(SEC規則一八a-八(b)(1))とされている。しかし、日本では明文の規定がないので、実務上、株主提案権の行使日と基準日のいずれか遅い日までとされている(松山遙『敵対的株主提案とプロキシーファイト[第二版]』一一一-一一三頁(二〇一二年、商事法務))。

(5) この点について、アメリカのSEC規則一四a-八(i)(12)では、過去五年以内における株主提案と同一または実質的に同じもので、最後の提案の賛成投票が一回目であれば三パーセント、二回目であれば六パーセント、三回目以上は一〇パーセント未満で、その後三年を経過していない株主提案は、委任状説明書から除外できるとしている。

(6) 大隅健一郎『会社法論 上巻[第三版]』三四三-四四頁(一九九一年、有斐閣)、最大判昭和四五年七月一五日民集二四巻七号八〇頁。

(7) 大隅健一郎「いわゆる株主の共益権について」『会社法の諸問題[新版]』一五一-五四頁(一九八三年、有信堂高文社)、同「株主権の濫用」『会社法の諸問題[新版]』一六九-七〇頁(一九八三年、有信堂高文社)、荒谷裕子「株主権の濫用」判例タイムズ九一七号三〇頁(一九九六年)、久保大作「社会的目的による株主提案の行使—試論—」黒沼悦郎=藤田友敬編『江頭憲治郎先生還暦記念 企業法の理論 上巻』五一三頁(二〇〇七年、有斐閣)、武井・前掲注(1)五五頁。

(8) 大隅・前掲注(7)一五三-五四頁[株主の共益権]・一六九-七〇頁[株主権の濫用]。

(9) 大隅・前掲注(7)一五三頁[株主の共益権]・一六九頁[株主権の濫用]。ただし、必ずしも会社利益の侵害がなくても株主権の濫用とすべき場合として、久保・前掲注(7)五一八頁(注45)参照。

(10) 久保・前掲注(7)五一五頁。

(11) Solicitation of Proxies, Exchange Act Release No. 9784, 37 Fed. Reg. 23178 (1972).

(12) 拙稿「米国における株主提案規制の在り方」平成法学(福山平成大学)六号三〇-三一頁(二〇〇一年)参照。

(13) 久保・前掲注(7)五一六頁。

(14) アメリカのSEC規則一四a-八(c)では、各株主は一つの株主総会に対し一つの提案のみ行えると規定されている。また、その提案内容は、五〇〇語以内でなければならない(SEC規則一四a-八(d))。この点に関する立法論として、合理的な数に提案を制限する見解(松井・前掲注(1)四七頁)がある。

(15) 平成二四年六月に開催された野村ホールディングスの株主総会では、一人の株主が一〇〇個の議案を提案し、そのうち一八議案が付議されている（松山・前掲注（4）四〇頁）。
(16) 東京高決平成二四年五月三一日資料版／商事法務三四〇号三〇-三一頁。また、会社法施行規則では、提出された株主提案の理由が、明らかに虚偽またはもっぱら人の名誉の侵害もしくは侮辱する目的によるものと認められる場合は、当該提案理由を株主総会参考書類に記載しなくてもよい（九三条一項三号・四号）。ちなみに、アメリカのSEC規則一四a-八(i)(4)では、個人的な苦情・不満または利害に関する株主提案は、委任状説明書から除外することができると規定されている。
(17) 資料版／商事法務・前掲注（16）三二頁。
(18) 立法論として、松井・前掲注（1）四七頁、スクランブル「投資説明会化の進む株主総会」商事法務二〇〇三号五〇頁（二〇一三年）参照。
(19) 会社法施行規則では、提案の理由および取締役等の選任に関する事項（七四条~七七条）について会社が定めた分量（定款または株式取扱規程）を超える場合、株主総会参考書類には当該事項の概要を記載すればよい（九三条一項三号・四号）。また、複数の株主から同一趣旨の議案・提案理由が提出されている場合には、各別に記載することを要しない（九三条二項・三項）。
(20) 大隅健一郎＝今井宏『会社法論 中巻〔第三版〕』一〇九頁（一九九二年、有斐閣）、鈴木竹雄＝竹内昭夫『会社法〔第三版〕』二二七頁（一九九四年、有斐閣）、前田庸『会社法入門〔第一二版〕』三四九頁（二〇〇九年、有斐閣）。
(21) 大隅＝今井・前掲注（20）二〇九頁。
(22) 鈴木＝竹内・前掲注（20）二二八頁(注2)（通説）。
(23) 八木弘『会社法（上）』二三一頁（一九六五年、千倉書房）。
(24) 上柳ほか編『新版 注釈会社法（5）』二四-二六頁〔江頭憲治郎〕（一九八六年、有斐閣）、久保・前掲注（7）五〇四頁参照。
(25) たとえば、重要な業務執行のすべてについて株主総会の決定または承認を求める定款変更議案によって取締役会の権限を過度に制約するような包括的な業務執行権の株主総会への移転は認められないとする（長阪守「日本における株主提案権制度の法的特質と定款変更議案を廻る諸問題（二）」経済理論（和歌山大学）三二三号三五-三八頁（二〇〇五年）。同旨、松井・前掲注（1）四五頁(注25)。
(26) 大隅健一郎「商法改正案における取締役会制度」法学論叢五七巻一号二六-二八頁（一九五〇年）、久保・前掲注（7）五〇五-六頁参照。
(27) 久保・前掲注（7）五〇六頁参照。

(28) 久保・前掲注（7）五〇七頁。
(29) 久保・前掲注（7）五〇七頁。
(30) 大隅・前掲注（26）二九頁。
(31) 川浜昇「株主総会と取締役会の権限分配」法学教室一九四号三〇頁（一九九六年）参照。
(32) 最判昭和四五年八月二〇日民集二四巻九号一三〇七頁。複数の株主全員の合意がある場合として、最判昭和四九年九月二六日民集二八巻六号一三〇六頁。
(33) 最判平成五年三月三〇日民集四七巻四号三四四二頁。
(34) 同じような趣旨として、「大会社については経営者の経営判断が尊重されるべきである」との指摘がなされている（森田章「提案権による株主提案の範囲 ―勧告的提案の可能性―」河本一郎ほか編『上柳克郎先生還暦記念 商事法の解釈と展望』六九頁（一九八四年、有斐閣））。
(35) 久保・前掲注（7）五〇八‐九頁。
(36) 最近のアメリカにおける議論について、拙稿「アメリカにおける株主提案の最近の状況」松山大学論集二二巻二号二四九頁（二〇一〇年）参照。
(37) 森田・前掲注（34）六九‐七〇頁。
(38) 木俣由美「株主総会および株主の機能分化からみた株主提案権の意義」国際研究論叢（大阪国際大学）一三巻特別号八三頁（二〇〇〇年）。
(39) 上柳ほか・前掲注（24）二七頁［江頭］。
(40) 高島正夫「株主総会の権限」法学研究（慶應義塾大学）五一巻一一号二九頁（一九七八年）。
(41) 神作裕之「株主総会と取締役会の権限分配」法学教室一四八号二一‐二三頁（一九九三年）。
(42) 久保・前掲注（7）五〇九頁。
(43) 島袋鉄男「株主提案権」上柳克郎＝鴻常夫＝竹内昭夫編『会社法演習Ⅱ 株式会社（機関）』二一‐二二頁（一九八三年、有斐閣）。
(44) 拙稿・前掲注（2）一一六‐一八頁参照。
(45) アメリカにおける株主提案に関して、ＳＥＣ規則一四a‐八(i)(7)・(8)では、「通常の業務執行（ordinary business operations）」および「取締役の選任」に関するものについて、会社が株主に送付する委任状資料から除外することができるとされている。また、「重要な方針に関わる問題（substantial policy issues）」は委任状説明書から除外することができず、さらに「重要な方針に関わる問題」でないときでも、「通常の業務執行」として「重大な社会的方針の問題（significant social policy issues）」が含まれていれば、委任状説明書から除外することはできないとSECは解釈しているが、実際上その対応には苦慮しているようである（拙稿・前掲注（12）三三頁、同・前掲注（36）二五八-五九頁参照）。

三　総会決議との関係

1　議題提案権の場合

会社法は、議題提案権の行使要件について、公開会社（取締役会設置会社）の場合、総株主の議決権（当該議題について議決権を行使することができない株主が有する議決権の数は算入しない）の一〇〇分の一（定款でこれを下回る割合を定めた場合には、その割合）以上または三〇〇個（定款でこれを下回る数を定めた場合には、その数）以上の議決権を六か月（定款でこれを下回る期間を定めた場合には、その期間）前から引き続き有する株主は、取締役に対し、株主総会日の八週間（定款でこれを下回る期間を定めた場合には、その期間）前までに一定の事項（議題）を株主総会の目的とすることを請求することができると定めている（会社三〇三条二項・四項）。また、非公開会社（取締役会設置会社のとき）の場合は、六か月の株式保有制限はなく（同条三項）、非公開会社（取締役会非設置会社のとき）については、単独株主権として行使することができ、六か月間の株式保有期間および八週間前の請求時期の制限はない（同条一項）。したがって、株主総会の会議の目的でない事項、すなわち総会の決議事項でない議題提案権が行使された場合は、会社側は当然に拒絶することができるが、その議題に対する具体的な決議がなされていない以上、総会決議取消しの対象ともならないと解されている。[46] さらに、株主総会の会議の目的である事項（議題）が会社側によって正当な理由なく拒絶された場合[47]、取締役等は過料に処される（会社九七六条一九号）[48]が、同様に当該議題に対し具体的な決議がない以上、原則として総会決議の取消請求をすることはできないといえよう。

これに対して、適法な議題提案の拒絶[49]は、株主総会の招集通知漏れと同様、株主の総会出席に影響する瑕疵であり、当該総会のすべての決議に影響を及ぼす共通の手続的瑕疵であるとの見解[50]がみられるが、議題提案の不当拒絶という瑕疵と成立した他の決議に直接的な因果関係（たとえ間接的な影響があっても）は認められないと指摘されている[51]。

2　議案提案権の場合

株主総会の決議取消事由として最も重要となるのは、総会の議題として具体的な決議事項（会社側提案）が存在する状況において、当該議題に関連する議案提案権の行使が拒絶された場合である。ここでの議案提案権とは、実際の株主総会の場において会社提案（原案）に対する修正提案を動議として株主が提出することができる権限（修正動議、会社三〇四条）ではなく、事前に株主の提案内容を株主総会の議案として他の株主に通知することを請求することができる権限（議案要領通知請求権とも呼ばれている。会社三〇五条）のことである。そこで、議案提案権のみが拒絶された場合（すなわち、議題としては株主総会招集通知に記載されているが、それに係る株主の議案提案が通知されていない場合）、当該議題に関する決議のみ取消事由になると解しつつ、株主は総会に出席して動議提出により株主提案が成立（瑕疵の治癒）する可能性を認める見解[52]がみられるが、提案株主に総会出席義務はなく[53]、したがって瑕疵の治癒の可能性や議題通知による出席株主への影響はないとする不確定要素を以って、他の議題の決議取消しまで至らないとは必ずしもいえず、少なくとも株主提案内容への他の株主による関心の期待が存在することから、その会社への信頼に対する手続的瑕疵は重大といえるのではないだろうか。会社によって拒絶された株主の議案提案と競合する会社提案が可決成立したとなれば、株主提案権の妨害（権利侵害）と評価することも可能であろう。したがって、株主提案を含めたすべての議題・議案に対する株主総会決議の取消事由に当たるのではないかと思われる。[54]

もっとも、株主総会における適法な議案提案権の行使が拒絶され、それが総会招集の手続（会社三〇五条一項）違反や不公正な決議方法（会社八三一条一項一号）に該当したとしても、当該議案に関わる議題がそもそも存在していない状況であれば、議題不採用の場合と同様、[55]議題に対する具体的な決議がなされていないので、裁量棄却を含めこれを消極的に解さざるを得ないであろう。東京地裁平成二三年四月一四日（HOYA株主総会決議取消請求事件）判決[56]では、株主総会の招集手続および決議方法の瑕疵による総会決議取消し（会社八三一条一項一号）の対象となる決議は、「飽くまでも『成立した決議』というべきであるから、定足数を満たし、かつ、議案に対する法定多数の賛成によって成立したもの[57]」としたうえで、「他の議案の目的である事項（議題—筆者注）とは別個の追加提案の拒否（同法三〇三条参照）に当たるときは、当該追加提案に対応する取り消すべき決議が存在することはなく、また、上記拒否をもって他の提案に対応する当該株主総会の招集手続や決議方法全体の瑕疵を構成するとみるべき理由もないから、現に行われた他の決議の取消原因となることもない」と述べている。[58]したがって、株主決議取消しの対象となるのは、直接の因果関係のある決議に限ると解され、その因果関係については拒絶された議案と当該議題について成立した決議（議案）が両立し得ない関係にあるとされている。[59]たとえば、「取締役三名選任の件」という議題の株主総会決議に対して、「剰余金配当の件」という議題に係る株主側の増配の議案提案が拒絶されたとしても、直接の因果関係は存在しない。[60]

このように議案に関わる議題が存在していないこと自体を重視する見解に対して、議題が存在していない瑕疵を重視する見解からは、議案提案権の不当拒絶は当然に議題が含まれることとなるので、この場合は議題提案権の不当拒絶として総会決議取消事由に当たると主張するが、[61]議題提案権の場合と同じく当該株主総会でなされた決議との間に直接的な因果関係はないことから、議案提案権に対応する議題が存在していない当該株主総会決議全体を取消さなければならないほどの重要性は感じられない(62)。結局、議題および議案の拒絶自体（瑕疵の程度）とそれによる結果・影響の大きさのどちらを深刻な問題と捉えるかであろう。

しかし、株主提案権（議題・議案）の不当拒絶が株主総会に付議された他の議題・議案に対して前提となる関係にある場合には、総会決議取消事由とする見解もある(63)。前述の「取締役三名選任の件」という議題が事前に通知されている株主総会決議の場合において、「取締役四名選任の件」という議題は別個の議題とされるが、これに係る株主側の議案提案は「代替提案」として会社側および株主側の議案が両立し得ない関係（因果関係あり）となるので、株主提案の不当拒絶は総会決議取消事由と解される(64)。また、「剰余金配当の件」という議題に係る会社側の議案が一株一〇円の場合において、株主側の議案提案が一株一五円のとき、これが会社側の議案に五円あるいは一五円追加する意味であれば「追加提案」として会社側の議案と両立しうるが、会社側の提案（一株一〇円）ではなく一株一五円あるいは二五円の配当を求める趣旨であれば「代替提案」として両立し得なくなる。東京高裁平成二三年九月二七日判決(65)では、例外として、「①当該事項が株主総会の目的である事項と密接な関連性があり、株主総会の目的である事項に関し可決された議案を審議する上で株主が請求した事項についても株主総会において検討、考慮することが必要、かつ、有益であったと認められるときであって、②上記の関連性のある事項を株主総会の目的として取り上げると現経営陣に不都合なため、会社が現経営陣に都合のよいように議事を進行させることを企図して当該事項を株主総会において取り上げなかったときに当たるなど、特段の事情が存在する場合に限り」総会決議取消事由になると判示している(66)。従来、議案提案権に対応する議題が存在しない当該株主総会決議取消しを認めないとする見解に対してその範囲を拡大することは、間接的に株主提案権の不当拒絶を抑止する効果が期待できると指摘されている(67)。会社としては、株主提案権の行使を安易に拒絶することは避けるべきであろう。

結局、株主提案権（議題・議案）の拒絶に関しては、株主と会社それぞれの見解の合意点を見出せない状態のままで紛争が生じていると思われる。株主提案権という権利は、同じく少数株主権である株主総会招集請求権（会社二九七条）と比較すると、会社側との対話・協調を前提としているとも考えられることから、事前に会社から株主提案内容について総会に付議する必要性を株主と協議することがあってもよいのではないだろうか。加えて、既述のとおり取締役会の業務執行権に基づく正当な拒絶事由を構築することにより、会社の不当拒絶を回避する道筋が見えてくるように思われる。

(46) 江頭憲治郎『株式会社法〔第四版〕』）三〇九-一〇頁（二〇一一年、有斐閣）、前田・前掲注（20）三六二頁。詳細な文献は、川島いづみ「『否決』の取消しと提案権行使の妨害」金融・商事判例一三九八号六頁(注7）（二〇一二年）参照。

(47) 非公開会社（取締役会非設置会社のとき）の場合は、株主は株主総会の場において議題を提出することができることから（会社三〇三条一項）、事前に議題提案権が拒絶されても改めて総会で拒絶されることにより不当拒絶の問題が生ずることとなる。

(48) 議題提案権の不当拒絶に対して、過料による抑止力では低いとの理由だけで瑕疵の効果を株主総会のすべての決議に及ぼすという結論は取り得ないとされる（吉本健一「株主提案の不当拒絶と株主総会決議の効力」阪大法学六一巻三・四号六七六頁（二〇一一年））。

(49) 通常、議題および議案提案権が行使されて、議題提案権のみが拒絶されることは考えられない。なぜなら、議案提案権のみが採用された場合は、当然に当該議案に関する議題が含まれることになるからである。たとえば、「甲を取締役に選任する」との議案には「取締役選任の件」という議題が当然に含まれている。

(50) 松岡和生「株主総会（その1）」税経セミナー二六巻一三号二八頁（一九八一年）、服部榮三「株主の提案権」金融・商事判例六五一号六六頁（一九八二年）、末永敏和「改正商法下の株主総会　―法的諸問題の検討―」河本一郎ほか編『上柳克郎先生還暦記念商事法の解釈と展望』五〇頁（一九八四年、有斐閣）、同『会社役員の説明義務』二四八頁（一九八六年、成文堂）、山下丈「株主提案権」今井宏＝田辺康平編代『蓮井良憲先生還暦記念　改正会社法の研究』一四八-四九頁（一九八四年、法律文化社）。

(51) 吉本・前掲注（48）六七五-七六頁。

(52) 松岡・前掲注（50）二八頁、服部・前掲注（50）六七頁、末永・前掲注（50）五〇頁〔上柳還暦〕・二四九頁〔会社役員〕。

(53) 元木伸『改正商法逐条解説〔改定増補版〕』九三頁（商事法務研究会、一九八三年）。ちなみに、アメリカの場合、提案株主に対し総会出席義務が課されている（SEC規則一四a-八(h)(1)・(2)）。

(54) 会社法三〇五条一項は、議案提案権について、会社が発する総会招集通知にその要領を記載することを請求することができると定めている。

(55) 議案提出権の行使は、当該議案に係る議題提出権を含む趣旨であると解すべきとされる（吉本・前掲注（48）六八四頁(注20)）。

(56) 資料版／商事法務三二八号六四頁。この事件は、株主X（原告）が平成二二年六月一八日開催の定時株主総会（以下、本件総会という）に先立ち同年四月九日、Y会社（被告）に対し一一七個の議案を提案するとしていたところ、その後Y会社の担当者との交渉の結果、同年四月二三日に「特に優先すべき二〇個の議案」を含めた五九個の議案を記載した提案書を送付した。さらに、Xは、Yの担当者との電話連絡を含めた交渉の末、二〇個の議案としたうち同年五月七日の取締役会で不適法と判断された五個を除き、同月一一日付けで株主提案、議案の要領および提案理由の要領を記載した添付書面をYから送付された。そして、本件総会では、会社提案二件が可決、株主提案一五件が否決された。そこで、Xは、Yの担当者のどう喝または威嚇により五九個から二〇個の提案に減らされ、五個の提案については同意なく招集通知への不記載、提案の要領等の招集通知への記載に関しては修正要望の無視、提案理由は一方的に修正・削除されたので、こうした株主提案権の妨害は招集手続または決議方法に違反するとして総会決議取消を求めたものである。そこで、否決された株主提案に関する決議取消しとともに株主総会に上程されなかった四四個の株主提案（議案）の議題について、それが総会で可決された二件の議案の議題に含まれるかどうかが問題となった。

(57) 本判決は、株主総会において当該議案が否決されて決議が成立しなかった場合は、そもそも会社法八三一条一項一号の株主総会決議には当たらないことから、その取消を求める訴えは定型的に訴えの利益を欠くと述べた。しかし、これは、従来、「原則として訴えの利益がない」との解釈を進めて例外を一切認めない立場であり、理論的には形成の訴えは法定要件が満たされる限り、当然に訴えの利益は認められると解されているので、法定要件を満たしていない決議（決議不成立）と解するのは文言上無理があると批判されている（大塚和成「金融商事実務判例紹介」銀行法務21七三四号六五頁（二〇一一年））。また、取消訴訟の対象については、説明義務違反や採決時の集計ミスなど可決されたかもしれないような多種多様なものが包含されうることから、個別に取消訴訟の対象となるか否かを判断することにより株主提案権の不当拒絶に対する抑止力にもなると指摘されている（吉川信將「判例研究」法学研究八四巻一一号六六頁（二〇一一年））。ただ、否決された当該議案の再提案に対する制限規定（会社三〇四条但書・三〇五条四項）に関して、「このような再提案の可否については、実際に再提案をしてこの再提案を会社が拒否したとすればそのときに、これを争うことが可能である」と述べ、これにより再提案を拒絶された株主総会決議は取消事由に当たる余地があると指摘（弥永真生「否決決議と総会決議取消し」ジュリスト一四二六号六一頁（二〇一一年））されているが、「これを争う」の意味は不明（会社法三〇四条但書または三〇五条四項に基づき再提案の議案が拒絶され当該総会決議の取消しを求める場合、それに関わる議題の存否によって過去に否決された総会決議の瑕疵を争えるかに違いが生じるので）との指摘（清水円香「株主総会の議案の否決と決議取消しの訴え」金融・商事判例一三八三号六頁（二〇一二年））もある。

(58) 資料版／商事法務・前掲注（56）七〇頁

(59) 吉本・前掲注（48）六七九頁。

(60) ただ、修正動議として会社側の候補者二名とは別の二名の候補者を株主側が提案することは実務的に許容されている（松山・前掲注（4）六頁）。

(61) 服部・前掲注（50）六七頁、末永・前掲注（50）五〇頁［上柳還暦］・二四八-四九頁［会社役員］、山下・前掲注（50）一四八頁。

(62) 稲田俊信「判例研究」日本法学五二巻四号七六-七七頁（一九八七年）、吉本・前掲注（48）六八三頁（注15）、川島・前掲注（46）五頁参照。

(63) 吉本・前掲注（48）六七七頁では、たとえば、取締役の員数を一〇名以下とする定款規定の下で取締役七名全員が任期満了となる定時総会において、取締役の員数を五名以下とする定款変更の株主提案（議題・議案）が不当拒絶されて取締役七名が選任された場合は、当該定款変更提案の不当拒絶という瑕疵が他の議題（取締役七名選任の件）に関する取締役選任議案の成立した決議と直接因果関係があるため、総会決議取消事由になるとされる。また、稲田・前掲注（62）七七頁では、「その無視された提案と関連する決議事項のみが決議取消の訴の対象となる」と解している。

(64) 吉本・前掲注（48）六八〇頁参照。

(65) 東京地判・前掲注（56）の控訴審判決（上告中）。

(66) 東京高判平成二三年九月二七日資料版／商事法務三三三号四二頁。ただし、会社法上、裁量棄却の可能性も存在する（武井・前掲注（1）五八頁（注6））。

(67) 川島・前掲注（46）五頁。

四　おわりに

株主総会の場は、会議体として適正なルールの下で議論を行って決議という結果を導き出すところである。したがって、その決議の効力を担保するためにもプロセスとしての手続的瑕疵は許されない。その一方で、会議体のルールとして公正・迅速かつ効率的な株主総会運営を図ることも決して無駄なことではないと思われる。

本稿では、株主提案権が適法に行使されることを前提としながらも、会社側に対しても一定の権限（とりわけ、取締役会の業務執行権）において正当な拒絶事由を模索するとともに、不当拒絶を防止するために提案内容に関して株主側との事前交渉も必要であろうと考えるものである。

（二〇一三年八月一二日）

【付記】脱稿後、松尾健一「株主提案権制度の見直しの要否―近時の特徴的な行使事例を踏まえて」法律時報八六巻三号四八頁（二〇一四年）に接した。

「合理的根拠適合性」とは何か？

王　冷　然

一　はじめに

従来から、デリバティブ取引あるいはデリバティブ商品の勧誘をめぐっては、顧客との間にトラブルが生じやすいことが認識されており、特に近年では、より複雑化した仕組商品が開発され、しかも安易に一般投資家（リテール投資家）に勧誘・販売されることに基因して、それに関する民事紛争が頻発し、社会的関心の的になっている。そこで、二〇一二年には、金融法学会第二九回大会のシンポジウムにおいても、「デリバティブ取引の現状と課題」が取り上げられた(1)。

裁判実務上、投資取引紛争における業者の民事責任が問われる際に、その法的根拠として主に適合性原則と説明義務が主張されている。しかし、最近の裁判例の動向[2]からみると、適合性原則違反による不法行為責任を認めた裁判例が少なく、しかも、肯定例では、高齢者や知的・精神的障碍者、年金生活者に関するものが多く、適合性原則は限られた場面でしか機能していない[3]。これに対して、説明義務違反による不法行為責任を認めたうえで、大幅な過失相殺を施して当事者間の利害調整を図ろうとする裁判例が圧倒的に多数を占めている[4]。このような裁判実務に対して、顧客サイドから実質的な被害救済がされていないという批判、業者サイドから責任を負わされた法的根拠が不明瞭であるという批判が出されている[5]。さらに、理解しがたい商品性を有するデリバティブ取引の有用性に疑問を投ずる意見[6]や、一定のデリバティブ商品の販売を規制すべきという見解[7]も出現し、「商品性」の問題を理由に契約の効力を否定する判決も出された[8]。

このように、裁判実務において、適合性原則の機能が縮小するにつれ、紛争の解決は説明義務違反や商品性の是非に求められているが、業者の勧誘態勢は一向に改善されず、紛争が後を絶たない。

このような局面を打開するには、適合性原則に対する認識を改める必要がある。本来、投資取引の領域において、適合性原則は大いにその役割を果たしうるものである。そもそも業者は適合性原則に従って勧誘すれば、トラブルの予防につながり、紛争が生じた場合にも、適合性原則違反の判断を通して、責任の所在が明らかにされ、公平な解決が期待できるからである。

本稿は、今まであまり注目されなかった、適合性原則に内包されている「合理的根拠適合性」に焦点をあて、その解明を通じて、適合性原則に対する理解を深化させることを目的とするものである。そのため、以下では、「合理的根拠適合性」を生み出した米国におけるその内容や運用状況を整理し(二)、そのうえで、日本における「合理的根拠適合性」の導入、それに対する理解状況および問題点を検討し(三)、最後に「合理的根拠適合性」が適合性原則の一内容であることを明らかにし、適合性原則の意味を再確認する(四)。

（1）　デリバティブ取引に関する問題状況については、清水俊彦「デリバティブ取引問題の深相（1）～（21）」ＮＢＬ九一五号二九頁-九四〇号六四頁、松尾直彦「店頭デリバティブ取引等の投資勧誘の在り方―『悪玉論』への疑問」金法一九三九号七〇頁以下（二〇一二年）、桜井健夫「仕組商品被害救済の実務」現代消費者法一八号七九頁（二〇一三年）、および金法一九五一号六頁（二〇一二年）以下の諸論稿（金融法学会第二九回大会＜シンポジウム＞資料）等参照。

（2）　筆者の調査によると、平成一八年から平成二三年八月まで、五六件の適合性原則に関する公刊された裁判例において、適合性原則違反を認めたものが一七件（そのうち過失相殺を施されたものが一〇件）であり、説明義務違反を認めたものが二五件（そのうち過失相殺を施されたものが一九件）である。さらに、適合性原則違反を認めた一七件の裁判例中、七〇歳以上の高齢者に関するものが六件、精神的・知的障碍者に関するものが二件、（七〇歳以上の高齢者を除く）年金生活者に関するものが三件であった（王冷然「適合性原則の理論的基礎」先物・証券取引被害研究41号9頁以下（二〇一三年）参照）。

（3）　潮見佳男「適合性の原則に対する違反を理由とする損害賠償―最高裁平成一七年七月一四日判決以降の下級審裁判例の動向」民事法研究会編『民事判例Ｖ―二〇一二年前期』六頁以下（二〇一二年、民事法研究会）は、同じく指摘する。また、仕組債に関する裁判例を対象とするものであるが、斎藤雅弘「銀行員による仕組債の購入勧誘における適合性原則及び説明義務違反の有無」リマークス四六号六二頁以下（二〇一三年）も参照。

（4）　川地宏行「投資取引における適合性原則と損害賠償責任（二・完）」法律論叢八四巻一号一二頁（二〇一一年）は、適合性原則違反を認定すべきであるにもかかわらず、説明義務違反に基づき損害賠償責任を課した裁判例を「隠れた適合性原則違反事案」と呼ぶ。

（5）　和仁亮裕「デリバティブ取引と紛争解決」金法一九五一号四一-四二頁（二〇一二年）。

（6）　志谷匡史「デリバティブ取引に係る投資勧誘の適法性」商事一九七一号一一-一二頁（二〇一二年）は、「説明を尽くすにも、そもそも理解し難い商品性であるというのであれば、説明義務による保護は論じる意味がなくなってしまう。そのような商品に適合的な投資家など存在するのか」と指摘し、さらに「リスクに耐えられる資金力を持つ専門的投資家がごく少数であっても存在するならば、それゆえに適合する顧客が想定できないとはいえないとして販売を許すことは妥当とはいえまい」と主張する。

（7）　森下哲郎「デリバティブ商品の販売に関する法規制の在り方」金法一九五一号一六頁（二〇一二年）は、「少なくとも個人や中小企業向けのデリバティブあるいはデリバティブ内包商品であって、契約期間が長期に及ぶものについては、監督当局あるいは自主規制機関による、事前の商品審査制度を導入することには検討の余地がある」と指摘する。

（8）　仙台地判平成一九年九月五日判タ一二七三号二四〇頁は、勧誘した外国為替証拠金取引が「経済的合理性を有せず、賭博性を有する取引」であり、公序良俗違反として契約が無効であると判断した。大阪高判平成二二年一〇月一二日金判一三五八号三頁は、勧誘された仕組債に関する顧客の意思表示に要素の錯誤があったとして契約の無効を認めた。福岡高判平成二三年四月二七日金判一三六九号二五頁は、締結された金利スワップ契約が「Yに一方的に有利で、Xに事実上一方的に不利益をもたらすものであって、到底、その契約内容が社会経済上の観点において客観的に正当ないし合理性を有するものとは言えない」とし、信義則違反を理由に契約の無効を認定した。

二　米国における「合理的根拠適合性(9)」

1　適合性原則の改正と三つの適合性義務

二〇〇七年七月に全米証券業協会（National Association of Securities Dealer＝NASD、以下では「NASD」という）とニューヨーク証券取引所（The New York Stock Exchange＝NYSE、以下では「NYSE」という）の会員規制機能の統合により、金融取引業規制機構（Financial Industry Regulatory Authority＝FINRA、以下では「FINRA」という）が新たな自主規制機関として設立され、現在、証券業業者を規制する全米最大の自主規制機関となった。二〇〇九年五月に、FINRAはNASD規則である「適合性原則（suitability rule）」とNYSE規則である「顧客熟知（know your customer）(10)」という二つのルールを強化し、それぞれの内容を明確にするため、二つのルールに関する改正案を公表し、コメントの募集を行った(11)。そして、二〇一〇年七月三〇日に改正案が証券取引委員会（Securities and Exchange Commission＝SEC、以下では「SEC」という）に提出され、SECは、同年一一月一七日に改正された「適合性原則」と「顧客熟知」ルールを承認した(12)。当初、改正された両ルールは二〇一一年一〇月七日に施行することになっていたが、業者からの準備期間に関する要請などがあったため、最終的に二〇一二年七月九日に施行することになった[13]。以下では、新しくなった適合性原則の内容を概観してみよう。

（1） 改正された適合性原則（FINRA Rule 2111）の内容

従来の NASD Rule 2310 たる「適合性原則」を基礎に、改正された FINRA Rule 2111 の内容は以下の通りである[14]。

（a） 会員または関係者（associated person［＝従業員・販売担当者等］）は、顧客の投資プロファイルを確認するため、合理的努力により得られた情報に基づいて、勧誘した取引または単一証券あるいは複数証券を含む投資戦略が、当該顧客に適合すると信ずるに足る合理的根拠を持つべきである。顧客の投資プロファイルは、顧客の年齢、他の投資状況、財産状態とニーズ、納税状況、投資目的、投資経験、投資期間、流動性の必要、リスク許容範囲、および顧客により会員または関係者に開示された勧誘に関係する他の情報を含むが、これらに限られない。

（b） （1） 会員または関係者が、機関投資家が、一般的、かつ特定の取引や単一証券あるいは複数証券を含む投資戦略の双方において独自に投資リスクを評価する能力があると信ずるに足る合理的根拠を持つ場合、及び（2）機関投資家が会員または関係者の勧誘を評価するに際して独自の判断を行っていると積極的に表明する場合には、会員または関係者は、規則 4512（c）に定められる機関口座[15]に対して、特定顧客適合性義務を果たしていると言える。機関投資家が、投資助言者または銀行信託部門のような代理人（agent）に判断権限を与えている場合、この規定は当該代理人（agent）について適用される。

FINRA Rule 2111（a）は適合性原則の一般的内容を定めており、FINRA Rule 2111（b）は機関投資家に対して「特定顧客適合性義務」を適用除外とする条件を定めている。本稿は、適合性原則の一般的内容を検討対象とするため、Rule 2111（b）に関しては立ち入らない。以下では、従来の適合性原則と対比しつつ、新しくなった適合性原則の内容をみていきたい。

（2）従来の適合性原則との相違

従来の適合性原則（NASD Rule 2310）[16]と比べると、改正された適合性原則（FINRA Rule 2111（a））は、以下の二点において充実された。

（i）投資戦略への適合性原則の適用

従来のNASD Rule 2310によると、「顧客に証券の購入、売却若しくは交換を勧誘する場合」に適合性原則が適用され、その範囲が取引行為に限定されていた。今回の改正によって、FINRA Rule 2111（a）は、取引行為のみならず、「投資戦略（investment strategy）」の勧誘も適合性原則の適用対象として定めている。つまり、業者は顧客に具体的な取引を勧誘する場合だけではなく、ある投資戦略・投資方法を顧客に勧誘する場合にも適合性原則に従わなければならない。

ここでいう「投資戦略」が何を意味するかについて、ＦＩＮＲＡは「この規則において用いられた『単一証券あるいは複数証券を含む投資戦略』は広く解釈されるべきであり、単一証券あるいは複数証券の保有を明白に勧誘することを含む」（FINRA Rule 2111.03（FINRA Rule 2111のサブルールの一つである――筆者注））と説明している。また、「例を挙げて『投資戦略』にあたるものとあたらないものを説明されたい」という質問に対し、ＦＩＮＲＡは以下のように答えた[17]。

①　投資戦略にあたらない例として、「勧誘がRule 2111.03に定めた安全港条項（safe-harbor provision）[18]に適しない資産配分プランの一部にならないかぎり、利権証券または確定利付証券を顧客に勧誘すること」がある。

②　投資戦略にあたる例として、以下のようなものがある。すなわち、ⓐ勧誘が特定の証券を同定したかどうかを問わず、高率配当会社のような特殊な類型の証券、または「ダウの犬（Dogs of the Dow）[19]」投資方法や「相対取引（market sector）」を顧客に勧誘すること。

ⓑ勧誘が特定の証券に言及したかどうかと関係なく、「債券はしご取引（bond ladder）」[20]、「日計り取引（day trading）」、「住宅持分換金（liquefied home equity）」[21]、あるいは委託証拠金方法を利用することを顧客に勧誘すること。

ⓒ四季ごとまたは年度ごとの投資検査を通して、業者は顧客に対して、ある証券を売却しないよう、口座やポートフォリオの中身を変えるよう、またはある投資戦略を利用し続けるように明白に助言すること。

このように、改正された現在の適合性原則に従い、業者は顧客に勧誘するときに、単なる証券の売り、買いという具体的な取引行為だけでなく、証券の保有や同じ投資方法の維持、または潜在的に高いリスクをもたらす投資方法についても、その適合性の有無を判断する必要がある。

適合性の有無を判断するとき、商品のリスク性に焦点を当てるあまり、投資方法により生じたリスクが視野から外されがちであった。しかし、商品が複雑になるにつれ、そこに含まれるリスクは高くなると同様に、投資方法が複雑になると、取り扱う商品が単純なものであっても、顧客にもたらせるリスクは高くなる。従って、適合性原則を運用する場合、商品自体のリスクのみならず、投資方法から生じるリスクをも考慮する必要がある。今回の改正において、ＦＩＮＲＡがこの点を明らかにした意義は極めて大きい。

（ii）　顧客の属性に関する考慮要素の拡大　従来のNASD Rule 2310に定められた顧客の属性に関する考慮要素は、「顧客の財産状態、課税状態、投資目的、他の投資状況および合理的と考えられるその他の情報」に止まっていた。これに対して、FINRA Rule 2111（a）に新たに定められた顧客の属性に関する考慮要素は、従来のものに加えて、「顧客の年齢、投資経験、投資期間、流動性の必要、リスク許容範囲など」を追加し、考慮されるべき顧客の情報の範囲が拡大された。

顧客の属性に関する考慮要素の意味について、ＦＩＮＲＡは、「Rule 2111（a）に書かれた顧客の投資プロファイルに関する諸要素は、具体的事例の事実や状況によってその重要度が異なるが、一般的にこれらの要素は勧誘が当該顧客にとって適合性を有するかどうかの判断に関係している。具体的事例の事実や状況に基づき、業者はいくつかの要素が顧客の投資プロファイルの構成に関係ないと信ずる合理的根拠がある場合を除き、業者は合理的注意をもってRule 2111（a）に書かれたすべての要素を取得し、分析すべきである」（FINRA Rule 2111.04）とされている。

自らの勧誘が顧客にとって適合性を有するかどうかを判断するためには、より多くの顧客情報を取得するのが有益であるに違いないが、しかしすべての場合において顧客の全情報を収集しなければならないか。ＦＩＮＲＡに寄せられた「FINRA Rule 2111（a）に書かれた顧客の情報の全部を取得していなければ、当該顧客を勧誘することが適合性原則違反になるか」という質問に対して、ＦＩＮＲＡは、「Rule 2111（a）には典型的投資プロファイルの要素が列挙されているが、各要素は必ずしもすべての場合に関係するわけではな」く、「状況によって重要でない顧客のいつくかの情報が不足していても、それが一般的に業者の適合性原則に関する責任に影響を与えない(22)」とし、顧客の情報をどこまで取得すべきかは業者の判断によるという趣旨の答えを出した。しかし、同時に、ＦＩＮＲＡは、「業者が顧客の属性を考慮する際に、ある要素を分析する必要がないと合理的に判断したとしても、勧誘あるいは顧客に関する判断として書面化するより、むしろ手続きあるいは他の方法によってこのような判断を出す合理的根拠を書面化すべきである。たとえば、業者は、年齢が団体である顧客のすべてに関係しない要素である、あるいは、流動性のある証券のみを勧誘する場合に流動性の必要がすべての顧客に関係しない要素である、と定めてもよい(23)」と付け加えている。

以上のように、原則として、あらゆる場合において顧客のすべての情報を取得する必要がないが、勧誘の適合性の有無を判断するためには、特定の場合を除き、FINRA Rule 2111（a）に書かれた顧客の情報をなるべく取得し分析することが強く要請され、しかも、たとえ顧客のある情報を取得する必要がないと判断した場合にも、その根拠を書面として残しておくのが望ましいとされている。

（３）適合性原則の三つの内容

改正された適合性原則の内容をよりわかりやすくするために、ＦＩＮＲＡはさらにサブルール（Supplementary Material）を作って、重要な点について詳しく解説を行っている。サブルールの一つであるFINRA Rule 2111.05においては、適合性原則には、①「合理的根拠適合性（reasonable-basis suitability）」、②「特定顧客適合性（customer-specific suitability）」、③「量的適合性（quantitative suitability）」という三つの義務が含まれていると、ＦＩＮＲＡは明示した。

「合理的根拠適合性」義務とは、業者に、合理的注意をもって、勧誘が少なくとも一定の顧客にとって適合性を有するものであると信ずる合理的根拠があることを要求するものである。

「特定顧客適合性」義務とは、業者に、顧客の投資プロファイルに照らして、勧誘が当該顧客にとって適合性を有するものであると信ずる合理的根拠があることを要求するものである。

「量的適合性」とは、事実上顧客の口座を支配した業者に、たとえ個々の取引が顧客に適合しても、勧誘した一連の取引が顧客の投資プロファイルからみて当該顧客に過剰あるいは不適合になっていないと信じる合理的根拠があることを要求するものである。

適合性原則に「合理的根拠適合性」と「特定顧客適合性」という二つの内容が含まれているという理解は、初めてのものではなく、ＳＥＣが以前から審決例において既にこのような二つの側面から適合性原則違反の有無を判断しており、今回の改正によって、ＦＩＮＲＡ規則の中に明確化されたに過ぎない。また、「量的適合性」で扱う問題は、従来過当取引（churing）として処理されてきたが、これが量的な観点から適合性原則違反になるという議論も昔から存在し、今回の改正によって適合性原則の一内容として統合されたものである。

今回の規則改正までに、「特定顧客適合性」が適合性原則の内容として定着していたのに対して、「合理的根拠適合性」は、ＳＥＣの審決例において適合性原則の一内容として取り上げられてきたにもかかわらず、なかなか明確な形で認識されていなかった。今回のＦＩＮＲＡの改正によって、「合理的根拠適合性」が適合性原則の一内容として明示され、注目の対象になった次第である。以下では、詳しくその内容をみてみよう。

2 「合理的根拠適合性」の内容

FINRA Rule 2111.05（a）において、ＦＩＮＲＡは「合理的根拠適合性」の中身について、次のように説明している。すなわち、

合理的根拠適合性は、会員または関係者に対し、合理的注意に基づき、勧誘が少なくとも一定の顧客にとって適合性を有すると信じる合理的根拠を持つことを要求している。一般的に、合理的注意を払ったかどうかは、他の要素のうち、証券または投資戦略の複雑さやリスク性と会員または関係者の証券または投資戦略に対する理解度によって判断される。合理的注意は必ず会員または関係者が自ら勧誘した証券または投資戦略のもつ潜在的リスクおよび利得の理解を要求する。証券または投資戦略を勧誘する場合、このような理解を欠いているときは適合性原則違反になる。

一見して、「合理的根拠適合性」は業者に自ら勧誘する証券や投資戦略が一定の顧客に適合性を有するかどうかを判断させるものであるかのようにみえるが、FINRA 2111.05（a）の後半の説明から分かるように、実際に、業者に対して、勧誘する証券または投資戦略の性質への理解を要求することこそが「合理的根拠適合性」の目的である。

ＦＩＮＲＡは、寄せられてきた二つの質問の応答を通して、「合理的根拠適合性」の本質を次のように解説した。

（1）　業者の理解の重要性

一つ目の質問は、「たとえ勧誘が一定の顧客にとって適合性を有しても、業者がそのリスクを理解していなければ合理的根拠適合性義務に違反するか」というものである。これに対して、FINRAは、まず、「『合理的根拠適合性』には二つの要素が含まれている。すわなち、①自ら勧誘した証券または投資戦略について、業者が証券または投資戦略のもつ潜在的リスクや利得といった性質を理解するよう合理的注意を払うこと、②業者が以上の理解に基づき勧誘が少なくとも一定の顧客にとって適合性を有するかどうかを判断することである[24]」と述べたうえ、「業者は『合理的根拠適合性』の二つの要素のいずれをも守らなければならない。たとえ勧誘した証券または投資戦略が少なくとも一定の顧客にとって適合性を有するものであっても、業者自身が勧誘した証券または投資戦略を理解していなければ、合理的根拠適合性義務違反になる。業者は顧客に勧誘した証券または投資戦略を理解していなければならない[25]」と回答した。さらに、FINRAは、「この『合理的根拠適合性』は決定的に重要である。なぜなら、近年、業者が、リテール投資家を含め、顧客に勧誘する証券または投資戦略は、ますます複雑かつ場合によっては、リスキーなものになっているからである。自ら勧誘した証券または投資戦略を理解していない場合、業者は、（「合理的根拠適合性」と「特定顧客適合性」の両方を含め）顧客に対して適合性に関する責任を果たしていないことになる。会社の監督方針や手続きは、自らの従業員が当該重要な要求事項を遵守させるように合理的に設定しなければならない[26]」と付け加え、勧誘した証券または投資戦略に対する業者の理解が適合性原則の遵守にとって重要であることを強調した。

以上の応答から分かるように、自ら勧誘した証券または投資戦略は、結果的に一定の顧客に適したものであったとしても、もし業者自身がその証券または投資戦略の性質（潜在的リスクや利得など）を理解していなければ、顧客に勧誘すること自体が適合性原則違反になる。つまり、自ら勧誘した証券や投資戦略が一定の顧客に適合性を有するかどうかを業者に判断させることが「合理的根拠適合性」の内容になっているものの、その前提条件として証券や投資戦略に対する業者の理解が必要不可欠であり、その意味で、証券や投資戦略に対する業者の理解を求めることこそが「合理的根拠適合性」の本質であるといえよう。

証券や投資戦略への業者の理解が適合性原則の遵守にとって最も重要であることが明らかにされたが、実際問題として、理解の有無について金融機関たる業者を基準に判断すべきか、それとも現場での販売担当者を基準に判断すべきかが残っている。

（2） 販売担当者の理解の必要性

誰を基準にして証券や投資戦略に対する理解の有無を判断すべきかについて、ＦＩＮＲＡは次の応答で解答を提示した。

「相当な注意を払って商品の調査を行う会社の『商品委員会』が当該商品の販売を許可した場合は、『合理的根拠適合性』義務を履行するには、これで足りるか」という質問に対して、ＦＩＮＲＡは、「このような委員会の審査はとても有益ではあるが、商品販売に関する会社の許可は必ずしも販売担当者が『合理的根拠適合性』義務を遵守したことを意味しない。……たとえ会社の商品委員会が商品の販売を許可したとしても、販売担当者個人が勧誘した証券や投資戦略を理解していなければ、その勧誘は一定の顧客にとって適合性を有するものであっても、適合性原則義務に違反することになる[27]」と答え、勧誘した証券または投資戦略に対する理解の有無が、業者たる会社ではなく、具体的な販売担当者個人を基準に判断することを明示した。そのうえ、ＦＩＮＲＡは、「一般的に、販売担当者が会社の公平かつバランスの保たれた説明に頼っているが、しかし、販売担当者に、商品の潜在的リスクと利得を理解しきれないところがある、あるいは具体的な問題について会社の説明が間違っている、または会社が不十分な、不正確な方法で商品を販売していることを知っている場合、当該商品を勧誘する前にさらなる質問をすべきである」と述べ、販売担当者に対して、証券または投資戦略に対する具体的な理解を求めている。[28]

ＦＩＮＲＡの解答から分かるように、たとえ会社である金融機関が取り扱う証券や投資戦略の性質を把握していても、現場の販売担当者自身が当該証券や投資戦略を具体的に理解していなければ、「合理的根拠適合性」義務の遵守にならず、そのような勧誘行為は適合性原則違反になる。つまり、「合理的根拠適合性」にとって重要な要素である「証券や投資戦略への理解」の有無は、会社ではなく、販売担当者個人を基準にして判断される。

以上のように、今回の改正で明確化された「合理的根拠適合性」には、①自ら勧誘した証券または投資戦略について、業者が証券または投資戦略のもつ潜在的リスクや利得といった性質を理解するよう合理的注意を払うこと、②業者が、以上の理解に基づき、勧誘が少なくとも一定の顧客にとって適合性を有するかどうかを判断することという二つの内容が含まれている。すなわち、「合理的根拠適合性」は、単に勧誘する証券や投資戦略が一定の顧客に適合性を有するかどうかを業者に判断させるだけではなく、当該証券や投資戦略の性質を理解することをも業者に要求している。また、「合理的根拠適合性」にとって、最も重要なのは、①の「証券や投資戦略に対する業者の理解」であり、自ら勧誘した証券や投資戦略の性質を理解しないまま勧誘する場合は、それだけでも適合性原則違反になる。しかも、この理解の有無は業者たる会社ではなく、現場での販売担当者個人を基準に判断される。つまり、「合理的根拠適合性」をもって、自ら勧誘する証券または投資戦略を熟知する義務、いわゆる「（投資戦略を含む）商品熟知義務」が業者に課されることになり、業者は当該義務に違反した場合、「特定顧客適合性」を判断するまでもなく、直ちに適合性原則違反として責任を負わなければならない。

3　ＳＥＣによる「合理的根拠適合性」違反の判断[29]

既に述べたように、「合理的根拠適合性」と「特定顧客適合性」という二つの側面から適合性原則を理解することは、今回の規則改正で新たに要請されたことではなく、SECによって以前から審決において示されていたものである。FINRAは今回の改正を利用してそれを規則の中に取り入れ、明確化したのである。以下では、代表的な審決を通して、「合理的根拠適合性」に関するSECの判断をみてみよう。

（1）投資戦略を問題とする審決

F.J. kaufman 審決[30]において、SECは、適合性原則違反が「合理的根拠適合性」違反と「特定顧客適合性」違反という二つの類型に分けて判断されうるという考え方を初めて示し、しかも「合理的根拠適合性」についてもその内容を明らかにした。

この事案では、業者Sは顧客にコール・オプションを売って、証拠金によってそれらのオプションの基礎株を購入する投資方法を利用する商品（以下、「B投資プログラム」という）を勧誘し購入させた。その後、B投資プログラムに組み入れたA社株が低落したため、顧客は大きな損失を受けた。

Sの勧誘が適合性原則に違反したかどうかについて、SECは、まず一般論として「一般的に言われる『合理的根拠適合性』基準は、何人かの特定の顧客より、むしろ特定の勧誘のみに関係している。業者は自らの勧誘が少なくとも一定の顧客に適合性を有すると信ずる合理的根拠を有しない限り、この勧誘が具体的な顧客に適合性を有するかどうかを判断することができないため、『合理的根拠適合性』は適合性原則の中に組み込まれている。実は、業者が勧誘に含まれるリスクや利益を理解しない限り、この勧誘が具体的な顧客に適合性を有するかどうかを判断できないことは自明である」と述べた。

次に、本事案について、SECは「Sの顧客は、関連する取引コストを負担した後に、B投資プログラムに投資するより、むしろ単にその構成要素の一つである証拠金を利用して基礎株を購入する方が、より多くの利益を得られる。……Sは、適切な取引コストを考慮して勧誘した投資戦略の二つの構成要素が結合された場合に、それらの構成要素の一つから得られるリターンよりも、結合した場合のリターンがより低いことを理解する義務がある。……Sは、この事実を知るべきであり、この投資戦略がこれらの顧客に不適合であることを把握すべきである」とし、最終的にSの勧誘が適合性原則違反になると判断した。

この審決において、SECは、「合理的根拠適合性」とは、勧誘が少なくとも一定の顧客に適合性を有することを要求するものであり、その性質から適合性原則の中に組み入れられているものであると明言し、しかも、自らの勧誘に含まれるリスクや利益に対する業者の理解が「合理的根拠適合性」にとって極めて重要であるとも指摘した。ただ、具体的な判断において、自らの勧誘に含まれたリスクと利益について業者が具体的に理解したかどうかを問題にするのではなく、理解する義務が客観的に業者にあると示し、結果として勧誘が当該顧客の属性に照らしても不適合であることを理由に、適合性原則違反を認定した。もっとも、この段階では、SECは「合理的根拠適合性」に基づき、業者に対して自ら勧誘した証券や投資戦略に関する具体的な理解を要求するまでには踏み込まなかった。

（2）商品自体の性質を問題とする審決

F.J. kaufman 審決において、業者の勧誘した投資戦略より単純な投資方法のほうが顧客にもたらす利益が多いため、その勧誘は合理的根拠を有しないと判断されたが、Clinton Hugh Holland 審決(31)では、投資商品自体の性質からそれを顧客に勧誘することが合理的根拠を有しないと判断された。

この事案では、業者は、顧客の保有する債券を売らせて、高いリスクを有する証券を購入させた。これについて、SECは、「業者の勧誘により顧客のポートフォリオが一九九八年から一九九〇までに生じた変化には問題があると、われわれは考えている。顧客のポートフォリオの構成は債券から重大なリスクをもつ証券にシフトされた。それらの投資の多くは高度競争産業または新しいテクノロジーを含むものである。証券を発行する会社は、常に営業損失や重大な負債、低い時価総額を有し、または配当金を支払う見込みがない。このような場合に、発行された証券の実質的価値は低下しており、公募市場を有しないものである。勧誘された二つの債務証券は、負債償却積立金のない無担保債券である」とし、勧誘された商品の性質から、顧客に勧誘することは合理的根拠がないと判断し、かかる勧誘が適合性原則違反になると認定した。

この審決では、そもそも利益を生み出せない性質を有する商品は、いかなる顧客にも適合性を有しないので、このような商品を顧客に勧誘する行為は合理的根拠がないとされた。実際に、投資戦略に問題があるとする審決と比べて、金融商品自体の性質に問題があることを理由に適合性原則違反を認定する審決は少ない。商品性の面から市場に販売される金融商品自体の適合性を否定することについて、ＳＥＣは慎重な姿勢をとっていることが窺われる。

（３）販売担当者の理解を問題とする審決

二〇一一年に、従来のNASD Rule 2310を適用するRichard G. Cody審決[32]において、ＳＥＣは販売担当者自身が勧誘する商品を理解しないままに勧誘する行為が適合性原則違反になるという判断を出した。

この事案では、販売担当者Ｓは四人の顧客に、固定されたレートで作られた住宅割賦販売契約と分割支払いローン協定によって担保された債券Ｃを勧誘し購入させた。勧誘する当時、Ｓは会社の代表者Ｐから与えられた「債券Ｃの発行人、クーポン、定められた満期日、格付けＡ」といった情報以外、自ら債券Ｃの性質を調べなかった。購入一年後に、債券Ｃの格付けはＡからＣＣＣまで下げられ、値段は購入時の一一四ドルから四一ドルまで急落し、顧客たちは投資資金の五五パーセントから六六パーセントまでの損失を受けた。

ＦＩＮＲＡはＳの勧誘行為が適合性原則違反であるとして、一年の資格停止、二万七五〇〇ドルの罰金を科した。Ｓは、ＦＩＮＲＡの処分を不服とし、ＳＥＣに対して再審査を求めた。

これに対して、ＳＥＣは、「……適合性原則は販売担当者に勧誘する前に取引について『十分で合理的な』理解があることを要求している。この理解は勧誘の『潜在的リスクと利得』および潜在的結果を含まなければならない[33]」

と述べたうえ、「Sは債券Cの勧誘に際し、十分かつ合理的な根拠を有しなかった。S自身の告白によれば、Sが債券Cの性質を理解せず、他の債券との違いを認識できていなかった。Sは、利回り、満期日や格付けに焦点を絞ってわずかなディスカッションをしたあと、すぐに顧客に勧誘し、債券の価値に影響を与える他の事実を評価しなかった。例えば、Sは、自ら勧誘した債券の属するクラスや含まれた従属リスク、債券を担保する資産に関する詳細な情報、または勧誘した債券のリスクや流動性に影響する他の事実を知らなかった。Sは、信用格付けに頼っていたと主張したが、最近の格下げを含め格付けの歴史を調べなかった。債券Cの極めて重要な性質について、Sが理解できていなかったことは彼の勧誘が不適合であることを示している。……われわれは、業者が自らの勧誘について合理的かつ十分な根拠を持たなければならないと判断している。この必要条件――われわれは『合理的根拠基準』と呼んでいる――は、適合性原則の中に組み入れられている。なぜなら、業者が勧誘に含まれるリスクや利得を理解しない限り、この勧誘が具体的な特定顧客に適合性を有するかどうかを判断できないからである。従って、業者が（商品に関する）合理的な調査をしなかった場合、適合性原則違反になる[34]」と判断した。

また、「自ら調査をしなかった商品について会社の代表者Pから与えられた情報を利用する権利がある」というSの抗弁に対して、SECは、「債券Cに対するPの熟知はSの適合性原則違反を免れさせることができない。Sは債券を勧誘した担当者として、債券を理解する独立した義務を有する。たとえ、『債券Cが顧客の需要に相応しいと考えた』というSの主張を認めたとしても、販売担当者は勧誘する前に取引のリスクや利益について合理的な理解を有していなければならない。Sはこのような合理的な理解を有しなかった[35]」とし、Sの勧誘が適合性原則違反になると確定した。

この審決を下したとき、FINRA Rule 2111 は未だ発効していないが、その内容は既に公表され、しかもSECにより承認されていた。この審決の内容から、SECは改正された適合性原則の内容を意識して、「合理的根拠適合性」

に関する判断を下したと窺われる。すなわち、前述F.J. Kaufman審決におけると同様に、「合理的根拠適合性」は適合性原則の一内容であり、その違反が適合性原則違反になると示したほか、さらに、「合理的根拠適合性」にとって勧誘した証券や投資戦略に対する業者の理解が重要であり、しかも販売担当者自身の理解を基準に「合理的根拠適合性」の有無を判断することを明示したのである。この審決におけるＳＥＣの判断内容は、「合理的根拠適合性」に関するＦＩＮＲＡの解説の中に反映された。

（9）米国での適合性原則改正については、村本武志「仕組商品販売と適合性原則—米国ＦＩＮＲＡ規則改正を契機として—（1）」現代法学二二号一一九頁（二〇一二年）、森下・前掲注（7）一〇-一一頁参照。

（10）ＮＡＳＤ規則である「適合性原則」とＮＹＳＥ規則である「顧客熟知」ルールの生成・発展過程および内容については、王冷然『適合性原則と私法秩序』（二〇一〇年、信山社）一二五-一二八頁参照。

（11）FINRA Regulatory Notice 09-25 (May 2009) (http://www.finra.org/web/groups/industry/@ip/@reg/@notice/documents/notices/p118709.pdf).

（12）Securities Exchange Act Release No. 63325 (November 17, 2010).

（13）FINRA Regulatory Notice 11-25 (July 9, 2012), at 2 (http://finra.complinet.com/net_file_store/new_rulebooks/f/i/finra_11_25.pdf).

（14）http://www.finra.org/finramanual/rules/r2111/

（15）FINRA Rule 4512 (c) によれば、「この規則の目的に従い、ここでいう「機関口座 (institutional account)」とは、以下のような者の口座を指す。

（1）銀行、貯蓄貸付組合、保険会社または登録された投資会社、

（2）投資顧問法二〇三セクションに基づきＳＥＣに登録された、または州証券委員会（あるいは職務としての実行機関または代理人）に登録された投資顧問、

（3）少なくとも五〇〇〇万ドルの資産を有する他の人（自然人、団体、パートナーシップ、受託者、その他）。

（16）NASD Rule 2310 (a) の内容は、以下の通りである。

顧客に証券の購入、売却若しくは交換を勧誘する場合、会員は、当該顧客の他の証券保有状況、財産状態およびニーズに関

する事実が顧客により開示された場合、その事実に基づいて、その勧誘が当該顧客に適合したものであると信ずるに足る合理的根拠を持つべきである。

また、NASD Rule 2310（b）においては、会員に対して、顧客の「財産状態、課税状態、投資目的、および合理的と考えられるその他の情報」を収集するために合理的な努力を尽くすことを要求している。なお、NASD Rule 2310 における適合性原則の具体的な内容については、王・前掲注（10）一三八-一五〇頁参照。

（17）FINRA Regulatory Notice 12-55, at 3, Q7（http://finra.complinet.com/net_file_store/new_rulebooks/f/i/FINRANotice12_55.pdf).

（18）FINRA Rule 2111.03 においては、ＦＩＮＲＡは投資戦略の文言が広く解釈されるべきであるとしながら、業者と顧客とのいくつかのコミュニケーションが単一証券あるいは複数証券の勧誘を含まない限り、Rule 2111 の適用が除外されると説明し、適用除外の四つの類型を挙げた。これが「安全港条項」と呼ばれている。中でも、資産配分モデルに関しては、三つの場合においてRule 2111 の適用が除外されることになる。すなわち、①一般的に認められた投資理論に基づくモデル、②資産配分モデルまたは当該モデルを説明する報告書に対する合理的投資者の評価に影響を及ぼしうるすべての重要な事実や推測についてディスクロージャーが行われたモデル、③資産配分モデルがNASD-IM-2210-6（投資分析ツールの利用の要件）に規定された投資分析ツールであれば、NASD-IM-2210-6 に従ったモデルである。

（19）「ダウの犬」とは、米国で行われた投資方法であり、ダウ採用三〇銘柄の中で配当利回りの高い一〇銘柄を同金額ずつ買い、一年後に売るのを繰り返すというものである。

（20）これは、投資資金の全額を使って一つの債券を購入するのではなく、満期日の異なるいくつかの債券を購入し、満期日の到来した債券から得られた収益を利用して再投資するという投資方法である。

（21）これは住宅持分を換金して証券を購入するという投資方法である。二〇〇四年に、ＮＡＳＤは既にNotice to Members 04-89 において、住宅持分を換金し投資することは重大な、かつ類のないリスクを投資家にもたらすことになると指摘し、業者に対して、このような投資方法がすべての顧客にとって適合性を有しない可能性があり、顧客に勧誘するとき、当該顧客にとってこの投資方法が適合性を有するかどうかを慎重に分析するようと求めた（http://www.finra.org/web/groups/industry/@ip/@reg/@notice/documents/notices/P012714.pdf）。

（22）FINRA Regulatory Notice 11-25, at 4, Q3.

（23）Id. at 4.

（24） FINRA Regulatory Notice 12-25, at 13, Q22（http://finra.complinet.com/net_file_store/new_rulebooks/f/i/FINRANotice12_25.pdf）.
（25） Id. at 13-14.
（26） Id. at 14.
（27） FINRA Regulatory Notice 11-25, at 7, Q11.
（28） Id. at 7.
（29） 適合性原則違反に関するＳＥＣの判断については、王・前掲注（10）一六五-二〇四頁参照。
（30） 50 S.E.C. 164（1989）. この事案の詳細については、王・前掲注（10）一六七-一七一頁参照。
（31） 52 S.E.C. 562（1995）.
（32） 2011 SEC LEXIS 1862（May 27, 2011）.
（33） Id. at *28.
（34） Id. at *30, 31.
（35） Id. at *34.

三　日本における「合理的根拠適合性」

日本では、適合性原則に関する現行金融商品取引法の規定（同法四〇条一号）には顧客の属性への配慮が定められているが、投資対象である金融商品や投資方法の性質等に対する業者の理解、すなわち「合理的根拠適合性」には言及されていない。二〇一一年になって、「合理的根拠適合性」が、自主規制規則および行政監督指針として日本にも登場してきた。

1　自主規制規則の規定

二〇一〇年九月一三日付で公表された「デリバティブ取引に対する不招請勧誘規制等のあり方について」の中で、金融庁は、自主規制機関に対して、自主規制による販売勧誘ルールの強化として、「適合性の原則等の具体化（勧誘開始基準・合理的根拠適合性）」に関する自主規制ルールの策定を求めた。これを受けて、二〇一一年一月に、日本証券業協会は「協会員の投資勧誘、顧客管理等に関する規則」を改正し、第三条第三項を新設し、合理的根拠適合性を規定した[36]（規則は二〇一一年四月一日施行された）。その内容は以下の通りである。

協会員は、当該協会員にとって新たな有価証券等（有価証券、有価証券関連デリバティブ取引等及び特定店頭デリバティブ取引等をいう。以下同じ。）の販売（新規の有価証券関連デリバティブ取引等及び特定店頭デリバティブ取引等を含む。以下同じ。）を行うに当たっては、当該有価証券等の特性やリスクを十分に把握し、当該有価証券等に適合する顧客が想定できないものは、販売してはならない。

ここでいう「合理的根拠適合性」の意味について、日本証券業協会は、「……合理的根拠適合性は、勧誘しようとする有価証券等が少なくとも一定の顧客にとって投資対象としての合理性を有するものであることを求める考え方です。……一定の顧客にとって投資対象としての合理性がある有価証券等であることを確認することは、言い換えれば販売を行う者（協会員）が当該有価証券等について十分に理解していなければならないと言うことになります[37]」と説明している。

また、二〇一一年三月に、金融庁は「金融商品取引業者等向けの総合的な監督指針」を改正し、「店頭デリバティブ取引に類する複雑な仕組債・投資信託の勧誘に係る留意事項（合理的根拠適合性・勧誘開始基準）」の中で、正式に指導方針の一つとして「合理的根拠適合性」を挙げた[38]。

2 「合理的根拠適合性」をどう理解すべきか

自主規制規則である「合理的根拠適合性」の性質について、これは具体的な特定の顧客に販売・勧誘を開始する前の段階で顧客の範囲を絞り込むための手続きであり、金融機関のビジネス判断の正当性を担保するための手続きでもあり、金商法上の適合性原則の解釈に影響を与える性質のものではないという評価[39]や、営業政策や経済合理性の観点からいかなる顧客にとっても投資対象としての合理性を有しない商品であることが明白であれば、業者としても最初からそのような商品を開発・販売することなどしないはずであるから、「合理的根拠適合性」の実効性には疑問があるという見解が存在する[40]。

しかし、自主規制ルールとして「合理的根拠適合性」の制定経緯やその意味に関する日本証券業協会の説明から分かるように、「合理的根拠適合性」は適合性原則の具体化として、その内容には、勧誘する商品が少なくとも一定の顧客にとって適合性を有することを業者に判断させるだけでなく、当該商品の性質に対する業者の理解を要求することも含まれている。この点で、日本に導入された「合理的根拠適合性」は、米国でのそれと同じ内容を有するものであり、単なる販売上の手続きではなく、適合性原則の一内容を構成し、業法上定められた適合性原則の解釈にも当然影響を与えるものであるように思われる。そもそも、適合性原則は具体的な顧客に適合性を有する投資勧誘を要求するだけでなく、業者に対して自ら勧誘する商品の性質を理解することをも要求しているルールであり、そこで「顧客熟知義務」と「商品熟知義務」という二つの義務が業者に課されている。しかも、具体的な顧客に適合性を有する商品を勧誘するためには、まず業者がその商品の性質を理解しなければならない。だからこそ、「商品熟知義務」を定める「合理的根拠適合性」は適合性原則にとって極めて重要な内容をなしていると言える。

日本証券業協会は、業者が商品を理解しないままに勧誘・販売した場合の効果については言及していないが、「商品に対する業者の理解」が「合理的根拠適合性」の一内容である以上、それに反する場合には適合性原則違反になると解されるべきであろう。

ただ、二つ留意したいことがある。一つは、日本に導入された「合理的根拠適合性」は、有価証券等の販売を適用対象にしているが、投資戦略がその適用対象にされていない。「合理的根拠適合性」が導入された背景には、近時、日本での複雑な金融商品に関するトラブルが急増しているということが関係している。確かに、日本においては、複雑な金融商品と比べて、米国のように複雑な投資方法が未だ少ない。しかし、米国で繰り返し指摘されたように、投資方法いかんによっては、生じたリスクが極めて大きい場合もあり、顧客に一定の投資方法を勧誘するときは、当然、適合性原則に従わなければならない。すなわち、投資商品のみならず、投資方法に対しても、適合性原則が適用されるべきであって、「合理的根拠適合性」の適用対象として投資方法が含まれるべきことを強調しておきたい（後述のように、日本でも、投資方法によりもたらしたリスクが高いことを理由に適合性原則違反を認めた裁判例がある）。

今一つ留意したいことは、「投資商品等に対する理解」の有無について、誰を基準にして判断するかについて、日本証券業協会は何も言及していない点である。米国では、会社ではなく、現場で販売する担当者を基準にして証券または投資戦略に対する理解の有無が判断される。「デリバティブ商品が複雑化し、開発した専担部署の職員であれば理解できたとしても、現場の販売担当者は内容も説明書の記載事項も十分に理解でき」ないという指摘(41)のように、金融機関として商品の性質を把握しているとはいえ、顧客を勧誘する実際の販売担当者個人が理解していなければ、適合性の有無についての正確な判断は期待できない。従って、ここでは、「投資商品等に対する理解」は金融機関たる会社ではなく、現場で販売を担当する具体的な従業員を基準に、理解の有無を判断すべきであろう。

3　裁判例から

以上のように、日本では、「合理的根拠適合性」という概念は、二〇一一年にようやく自主規制規則として導入されたものであり、未だ、これを根拠に適合性原則違反を認定した裁判例も存在しない。しかし、少数であるが、投資方法に着目して適合性原則違反による不法行為責任を認めた裁判例や、（説明義務違反認定の中であるが）商品の性質を販売担当者が理解していないことを指摘した裁判例が現れている。

（1）　投資方法を問題とする裁判例

適合性原則違反による不法行為責任の成立を取り扱う最判平成一七年七月一四日（民集五九巻六号一三二三頁）以来、下級審裁判例は基本的に最高裁により提示された「取引のリスク性と顧客の属性の相関関係において総合的に判断する」という方法で適合性原則違反の有無の判断を行っている。(42) しかも、「取引のリスク性」に関しては、金融商品自体に含まれるリスクを中心に判断しており、投資方法により生じたリスクを考慮に入れない裁判例がほとんどである。この中で、少数ながら業者に勧誘された投資方法により生じたリスクを問題にする裁判例が存在する。

①大阪地判平成一八年四月二六日判タ一二二〇号二一七頁

この事案では、顧客の投資資金の全額をすべてハイリスクの商品に投資させた業者の行為について、裁判所は「……ハイリスク型の株式投資信託（一一種類）、ＥＢ債（三種類）、バスケット債（二種類）、ＩＴ関連外国株（五種類）等の複雑な仕組みのリスクの高い金融商品を対象として全取引資産を集中投資する状態が継続され……このように、極めて積極的な投資判断に基づき、全取引資産をリスクの高い金融商品に集中投資したまま、短期間の乗換売買の勧誘を繰り返したＡ（販売担当者――筆者注）の行為は、……適合性の原則に違反するものというべきである」と判断した。

②大阪地判平成二五年二月二〇日金商一四一五号四〇頁

この事案では、顧客の保有金融資産の七割以上の金額をノックイン型投資信託に投資させた業者の行為について、裁判所は「……原告の財産状態をみると、収入は月額約二〇万円、保有する金融資産は二八五〇万円程度であって、本件の投資額二一〇〇万円は、その七割以上にも当たる。……A及びB（販売担当者――筆者注）が、原告に対して、安定した資産であり原告の保有する金融資産の七割以上を占めていた本件定期預金を解約して、その解約金を原資として本件商品を購入するよう勧めた一連の勧誘行為は、……適合性の原則から著しく逸脱した違法な行為であると判断した。

また、③東京地判平成二五年七月一九日WLJ［平成二四年（ワ）第五〇三一号］も、七〇〇〇万円の金融資産を有する顧客にその大半にあたる五〇〇〇万円を仕組債に投資させた業者の行為が適合性原則違反になるとした。

④大阪地判平成二二年八月二六日判タ一三四五号一八一頁

この事案では、五〇〇〇万円の預貯金を有する顧客にノックイン型投資信託に二〇〇〇万円を投資させた業者の行為について、裁判所は「B及びC（販売担当者――筆者注）は、投資経験及び知識がほとんどなく、慎重な投資意向を有する七九歳という高齢で一人暮らしの原告に対し、相当のリスクがあり、理解が困難な本件各投資信託の購入を勧誘し、定期預金、普通預金や個人年金という安定した資産を同種のリスク内容の投資信託に集中して投資させたものであり、原告の意向と実情に反し、過大な危険を伴う取引を勧誘したものである上、B及びCが、被告の内部基準を形骸化するような運用をして本件各売買契約を成立させたものであるから、適合性の原則から著しく逸脱した」と判断した。

⑤横浜地判平成二四年一月二五日WLJ［平成二二年（ワ）第四六九六号］証券取引被害判例セレクト四二巻一二九頁

この事案では、金融資産が「三〇〇〇万～五〇〇〇万円」であると自己申告した顧客に、業者が外貨建て投資信託に一二〇〇万円を投資させた行為について、裁判所は「……七六歳という高齢であって高額の継続的収入はなく、資産の安定性、安全性という面にも配慮が必要な原告に対し、それまで投資の対象としたことはない新規の商品であり、しかも、リスクが相当程度高い商品について、いきなり一一〇〇万円、更にその僅か三か月後には一〇三万九二三六円と、合計一二〇〇万円を超える投資を勧めた点は不相当であり、適合性原則に違反する」と判断した。

また⑥大阪地判平成二五年二月一五日WLJ〔平成二二年（ワ）第一七三〇九号〕は、相続により五億円の金融資産を有する顧客に一億九〇〇〇万円を仕組債に投資させた業者の行為について、「……取引開始後間もなくして、一億円が三〇年間固定される本件為替リンク債の購入の勧誘を行い、その後続けて合計約九〇〇〇万円の本件各EB債の購入の勧誘を行った……被告担当者の行為は、適合性の原則から著しく逸脱するものであった」とした。

これらの裁判例は、共通して業者の「集中投資」という投資方法への勧誘を問題にしている。①裁判例における顧客の投資資産の全額をすべてハイリスク商品に投資させる方法は、典型的な集中投資であるが、②③裁判例での集中投資は、顧客の保有金融資産の大半を占める金額を一種類のハイリスク商品に投資させるものであり、また④裁判例は、投資額が顧客の保有金融資産の大半とまでは言えないものの、高齢である顧客の属性に照らして、一種類のハイリスク商品だけに投資させることが集中投資にあたるとした。さらに、⑤⑥裁判例は投資額と保有金融資産との割合の比較ではなく、一回のハイリスク商品に投入した投資額が高額であることを問題にした。

このように、集中投資といっても、その態様は必ずしも一様ではない。しかし、同種類のハイリスク性を有する商品に集中的に投資する方法は、顧客に高いリスクを負わせる危険性が極めて大きいものであり、いかなる顧客にとっても不適合な投資方法であると言われる。ちなみに、「合理的根拠適合性」に従うと、集中投資の方法を利用して顧客に投資させようとする業者は、その投資方法により生じるリスクを理解したうえで、少なくとも一定の顧客に適合性を有するかどうかを判断しなければならない。業者は自ら用いた投資方法のリスク性を理解していなければ、その勧誘が適合性原則に違反するし、その投資方法が少なくとも一定の顧客に適合性を有することを「合理的根拠適合性」をもって想定できなければ、同じくそのような勧誘が適合性原則違反になる。当然、集中投資にあたるかどうかを判断する際に、顧客の具体的な属性を考慮する必要があるが、そもそもいかなる顧客にも適合性を有しないと思われる集中投資を顧客にさせること自体、「合理的根拠適合性」に反する。

（2）商品の性質に対する業者側の理解を言及する裁判例

適合性原則違反との関係で投資方法を問題として取り上げた上記の裁判例と異なり、勧誘した商品の性質に対する業者側の理解に触れた裁判例は、適合性原則ではなく、説明義務違反の認定との関係でその有無に言及している。

⑦大阪地判平成七年二月二三日判時一五四八号一一四頁は、「A（販売担当者――筆者注）自身がワラントについての正確な知識を有し、ワラントの仕組みを十分に理解していたとは到底いえない。前記……でみたAの理解は明らかに誤っている。右の点からみて、そもそもAが原告に、本件ワラント取引についての説明義務を尽すこと自体が困難であったといわざるをえない」とした。

⑧大阪地判平成二二年八月二六日判タ一三四五号一八一頁は、「CやB（販売担当者――筆者注）は、本件各投資信託の投資対象や運用益についての知識は持ち合わせてはおらず、被告においてその研修もされていないというのであるから、そもそも、販売を勧誘する側に知識不足があったというべきであり、そのような者が一般顧客に商品の内容やリスクを、十分に説明することができるかどうか、疑わしい」とし、最終的に説明義務違反を認めた。

⑨大阪地判平成二四年二月二四日判時二一六九号四四頁は、「E（販売担当者――筆者注）自身、解約料の具体的な算定方法はわからず、『大きな損失』と言ってもどの程度の額になるのか、それが一〇億円なのか一〇〇〇万円なのかすら理解していなかったことに照らすと、この段階において、EがB（原告法人の従業員――筆者注）に対し、本件取引について説明するに当たってことさら解約料について詳しく説明をしたとは考えられない」とし、説明義務違

反を認定した。

この三つの裁判例は、取り扱う金融商品の性質について、業者の販売担当者が正確に理解していなかったこと（⑦裁判例）、知識を有しなかったこと（⑧裁判例）、理解していなかったこと（⑨裁判例）を問題点として取り上げたが、これが適合性の有無に関する判断に影響するものとは考えず、あくまで説明義務の履行との関係で判断した。

前述のように、「合理的根拠適合性」は、まず自ら勧誘する商品の性質を理解することを業者に要求するものである。商品の性質を理解していなければ、業者はその商品が少なくとも一定の顧客に適合性を有するかどうかの判断ができず、当然具体的な顧客に適合性を有するかどうかの判断もできない。だからこそ、自ら理解していない商品を顧客に勧誘すること自体は合理的根拠がなく、適合性原則違反になるはずである。当然、自ら理解していなければ、顧客に対して説明義務を果たすことができず、説明義務違反になることは言うまでもない。しかし、それより、もっと根本的な問題は、自ら理解していない商品を顧客に勧誘してはいけないことであろう。説明義務を云々する前に、勧誘それ自体を問題視すべきではないか。つまり、商品の性質に対する業者側の理解の有無は、説明義務の履行より、むしろ「合理的根拠適合性」の認定場面の問題であり、商品を理解しないままに顧客に勧誘する業者は、「合理的根拠適合性」に反し、適合性原則違反として責任を負わなければならないと解すべきである。

以上のように、「合理的根拠適合性」は日本に導入されて日がまた浅く、それに対する理解を深める必要があるが、「合理的根拠適合性」の内容に関わる問題点が裁判例の中で既に取り上げられていることには留意したい。

（36） 日本証券業協会「協会員の投資勧誘、顧客管理等に関する規則第三条第三項の考え方」（平成二三年二月一日）問一。
（37） 同上、問二。
（38） その内容は以下の通りである。
店頭デリバティブ取引に類する複雑な仕組債・投資信託の販売に関しては、顧客にとってリスク等が分かりにくい等の問題により、特に個人顧客との間でトラブルが増加している。こうしたことを踏まえると、個人顧客に対してこれらの仕組債・投資信託の勧誘を行う金融商品取引業者においては、投資者保護の充実を図る観点から、適合性原則等に基づく勧誘の適正化を図ることが重要であり、例えば、以下の点に留意して検証することとする。
・日本証券業協会自主規制規則『協会員の投資勧誘、顧客管理等に関する規則』を踏まえ、投資者へ販売する商品としての適合性（合理的根拠適合性）の事前検証を行っているか。
・日本証券業協会自主規制規則『協会員の投資勧誘、顧客管理等に関する規則』を踏まえ、商品のリスク特性や顧客の性質に応じた勧誘開始基準を適切に定め、当該基準に従い適正な勧誘を行っているか。

(39)　和仁・前掲注（5）三七-三八頁（二〇一一年）。
(40)　永田光博「合理的根拠適合性」金法一九二五号四-五頁（二〇一一年）。
(41)　森下教授は、実際に現場の販売担当者が商品を理解できない場合には、説明義務が果たされることに期待しても、業者に商品性の判断を任せても問題が解決されず、そのような商品の販売を禁止する形で商品自体の規制が考えられると主張した（同・前掲注（7）一五-一六頁）。
(42)　適合性原則違反に関する最高裁の判断を含め、下級審裁判例の状況については、王・前掲注（10）三七-九二頁参照。

四　むすびにかえて

「合理的根拠適合性」は、業者に対して、自ら勧誘する証券や投資戦略のもつリスク及び利得等の性質を理解し、そのうえで、当該証券や投資戦略が少なくとも一定の顧客にとって適合性を有するかどうかを判断するよう要求するものである。ＳＥＣが再三強調したように、この「合理的根拠適合性」は、適合性原則に内包され、当該原則の一内容を構成している。適合性原則を語るとき、どうしても顧客の属性に対する考慮に重点を置きがちであるが（もちろん、顧客に投資勧誘をする場合、当該顧客の属性を把握しなければならないが）、顧客の情報を知るだけで、勧誘する証券や投資戦略が当該顧客に適するかどうかを判断することはできない。まずもって勧誘者自身がその証券や投資戦略の性質を理解していることが必要である。すなわち、適合性原則にとって「顧客熟知」のみならず、「商品（投資戦略）熟知」も同じく重要な要素であり、「特定顧客適合性」が「顧客熟知」を内容とし、「合理的根拠適合性」が「商品（投資戦略）熟知」を内容とし、両者が適合性原則の両輪となり、当該原則の機能を支えているのであって、どちらか一方が欠けても、適合性原則の遵守は実現できまい(43)。

より複雑な金融商品が組成・販売されるにつれ、問題の解決を説明義務(44)のみに求めることは、既に限界にきている(45)。適合性原則をもって勧誘行為それ自体を是正することこそ、根本的な解決につながるように思われる(46)。しかし、日本では、近時、適合性原則を「狭義」と「広義」と分けて論ずるのが主流となり、さらに「狭義の適合性原則」を「排除の論理」として捉える見地が有力視され、適合性原則は次第に狭く解釈され(47)、裁判実務上も限られた場合にしか機能しないという危惧すべき状態に陥っている(48)。「合理的根拠適合性」の視点を取り入れて、「顧客属性」の考慮だけでなく、「商品（投資戦略）」に対する業者の理解も適合性原則の問題であることが認識されるようになれば、適合性原則は単に市場から顧客を排除する「狭い」ルールではなく、業者に商品と顧客の両方を熟知したうえで具体的な顧客に適した投資勧誘を要求するルールとして活用されよう。

最後に、適合性原則の正しい運用は、民事訴訟において責任の所在を明白にするだけでなく、金融機関のコンプライアンスの向上にも資するものであることを指摘しておきたい。金融機関は、適合性原則の内容を正確に理解し、内部勧誘体制を整備する際に、顧客の情報収集だけでなく、商品の性質を従業員に正しく理解させ、そのうえで顧客の属性に照らして適合性の有無を判断する体制に取り組めば、事前の紛争防止につながり、訴訟リスクを回避することもできるであろう。それだけでなく、最終的に適合性原則の遵守は、投資市場の公正性の維持、大衆の信用の確保という結果をもたらすものとなろう。本稿が適合性原則に対する理解の深化に資することを期待したい。

(43) 川地教授は適合性原則の前提として業者の顧客情報収取義務を明文化すべきと主張するが（同・前掲（4）四四頁）、顧客の情報収集のみならず、取り扱う金融商品や投資戦略の熟知も適合性原則の遵守における業者の必須の義務となると言うべきであろう。

(44) 適合性原則と説明義務との関係については、王・前掲注（10）一一〇-一一七頁、三八四-三八九頁、潮見佳男『契約法理の現代化』（二〇〇四年、有斐閣）八〇-八三頁、川地・前掲注（4）三一-三二頁参照。

(45) 村本武志「顧客限定合理性下での適合性原則・説明義務と錯誤の役割と要件：複雑性金融商品取引における判決例を素材として」新世代法政策学研究一三巻二九四-二九五頁（二〇一一年）は、限定合理性下の「行動バイアス」の見地から説明義務の限界を指摘する。

(46) 志谷匡史「投資者保護の現代的課題」商事一九一二号四頁以下（二〇一〇年）は、デリバティブ取引に関する裁判例からみると、証券会社の販売姿勢に問題があると指摘する。

(47) 適合性原則に関する学説状況については、王・前掲注（10）九二-一一〇頁参照。

(48) 排除の論理という観点からではあるが、潮見教授は「排除の論理としての適合性原則（狭義）が民事レベルで機能する余地を否定ないし制限することに、問題はないか」と問いかけ、「禁止規範としての適合性原則（狭義）を民事レベルで再評価する必要性を、強く感じる」と表明して、適合性原則の適用領域を拡大すべきことを示唆する（同・前掲注（3）一六頁）。適合性原則を再評価すべきであることは、その通りであるが、「排除の論理」そのものが再評価の足枷となるのではないかと思われる。

「付記」本稿は、全国銀行学術研究振興財団研究助成（2012年度）による研究成果の一部である。

外国為替証拠金取引と詐欺罪

大山　徹

一　はじめに

一九九八年の「外国為替及び外国貿易管理法」（以下「外為法」という）の改正により、わが国においても外国為替証拠金取引が創始せられた(1)。インターネットを媒介にして一般市民が気軽に参加できることから、外国為替証拠金取引に関与する人々の数が爆発的に増加しつつある(2)。「ミセスワタナベ」という言葉が海外で囁かれていることからもわかるように、資産運用に身を投じている日本の女性が外国為替証拠金取引に多数参入している事実は繰り返し報道されている。最近は低金利時代が長く続き、銀行預金や株式投資だけでは自己の資産を増殖させることは著しく困難な状況である。昨今の我が国の経済状況を勘案すれば、一般市民がハイリスク・ハイリターン取引に多大な関心を寄せるのも充分に理解できる現象だといえよう[3]。

しかしながら、外国為替証拠金取引もまた極めてリスクの高い取引である。後述するように、外国為替証拠金取引は証拠金取引であり、これは外国為替証拠金取引がレバレッジを効かせる取引であることを意味している。例えば、円売りドル買いの例であるが、一ドルが一〇〇円だった時に証拠金四万円を払って一万ドル買ったとしよう。この場合の約定代金の総額は一〇〇万円であり、外国為替証拠金取引に参入するため必要となる金員は証拠金の四万円であるということになる。この事例で、数日後、ドル安円高が進み一ドルが九五円になると、その際の一万ドルの価値は九五万円になってしまうわけであり、顧客は五万円の損害を被ることになる。重要なことは、この事例における顧客は、証拠金の全てを消失し、さらには追加証拠金を払わなければならない事態に逢着することである。このように、外国為替証拠金取引は多大なリスクを内包する取引なのである[4]。

近時、悪徳業者が甘言を用い経済取引に疎い主婦や老人等の一般市民を外国為替証拠金取引に誘引し、一般市民が出損した金員を丸ごと消失させるトラブルが社会問題になっている[5]。外国為替証拠金取引をめぐるトラブルについては、第一次的には金融商品取引法（以下「金商法」という）等の業法で対処するのが有効である[6]。事実、金融庁は金融先物取引法（現在は廃止）や金商法を改正することによって、悪徳業者の参入を防止し主婦や老人等の経済的弱者を保護する施策をその都度講じてきた。しかしながら、かかるトラブルについては詐欺罪を適用するという途が最も有効な解決策である。ただ、詐欺罪を適用するにあたっては、我々は詐欺罪の各構成要件要素が充足されているかを慎重に吟味する必要がある。

外国為替証拠金取引に関し、詐欺罪の成否が論じられる業者の勧誘行為にはいくつかの類型が存在するが、後に言及するように、取引所取引または店頭取引に取り次ぐ意思がないのに勧誘し金員を交付させる類型、登録業者でもないのに顧客を勧誘し証拠金等の名目で金員を交付させる類型、登録業者が積極的に虚偽の事実を示して勧誘し証拠金等の交付をさせる類型、登録業者が外国為替証拠金取引が投機性を有することの説明をせず元本やその他の利益が保証されているかのように誤信させて勧誘する類型、登録業者が客殺し商法を営む類型の五類型に分析して検討することが合理的である。そして、この問題を検討するにあたっては、予備知識として、外国為替証拠金取引の規制の歩みや外国為替証拠金取引の仕組みや実際に生起した事例を概観することが不可欠である。そこで、二では外国為替証拠金取引の規制の歩みを取り上げ、三では外国為替先物取引の仕組みを確認する。次いで、四では実際に生起した事例を概観することにする。

（1）　廣重勝彦＝平田啓『FX取引入門』（二〇〇九年）一六頁以下、滝田洋一『通貨を読む・第四版』（二〇一三年）四一頁以下。

（2）　最近では、顧客に自己責任を負わせた上でインターネット上だけで外国為替証拠金取引を行わせる形態も増えているようである。しかしながら、顧客保護の見地からは、これはこれで問題があるように思われる。種々の名目で手数料を支払っているにもかかわらず、顧客は自己責任の名の下に様々なリスクを負担するよう業者に要求されている。このような状態は理想的な状態からはほど遠いものであるようと考えられる。本来手数料は専門的なアドバイスの対価として顧客から業者へ支払われるべきものであるように思われる。

（3）　世界のあらゆる国々が同一の通貨を使用するという事態は人類の悲願なのかもしれないが、さしあたりこのような事態が現実化することはないように思われる。したがって、外国為替市場が消滅する事態に我々が直面することはないように思われる。松田哲『外国為替・FXの仕組み』（二〇〇九年）三六頁。

（4）　金融先物取引はリスクヘッジをする手段として有用性が認められる。たとえば、自動車メーカーがイギリスで自動車を販売し、販売した代金（一〇〇万ポンド）を三ヶ月後に受け取ることが確実に見込まれているとの設例について考えてみたい。販売時の先物市場の為替レートが一ポンド二五〇円であり、当該レートが有利だと判断するのなら自動車メーカーは先物市場で一〇〇万ポンドを売却しておけばいいのである。何故なら、三ヶ月後の為替レートは未だ不明であるからである。もし、この設例で三ヶ月後の為替レートが直物で一ポンド一四〇円になったとしたら、自動車メーカーは潜在的な損失を一億一千万円も減少させたことになるのである。このように金融先物取引にはリスクヘッジ機能がある。これに対して外国為替証拠金取引においては、ヘッジするものは何もないといえる。むしろ、外国為替証拠金取引は投機性の極めて高い取引と評されているが、為替変動のリスクを全くヘッジしないからこそ近時人々の関心を集めているともいえるのである。

（5） 外国為替証拠金取引と刑事罰というテーマの先行研究として、野村稔教授と石戸谷豊弁護士のものがある。野村教授が執筆されたものとしては、野村稔「外国為替証拠金取引の規制について―先物取引に関する犯罪―」斉藤豊治＝日高義博＝甲斐克則＝大塚裕史編『神山敏雄先生古稀祝賀論文集・第二巻　経済刑法』（二〇〇六年）一九七頁以下がある。他方、石戸谷弁護士が執筆されたものとしては、石戸谷豊「短期集中講座・外国為替証拠金取引 vol. 1」月報司法書士平成一七年八月号（二〇〇五年）七八頁以下、石戸谷豊「短期集中講座・外国為替証拠金取引 vol. 2」月報司法書士平成一七年九月号（二〇〇五年）四二頁以下がある。

（6） 金商法の解説としては、黒沼悦郎『金融商品取引法入門・第五版』（二〇一三年）三頁以下がある。

二　外国為替証拠金取引の規制の歩み

冒頭で述べたように、一九九八年に外為法が改正されたことによって、従来外国為替公認銀行（為銀）だけに認められていた外国為替証拠金取引が解禁となり、銀行一般・商社・保険会社・証券会社・自動車販売業者等の一般企業も外国為替証拠金取引のインターバンク市場に参入できるようになった(7)。すなわち、一九九八年以前は、旧外為法一〇条が存在することによって、旧外為法四条で大蔵大臣の免許を受けた銀行（為銀）のみが外国為替市場に参入することを許容されていたにすぎなかったのであるが、一九九八年の外為法の全面的改正によって、広く一般企業でも外国為替市場に参入できるようになったのである。

しかしながら、ここで想定外のことが起こった。一九九八年の外為法の改正は、商社や自動車生産業者等にインターバンク市場への参入の枠を拡張することを究極の目的にしていたのだが、資力の乏しい業者が勝手に外国為替証拠金取引と称するものを創始するようになり未曽有の消費者被害を発生させたのである。すなわち、外国為替証拠金取引は公設の取引所を媒介としない取引であり店頭取引が基本なのであるが、外国為替証拠金取引の何たるかを知らない高齢者や主婦が外国為替証拠金取引に関与させられたり、強制的に口座を開設させたり、高額な手数料を業者に支払わされる等、数多くの消費者問題が生み出されたのである。(8)

しかしながら、金融庁もこのような消費者被害が発生するのを、ただ手を拱いて傍観していたわけでもなかった。そこで、金融庁は、二〇〇五年に、既に存在していた金融先物取引法を改正することにより、雨後の筍のように跋扈していた悪質な外国為替証拠金業者を排除することを企図した。(9) この金融先物取引法の二〇〇五年改正は重要である。以下この改正のいくつかのポイントにつき言及しておきたい。まず、第一に従前は適用される法律自体が判然としなかった外国為替証拠金取引について、これを明確に金融先物取引法が規制する取引として位置づけた。第二に、外国為替証拠金取引については、金融庁と証券取引等監視委員会を監督官庁にした。すなわち、外国為替証拠金取引については金融庁と証券取引等監視委員会に取引業者を主管・検査する権限が付与されたのである。第三に、営業活動を行う外国為替証拠金業者はすべて登録制となった。第四に、この改正で、取引業者は最低資本金や自己資本比率規則などの種々のハードルをクリアーしなければならなくなったため、財務上問題がある業者については、金融庁が予め審査をして営業活動を開始できないような措置が講じられることになった。(10) 第五に、外国為替証拠金取引を店頭取引ばかりでなく、公設の取引所でも取り扱うことができるようにし（以来、東京金融取引所はクリック365のような金融派生商品を販売している）、悪徳業者の暗躍する不透明な相対取引から公設の取引所に顧客を誘導することを可能にした。(11) 第六に、要請していない顧客に勧誘をしてはならないとする不招請勧誘の禁止の規定が設けられた。(12)

金融先物取引法の二〇〇五年改正はこのようなものであったが、その後、二〇〇七年に証券取引法が金商法へと名称変更された折に、信託法・抵当証券法や商品ファンド法とともに金融先物取引法は廃絶せられた。金商法を補完するものとしての「金融商品取引業等に関する内閣府令」（以下「内閣府令」という）も同時に施行された。いずれにせよ、従来、金融先物取引法で規制されていた金融先物や外国為替証拠金取引は、二〇〇七年九月以降、金商法で規律されることになった。なお、金商法の発足以降、業者に顧客財産の分離保管が義務づけられるようになったことは特筆に値する（金商法四三条の三、内閣府令一四三条一項）。また、今日では二五倍を上限とするレバレッジ規制（内閣府令一一七条七項、内閣府令一一七条八項）やロスカット義務（内閣府令一二三条一項二一号の二、内閣府令一二三条二一号の三）の規定が盛り込まれているが、これらの規定は注目に値する規定である。

現在、外国為替証拠金取引は金商法二条二一項一号と金商法二条二二項一号で規律されている。前者は市場デリバティブ取引を、後者は店頭デリバティブ取引を定めている。市場デリバティブ取引とは「売買の当事者が将来の一定の時期において金融商品及びその対価の授受を約する売買であって、当該売買の目的となっている金融商品の転売又は買戻しをしたときは差金の授受によって決済することができる取引」であり、店頭デリバティブ取引とは「売買の当事者が将来の一定の時期において金融商品……及びその対価の授受を約する売買であって、当該売買の目的となっている金融商品の売戻し又は買戻しその他政令で定める行為をしたときは差金の授受によって決済することができる取引」であるとされている。(13) 外国為替証拠金取引においては、いつ手仕舞いするかの権利は顧客が有している。いずれにせよ、差金決済を念頭に置いたものが金商法上はデリバティブ取引とされるので、現実に外貨自体を取得しようとする取引は金商法上のデリバティブ取引にはあたらない。また、実際、外貨自体を取得しようとする顧客は約款で外国為替証拠金取引の店頭取引等から締め出されているのが通常である。(14)

（7） 松田『外国為替・FXのしくみ』（前掲注3）三九頁以下、滝田『通貨を読む・第四版』（前掲注1）四一頁以下。

（8） 外国為替証拠金取引の歴史はまさに消費者被害克服の歴史であった。老人や主婦といった経済的弱者に甘言を弄して契約を締結し、業者は彼らの退職金や年金、貯金や生活資金等を無に帰せしめていったのである。幸い、二〇〇五年七月の改正金融先物取引法の施行により、悪徳業者は登録制となり業者の数もかなり減少したとのことである。しかしながら、最近においても、依然として悪徳業者は横行しているという。二〇〇五年には不招請勧誘の禁止規定も生まれている。黒沼『金融商品取引法入門・第五版』（前掲注6）一八〇頁。

（9）わが国の金融先物取引法は一九八八年に誕生した。この法律が成立したことでわが国で初めて公設の金融先物取引所が設立された。現在では金融先物につき店頭取引・取引所取引の双方が認められているが、一九八八年に金融先物取引法が制定された段階では取引所取引のみで金融先物が営まれることが想定されていたようである。関根攻＝藤田義治＝亀島千佳＝堀裕『金融先物取引法』（一九九一年）四六頁を参照。

（10）二〇〇五年の改正金融先物取引法は同年七月一日から施行されたが、同法附則二条によって同年七月一日より半年間は無登録営業の下でも営業ができるようにしていた。しかしながら、このような措置を講じる必要はなかったというべきである。というのも、附則二条は、他方で、登録申請中の業者については、登録または登録拒否の処分があるまでは営業を可能とすると定めており、半年の猶予期間をわざわざ設定する必要はなかったと考えられるからである。石戸谷「短期集中講座・外国為替証拠金取引 vol. 1」（前掲注5）八〇頁。

（11）東京金融取引所は、当時の金融先物取引法一四条に基いて大蔵大臣から免許状の交付を受け、一九八九年に設立された。関根＝藤田＝亀島＝堀『金融先物取引法』（前掲注9）六二頁を参照。なお、二〇〇九年七月には、「大証FX」が大阪証券取引所において金融商品として取り扱われるようになった。廣重＝平田『FX取引入門』（前掲注1）一八頁以下。

（12）勧誘の要請をしていない顧客に対し訪問しまたは電話をかけて金融商品等の勧誘をすることを不招請勧誘という。平下美帆『実務のための金融商品取引法・第二版』（二〇一二年）三五八頁以下。現在でこそ商品先物取引法や特定商取引法に不招請勧誘の禁止の規定が存在するが、わが国に不招請勧誘の禁止の規定が導入されたのは二〇〇五年の金融先物取引法が初めてである。したがって、外国為替証拠金にまつわるトラブルが多発したことが不招請勧誘の規定の導入を促したと評価したとしてもそれは過言ではないように思われる。この点については、黒沼『金融商品取引法入門・第五版』（前掲注6）一八〇頁以下を参照。

（13）例えば、一ドル一〇〇円の時に一万ドル売るとの玉を建てたとしよう。法律的には、将来のある時点（明日かもしれないし、半年後かもしれないし、一年後かもしれない）で一ドル一〇〇円のレートを使って一万ドルを売り、同時に将来のある時点のレートを使って差金決済をするという契約を玉を建てた時点で締結する。

（14）たとえば、株式会社 DMM. com 証券の店頭外国為替証拠金取引説明書の一五頁には、「差金決済のみ可能で、外国通貨による受渡はできません」と記載されている（二〇一三年九月の状況）。http://fx.dmm.com/policy/regulation/を参照。

三　外国為替証拠金取引の仕組み

冒頭でも若干触れたように、外国為替証拠金取引は証拠金取引であり、本質的に危険性を内包した取引である。[15]証拠金取引という点で外国為替証拠金取引は商品先物取引と共通性がある。外国為替証拠金取引は我々に一攫千金を齎す場合もあるが、逆に為替差損をもたらす場合もある。例えば、一ドルが一〇〇円であったときに、円を借りてドルを買い一万ドル購入したとしよう。この場合、証拠金が四万円だったと仮定する。一万ドルを購入するので約定代金の総額は一〇〇万円となるが、いうまでもなく外国為替証拠金取引においては約定代金の総額を準備する必要はない。したがって、さしあたり用意する金員は四万円で事足りる。もし、ドル高円安が進み一ドル＝一〇四円まで為替相場が変動すれば、総取引金額は一〇四万円となるので、四万円の利益が発生する。すなわち、当初出損した金員である四万円も戻ってくるし四万円の為替差益が発生するので、あたかも出損した四万円が倍加したような外観を呈する。しかしながら、反対にドル安円高が進み一ドル＝九二円まで為替相場が変動すれば、総取引金額は九二万円となるので、八万円の損害が発生する。この場合には、証拠金として予め提供した四万円は返還されず損失に充当されるが、これでも損失は補填されないので、さらに四万円の損害を顧客は被る。このように、外国為替証拠金取引は為替相場の動向次第で損益が決定する取引なのである。すなわち、出損した証拠金が丸ごと消失する確率はかなり高いといえるのである。

以上は通貨ペアが円とドルのパターンであったが、当然のことながら通貨ペアは円とドルに限定されるわけではない。[16]通貨ペアがユーロとドルのパターンもあるし、ポンドとドルのパターンもある。注意しなければならないことは、対円通貨ペアのパターン以外だと損益の確定の仕方がやや複雑になってくるということである。具体的事例を用いてそのことを明らかにしておこう。例えば、一ユーロが一・三ドルの時に一万ユーロ買ったとしよう。この事例はドルを借りてきてユーロを買うパターンであるが、論理的には一万三千ドル（一・三×一万）を用意するという計算になる。しかしながら、顧客は一万三千ドル用意する必要はなく、しかも証拠金は円で提供しなければならないことに注意を要する。この事例で、しばらく後に、一ユーロ＝一・三一ドルまでユーロ高ドル安が進んだとし、この時に決済したと仮定してみよう。決済時の一万ユーロの時価は一三一〇〇ドル（一・三一×一万）ということになるので、この事例における顧客の儲けは一〇〇ドルということになる。そして決済時の為替相場が一ドル九〇円だとすると、円に換算すると儲けは九〇〇〇円（一〇〇×九〇＝九〇〇〇）ということになる。逆に、手仕舞いした時一ドル一一〇円だとすれば、儲けは一一〇〇〇円（一〇〇×一一〇＝一一〇〇〇）だということになる。要するに、対円通貨ペアのパターン以外で外国為替証拠金取引を行ったケースでは、円換算する必要が生ずるため、為替相場がドル安円高にシフトするかドル高円安にシフトするかで、顧客の利益の幅も変わってくるのである。

また、前述した一ユーロが一・三ドルの時に一万ユーロ購入した事例であるが、その後一ユーロが一・二ドルになった時点で手仕舞いしたとしよう。決済時の一万ユーロの時価は一二〇〇〇ドルになるので、顧客は一〇〇〇ドル損害を被ることになる。決済時に一ドル一一〇円だとすれば為替差損は一一万円となり、一ドル九〇円だとすれば為替差損は九万円となる。この場合顧客が当初証拠金として出損した金員が六五〇〇〇円だとすれば、前者であろうと後者であろうと顧客は証拠金以外に新たに金員を支払う必要が生ずる。

ところで、外国為替証拠金取引では、スワップポイント（金利差調整分）が付くことを利用して顧客の口座に利益を持ち込むことができる。ここで再び一ドルが一〇〇円であったときに一万ドル購入し、一ドル一〇四円にドル高円安が進んだタイミングで決済したという事例を念頭にこの問題を考えてみよう。この場合、借り入れた一〇〇万円については年利一パーセントの金利を支払い、購入した一万ドルの方には年利五パーセントの配当を受け取れたものとして計算をしてみよう（一〇〇万円を借りて日本の金融機関に金利を支払い、米国の金融機関から金利を受け取るイメージである）。二〇一二年四月一日に円を借りてドルを買い、二〇一三年三月三一日にドルを売って円に換金したと仮定すると、一万円の利息を顧客は支払う必要があるものの、五〇〇ドルの利息を受け取れるのであるから、（五〇〇×一〇〇－一〇〇〇〇という計算になる）この事例では、スワップポイントだけで顧客は四万円の配当を受け取れることができるのである。

しかし、逆のパターンもある。先の事例とは反対に、一ドルが一〇〇円であったときに、一万ドルを借りてその一万ドルを売り、一年後に一ドル一〇四円までドル高円安が進んだ時点で手仕舞いしたという事例について考察してみよう。この場合、ドル金利が五パーセント、円金利が一パーセントだったしてスワップポイントを計算してみることにしたい。この事例の場合、ドル金利が五パーセントなのでスワップポイントの支払分は一〇〇〇〇×〇・〇五×一〇〇＝五万円となり、円金利が一パーセントの期間に一年間円を保有していたと考えて計算をするので、スワップポイントの収益分は一〇〇万×〇・〇一＝一万円となる。したがって、この場合には、結果として顧客はスワップポイントだけで四万円の損失を被る計算になるのである。[17]

要するに、ここで我々が確認しなければならないことは、金利の高い通貨を保持しているからといって顧客に必ずしも利益がもたらされることはないということである。以下、具体的事例を素材にこの点を検討してみよう。例えば、一ポンド二五〇円の時に証拠金一七万五〇〇〇円を支払い一万ポンドを購入したが、一年後に突如一ポンド一四〇円に為替相場が変動したという事例を想定してみよう。[18]もしポンドの短期金利が一パーセントで円の短期金利が一パーセントだとすると、設例四の場合には、概算すると、スワップポイントだけで一〇〇〇〇〇円を受け取ることができる計算となる。（一〇〇〇〇×〇・〇五×二五〇－二五〇〇〇〇〇×〇・〇一＝一〇〇〇〇〇：概算、実際には短期金利自体が日々変動している）。[19]しかしながら、この事例ではあまりにも急激にポンド安円高が進行しており、顧客は総取引金額レベルで一一〇万円の損失を被っているのである（二五〇万円－一四〇万円＝一一〇万円となる）。すなわち、この事例では、顧客が膨大な損失を被っており、一〇万円のスワップポイントの受け取りではその損失が穴埋めできようはずもないといえるのである。[20]

(15) もっとも、株式においては一年で株価が倍になったり半分になったりする銘柄も珍しくないが、外国為替市場でレートが一年で倍になったり半分になったりするケースは少ないとの指摘もある。山岡和雅『はじめての人のＦＸ基礎知識&儲けのルール』（二〇〇六年）四九頁。実際問題としても、一ドルが一一五円から二三〇円になったり、反対に五八円になったりする事態が起こることは殆どないように思われる。

(16) 一般に、米ドル／豪ドル、米ドル／スイスフラン、ユーロ／米ドルのように、米ドルが通貨ペアの一つに含まれているものをストレート、それ以外のものをクロスと呼ぶ。円が通貨ペアの一つに含まれているものを対円通貨ペアという。廣重＝平田『ＦＸ取引入門』（前掲注1）三七頁。

(17) 廣重＝平田『ＦＸ取引入門』（前掲注1）二八頁以下。

(18) 例えばポンドであるが、金利は高いものの値動きが激しいことで有名とのことである。山岡『はじめての人のＦＸ基礎知識&儲けのルール』（前掲注15）八六頁。

(19) このように、高金利通貨のポジションを持ち続けた場合であっても、為替相場自体の値動きのリスクが顕在化して、顧客にとってスワップポイントの利点が十分に生かし切れない事態に陥ることもある。山岡『はじめての人のＦＸ基礎知識&儲けのルール』（前掲注15）八〇頁。

(20) スワップポイントの計算の仕方であるが、スワップポイント＝運用益－調達コストとなる。この事例で円の金利がxパーセント、ポンドの金利がyパーセントだとすると、運用益は25000y（＝10000×0.01×y×250）であり調達コストは25000x（2500000×0.01×x）となるので、スワップポイントは25000y－25000xとなる。

四　具体的説例の検討

二では外国為替証拠金取引の規制の歩みを概観し、三では外国為替先物取引の仕組みを確認した。四では近時耳目を集めた具体的説例を検討することにしよう。すなわち、外国為替証拠金取引にまつわる裁判例および検挙事例を個別具体的に検討することによって、事例を通して何が問題になっているか、解決しなければならない課題としていかなる課題が我々に突き付けられているのかを知る必要があるように思われる。なお、検挙事例の情報については新聞記事により得たことを予めお断りしておきたい。

Xらは顧客らから「起業コンサルティングセット」と称するCDセットの販売名目で金銭の委託を受け、それを外国為替証拠金取引に取り次ぐ等していた。しかしながら、実際にはXらは顧客から預かった金員を外国為替証拠金取引に運用する以外にも、他の顧客への配当に回していた。Xらは外国為替証拠金取引の運用実績がないのに、多額の利益をあげた実績があるように装って顧客を勧誘して金員を出損せしめた（事例一）[21]。

事例一は福岡地判平成二四年三月一九日の事案であるが、福岡地裁は詐欺罪の成立を認めている。最初から委託された金銭を他の顧客への配当に回した事案だったのであるから、福岡地裁が詐欺罪の成立を認めたのは妥当な判断であったように思われる。なお、当該事案では、「起業コンサルティングセット」という名目で顧客から金員を集めた点が特徴的である。そして、福岡地裁がこれを「預り金」と認定している点も興味深い。詐欺罪と出資法二条一項違反とがいかなる関係に立つと解するのかは一つの問題であるが、福岡地裁は、出資法違反は詐欺罪に吸収されると解釈しているようである。

Xらは平成二〇年一二月二二日から平成二一年三月二日まで外国為替証拠金取引を行っていたが、平成二一年三月三日から平成二一年九月一〇日まで当該取引を行っていないのにもかかわらず、内容虚偽の売買実績が記載された資料等を送付した上、外国為替証拠金取引の運用益で配当が得られると騙して、顧客から金員を詐取した。Xらは集めた金員を会社の運転資金のために費消した（事例二）[22]。

無登録で第二種金融商品取引業を行っているので、事例二のXらは詐欺罪以外にも金商法違反の罪に問われている。事例二は高松地判平成二四年四月一〇日の事案である。事例二ではXらに詐欺罪の成立が認められているが、会社の運転資金に転用するつもりで金銭を提供させているのであるから、詐欺罪成立との結論を導いても何ら問題はない。当該事案で、他に注目に値する点があるとすれば、高松地裁が金商法違反の罪と詐欺罪とが併合罪の関係に立つとしている点である。なお、Xらは控訴しているが、高松高判平成二四年九月二七日は、控訴を棄却し原審の高松地裁の判断を維持している[23]。

投資会社「アライド」の代表社員の女性Aは「すご腕トレーダー」と称し顧客から信望を集めていた。しかし、Aは二〇〇九年七月一四日に金商法違反（無登録営業）の容疑で逮捕され、次いで二〇〇九年九月一六日詐欺容疑で、同社の社長とともに大阪府警に逮捕された。Aは多額の運用益があるかのように仮装した内容虚偽の決算書を示す等して奈良県内の顧客二人に現金一三〇〇万円を出捐させたという。Aとアライドの元社長は顧客二八〇人から約二〇億七〇〇〇万円を集め、そのうち約三億六〇〇〇万円をFX取引に注ぎ込んだ。さらには、Aらには顧客から集めた金をそのまま別の顧客の配当に回した自転車操業を続けた嫌疑があるという（事例三）[24]。

茨城県警は、「AIファンド匿名組合」の名称で正規の登録を受けずに金融商品取引業を営んだB・Cを、二〇〇九年八月三一日に、金商法違反（無登録営業）の疑いで逮捕した。B・Cの二人は二〇〇八年四月にインターネットサイトを開設し二〇〇八年一〇月に閉鎖するまで延べ一三五人から約一億三〇〇〇万円を集めたとされる。もっとも、インターネットのサイト上には元本保証がない旨表示していたとのことであった（事例四）[25]。

投資会社「ジリオン」の元社長のDは、二〇一〇年二月一八日に、無登録で多額の出資金を集めていたとして、滋賀県警に逮捕された。甲にはFXで資産運用をすると言って五二歳の男性や六三歳の男性ら三人から計六三〇〇万円の金員を提供させていたという容疑が持たれている。Dはかつてマルチ商法に関与していた前歴があり、その時代の顧客らを通じて出資者を募っていったとみられるという（事例五）[26]。

宮城県警は、二〇一〇年六月二二日、外国為替証拠金取引に藉口して顧客から現金を提供させたとして、金融商品取引業「シエンダ」の社長Eを詐欺容疑で逮捕した。Eは「独自開発したわが社のコンピュータソフトでFX取引をすれば一ヶ月あたり四割の配当を出す」等と言い、顧客から運用金等の名目で一三四万円を騙取したとされる。シエンダ社が開発したコンピュータソフトはそもそも存在せず、Eは外国為替証拠金取引に取り次ぐこともしていなかったようである[27]（事例六）。

FX取引で高い配当を受け取れると偽り金員を集めたとして、京都府警は、二〇一〇年九月二二日に、企業調査会社「グローイング」の元代表Fを金商法違反（無登録営業）の疑いで逮捕した。Fは「金は集めたが、勧誘していない」と容疑を否認していたとのことであった。Fには金融商品取引業の登録をせず、二〇〇八年一〇月～二〇〇九年二月に五人から出資金として計五二〇万円の金員を提供させた容疑が持たれている（事例七）[28]。

大阪府警は、二〇一一年一一月一〇日に、資産運用会社「アドバンストステージ」の経営者Gを金商法違反（無登録営業）の疑いで逮捕した。Gは月二～五パーセントの配当を約束し、東京と神奈川の男性三人から合計約二二〇〇万円の出資を受けた容疑で逮捕されたとのことであった。「アドバンストステージ」は二〇〇九年二月頃に配当が止まったといわれる（事例八）[29]。

二〇一二年一月三一日、神奈川県警は東京港区の投資会社「PERSONAL」の元社員であるHを詐欺容疑で逮捕したと発表した。Hには「南アフリカの通貨ランドは高金利で元本より増える。高配当が得られるから、出資金のほかに五パーセントの手数料を頂く」と虚言を弄し六〇代の男性会社員から五二五万円を領得した容疑が持たれている（事例九）[30]。

投資情報会社「BDI」の社長であるIは既に二〇一一年一一月に出資法違反（預かり金の禁止）で逮捕されていたが、二〇一二年六月に詐欺容疑で愛知県警に逮捕された。Iには「FXに投資すれば元本が保証され、高配当が受けられる」等と言って三人の顧客から約一〇〇〇万円を詐取した容疑が持たれている。資産運用すると確約していたにもかかわらずBDI社は顧客が提供した金員をFX取引に取り次ぐことをせず、集めた金員を他の顧客への配当や自己の運転資金に回した疑いが持たれているとのことであった（事例一〇）[31]。

Jは、二〇一三年五月二八日に、無登録でFX取引の投資一任契約を結んだとして、金商法違反（無登録営業）の容疑で愛知県警に逮捕された。Jは自分のブログに「FXで一万円を六〇〇万円にした」等と書き込み、自分のメールアドレスを公開していた。ブログを見た被害者の三人が現金一三〇〇万円余りを預け、Jも実際に運用したが、約一か月で預けられた現金の大半を失ったとのことであった（事例一一）[32]。

以上、二件の裁判例および九件の検挙事例を紹介してきたが、これらの事例を分析してみると、無登録営業をしている事例が大部分であることが看て取れるように思われる。外国為替証拠金取引については、金商法は二九条で登録業者のみが勧誘を行うことができる旨法文で定めており、違反者については同法の一九七条の二第一〇号の四により刑罰が科されることになっている。すなわち、違反者には五年以下の懲役若しくは五〇〇万円以下の罰金またはこれらの併科が科されることになっている。(33) なお、登録義務を持続的に懈怠する無登録営業罪という犯罪は継続犯と把握すべきであるので、結果犯である詐欺罪とは併合罪の関係に立つということになると思われる。

事例一と事例一〇では、当初行為者が出資法違反で逮捕されていることが注目される。(34) なお、出資法違反と詐欺罪とは観念的競合の関係に立つと思われる。(35)

事例一・事例二・事例三・事例一〇では、集めた金を別の顧客に配当したり自社の運転資金に流用しているが、事例四で見るように、このような場合には詐欺罪の成立が異論なく認められるように思われる。

また、大半の事例では虚言を弄して顧客から金員が集めているが、事例四や事例一一のように、ホームページ上の宣伝やブログの記載文言が可罰的だと捉えられて立件がなされているケースがある。思うに、インターネット上の記事は不特定多数の人々が閲覧する可能性があるのであるから、広い意味で勧誘と評価しても差し支えないであろう。言いかえれば、ホームページ上の宣伝やブログの記載文言が詐欺罪における欺く行為と評価されることはありうると思量される。

(21) 福岡地判平成二四年三月一九日 LEX/DB 25481183 を参照。
(22) 高松地判平成二四年四月一〇日 LEX/DB 25482896 を参照。
(23) 高松高判平成二四年九月二七日 LEX/DB 25482895 を参照。
(24) 朝日新聞二〇〇九年一月一五日朝刊。朝日新聞二〇〇九年七月一五日夕刊。朝日新聞二〇〇九年七月一四日夕刊。朝日新聞二〇〇九年九月一六日夕刊。朝日新聞二〇〇九年一〇月一四日夕刊。
(25) 朝日新聞二〇〇九年九月一日朝刊。
(26) 朝日新聞二〇一〇年二月一九日朝刊。朝日新聞二〇一一年二月二六日朝刊。
(27) 朝日新聞二〇一〇年六月二三日朝刊。朝日新聞二〇一〇年七月一三日朝刊。
(28) 朝日新聞二〇一〇年九月二三日朝刊。
(29) 朝日新聞二〇一一年一一月一一日朝刊。
(30) 朝日新聞二〇一二年二月一日朝刊。朝日新聞二〇一二年九月九日朝刊。
(31) 朝日新聞二〇一二年五月三一日夕刊。朝日新聞二〇一二年六月一日朝刊。朝日新聞二〇一二年六月二二日。朝日新聞二〇一二年六月二二日夕刊。
(32) 朝日新聞二〇一三年五月二九日朝刊。
(33) 神田秀樹＝黒沼悦郎＝松尾直彦『金融商品取引法コンメンタール四』（二〇一一年）五八一頁。両罰規定は金商法二〇七条一項二号に規定されているが、法人には五億円以下の罰金が科せられる。
(34) 出資法違反で摘発されている事例も存在するので、この点について言及しておきたい。出資法は出資金の受け入れを禁止するとともに、預り金を禁止している。出資金と預り金とは共同事業の有無で区別される。すなわち、出資金とは共同事業の成功を謳い文句に大衆から集めた金員を意味する。これに対し、預り金とは共同事業とは無関係に金員の返還を前提として大衆から金員を集めることを意味する。出資金が事業の成功を停止条件にして金員の返還請求権が生ずるのに対して、預り金は即時的に大衆に対して金員の返還請求権が生ずる。この点につき、神山敏雄『新版・日本の経済犯罪』（二〇〇一年）一五四頁を参照。それでは、絶対に儲かると騙して委託者と目される不特定多数の者から金銭を受け入れることは出資金だと扱われるのか、預り金だと扱われるのか。外国為替証拠金をめぐる詐欺事件では、「当社がＦＸ取引で運用して配当する。元本は保証される」等と騙して金員を集めるのが通常であるので、共同事業の実態はないとみるべきである。したがって、預り金だと認定されるのが大半の事例であるように見受けられる（出資法二条）。
(35) 出資法違反（預り金の禁止、出資法二条）と詐欺罪の罪数関係について一瞥しておくことにしたい。これについては次の二つの見解が対立している状況にある。第一の考え方は、出資法違反はあくまでも社会的法益に対する罪なので、個人的法益に対する罪である詐欺罪に吸収されることはあり得ず、それぞれ独立して犯罪が成立するというものである。この第一の考え方によれば、出資法違反と詐欺罪とは観念的競合の関係に立つということになる。野村稔『経済刑法の論点』（二〇〇二年）一四五頁。第二の考え方は、出資法違反と詐欺罪とは法条競合の関係に立ち、出資法違反は詐欺罪に吸収されると捉えるものである。第二の考え方は、出資法違反は社会的法益に対する罪であるが、社会的法益といってもそれは個人的法益が集積して出来上がったものであるので出資法違反は最終的には個人的法益に対する罪に吸収されると説く。神山『新版・日本の経済犯罪』（前掲注34）一五四頁。思うに、第一の考え方に従うべきである。

五　詐欺罪が認められる個々の類型

四では、具体的な裁判例および検挙事例を概観し、具体的な説例を通して法的問題点を抽出した。(36) 冒頭で述べたように、外国為替証拠金取引をめぐる法的トラブルのうち詐欺罪が肯定されるものには四つの類型がある。以下では、問題となる各々の類型を順次吟味していき、適宜問題点を指摘していくことにしたい。すなわち、五では、冒頭で掲げた五つの類型のうち、客殺し商法が問題になる場合以外の類型につき検討を加えることにしたい。

（1）取引所取引または店頭取引に取り次ぐ意思がないのに勧誘し金員を交付させる類型

まず、勧誘を行う自然人が領得意思で証拠金という名目で金員を交付させる類型が存在する。外国為替証拠金取引においては公設の取引所を媒介にするものと公設の取引所を媒介としない店頭取引とが併存している。しかしながら、取引所取引であろうと店頭取引であろうと、最初から交付させた金員を最初から持ち逃げするつもりで勧誘した場合や、会社の運転資金に充てる目的で証拠金名義で金銭を交付させる場合がこの類型に該当する。このような場合に詐欺罪を認めるのは別段差し支えないといえよう。

（2）登録業者でもないのに、顧客を勧誘し証拠金等の名目で金員を交付させる類型

既に言及したように、金融庁の登録がなされていないのに、外国為替証拠金取引に関して営業を行ったとすれば、金商法二九条違反ということで、営業活動そのものが犯罪となる。無登録営業を行った者には金商法一九七条の二第一〇号の四で五年以下の懲役若しくは五〇〇万円以下の罰金またはこれらの併科という刑罰が科されることになっている。裁判例および検挙事例の大部分は無登録営業であり、この類型を独立して論じることは有意義であるように思われる。無登録営業を行う者には取引所取引や店頭取引を行う資格が与えられていないので、このような顧客が外国為替証拠金取引を行って運用益を顧客に返却することはそれほど期待できないように思われる。なお、裁判例では金商法上の無登録営業罪と詐欺罪とは併合罪の関係ということであったが、継続犯である無登録営業罪と結果犯である詐欺罪をこのように把握することは適切である。

もっとも、無登録営業を行っている者が自ら顧客となって他の業者が開設している店頭取引の顧客となって運用益を取得し、それを自らの顧客に返還するという事態も全く考えられないわけではない。たとえば、内閣総理大臣の許可が下りることを前提として店頭取引を行う準備をしていたが、許可が下りなかったためその後外国為替証拠金取引の営業活動を行い、運用益を顧客に配当している場合などは全く想定しえない出来事というわけでもないように思われる。そして、この場合には金商法上の無登録営業罪のみが成立すると思量される。

なお、いわゆる呑み行為は現在の金商法ではこれを独立して処罰する条文が存在しない。このことには注意を払うべきである。(37)

（3）　登録業者が積極的に虚偽の事実を示して勧誘し証拠金等の交付をさせる類型

ここでは、積極的に虚偽の事実を示して顧客を勧誘し証拠金等を交付させた場合に詐欺罪に問擬できるか否かという問題を取り上げてみよう。(38)「業者の我々は金融庁の外郭団体だから大丈夫だ」「全く貯金と同じで利息がつく」等と顧客を欺いて証拠金等を交付させた事例がこの類型に属する。「スワップポイントを利用すれば儲けが出ることは間違いない」「対円通貨ペア以外だと必ず利益が出る」等と顧客を騙したりする場合もこの類型にカテゴライズされる。前者においては、金利の高い通貨を売り金利の低い通貨を保持していた場合にはスワップポイントで利鞘を手にすることはできないので、客観的事実に反する事実を顧客に告知していることになる。また、後者においても、対円通貨ペア以外のパターンでも当然損害を受けることは起こりうるので、客観的事実に反する事実を顧客に告知していることになる。したがって、「業者の我々は金融庁の外郭団体だから大丈夫だ」「全く貯金と同じで利息がつく」「スワップポイントを利用すれば儲けが出ることは間違いない」「対円通貨ペア以外だと必ず利益が出る」等と欺かれ顧客が金員を差し出した場合には、詐欺罪の成立を認めても何ら差し支えないと考えられる。その他、内容虚偽の決算書を示して金銭を交付させる行為も詐欺罪として捕捉しうる。

また、客観的に存在してもないコンピュータソフトを独自開発したと話を捏造したり、外国為替証拠金取引を行うのがはじめてなのに数々の運用実績があるかのように嘘をつく場合にも詐欺罪が予定する欺く行為は存在すると解すべきである。刑法二四六条一項の詐欺罪の客観的構成要件要素は欺く行為・錯誤・処分行為・財物の移転であるが、これらの事例では前述のメルクマールが充足され、各メルクマールの間にも因果関係を肯定しうる。

もっとも、業者が抽象的に「すご腕トレーダーである」「健全な企業である」と騙して顧客から金銭を取り上げたにすぎない場合には、かかる行為まで詐欺罪として取り込むのは行き過ぎであるように思われる。価値判断の表示は事実の表示とは異なるのであり、そこには詐欺罪が規定する欺く行為が存在したと捉えるべきではないからである。同様の理由で「絶対に儲かる」と詐術を用いて顧客から金銭を取り上げた場合にも詐欺罪の成立を認めるべきではない(39)。このような騙しは金商法三八条二項が禁じている断定的判断の提供には該当するものの、未だ欺く行為にはあたらないとみるべきだからである(40)。

（4）　登録業者が、外国為替証拠金取引が投機性を有することの説明をしないで、元本や利息が保証されているかのように誤信させて勧誘する類型

既に指摘したように、外国為替証拠金取引は商品先物取引類似の取引であり、[41] 当初出損した金額が丸ごと消滅するに至りうる投機性の高い取引である。[42] 当初交付した金銭がゼロになるのみならず、追加証拠金を別途交付しなければならない事態に陥る場合も少なくない。また、外国為替証拠金取引に固有のリスクも存在する。高金利通貨を借りてそれを売り低金利通貨を保持していた場合には、スワップポイントを狙って利鞘を稼ぐことも不可能になる。また、対円通貨以外のペアを念頭に置けば、外国通貨で利益をあげていたとしてもそれを円に換算した場合に、むしろ顧客が終局的に受け取る利益は薄いという事態にも立ち至る。

ここで取り上げたい問題は、業者の不作為のうちのいかなるものが詐欺罪の構成要件に該当するかである。以下では、不真正不作為犯の成立が問題になる幾つかの事例を列挙し、この問題に検討を加えることにしたい。「当初出損した金員が全部消滅する可能性があることを秘匿する」不作為、「追加証拠金を提供しなければならない事態に陥る場合があることを告知しない」不作為、例えば「円とドルの為替相場の動向次第では損失を被ることがあることを告げない」不作為、「スワップポイントで損失を被る可能性があることを告げない」不作為等が詐欺罪として捕捉されるか否かにつき、検討してみたい。

周知のように、不真正不作為犯を肯認するためには、作為義務の発生根拠を論ずる必要がある。伝統的見解は、作為義務違反が生ずる根拠を法令・契約・事務管理・条理に求めている。もし伝統的見解に依拠するのなら、金商法や金融商品販売法に業者に顧客に対する説明義務が課されているので、かかる説明義務を根拠に業者の不作為責任を追及することは比較的容易である。たとえば、当初元本を上回る損失が生ずるおそれがあることや取引の仕組みの重要部分を顧客サイドに告知することは金融商品販売法三条一項で義務づけられているが、そこから刑法上の

作為義務を導くことは比較的容易であるように思われる。

しかしながら、他の法令の義務違反があるからといってそれが直ちに刑法上の作為義務違反に転化すると考えるのは性急にすぎるように思われる。また、既に指摘されていることであるが、不真正不作為犯における作為義務は道徳上の義務と混同されてはならないと一般に考えられている。このような事情を踏まえると、作為義務を根拠づけるのに条理を持ち出すのは適切なアプローチと言い難い[43]。したがって、理論的に考えると伝統的見解はこれを支持することはできないように思われるのである[44]。

それでは、我々はどのような立場を採るべきなのであろうか。作為義務の発生根拠を先行行為に求める見解や事実上の引受けに求める見解は妥当でないように思われる。前者については、先行行為に少なくとも過失を要求する点で不当であるし（便槽内で嬰児を産み落としたが、その後殺意をもって母親が死に行く嬰児を放置したケース等で可罰的不作為を否定するのは不当である）、後者については、事実上の引受けのないケースでも保証人的地位を肯認すべきであるとの反論を提起することが可能である（轢き逃げの事例で最初から救助する気がないのに、殺意を持って重症の被害者を車に乗せ死亡させたケース等で可罰的不作為を否定するのは不当である）。思うに、危険創出行為と排他的支配に着眼して保証人的地位を肯定する立場が妥当であると解する。インターバンク市場で活躍しているような銀行マン等は別であるが、電話による勧誘や個別訪問、ホームページ上の宣伝等で初めて外国為替証拠金取引のことを知った老人や主婦等の経済的弱者は今日でも稀ではなく、彼らが外国為替証拠金取引に精通しているとは思われない。このような考え方に依拠すれば、老人や主婦等の経済的弱者を外国為替証拠金取引に誘引することは危険創出行為と評価でき、また排他的支配も肯認しうるので、そこから業者の可罰的不作為を導くことは可能であるように思われる[45]。したがって、（4）の冒頭で挙げた諸事例にはいずれも詐欺罪が成立する。

(36)　外国為替証拠金取引は、店頭取引が中心の取引であり、なおかつ一般大衆の射倖心を煽る取引である。したがって、このような事情に着目して、端的に当該取引が賭博行為にあたるとする見解もある。民事判例であるが、事実そのような裁判例もある。札幌地判平成一五年五月一六日金融商事判例一一七四号三三頁参照。その他、札幌地判裁平成一五年六月二七日、札幌高判平成一七年六月二三日判決がある（いずれも、公刊物未登載）。たしかに、論理的には十分成り立ちうる見解であるが、そのような裁判例の立場に与するべきではない。何故なら、二〇〇五年七月以降改正金融先物取引法が施行されたことに伴い（現在は金商法）、外国為替証拠金取引は合法になったのであるから、当該取引が賭博罪の構成要件に該当するとしても刑法三五条で違法性は阻却されると解するのが自然だからである。賭博罪という犯罪が成立することを前提にした立論には無理があるというべきである。

(37)　一九八八年に金融先物取引法が発足した時点では、呑み行為を処罰する刑罰法規は存在していた。すなわち、一九八八年の時点では呑み行為を行った者は、金融先物取引法九七条五号で六月以下の懲役もしくは五〇万円以下の罰金に処せられ、またはこれを併科されることになっていた。関根＝藤田＝亀島＝堀『金融先物取引法』（前掲注9）一六四頁以下。しかしながら、現在、呑み行為を処罰する条文は金融商品取引法には存在しない。

証券取引法の二〇〇四年改正で呑み行為を規律する条文が削除されたためである。これは取引所集中義務の撤廃に伴い、呑み行為を規律する条文の存在意義が失われたためだといわれる。したがって、金融商品取引法に名称変更された後も呑み行為を禁止する刑罰法規は存在しない。渡邊雅之『新しい商品先物取引法の実務』（二〇一一年）一七五頁参照。

(38)　従前勧誘という用語が使用される際には、暗黙裡に個別訪問が前提とされていたように思われる。悪徳商法を営む業者は外務員を雇い、その外務員に老人や主婦等の自宅を訪問させ、商品を購入するように仕向ける場合が多々ある。もちろん、電話により商品を購入するよう仕向ける場合もある。すなわち、これまでは、個別訪問や電話により商品を購入するよう誘引することを指して、勧誘と呼んできたように思われる。しかし、広告やインターネット上のホームページ、電子メール等で商品を購入するよう仕向けることも、広い意味では勧誘と呼ぶべきではないか。筆者はこのように考えている。

(39)　もっとも、価値判断の表示は刑法二四六条が予定する欺く行為にあたらないと解釈しても、不当な処罰の間隙ができるわけではないことに注意を要する。外国為替証拠金をめぐるトラブルについて言えば、顧客が当該取引の危険性の説明を受けていないケースが大半であり、問題となっている事案の多くは不作為による欺く行為を認めることで可罰的領域に取り込むことが可能となる。

(40)　片岡聰『民・商事をめぐる犯罪二〇〇問』（一九八六年）二三八頁以下。近藤光男＝吉原和志＝黒沼悦郎『金融商品取引法入門・第二版』（二〇一一年）二三六頁以下。

(41) 先物取引とは異なり、外国為替証拠金取引には限月という概念がない。もっとも、ロールオーバーという概念はある。平下『実務のための金融商品取引法・第二版』（前掲注12）九三頁以下。しかしながら、ロールオーバーは限月とは似て非なる概念である。なお、顧客が持っているポジションを翌日まで持ち越すことは業界用語でキャリーと呼ばれているようであるが、厳密にはキャリーとは決済日が自動的に延長されていくことを指す。この点については、廣重＝平田『FX取引入門』（前掲注1）二九頁以下を参照。

(42) 黒沼教授はデリバティブ商品の販売は「目に見えない契約」を売ることだとの認識の下に、商品内容の説明義務が発生すると説いている。黒沼『金融商品取引法入門・第五版』（前掲注6）一七三頁を参照。正当な指摘だというべきであろう。分譲マンションの販売等が問題になる局面では、顧客は自らが購入するマンションの現場に赴いて、当該マンションの商品内容を具体的に吟味することができる。金融先物取引や外国為替証拠金取引に参画しようとする者にこれより高度の説明義務が課されるのは当然である。

(43) 佐伯仁志『刑法総論の考え方・楽しみ方』（二〇一三年）八四頁。条理を持ち出すと、不真正不作為犯の成立範囲は不明確になる。不真正不作為犯自体に罪刑法定主義違反の疑いがあるのであるから、市民の予測可能性という見地から処罰の外延が不透明になることは極力避けるべきである。

(44) 福田博士は「買主が、売買の目的物の要素について錯誤におちいっているときは、売主は、取引上の信義誠実の原則から、その事実を告知する義務があるから、売主は、このばあい保証者的地位にある者として、その不告知という不作為は、詐欺罪の実行行為にあたる」と述べておられる。しかし、取引の信義誠実を強調するこのようなアプローチは、それが道徳上の信義誠実とどう異なるのか今一歩不明瞭な部分があるように思われる。また、このような根拠で作為義務を根拠づけるのであれば、処罰の外延は不明確になるのではなかろうか。福田平『全訂刑法総論・第五版』（二〇一一年）九二頁。従来、不作為による詐欺は専ら釣銭詐欺との関係で議論されてきた。通説は釣銭を相手方が多く払い過ぎていることに気付いた者に告知義務を課し、不作為犯の成立を肯定している。このような見解を採るのは、西原春夫『犯罪各論・訂補準備版』（一九九一年）二四八頁以下、平川宗信『刑法各論』（一九九五年）三六八頁、内田文昭『刑法各論・第三版』（一九九九年）三一三頁、大塚仁『刑法概説各論・第三版増補版』（二〇〇五年）二四四頁、曽根威彦『刑法各論・第四版』（二〇〇八年）一四一頁以下、川端博『刑法各論講義・第二版』（二〇一〇年）三七一頁以下、前田雅英『刑法各論・第五版』（二〇一一年）三三二頁以下、佐久間修『刑法各論・第二版』（二〇一二年）二一五頁以下、西田典之『刑法各論・第六版』（二〇一二年）一九五頁等がある。しかしながら、中森教授が説かれるように、釣銭詐欺では継続的取引関係に立たない以上、告知義務を肯定し行為者を不作為犯に問擬すべきではないであろう。中森喜彦『刑法各論・第三版』（二〇一一年）一二〇頁参照。同様に、不作為による詐欺を認めることに消極的な見解として、中山研一『概説刑法Ⅱ・第四版』（二〇〇五

年）一五二頁、林幹人『刑法各論・第二版』（二〇〇七年）二一九頁以下、松宮孝明『刑法各論・第二版』（二〇〇八年）二三七頁、山中敬一『刑法各論・第二版』（二〇〇九年）三一七頁以下、山口厚『刑法各論・第二版』（二〇一〇年）二五四頁、伊東研祐『刑法講義各論』（二〇一一年）一九二頁、高橋則夫『刑法各論』（二〇一一年）二九八頁、須之内克彦『刑法概説各論』（二〇一一年）一五六頁、井田良『新論点講義シリーズ2・刑法各論第二版』（二〇一三年）一二六頁等がある。

(45) 神山教授は、甲が害虫駆除のために毒物を放置していたところ、幼児丙が毒物を口に含むのを阻止しなかった事例で、先行行為からではなく危険物の管理者の地位から保障人義務を導いておられる。神山敏雄『不作為をめぐる共犯論』（一九九四年）一九五頁以下を参照。証拠金取引を一種の危険源と解釈することが許されれば、先行行為や危険創出行為を持ち出すまでもなく、証拠金取引へと顧客を誘う勧誘者に作為義務を肯定することは比較的容易である。

六　客殺し商法について

再三に亘り指摘してきたことであるが、外国為替証拠金取引は商品先物取引類似の取引である。したがって、外国為替証拠金取引においても客殺し商法は観念できる。[46] 六では外国為替証拠金取引に関する客殺し商法につき、検討を加えることにする。

一般に、客殺し商法とは、業者が利乗せ満玉・無断売買・両建・向かい玉・一任売買等の種々の手段を使って、顧客に損害を与えることをいう。利乗せ満玉とは、顧客が差金を取得して証拠金取引を結了した後にその収益の全額を新たな証拠金取引の証拠金に振り替えて別個の玉を建てることをいう。無断売買とは顧客の意思を無視して手数料を稼ぐために売買を業者が独断で行うことをいう。具体的には、業者が取引完了書を送付し異議を唱えなければ顧客が事後に追認したものとして扱われる等の手法が用いられる。両建とは同種・同量の買い玉と売り玉を共に建てることをいう。これも業者としては手数料稼ぎが狙いであるといわれる。向かい玉とは、顧客が建てたポジションとは真逆のポジションを建てることをいうが、これは利益相反的であるので、顧客保護の見地からは多大な問題があるとされている。一任売買とは、業者が顧客から予め包括的な権限を得て、顧客の具体的指示を得ないで売買することを指すとされている。

このうち、利乗せ満玉・両建については、業者が手数料稼ぎのために行うものであり、独立して論ずる実益はそれほどないように思われる(47)。問題となりうるのは、向かい玉と一任売買である。

まずは、向かい玉から検討しよう。通説・判例によれば、向かい玉を建てることを秘匿して勧誘し顧客に金員を交付せしめる行為は理論上詐欺罪になると考えられている。向かい玉とは、顧客のポジションと真逆のポジションを業者が持つことをいう。たとえば、顧客が証拠金を五万円払って一ドルが一〇〇円の時に一万ドル買うというポジションを建てたケースでは、業者側は一ドルが一〇〇円の時に一万ドルを売るポジションを建てることになる。この場合、顧客の建てた玉と業者の建てた玉とは対になっており、顧客が為替差損を受けると業者は為替差益を取得するという関係になる。このことは、このケースで数日後、一ドルが九〇円に下落したケースを念頭に置けば容易に理解できることである。この場合、顧客は損害を被り業者には利益が発生する。もっとも、一ドルが一一〇円になれば顧客は益計算になり業者は損計算になることも往々にして起こりうる。向かい玉を建てたからといって論理必然的に業者が経済的に潤うわけではない。

しかしながら、従来向かい玉が可罰的行為として詐欺罪として捕捉されてきたことにも十分な理由があるように思われる。通常、業者は相場の動向をある程度予想して自己玉を建てる。それとは真逆の玉を顧客に勧めるのは顧客に対する誠実義務に反するといえるであろう。また、向かい玉を建てたことが効を奏した場合には、顧客の犠牲のもとに業者が利益を獲得しているようにも見える(48)。このように考えれば、向かい玉を建てることを秘匿して顧客を勧誘することは詐欺罪になるとする通説・判例の立場にも合理的根拠がある。
それでは、我々は客殺し商法の一つである向かい玉を法的にどのように把握するべきなのであろうか。たしかに、業者がある程度為替相場の動きを予想できるのであれば、顧客の犠牲の上に業者が莫大な利益をあげることも十分起こりうる出来事なので、詐欺罪の成立を認めるのもあるいは一つの立場なのかもしれない。しかしながら、このような通説・判例の立場に対しては、将来客殺し商法を行うことに関して業者に告知義務を課すのは奇異である、客殺し商法を実践した段階で背任罪として捕捉すれば事足りる、商品先物取引と異なり為替相場の動向が予期しえない、といった批判を加えることが可能である。(49)

解決の手がかりは、外国為替証拠金取引は店頭取引を中心に営まれているという事実を検討することによって得られるように思われる。(50)店頭取引とは取引所取引以外で売買を成立させることをいう。店頭取引には二類型ある。一つは店頭取引を営んでいる法人等が顧客と反対の玉を持とうとする顧客を引き合わせ、売買を成立させるものである。(51)いま一つは店頭取引を営んでいる業者が顧客の相手方となって売買を成立させるものがある。外国為替証拠金取引において重要なのは後者の類型であり、石戸谷弁護士によれば圧倒的に後者の類型が多いとのことである。(52)後者の類型においては、店頭取引を営む業者は顧客が買いポジションを手離そうとする段階で決済を必ず成立させなければならないが、これは顧客のポジションを業者自身が相手方となって強制的に手仕舞いすることを意味する。(53)

思うに、今日においては向かい玉を建てること自体は非難されるべきではないとの指摘は存する上に、株式市場や商品先物の分野で店頭取引が社会的に広く行われている。さらに、外国為替証拠金取引においては店頭取引の名のもとに相対取引が是認され業者は向かい玉を建てることが公認されているとの事情がある。これらの事情を勘案すると、今日のわが国で向かい玉を建てることを隠して顧客を勧誘することが詐欺罪を構成するとの結論を導くことは性急にすぎるように思われる。すなわち、今日のわが国においては、同一の銘柄につき、顧客が有するポジションとは真逆のポジションを業者が持つことは何ら問題とされていないというべきなのである。むしろ、店頭取引においては、顧客がポジションを手離す段階で店頭市場を提供する業者は売買を必ず成立させなければならないので、顧客とは反対のポジションを予め保持しておく必要も出てくるとすらいいうるように思われるのである。[54] つまり、外国為替証拠金取引が想定している店頭取引においては、向かい玉を建てておかないと顧客が手仕舞いの意思表示をした時点で手仕舞いができないとの事態に陥りかねないのである。二〇〇七年九月に施行された金商法は、外国為替証拠金取引の領域において店頭取引を正面から是認しているが、店頭取引が受容された段階で向かい玉も是認されたとみるべきだと解する。したがって、外国為替証拠金取引においては、向かい玉を建てることを秘匿して顧客を勧誘したからといって、そこから直ちに詐欺罪成立との帰結を導くべきではないように思われるのである。

次に一任売買について検討してみたい。一任売買についても、従来は可罰的だとされていたように思われる。しかしながら、二〇〇七年九月に施行された金商法は、かつては禁止されていた一任勘定取引を解禁し適法な取引として位置づけた。すなわち、業者は顧客との間に投資一任契約を締結することが現在では可能になったのである（金商法二条八項一二号ロ）。我々はかかる事実を踏まれた上で刑法的な解釈論を展開しなければならない。少なくとも、業者が顧客に十分に説明をし、業者が顧客の計算で一任勘定取引を行うことも顧客自身も望んでいるのであれば、刑法上は何らの犯罪も構成しないと考えるべきである。

利乗せ満玉・無断売買・両建はどうか。これらについても、結論から述べれば、客殺し商法を実践することを秘匿したことが詐欺罪を構成すると考えることは適切でないというべきである。何となれば、為替相場の動向を予測することは不可能なのであるし、個々の客殺し商法を実践した段階で背任罪として捕捉すればよいと考えられるからである。

(46) 野村教授は、商品先物取引と同じように、外国為替証拠金取引においても、客殺し商法は観念しうると説いておられる。ただし、スプレッドの問題があるので、業者の手数料徴収の方法は商品先物取引とはやや異なっている。野村「外国為替証拠金取引の規制について ―先物取引に関する犯罪―」（前掲注5）一九七頁以下。

(47) 外国為替証拠金取引は大半が取引所取引ではないため、原則として顧客から委託手数料として金員を交付させることができないはずである。そのため、業者は口座維持手数料等の名目で顧客から手数料を出損させている。

(48) なお、株式での店頭取引においてもでも向かい玉のごとき現象は起こる。たとえば、証券会社X社が銀行からの融資を返済するよう督促されて、X社が保有するA社の株式一〇万株を顧客Bらに売却しようと考える際、顧客BらにA社の株式一〇万株をX社に有利な価格で購入させるように仕向けるとしよう。この場合、X社と顧客Bらとの間に利益相反の状況が起こる。特に、A社の株式を売却しようとしても購入者が現れない際にかかる状況が発生するといわれている。

(49) そもそも為替相場の動向が予想しうるのであれば、向かい玉を建てることなく、公設の取引所で利益があがるように自己の玉を建てればよいとも考えられる。

(50) なお、先物取引は狭義の先物取引と先渡し取引から成り立っているといわれる。前者の狭義の先物取引は公設の取引所を介したものであり、後者の先渡し取引は公設の取引所を媒介としないものである。可児滋＝雪上俊明『デリバティブがわかる』（二〇一二年）五四頁以下。

(51) マーケットメーク方式と呼ばれる取引方法である。マーケットメーク方式とは、取引市場を構成するディーラーが一定の銘柄の金融商品に関し、売り気配、買い気配を提示して当該金融商品の流動性を確保する取引方法だとされている。アメリカでは、店頭取引市場においても、マーケットメーク方式が採用されているようである。この問題については、行澤一人「店頭取引市場においてマーケットメーカーの手数料を示すマークアップの規制」商事法務一六九三号（二〇〇四年）五一頁以下。

(52) 石戸谷「短期集中講座・外国為替証拠金取引 vol.1」（前掲注5）八〇頁以下。

(53) 例えば相対取引で一ドル一〇〇円のレートで顧客が一万ドル買ったとしたら、店頭取引を営んでいる業者は一ドル一〇〇円のレートで一万ドルを売却するとのポジションを建てなければならない。しかし、こうしたポジションを建ててしまうと業者側が為替変動のリスクを諸に負うことになるので、業者は顧客と同じポジションをインターバンク市場で立てて為替変動のリスクを軽減している(この場合だと、一ドル一〇〇円のレートで一万ドル買うとのポジションを建てることになる)。これをカバー取引という。

(54) これは業者サイドが顧客のポジションを強制的に購入することを意味する。

会計監査人の法的地位——その機関性を中心に——

岡田陽介

一　序　説

昭和三九年から四〇年にかけて相次いで発生した大型倒産を契機として株式会社の会計監査制度の見直しが検討されるようになったが、その結果は昭和四九年商法改正で「商法特例法」が制定され、専門的職業人たる公認会計士・監査法人であることを資格要件とする会計監査人による会計監査を大会社に対して義務づけることにより結実した(1)。平成一四年商法改正によって導入された委員会（等）設置会社にも会計監査人の設置が強制され、平成一七年会社法により、大会社でない株式会社にも会計監査人を任意ではあるが設置できるようになったなど、会計監査人による会計監査は年々そのニーズが増しているように思われる。

しかしながら、近年、カネボウ事件、ライブドア事件、日興コーディアル證券事件など、会計監査人が関係する粉飾決算事件が多発していることもまた事実である。とりわけ、ナナボシ事件（大阪地判平成二〇年四月一八日判時二〇〇七号一〇四頁）では、粉飾決算を見逃した会計監査人に巨額の損害賠償が請求されたことが話題となった。

このように、会計監査人の責任を追及する訴訟は数多く提起されるようになっているが、この傾向は、後述のように平成一七年会社法により会計監査人の責任を株主代表訴訟によって追及することができるようになったことによって、より拍車がかかると思われる。このような状況の下においては、会計監査の実効性を高めるための法的研究のみならず、会計監査人の責任追及事例の研究が急務であると言わざるを得ない。しかしながら、会計監査人はその職務・責任等については会社法上明確にされているものの、取締役・監査役と異なり、その機関性や会社との関係といった基礎法理については、あまり明確にされていないのが現状である。

そこで本稿では、このような問題のうち、平成一七年会社法により形式上は会社の機関となったと思われる会計監査人につき、実質的にも会社の機関と評価してもよいのかにつき、若干の検討を加えることにする。

（1） 大和正史「昭和四九年商法改正」倉沢康一郎＝奥島孝康編『昭和商法学史（岩崎稜先生追悼論文集）』四五頁（日本評論社、一九九六年）、上田純子「日本的機関構成への決断―昭和四九年の改正、商法特例法の制定―」浜田道代編『日本会社立法の歴史的展開（北澤正啓先生古稀記念）』三六九頁（商事法務研究会、一九九九年）、中東正文＝松井秀征編『会社法の選択――新しい社会の会社法を求めて』四〇九頁（松井秀征）（商事法務、二〇一〇年）、三枝一雄「昭和四九年商法改正と法制審議会商法部会小委員会（四）（五）」法律論叢八三号四・五号一〇九頁、六号八七頁（二〇一一年）等を参照。

二　会計監査人の機関性

会社法の制定前においては、会計監査人は会社の機関でないと解するのが多数説であり[2]、現在もなおそのように解する見解もある。[3] しかしながら、平成一七年に制定された会社法は、会計監査人を会社の機関と位置付けているとの評価もなされている。[4] これは、「株主総会以外の機関の設置」という見出しのついた会社法三二六条がその二項において、会社の機関であることが疑いない取締役会、会計参与、監査役、監査役会、委員会と並んで、会計監査人の任意設置について規定しているという形式的な理由によるものであると思われる。しかし、このような形式的な理由のみから、従来の通説である機関性否定説が会社法の制定により覆されたと解するのでは、はなはだ不十分であろう。したがって、この問題については、より実質的な検討をする必要があると思われる。そこで、以下では、会計監査人の機関性に関する会社法制定前の学説を紹介したうえで、現行の会社法の下においてはどのように解するべきか、若干の吟味・検討を加えることにする。

1　学　説

(1)　機関性否定説

会計監査人は、昭和四九年の商法特例法制定により導入された制度であるが、当時は監査役の過半数の同意を得たうえで取締役会によって選任されることとされていた（昭和四九年制定の商法特例法三条一項）こともあり、株主総会で選任されないことを主たる理由として、[5] 会計監査人の機関性を否定するのが多数説であった。[6] 昭和五六年改正により、会計監査人は株主総会により選任されることになり（昭和五六年改正商法特例法三条一項）、この点は機関性否定説の理由とはなりえなくなったが、その後も機関性否定説が多数説であり続けた。昭和五六年改正以後、会計監査人の機関性を否定する見解は、以下のような点をその理由としていた。①当時の商法第二編会社第三節会社ノ機関において規定されずに、商法特例法において別に規定されていること、②会計監査人制度を導入した改正法の立案担当者が、会計監査人は「会社の外部に存在する独立の監査機関」であると明言していること、[7] ③

会計監査人の選任機関を株主総会としたのは、取締役会・代表取締役からの独立性を保障するためであり、定款の規定に基づき支配人を株主総会で選任してもその支配人が会社の機関となるわけではないのと同じく、会計監査人を株主総会で選任しても会社の機関になるわけではないこと、[8] ④会計監査人は強い独立性を有する外部監査人であり、その外部監査はドイツ株式法における決算監査人（Abschlussprüfer）よりも徹底していること、[9] ⑤会計監査人は複数の会社の監査を兼任するのが通常であり、また、有資格者・専門家として強い独立性を有し、特定の会社との深い関係があると解しないほうが適当であること、⑥証券取引法（当時）一九三条の二の特別利害関係に該当するおそれをなくし、会計監査人が同一会社の監査証明に当たり、費用の節約・手続を簡便にするのが望ましいことなどである。[10] 以上のような理由から、会計監査人は、会社との契約によって事務の委託を受けた者にすぎず、会社の機関ではないと解するのが多数説となっていた。[11]

（2） 機関性肯定説

これに対し、会計監査人の機関性を肯定する見解は、以下のように主張していた。まず、会計監査人が取締役会によって選任・解任されていた昭和五六年商法特例法改正前においては、会計監査人は実質的に独立性が確保されていることが重要であって、会社の機関であることと会計監査人の独立性とは矛盾しないこと、また会計監査人が監査役に近い職務権限を有することを理由に、会計監査人は会社の機関であると主張されていた。[12] また、決算に関する会計監査についての職務および権限は監査役のそれとほぼ同じであること、会計監査人は監査役よりもより高度で専門的であって専ら株主の利益保護のために機能しており、会社の監査機関としての実質を備えていること、また証券取引法（当時）上の監査と異なり、会計監査人の監査手続を経ないと一営業年度を確定的に終結させるための株主総会を適法に開催、終了させることができないことを理由に、会計監査人は監査役と並列した地位を与えられた機関であると主張する見解もあった。[13] 昭和五六年商法特例法改正後においては、同改正により会計監査人が株主総会によって選任されるようになったという形式的な理由によって機関性を肯定する見解[14]もあったが、より実質的な理由により会計監査人の機関性を肯定する見解は、以下のように主張していた。すなわち、会計監査人は、本来的には株主の利益を代表して会計をチェックするという機能を担うものであることが明確になることや[15]、「会社の会計に関する業務は取締役という機関を通じての計算書類の作成と、会計監査人という機関を通じてのその監査によって、はじめて完成したことになる」、すなわち機関を通して会社自体が会計監査をおこなったものと見るべきであることから、会計監査人の機関性を肯定していた[16]。さらに、会計監査人の責任は特に法定され、契約法一般に委ねず、機関的構成の採用によって商法領域に取り込まれたものと解されることも理由として挙げられていた[17]。また、会計監査人は専門職業人ゆえ会計監査人の行う株式会社の会計監査には固有の限界があるが、会計監査人はその限界内で監査役と対等の立場で監査をするための権限を法律上付与されており、それゆえ会計監査人の地位を示すのに必要な限りで会計監査人の機関性を肯定すべきであるという見解もあった[18]。

2　検　討

(1)　一般的検討

機関性肯定説を採用する加藤修教授によれば、「①会計監査人が社団的団体行為により選任・解任されることになっているか、②会計監査人の監査が会社の組織機構に組み込まれ、会計監査人が監査をすれば会社自身が監査したことになるか否か、③会計監査人の責任の根拠が契約法の一般原則に任されることなく、他の会社機関あるいは機関構成員と同様に特に法定されているか否かの三点にあるものと考えられる。右の三点が肯定され、なおかつ、大局的に見て、機関性を肯定する意義が認められるならば、会計監査人を会社の機関であると解してもよいと思われる」とされ、これが「会計監査人が会社機関か否かであるかの試金石」であるとされる[19]。これらの三点は、会社法の下においても妥当するであろう。そこで、以下ではまずこれらの三点の会社法下における当否につき検討する。①については、前述のように昭和五六年商法特例法改正により会計監査人は株主総会により選任・解任されるようになったため、会社法の下においてもなお妥当するといえる。②については、会社法制定後においても、会社法制定前と同様に、会計監査人設置会社における貸借対照表・損益計算書等の計算書類の確定は、会計監査人と監査役（委員会設置会社においては監査委員会）の監査を受けたものであれば取締役会の承認のみでよく、株主総会への報告は不要となっている（会社法四三九条、会社計算規則一一六条）。これは、会計監査人の監査が計算書類の確定という法人の行為をしていると評価されるため[20]、会計監査人の監査が会社の組織機構に組み込まれ、会計監査人が監査をすれば会社自身が監査したことになっているといえよう。

以上のように、①②については会社法制定前後で変化はない。しかしながら、ここで注目されるべきは、③であろう。会計監査人の責任については、平成一七年改正前商法においても契約法一般に任せずに商法特例法で規定されていたが、それは取締役・監査役等の役員とは別の法律、別の条文で規定されているにすぎなかった[21]。しかし、会社法においては、同四二三条および四二九条において、役員（取締役、会計参与、執行役、監査役）と並んで同一の条文で規定されるようになった[22]。これにより、会計監査人の責任の根拠を、会社の他の機関と同様に、会計監査人が会社の機関であるという構成を採用することによって会社法の領域に取り込んだことがより明確になったと評価できよう。

（2）　株主代表訴訟による会計監査人の責任追及

さらに注目すべきは、会社法の制定により、会計監査人の責任が株主代表訴訟の対象となったことである[23]。会計監査人の責任を株主代表訴訟の対象とすることは古くから主張されていたところであったが[24]、これはあくまで少数説に過ぎなかった。しかしながら、会社法は、会計監査人の責任も取締役、監査役、執行役、会計参与の責任と並んで、株主代表訴訟の対象とした（会社法八四七条一項、四二三条一項）。その理由について、立案担当者は、「会計監査人についても、取締役等と同様に、会社の経営陣との緊密な関係から、会社がその責任の追及を怠り、その結果として株主の利益が害される可能性がある」ためであると説明する。(25)この改正は、会計監査人の機関性をめぐる議論に少なからぬ影響を与えていると思われるため、以下、若干の検討を加える。なお、そもそも会計監査人の責任は株主代表訴訟の対象とすべきでないという主張もあると思われるが、本稿ではあくまでも現行法の立場から検討を加えることにしたい。

まず、株主代表訴訟の対象となる責任は、そもそも会社の機関構成者の責任に限られるべきかという問題が考えられる。すなわち、これを肯定する場合は、会計監査人の責任が株主代表訴訟の対象となったことにつき、それは会計監査人が取締役や監査役と同様に会社法によって会社の機関となったからであるという理由づけができそうである。他方、これを否定する場合は、会計監査人の責任が株主代表訴訟の対象となったことにつき、会計監査人は会社の機関であるか否かはこれに関する根拠とは全くなりえなくなるため、なぜ会社法は株主代表訴訟の対象を会計監査人の責任にまで拡張したのかということについての検討が必要になりそうである。

この問題については、株主代表訴訟の制度趣旨にたちかえって検討する必要があろう。株主代表訴訟の制度趣旨について、最判平成二一年三月一〇日民集六三巻三号三六一頁は、「取締役が会社に対して責任を負う場合、役員相互間の特殊な関係から会社による取締役の責任追及が行われないおそれがあるので、会社や株主の利益を保護するため、会社が取締役の責任追及の訴えを提起しないときは、株主が同訴えを提起することができるとした」とする。この最高裁判決によれば、株主代表訴訟の制度趣旨を「役員相互間の特殊な関係から会社による取締役の責任追及が行われないおそれがある」こと、すなわち会社による提訴懈怠可能性があることに求めている。すなわち、わが国においては、株主代表訴訟は類型的に会社による提訴懈怠可能性が認められるケースについて認められる特殊な訴訟類型であるといえる[26]。以上のことから考えると、会社法は、株主代表訴訟の対象となる責任を会社の機関構成者の責任であるということから演繹的に導いているわけではないと評価できる。したがって、株主代表訴訟の対象となる責任は会社の機関構成者の責任に限られることに関しては否定的に解さざるを得ず、「会社法により会計監査人が会社の機関になった結果、その責任は株主代表訴訟の対象となった」と評価することはできない。このように考えてくると、前述の、なぜ会社法は株主代表訴訟の対象を会計監査人の責任にまで拡張したのかという問題についての検討が必要になってくる。すなわち、「会社の部外者である会計監査人に対する提訴懈怠可能性があるのか、仮にあるとしても会社役員の場合と同じなのか[27]」という問題である。これは、会計監査人の責任追及に関する本質的な問題であるが、会計監査人の機関性をめぐる問題に有益な示唆を与えるとは考えがたい。したがって、本稿ではこの問題についてはこれ以上考察を進めることはせず、別の機会に行うことにしたい。

次に、会社法改正前に会計監査人の責任を株主代表訴訟の対象とすべきであるとしていた見解は、機関性肯定説を前提として主張されていたことにも注目すべきであろう。しかもこの見解はその理由として、粉飾決算の場合には会社の会計監査人に対する損害賠償請求権が行使されないであろうからという点が挙げられており[28]、これは前述の会社法立案担当者の理由づけとも一致する。

そのため、会社法は、この点からも機関性肯定説を採用しているものと推定することができよう。

(3) 会計監査人の独立性に関する検討～社外取締役・社外監査役との比較

会計監査人の機関性否定説を主張する際の理由づけのキーワードとなっているのが、「会計監査人の独立性」である。このことは、機関性肯定説を採用する場合であっても、会計監査人の機関性を肯定したところで会計監査人の独立性とは矛盾しないと主張されていることからも、会計監査人制度の根幹をなす重要な概念であるということができよう。そこで以下では、会計監査人の独立性について、若干の検討を加えることにする。

会計監査人の独立性とは、会計監査人は被監査会社から独立した第三者でなければならないということである。これは、計算書類に対する社会的信頼を確保するためのものであり、具体的には、監査人が、取締役などの経営者から独立した立場で、計算書類の内容が株式会社の財産および損益の状況を適正に表示しているかどうかについての意見を表明するという形で表れる。[29] 会社法三三七条三項各号に規定される会計監査人の欠格事由は、主として独立性を有しない会計監査人を排除するためのものである。[30] 会計監査人の独立性については、一般的に、精神的独立性（independence in fact）と外観的独立性（independence in appearance）の二つの側面から説明されている。[31] また、会計監査人の独立性に関しては、会社法は公認会計士法に委ねている[32]（会社法三三七条三項一号）。その規制を要約すると、以下のようになる。[33] 社外取締役・社外監査役の独立性との比較で重要となるであろう部分は、特別利害関係と大会社における就業制限である。特別利害関係については、公認会計士については公認会計士法二四条が、監査法人については同法三四条の十一が、公認会計士またはその配偶者および監査法人またはその社員（配偶者）が、被監査会社と「特定の利害関係」を有している場合に当該会社等に対して監査証明業務を制限する旨を規定する。この特別利害関係は、人的関係と経済的関係に区分される。[34] 第一に、被監査会社との人的関係（雇用関係）として、①被監査会社の役員、これに準ずる者または財務に関する事務の責任ある担当者（過去一年以内にこれらの地位にあった者も含む）（同二四条一項一号、三四条の十一第一項二号）、②被監査会社等の使用人（過去一年以内に使用人であった者も含む）（同二四条一項二号、三四条の十一第一項二号）、③公務員として職務上密接な関係にあること（同二四条三項）が、第二に、被監査会社との経済的関係として、①被監査会社等の株主、出資者、債権者、債務者であること、②被監査会社等から通常よりも優遇された経済的便益を受けていること、③被監査会社等から税理士業務や監査・会計とは関連しない業務によって継続的な報酬を受けていること（同二四条二項、三四条の十一第二項、同施行令七条一項四―七号、一五条一―五号）が挙げられる。また、被監査会社以外との人的関係（雇用関係）として、①被監査会社の「関係会社等」の役員、これに準ずる者（過去一年以内にこれらの地位にあった者も含む）、②被監査会社の親会社・子会社等の使用人であることが挙げられる（公認会計士法二四条二項、三四条の十一第二項、同施行令七条一項八・九号、一五条六・七号）。大会社における就業制限については、公認会計士（監査法人にあっては業務執行社員）は、監査証明業務を行った会計期間の翌会計期間終了までは、その会社の役員等に就いてはならない旨規定し、この被監査会社の範囲はその連結会社等（親会社、連結子会社、いわゆる兄弟会社等）に拡大されている（同二八条の二、三四条の十一第一項三号、三四条の十四の二）。

他方、会計監査人とは別に、会社法上、会社からの独立性を要求されているものとして、社外取締役、社外監査役がある。社外取締役は、「株式会社の取締役であって、当該株式会社又はその子会社の業務執行取締役（株式会社の第三六三条第一項各号に掲げる取締役及び当該株式会社の業務を執行したその他の取締役をいう。……）若しくは執行役又は支配人その他の使用人でなく、かつ、過去に当該株式会社又はその子会社の業務執行取締役若しくは執行役又は支配人その他の使用人となったことがないもの」（会社法二条十五号）であり、社外監査役は「株式会社の監査役であって、過去に当該株式会社又はその子会社の取締役、会計参与（会計参与が法人であるときは、その職務を行うべき社員）若しくは執行役又は支配人その他の使用人となったことがないもの」である（同二条十六号）[35]。さらに、東京証券取引所規則には、上場会社を対象とした独立役員制度がある。すなわち、東証上場会社には、「上場内国株券の発行者は、一般株主保護のため、独立役員（一般株主と利益相反が生じるおそれのない社外取締役（会社法第二条第十五号に規定する社外取締役であって、会社法施行規則（平成一八年法務省令第十二号）第二条第三項第五号に規定する社外役員に該当する者をいう。）又は社外監査役（同条第十六号に規定する社外監査役であって、会社法施行規則第二条第三項第五号に規定する社外役員に該当する者をいう。）をいう。以下同じ。）を一名以上確保することが義務づけられてい」る（東証上場規定上場規程四三六条の二）。具体的には、a．当該会社の親会社又は兄弟会社の業務執行者、b．当該会社を主要な取引先とする者若しくはその業務執行者又は当該会社の主要な取引先若しくはその業務執行者、c．当該会社から役員報酬以外に多額の金銭その他の財産を得ているコンサルタント、会計専門家又は法律専門家（当該財産を得ている者が法人、組合等の団体である場合は、当該団体に所属する者をいう。）、d．最近においてaから前cまでに該当していた者、e．次の（a）から（c）までのいずれかに掲げる者（重要でない者を除く。）の近親者（（a）aから前dまでに掲げる者、（b）当該会社又はその子会社の業務執行者（社外監査役を独立役員として指定する場合にあっては、業務執行者でない取締役又は会計参与（当該会計参与が法人である場合は、その職務を行うべき社員を含む。以下同じ。）を含む。）、（c）最近において前（b）に該当していた者）は独立役員とはなりえないとされている（上場管理等に関するガイドライン［東京証券取引所］Ⅱ5（3）の2）。社外取締役、社外監査役は、取締役の監督機能、監査役の監査機能をそれぞれ実効性のあるものにするための制度であり、独立役員制度は、その監督機能・監査機能をさらに強化するために設けられているものである。もっとも、社外取締役・社外監査役の社外性は業務執行者からの独立性を意味し、独立役員制度の独立性は業務執行者だけでなく取引先や大株主からの独立性を意味している[36]。

　このように見てくると、会計監査人が被監査会社からの独立性を要求されている一方で、会社の機関であることが疑いない社外取締役・社外監査役は業務執行者からの独立性が要求されており、さらに上場会社の独立役員には、業務執行者だけでなく取引先や大株主からの独立性というかなり強い独立性まで要求されていることがわかる。要求されている独立性の範囲は会計監査人のほうが広いが、それは職業的監査人たる公認会計士・監査法人の特殊性によるものであろう。会計監査人が設置されることが多いのは大会社かつ上場会社であろうが、このような会社の独立役員が会社の機関であるのに対し、会計監査人は監査役会・監査委員会と連携して会計監査を行うのにもかかわらず会社の機関ではないとされるのは不自然であろう。同じく株主総会で選任され、同じく経営陣の監督・監査業務の一翼を担う社外取締役・社外監査役（独立役員を含む）と会計監査人は、ともに程度の差こそあれ会社から強い独立性を有しており、したがってこのことのみを理由に会社の機関ではないということはできないように思われる[37]。

（2） 上柳克郎ほか編『新版注釈会社法（六）株式会社の機関（二）』五二六頁〔龍田節〕（有斐閣、一九八七年）。

（3） 大隅健一郎＝今井宏＝小林量『新会社法概説（新版）』三〇三頁（有斐閣、二〇一〇年）は機関性否定性が通説であるとし、岡本智英子「会社法における会計監査人」ビジネス＆アカウンティングレビュー一号六〇頁（二〇〇六年）も機関性否定説が多数説であると評価する。なお、江頭憲治郎『株式会社法（第四版）』三八九頁（有斐閣、二〇一一年）は、「会計監査人は、……会社の機関とは一般に解されていない」としている。

（4） 前田庸『会社法入門（第一二版）』三四二頁（有斐閣、二〇〇九年）、酒巻俊雄＝龍田節編『逐条解説会社法第四巻　機関・1』二四三頁〔藤原俊雄〕（中央経済社、二〇〇八年）。なお、江頭・前掲注（3）五六〇頁注14は、「会社法は、会計監査人を『機関』と見ているようでもある」とする。

（5） 元木伸「商法監査総論—その基本的な考え方—」会計ジャーナル一三巻八号二五頁（一九八一年）によれば、昭和四九年の商法特例法制定の際に、「もし株主総会が会計監査人を選任することとなれば、会計監査人は会社の機関ということになり、……会社機構が複雑になるとして、反対がなされたといわれ」ている。なお、昭和四九年商法改正時の法制審議会商法部会小委員会においても、この点は議論されていた。三枝一雄「昭和四九年商法改正と法制審議会商法部会小委員会（五）」法律論叢八三巻六号一〇五頁（二〇一一年）参照。

（6） 矢沢惇ほか編『注釈会社法補巻　昭和四九年改正』一〇六頁〔龍田節〕（有斐閣、一九八〇年）。

（7） 元木伸「改正商法　会計監査人の地位（その1）」時の法令一二三二号四二頁（一九八四年）。

（8） 竹内昭夫『改正会社法解説（新版）』一三八頁（有斐閣、一九八三年）。

（9） 山村忠平「会計監査人と決算監査役」横浜市大論叢二二巻社会科学系列一号四頁（一九七一年）。

（10） 田中誠二『三全訂会社法詳論　下巻』七六四頁（勁草書房、一九九四年）。田中誠二博士は、同書初版では肯定説に立っていたが、一九八二年の同書再全訂版で否定説に改説している。

（11） 鈴木竹雄＝竹内昭夫『会社法（第三版）』三一九頁（有斐閣、一九九四年）、鈴木竹雄『新版会社法（全訂第五版）』二一二頁（弘文堂、一九九四年）、大隅健一郎＝今井宏『新版会社法論　中巻Ⅰ』三〇〇頁（有斐閣、一九八三年）など。

（12） 龍田節「会計監査人の選任と解任」会計ジャーナル六巻六号一四四頁（一九七四年）。なお、大住達雄「株式会社の監査制度はどのように変わるのか」会計ジャーナル六巻六号一六頁（一九七四年）も、昭和五六年改正前商法特例法下における会計監査人は会社の機関として取り扱われていると評価している。
(13)　吉野俊一郎「会計監査人の法的位置付け」商事法務七二六号二四頁（一九七六年）。
(14)　酒巻俊雄『会社法改正の論理と課題』一五四頁（中央経済社、一九八二年）。
(15)　加藤修「会計監査人の機関性」法学研究七〇巻一号四〇頁（一九九七年）。
(16)　倉澤康一郎『株式会社監査機構のあり方』二四六頁（慶應義塾大学出版会、二〇〇七年）（初出は、ＪＩＰＣＡジャーナル四巻六号三四頁（一九九二年））。なお、倉澤博士は、昭和五六年改正により、会計監査人は会社の機関になったと評価している。
(17)　加藤・前掲注（15）四三頁。
(18)　片木晴彦「株式会社監査体系と会計監査人の役割」廣島法学一二巻二号一頁（一九八八年）。
(19)　加藤・前掲注（15）三九頁。加藤教授によれば、これはドイツ法上の決算検査役の機関性に関する議論で示されたことである。
(20)　加藤・前掲注（15）四〇頁、島原宏明「会計監査人監査制度の構造」慶應義塾大学大学院法学研究科論文集二二号一〇頁（一九八五年）。
(21)　これは、会計監査人制度そのものが商法特例法という商法とは別の法律で規定されていたことのみが理由であると評価されるかもしれない。
(22)　会社法は、役員と会計監査人とをあわせて「役員等」と表現しているため、会社法においては会計監査人は会社の役員ではないと評価されていることは明白であろう。
(23)　会計監査人を「会社の部外者」と評価するものもある。藤田友敬「株主代表訴訟の現代的展開」川嶋四郎＝中東正文編『会社事件手続法の現代的展開』五三頁（日本評論社、二〇一三年）。
(24)　龍田・前掲注（12）一四八頁。
(25)　相澤哲編著『立案担当者による新会社法の解説（別冊商事法務二九五号）』二一九頁（商事法務、二〇〇六年）。
(26)　藤田・前掲注（23）五一頁
(27)　藤田・前掲注（23）五三頁。
(28)　龍田・前掲注（12）一四八頁。
(29)　岩原紳作編『会社法コンメンタール７・機関［1］』四九五頁〔片木晴彦〕（商事法務、二〇一三年）。
(30)　片木・前掲注（29）四九四頁。

(31) 鳥羽至英＝川北博ほか『公認会計士の外見的独立性の測定――その理論的枠組みと実証研究――』六〇頁（白桃書房、二〇〇一年）。なお、島原・前掲注(20)一一頁は、これらの説明は証券取引法（現金融商品取引法）監査についてのものであるため、目的・機構等の異なる商法（現会社法）監査にはそのまま当てはめることのできない面もあると考えられる、とする。
(32) 金融商品取引法も、監査人の独立性に関しては公認会計士法に委ねている（金融商品取引法一九三条の二第一項、第四項）。
(33) 詳細は、片木・前掲注(29)五〇一頁以下。なお、以下の公認会計士法に関する整理は、その大部分を町田祥弘＝松本祥尚編『会計士監査制度の再構築』六八頁以下〔矢澤憲一〕（中央経済社、二〇一二年）に負っている。
(34) なお、監査人の独立性を経済的関係、人事、報酬に分けて論じる見解もある。弥永真生『監査人の外観的独立性』（商事法務、二〇〇二年）。
(35) 社外取締役・社外監査役の要件については、これを厳格化する会社法改正法案が国会に提出され、平成二六年の通常国会で審議入りする見通しである（二〇一四年一月末日現在）。
(36) 楠元純一郎「社外監査役と独立性」永井和之＝中島弘雅＝南保勝美編『会社法学の省察』三二三頁（中央経済社、二〇一二年）。
(37) 二〇一三年二月一四日に公表された日本弁護士連合会「社外取締役ガイドライン」によれば、社外取締役の客観的独立性については規定せず、各会社の自主的な判断に委ねているようである（日本弁護士連合会司法制度調査会社外取締役ガイドライン検討チーム編『「社外取締役ガイドライン」の解説』三八頁（商事法務、二〇一三年））。しかしながら、このようにみてくるとむしろ、社外取締役・社外監査役の社外性や独立役員の独立性を徹底する場合には、公認会計士法の規定を参考にしてもよいという議論もあってよいくらいに思える。

三　結びにかえて

以上、ごく簡単にではあるが検討してきたように、会計監査人はその独立性という性質から会社の機関性を否定されることはなく、また会社法により会計監査人の責任が株主代表訴訟の対象となったことは従来の機関性肯定説の立場から主張されていたことが立法化されたという結論に至った。本稿での検討の結果、平成一七年会社法の下では、形式的理由のみならず、実質的理由からも会計監査人は会社の機関といってよいであろう。もっとも、このような検討に関しては、「会計監査人を会社の機関といってみても特別の結論は出てこない」[38]との誹りを免れないと思われる。しかしながら、この点は会社法制定後、各体系書、教科書等で議論の混乱が見られていた点であり、この議論に一石を投じることができれば幸いである。本研究を出発点として、今後はコーポレート・ガバナンスの一つとしての会計監査の実効性を高めるための法的研究に取り組んでいきたい。[39]なお、本稿の検討の中で十分に触れることのできなかった論点、とりわけ会計監査人の責任を追及する株主代表訴訟をめぐる諸問題に関しては、なお検討すべき事項も多いと思われるため、今後の課題としたい。

会計監査人の機関性を論じた後にまず問題となるのは、監査契約の法的性質の問題である。会計監査人が選任されると、会社と会計監査人の間で監査契約が締結されるが、この監査契約の法的性質については、[40]かつては準委任契約説、[41]請負契約説、[42]請負型の委任契約説、[43]無名契約説[44]と学説の対立が華々しかったが、平成一七年会社法により、同三三〇条が、「株式会社と役員及び会計監査人との関係は、委任に関する規定に従う。」と規定したため、会社法は準委任契約説を採用したものと思われる。[45]しかしながら、前述したように、近時はナナボシ事件をはじめとして会計監査人の任務懈怠責任が追及される裁判例が注目されていることからも、会計監査人の任務とは何かを考察する際の基礎作業としてこのような検討も必要であろうと思われるが、これも今後の課題としたい。

(38)　龍田・前掲注（12）一四五頁。

(39)　近年の研究としては、小柿徳武「会計監査人の情報提供機能とコーポレート・ガバナンス（一）（二・完）」民商法雑誌一一七巻二号七〇頁、三号五〇頁（一九九七年）、志谷匡史「コーポレート・ガバナンスにおける監査人の役割再論」神戸法学雑誌五九巻四号二九三頁（二〇一〇年）。

(40)　従来の学説を整理したものとして、良永和隆「公認会計士の責任」川井健編『専門家の責任』三〇七頁以下（日本評論社、一九九三年）。

(41) 鈴木＝竹内・前掲注（11）三一九頁。
(42) 大住達雄「監査契約の性格と公認会計士の責任」企業会計二〇巻九号一四七三頁（一九六八年）、同「会計監査人の職務と責任」商事法務研究五二三号五二八頁（一九七〇年）、同「株式会社の監査制度はどのように変わるのか」会計ジャーナル六巻六号一六頁（一九七四年）。
(43) 吉田稔「監査契約の法的性格ならびに会計監査人の責任とその救済」高千穂論叢昭和五七年度Ⅱ創立八〇周年記念論文集七三頁（一九八二年）。
(44) 篠田四郎「会計監査人の責任（五）」名城法学二六巻一号六一頁（一九七六年）。
(45) 会計監査人に委任するのは法律行為ではなく事実行為であるため、委任契約でなく準委任契約である。

倒産法における相殺権の処遇に関する一試論
――「投資の清算」理念と「清算債権債務当事者間の公平」の観点からのパラダイム論的考察――

籠池信宏

一　本稿の目的

倒産法における相殺権の処遇に関しては、昨今、停止条件付債権[1]を受働債権とする相殺可否の判断基準や、無委託保証人の事後求償権を自働債権とする相殺の可否など、具体的事例処理に関わる多数の論点が提起されるとともに、それらの諸論点についても結論と理由付けを異にする多種多様な見解が示されており、さしずめ百花繚乱の様相を呈している。[2]

かように混沌とした議論状況に陥っている一因は、相殺適格性の要件を受働債権と自働債権とで区別して考察することなく、「合理的相殺期待の有無」等の基準をもって一元的に相殺の可否を判断しようとしている点にあるのではないかというのが卑見である。

受働債権と自働債権とでは倒産法上の相殺の規制原理を異にしており、受働債権の相殺適格性と自働債権の相殺適格性は、本来、区別して議論されなければならない。

受働債権については、「投資の清算」理念という平時と異なる倒産法固有の責任財産の制約原理が適用されるのに対して、自働債権については、「清算債権債務当事者間の公平」という平時実体法の延長線上の原理が適用されるにとどまり、それぞれの相殺適格性の要件と判断のあり方には本質的な相違があるというのが私見の要旨である。

本稿においては、上記の問題意識のもと、まず、受働債権の相殺適格性に関して、平時と異なる倒産法固有の理念としての「投資の清算」理念を踏まえた上で、受働債権規制の論拠と判断基準について考察する（第二章）。次に、「清算債権債務当事者間の公平」を倒産法上の相殺の正当化根拠として位置付ける観点から、主として自働債権の相殺適格性の要件について検討し、併せて、倒産法上の相殺権を担保権に近付けて考察するアプローチ等について批判的に検討する（第三章）。その後に、それまでの考察を踏まえて、立法論を含めた倒産法上の相殺権の処遇に関する理念的フレームワークの提示を試みる（第四章）。最後に、近時の重要個別論点の検討を通じて、倒産法上の相殺権の処遇のあり方について、私見に基づく具体的考察と結論を示すこととしたい（第五章）。

(1)　この論点に関しては、相殺に供される受働債権を、倒産債権者側からみて「停止条件付債務」と表記する例が一般的であるが、本稿では、受働債権の「財産」性に着目する観点から、倒産債務者側からみて「停止条件付債権」との表記を原則扱いとする（ただし、文脈上「停止条件付債務」と表記する方が理解し易い場合は、「停止条件付債務」の表記を用いる場合もある）。

（2）　倒産法上の相殺権の処遇に纏わる諸論点とその議論の状況については、パネルディスカッション「倒産と相殺」事業再生と債権管理一三六号一七頁以下に詳しい。

二　受働債権規制の論拠と相殺可否の判断基準――「投資の清算」理念を踏まえて

1　「投資の清算」理念について

（1）「投資の清算」理念とは、倒産手続の本質を「倒産手続開始前の投資関係（債権債務関係）の清算」として捉える倒産法観をいう。(3)

金融取引の借手（投資客体）である債務者は、投資主体である債権者から資金調達し、調達資金を一定の事業目的に投下し運用することによって、企業活動を維持している。(4) このような投資関係の大要は、債務者の貸借対照表をもって示される。すなわち、貸借対照表の貸方は、投資資金の調達源泉を表示し、借方は、投資資金の運用形態を表示する。債務者は、債権者に対して、投資契約に基づく投資元利金（投資元本と果実）の支払義務を負担しているところ、これらの返済原資は、債務者の事業（資産運用）に投下された投資資金の回収元本と運用益をもって充てられる。かかる投資関係は「投資の継続」を前提とした平時の法律関係として捉えることができる。

これに対し、債務者が財政破綻状態（支払不能・債務超過）に陥った場合には、当初の投資契約の履行が不可能になるため（デフォルトの発生）、いったん全ての投資関係をリセットし、その清算・整理を通じた投資関係の正常化を図る必要が生じる。この場合、債務者財産を全て換金して投資主体に金銭分配するか（狭義の清算）、当初の投資契約を変更し、投資の実価（責任財産の価額をもって測定される）に見合った権利を再分配するか（整理＝広義の清算）、いずれかの方法をもって債務者の財政破綻状態の解消が図られなければならない。かかるリセット機能に基づく投資関係の正常化こそが倒産法システムの究極目的であり、倒産手続の本質を「投資の清算」として捉える所以である。そして、このような法目的のもとに、平時の法律関係を修正する倒産法固有の法理念を見出すことができる。

「投資の清算」の大要もまた、債務者の貸借対照表をもって示される。すなわち、清算時の貸借対照表の貸方は、「清算分配に与る投資（倒産債権）」を表示し、借方は、「清算原資（分配財源）たる責任財産」を表示する。平時における「投資のフロー」は、貸方（調達源泉としての投資資金）から借方（運用形態としての資産）という資金（経済価値）のベクトルが基調であるのに対し、倒産時における「清算のフロー」は、平時とは逆方向のベクトルが基調となり、借方の「清算原資（分配財源）たる責任財産」の価額をもって、貸方の「清算分配に与る投資（倒産債権）」の実価（投資の清算によって再分配される権利）が画定される関係に立つ(5)。

「倒産手続開始前の投資関係（債権債務関係）の清算」とは、上記の大要での、「倒産手続開始時(6)の倒産債務者帰属財産を清算原資とする、過去投資（倒産債権）の清算」を意味する。

倒産手続を「投資の清算」として捉えることは、清算基準時の「投資」（その全体像は投資客体の開始時貸借対照表をもって示される）の枠内で清算分配（金銭分配または権利の再分配）を完結することを意味するところ、こうした思想は、倒産法上、「倒産債権に対する清算分配財源は開始時財産以外には見出し得ない」という「責任財産の限定」規律として発現する。

（2） 法手続的観点からみれば、倒産手続は、開始時財産を責任財産として、倒産債権者間での衡平な満足を図る、包括執行手続たる性格を備えている。

他方、経済的観点からみれば、倒産手続は、開始時財産を「清算原資（分配財源）」、倒産債権を「清算分配に与る対象債権」と措定してなされる、「倒産手続開始前の投資関係（債権債務関係）の清算」を本質とする手続として理解することができる[7]。

（3）　清算型倒産手続の場合、いわゆる固定主義（破三四条一項）のもと、開始時財産を全て換金した上で分配原資とし、倒産債権を分配対象債権として、プライオリティルールに基づく清算分配が実施される。その処理の大要はまさに「投資の清算」そのものである。

再建型倒産手続の場合、開始時財産が直ちに換金され金銭分配される訳ではないが、倒産債権に対する分配原資が開始時財産に限定されるという点では清算型倒産手続と変わりがない[8]。すなわち、再建型倒産手続では、開始時貸借対照表を基礎とした財産評定を踏まえて、開始時財産に見合った債権額にまで倒産債権の権利変更（減縮）がなされることを通じて、計数上、開始時財産を清算原資として見立てた「観念的清算＝投資の実価に基づく権利の再分配」が図られるのであり、これも開始時財産を分配財源とする「広義の清算」として捉えられる。

このように、倒産手続は、責任財産を開始時財産に固定（限定）して行う「過去投資（倒産債権）の清算」手続であり、倒産法の平時実体法と異なる最大の特徴は、こうした「責任財産の限定」を権利調整の前提となるべき中核的規律としている点に見出すことができる[9]。

（4）　上記のとおり、倒産手続は「過去投資の清算」を本質とする手続であると理解されるところ、かかる倒産手続の本質の理解は、「正常な投資秩序の維持・回復」という倒産法の目的に求めることができる。

仮に、倒産法のような法システムが存在せず、財政破綻状態にある投資客体がそのまま市場に放置されるようでは、不正取引や違法取引のリスクが高まり、社会的な取引コストの増大や金融取引全体への萎縮効果を懸念しなければならない上、近代法下では許されない奴隷的債務の疑似再現（個人債務者の無限的債務拘束による隷属化）に繋がる危険性も孕んでいる。こうしたリスク要因を排除するためには、財政破綻に陥った投資客体（倒産債務者）について、その財政破綻状態を解消し、将来的な投資関係の正常化を図るための法システムが必要とされる。

このような「投資客体（倒産債務者）の財政破綻状態を解消し、その経済的再生と、将来的な投資関係の正常化を図る」という法目的は、財政破綻に陥った投資客体（倒産債務者）について、過去の投資関係を強制的にリセット（清算・整理）することによって実現されるのであり、これを企図したのが倒産法の法システムである。[10][11]

（5） 上記のように、倒産手続を「過去投資の清算」手続として捉える倒産法観に立脚すれば、開始時財産は「清算原資（分配財源）たる責任財産」として位置付けられ、過去投資たる倒産債権は「清算分配に与る対象債権」として位置付けられる。[12] これは、倒産債権に対する「清算原資（分配財源）」が、開始時財産に固定（限定）されるべきことを意味する。

このように、倒産債権に対する分配財源を開始時財産に固定（限定）する規律を正当化する論拠としては、「投資の失敗の結果責任は、投資者（倒産債権者）が自ら負担すべきであり、他者に転嫁することは許されない」という「投資の自己責任原則」を挙げることができる。

金融取引により投資者（倒産債権者）が投資先（倒産債務者）に供与した資金等は、会計上の「貸借均衡の原理」に基づき、同額が投資先の貸借対照表に資産計上される。当該資金等は、投資先の資産運用（事業活動）に伴い様々に資産形態を変化させるが、資産運用の成果または損失が生じるまでは、取得原価主義のもと貸借対照表の資産計上額は変わらない。かかる会計原理に照らせば、投資後のある時点において、負債に見合うだけの資産が不足し、債務超過を生じているという事態は、投資先の資産運用（事業活動）の不首尾により損失が発生したことに伴う投資資産の目減り、すなわち投資の失敗を意味するものにほかならない。このような投資の失敗の結果責任は、投資者である倒産債権者が自ら負担すべきであるから、投資先の破綻処理に際しては、「投資の清算」理念のもと、投資の現在形態たる開始時財産を踏まえて、その責任財産に見合う実価にまで投資額（倒産債権額）を減縮されたとしてもやむを得ない。

（6）仮に、開始時財産による過去投資（倒産債権）のリセット（清算・整理）が適切になされず、開始時財産の実価を超えた倒産債権が残存することになれば、計数上、開始後の将来投資者の新規投資が倒産債権の弁済原資に充てられることになり、倒産債権者の負担すべき倒産損失が将来投資者に一部転嫁されることになる。かかる損失転嫁が将来投資者の保護に悖り、前記の「投資の自己責任原則」に反することは明らかであろう。将来投資者への損失転嫁が生ずるような状況下では、将来投資者による新規投資は期待できないから、「正常な投資秩序の維持・回復」という倒産法の法目的を達成することはできない。「正常な投資秩序の維持・回復」を実現するためには、開始後の新規投資によって生ずる経済価値（将来投資価値）への倒産債権者の追求を遮断し、将来投資者を保護することが必要である。そのためには過去投資（倒産債権）に対する分配財源を開始時財産に限定し、開始時財産をもって過去投資（倒産債権）をリセット（清算・整理）することが不可欠の前提となる。

倒産債務者の経済的再生の観点からも、開始時財産による過去投資（倒産債権）のリセット（清算・整理）が要請される。開始時財産の実価は、将来キャッシュフローの割引現在価値をもって測定されるから、開始時財産の実価を超えた倒産債権が残存することになれば、新規投資を得ない限り、その返済を継続することは理論的に不可能である。加えて、前記のとおり、かような財政破綻状態の解消がなされていない投資客体に対して新規投資を行う投資者の出現は期待できないから、倒産債務者の経済的再生（フレッシュスタート）を図ることも困難と言わざるを得ない。

そもそも、破産法が支払不能ないし債務超過を破産原因として規定しているのは、このような財政破綻状態にある投資客体を市場から排除することによる「正常な投資秩序の維持・回復」の強制的実現を目的としているから、倒産手続（再建型倒産手続）内において、開始時財産の実価に見合った額に倒産債権を減縮し、倒産債務者の財政破綻状態の解消を図ることは、倒産法の制度目的に則った理論的要請であると理解される。

（7）以上のとおり、債権（倒産債権）に対する分配財源（責任財産）を開始時財産に限定し、その限りで過去投資（倒産債権）をリセット（清算・整理）するという規律は、将来投資価値に対する倒産債権者の追求を遮断することで、将来投資者の保護と、倒産債務者の経済的再生（フレッシュスタート）を図り、これらを通じて「正常な投資秩序の維持・回復」を実現するという倒産法の法目的に根差した本質的要請として理解される。

そして、このような規律は、私的自治の原則に立脚し「投資の継続」を前提とする平時実体法にはない、倒産法固有の「投資の清算」理念に基づく規律であることが留意されなければならない。

2　受働債権規制と「投資の清算」理念との結びつき――受働債権規制の「分配財源規制」としての性質

（1）倒産法上、倒産手続開始後に倒産債務者に対して負担した債務を受働債権とする相殺は、倒産債権者の主観や債務負担原因の如何に拘わらず、認められない取扱とされている[13]（以下「受働債権規制」という）。

（2）倒産手続の本質を「倒産手続開始前の投資関係の清算」として捉える倒産法観からは、受働債権規制は、倒産債権に対する「清算原資（分配財源）」を開始時財産に固定（限定）するという「投資の清算」理念を、倒産法上の相殺権の処遇に関して体現するための、基幹的規律として位置付けることができる[14]。

すなわち、受働債権規制は、「倒産債権に対する清算原資（分配財源）としての受働債権」を「開始時財産に属する債権」に限定する趣旨の「分配財源規制」として理解される[15]。

（3）受働債権規制の法文にいう「開始後に負担した債務」とは、倒産債務者側からみれば、開始後に倒産債務者のもとで発生した債権を意味するところ、このような開始後に発生する債権は、別の開始時財産の価値変形物か、あるいは、将来投資者による開始後の新規投資に由来する財産にほかならない[16]。

したがって、開始後に発生する債権を受働債権とする相殺を認めることは、倒産債権に対する「清算原資（分配財源)」を開始時財産に固定（限定）する「投資の清算」理念に反する。

かかる相殺を禁止するための規制が受働債権規制である。

（4）もとより平時実体法上の相殺の規律には受働債権規制のような制約はなく、「投資の清算」理念に立脚する受働債権規制もまた倒産法固有の規律である。

3　「分配財源規制」たる受働債権規制の要請——「受働債権の開始時実在性」の基準

（1）受働債権規制の「分配財源規制」たる性質上、相殺が認められるための受働債権の適格性として、「開始時に分配財源たり得る責任財産としての実在性（経済的実体）を備えていること」（受働債権の開始時実在性）が要請される。

包括執行手続であり「清算」を本質とする倒産手続においては、開始時に分配財源としての実在性（経済的実体）が認められない以上、かような受働債権を倒産債権の引当財産とはなし得ず、相殺による優先回収を認めることもできないのが当然の帰結である(17)。

（2）受働債権規制に纏わる相殺可否の判断に当たっても、上記の「受働債権が開始時に分配財源たり得る責任財産としての実在性（経済的実体）を備えているか否か」（受働債権の開始時実在性）という観点が、最重要視されなければならない。

何故なら、前記のとおり、開始時に分配財源としての実在性（経済的実体）を有しない受働債権との相殺を容認すれば、結果として、自働債権者たる倒産債権者に対して、「開始後の新規投資に由来して生じる将来経済価値」や「開始時に存在する別の責任財産の価値変形物」を分配財源とする優先回収を許すことに繋がり、「開始時財産を清算原資とする倒産債権の清算」という「投資の清算」理念を踏まえた「分配財源規制(18)」の趣旨に反するからである。

（3）　受働債権の開始時実在性の判定に当たって留意されなければならないのは、「債権」が有体物である一般財貨と異なり、観念的な財貨であるという点である。「債権」は観念的な財貨である故、その実在性の判定が有体財産ほどには容易ではない。とりわけ「停止条件付債権」の場合、その観念性の高さに加え概念の多義性も手伝って、実在性を慎重に見極めなければ、「停止条件付債権」と開始時に存在する別の財産を二重捕捉（ダブルカウント）してしまうおそれが生じる。

（4）　例えば、開始時に倒産債務者がその所有する受取手形を倒産債権者たる取引信用金庫に取立委任しているケースを想定する。この場合、倒産債権との相殺に供する開始時財産（受働債権）として、「手形金の取立てを停止条件とする取引信用金庫に対する手形取立金返還請求権」を認識することも観念的には可能かもしれない。しかし、かかる「停止条件付債権としての手形取立金返還請求権」を開始時財産（受働債権）として認識したのでは、開始時財産であることに疑念のない「受取手形」との関係上、同一経済価値の二重捕捉（ダブルカウント）を来してしまう。「手形取立金返還請求権」は開始時財産である「受取手形」を取り立てることによって初めて生ずる開始後の価値変形物に過ぎず、「停止条件付債権としての手形取立金返還請求権」は、開始時の時点では「分配財源たり得る責任財産としての実在性（経済的実体）」（開始時実在性）は認められない[19]。

上記の例で、「停止条件付債権としての手形取立金返還請求権」を受働債権とする相殺を認めたのでは、「開始時に存在する別の責任財産の価値変形物」を分配財源とする優先回収を許すことになってしまい、「投資の清算」理念に反する結果を招来する。したがって、この場合、「停止条件付債権としての手形取立金返還請求権」については、「開始時実在性」を欠くものとして、受働債権としての適格性が否定されなければならない[20]。

（5）　以上のとおり、受働債権規制に纏わる相殺可否の判断に当たっては、受働債権規制の「分配財源規制」たる性質を踏まえ、受働債権が開始時に分配財源たり得る責任財産としての実在性（経済的実体）を備えているか否かという、「受働債権の開始時実在性」の有無をもって判断基準とすべきであると思料する（以下、便宜のため「開始時実在性説」という）。

4　「受働債権の開始時実在性」の判定――会計理論における資産認識基準の有用性

（1）　上記の「受働債権の開始時実在性」の有無の判定に当たっては、会計理論における資産認識基準が有用な指針を提供する。

（2）　会計理論上、資産とは、「過去の取引または事象の結果として、報告主体が支配している経済的資源（キャッシュの獲得に貢献する便益の源泉）」をいい、財務諸表項目としての資産は、「リスク（不確定性）から解放された独立の経済的資源を獲得したとみなすことができるとき」、換言すれば「貨幣性資産（キャッシュ）の裏付けが満たされたとき」に認識計上される(21)。

かような会計理論上の資産認識基準は、経済価値の帰属性（支配性）の考察を主眼にし、財産価値性（キャッシュの裏付け）を基礎としている点において、「分配財源たり得る責任財産としての実在性（経済的実体）」を要請する「受働債権の開始時実在性」の判断基準と重なり合うものと言える。

したがって、倒産債務者の開始時貸借対照表における受働債権の資産計上の可否(22)は、「受働債権の開始時実在性」の有無の判定に当たって重要なファクターとなる(23)。

（3）　この点、「停止条件付債権を受働債権とする相殺の可否」という法的判断に当たって、「受働債権の資産計上の可否」という会計的事象を重視する考え方については、違和感を抱く向きもあるかもしれない。

しかし、倒産法が、倒産処理の中核的手続として財産評定制度(24)（破一五三条、民再一二四条、会更八三条）を法定し、開始時貸借対照表（財産評定貸借対照表）を基礎として、倒産債権の清算・整理の指針となすことを企図していることに鑑みれば、倒産処理上の法的判断に当たって、会計的事象を踏まえつつ、会計処理との整合性を保つことはむしろ当然の要請であると言わなければならない[25]。開始時貸借対照表は、倒産債務者にかかる開始時の「投資」の全体像を如実に示す情報であり、財産評定制度は、「清算基準時の投資の枠内で清算分配を完結する」という「投資の清算」理念を実現するための要となる制度として位置付けられるのである。

（4）もともと会計は、投資者に対して投資資金の運用状況等を開示することを目的とした技術であり、平時においても投資者保護のための開示制度（会社法会計、金商法会計等）として法規制に組み込まれているものであるから、「投資の清算」に際しても、会計情報（貸借対照表）を基礎として投資者間の権利調整を図ることには、相応の合理性を見出すことができる。

倒産処理が、財産の換価処分や評価という経済的・会計的事象に関わる業務を主内容とすることを考慮してみても、倒産処理に纏わる法的判断の要素として会計的考察を度外視することは適切ではない[26]。

（5）前記のとおり、「停止条件付債権」は、その多義的かつ観念的性質のゆえに、開始時に存在する別の責任財産との二重捕捉のおそれが高いところ、複式簿記の原理や実現主義の原則に基づく会計理論を前提とすれば、同一経済価値が同時に二重に資産計上されることはなく、かような経済価値の二重捕捉の誤りを回避することができる。

（6）また、「停止条件付債権を受働債権とする相殺の可否」の判断基準としても、近時の有力説が唱える後掲の「合理的相殺期待の有無」という判断基準よりは、「受働債権の資産計上の可否」という会計的事象を踏まえた「受働債権の開始時実在性」の判断基準の方が、より明確で有用なメルクマールを提供するものであり、「分配財源規制」たる受働債権規制の趣旨とも合理的に整合する。

（7）以上の諸点により、「受働債権の開始時実在性」の有無の判定に当たっては、開始時貸借対照表における受働債権の資産計上の可否が、有用なメルクマールとして重視されるべきであると考える。

なお、「受働債権の開始時実在性」の具体的判断のあり方については、第五章の個別事例の検討において言及する。

（3）「投資の清算」とは、投資客体の財政破綻（支払不能・債務超過）を端緒とする、既存の投資取引（金融取引）の「清算」処理手続として、倒産手続を位置付ける考え方である。広義の投資取引（金融取引）は、負債投資（デット）取引と株式投資（エクイティ）取引に大別されるところ、これらの取引は、一般にデフォルト（約定債務の不履行）の有無によって区別される。会社法上の「通常清算」の場合、デフォルト（約定債務の不履行）を前提とするものではなく、負債投資と株式投資の優先劣後関係に従って、当初の投資契約に基づく債務の弁済と残余財産の分配を行えば足ることから、清算処理手続に際して、あらためて投資者間の権利調整を行う必要はない。これに対し、投資客体の財政破綻を端緒とする「倒産法的清算」の場合、当初の投資契約の履行不能（デフォルト）が前提となるため、清算処理に際して、あらためて投資者間（主として負債投資者たる倒産債権者間）での権利調整（権利変更）を行う必要性が生じ、ここに私的自治領域への司法介入の要請も生ずる。このように、「倒産法的清算」は、当初の投資契約の履行不能（デフォルト）を前提とし、その投資契約の変更を通じて、財政破綻した投資客体の清算（ないし整理）を実施するという意味において、会社法上の「通常清算」に比べて、より本格的な「清算」手続であるということができる。

倒産手続では、負債投資たる倒産債権の権利調整が中心的に取り扱われるが、これは負債投資と株式投資の優先劣後関係を踏まえて、実質無価値である株式投資の処遇の考察が事実上捨象されるからに過ぎず、決して株式投資が倒産手続上度外視されていることを意味する訳ではない。むしろ、倒産手続は、投資客体の財政破綻に際して、負債投資と株式投資の実体法上の優先劣後関係を厳然と実現する手続として重要な意義を有している。本来的に、倒産手続が負債投資のみならず株式投資をも含めた投資取引全体を対象とする「清算」手続であることは、株式投資を手続内に組み込む会社更生手続の例によっても示されている。

本稿では、以上の考察のもと、倒産手続の本質について、倒産債務者を投資客体とする投資取引全体（倒産債務者の貸借対照表に貸方計上されている負債投資及び株式投資）を対象とした「清算」手続として位置付ける意味合いで、「投資の清算」という表現を用いているが、これは「倒産法的清算」あるいは単に「清算」と言い換えても差し支えない。

いずれにせよ、倒産実体法（とりわけ本稿で扱う倒産法上の相殺における受働債権規制）の解釈に当たっては、倒産手続の本質を「投資」（その全体像は投資客体の貸借対照表をもって示される）の「清算」手続として捉える観点が重視されるべきであり、この点を強調しておきたい。

「投資の清算」理念の概要については、拙稿「将来賃料債権処分等の倒産法上の取扱い――『投資の清算』理念からの試論」松下淳一ほか編『倒産法の最新論点ソリューション』一九一頁以下も併せて参照されたい。

(4) 本文の説明は、企業債務者を念頭においている。債務者が消費者の場合は、主として生計維持(消費活動)のために金融取引(借入れ)がなされ、その返済には労働用益等の対価としての債務者の将来収入が充てられる点において、企業債務者向け投資と様相を異にしている。しかし、このような相違点があるにせよ、消費者の倒産処理についても、一の投資客体の財政破綻処理として「投資の清算」理念が妥当することには変わりがなく、倒産法上も、企業債務者と同様に、財産評定制度のもと開始時貸借対照表を基礎とした清算・整理を行うべきことが規定されている。

(5) このように、「投資の清算」とは、「投資の実価に見合った権利の再分配」と言い換えることができる。そして、投資の実価は、貸借対照表に借方計上された責任財産の価額をもって測定される関係にあるから、ここに会計的観点を重視した後述の「受働債権の開始時実在性」の考え方の論拠を求めることができる。

(6) 本稿においては、「倒産手続開始時」を単に「開始時」という。また、「倒産手続開始時の倒産債務者帰属財産」を単に「開始時財産」という。

(7) 前記本文のとおり、このような清算関係の大要は、倒産債務者の開始時貸借対照表(財産評定貸借対照表)をもって鳥瞰的に示される。すなわち、開始時貸借対照表の借方項目(資産)は、「清算原資(分配財源)たる責任財産」を表示し、貸方項目(負債)は、「清算分配に与る対象債権」を表示している。

(8) 再建型倒産手続の場合、倒産債務者が開始後に獲得する将来キャッシュフローが倒産債権に対する直接的な分配原資となるところ、当該将来キャッシュフローは、基本的には(開始後の新規投資を原資とする経済価値分を捨象すれば)、開始時財産を原資とする回収元本と運用益から構成される。したがって、価値源泉に鑑みた経済的観点からは、再建型倒産手続における権利変更後倒産債権に対する再生計画等に基づく弁済も、開始時財産を分配原資とするロングスパンの清算分配とみることができる。水元宏典「倒産法における相殺規定の構造と立法論的課題」債権管理一三六号一六頁において、「清算か再建かというのは、換価方法の違いであ(る)」とされるのも、上記と同趣旨と理解される。

(9) 平時実体法上は、債務者が将来的に取得する財産も債権の満足に充てることができ、その意味で責任財産に時的制限はない。これに対し、倒産法は、開始時という一時点の財産に責任財産を限定し、これをもって過去債権(倒産債権)の清算(観念的清算を含む)を図る点において、平時実体法上の権利の重大な制約要素(責任財産の限定)を見出すことができる。後述の倒産法上の相殺制限(受働債権規制)も、こうした「責任財産の限定」の一環として捉えることができる。

(10) 倒産法の法システムとしての存在理由は、投資客体の財政破綻局面において過去投資を強制的にリセット(清算・整理)する機能を備えた法制度により、正常な投資秩序の維持、回復を図り、社会経済全体のパレート効率の改善に資することに求められる。

なお、「過去投資を強制的にリセット（清算・整理）する法システムの存在が、社会経済全体のパレート効率の改善に資する」との命題の真否は、本来それ自体、「法と経済学」の観点からの論証を要する事項ではある。筆者はそのような厳密な経済学的論証を行う知見を持ち合わせていないが、経済破綻状態に陥った投資客体が放置されることによって社会経済全体の効率性が阻害されることとは、経験的に推知されるところであろう（合理的経済人であれば、経済破綻状態に陥った投資客体への投資を回避するであろうから、少なくともその限りにおいて経済的効率性を阻害していると目される）。

(11)　倒産法の法目的としては、一般に「債務者財産の価値最大化＝債権者の満足の最大化」、「債権者の公平」等が指摘されている。しかし、これらは倒産法の法目的ではなく、指導理念として位置付けられるべきものである。本文のとおり、正常な投資秩序の維持のためには、投資客体が財政破綻状態に陥った場合に過去投資を強制的にリセット（清算・整理）する機能を持つ法システムの存在が、それ自体として不可欠であり、その役割を担うのが倒産法である。その意味で、倒産法の法目的は、「投資の清算・整理を通じて、投資客体（倒産債務者）の財政破綻状態を解消し、その経済的再生と、将来的な投資関係の正常化を図ること」、より端的には「正常な投資秩序の維持・回復」にあるものと理解すべきである。

(12)　倒産債権に対する分配財源を開始時財産に固定する破産法上の原則（固定主義）も、「投資の清算」理念に淵源するものとして理解される。

(13)　破七一条一項一号、民再九三条一項一号、会更四九条一項一号、会五一七条一項一号。なお、以下においては、これらを総称するとき「破七一条一項一号ほか」という。

(14)　受働債権規制は、「投資の清算」理念と理論的に表裏をなす法規制である。逆にみれば、受働債権規制の存在は、倒産法制が「投資の清算」理念を基本原理としていることの現れ（解釈上の論拠）として捉えることもできる。

(15)　受働債権規制は、倒産債権と相殺可能な受働債権を「開始時財産に属する債権」に限定することによって、倒産債権者による相殺を通じた将来投資価値への追求を遮断することを企図としている。これは、「投資の清算」理念を敷衍し、将来投資者の保護と倒産債務者の経済的再生（フレッシュスタート）を図ることを目的とした規律である。

(16)　開始後に発生する債権の経済価値は、開始時に存在する別の責任財産の経済価値か、開始後の新規投資に基づく経済価値のいずれかに、その価値源泉を求めざるを得ない。例えば、開始後に発生する製品売掛債権の経済価値は、開始時に存在する原材料（開始時に存在する別の責任財産の経済価値）や、開始後の製品製造加工に投下された労働用益（開始後の新規投資に基づく経済価値）等に、その価値源泉を求めることができる。

(17)　倒産手続はパイの分配に喩えられるところ、分配時に存在しないパイは分配のしようがなく、ましてや特定の者に優先分配できる筈もない。

(18)「分配財源規制」は、倒産債権に対する清算原資を開始時財産に「固定」することに重要な意味がある。開始時財産は、開始後の換価回収（清算型倒産手続の場合）や事業活動（再建型倒産手続の場合）を通じて財産形態を変化させる。したがって、清算原資たる個々の責任財産に対する倒産債権者の優先回収権（プライオリティ）の有無を適切に判断するためには、包括差押効の生ずる開始時を基準時として、財産状態を静態的に捉える必要がある（これが財産評定に基づく開始時貸借対照表の重要な役割である）。
また、「開始後の新規投資に由来して生じる将来経済価値」や「開始時に存在する別の責任財産の価値変形物」を、清算分配の基礎から適切に除外するためにも、開始時貸借対照表をもとにして、清算原資を開始時財産に「固定」することが必要とされる。開始時財産と開始後財産の峻別（換言すれば、清算原資たる財産の開始時実在性の判定）を適切に行わなければ、開始時財産（経済価値）の二重捕捉（ダブルカウント）を来すおそれがある。

(19)「停止条件付債権としての手形取立金返還請求権」は、開始時財産である「手形債権」の将来形を投影した「写像」に過ぎず、開始時において実在性（経済的実体）を有する財産ではない。

(20) 岡正晶「倒産手続開始時に停止条件未成就の債務を受働債権とする相殺」田原睦夫先生古稀・最高裁判事退官記念『現代民事法の実務と理論』下巻一六四頁も同旨と思われる。

(21)「討議資料　財務会計の概念フレームワーク」（企業会計基準委員会二〇〇六年一二月）参照。
桜井久勝「概念フレームワークへの期待と討議資料の論点」斎藤静樹編『詳解　討議資料　財務会計の概念フレームワーク（第2版）』一九一頁は、「事業からの収益は、財貨やサービスの引き渡し、および対価としての貨幣性資産の獲得という2要件が満たされた時点で、当該貨幣性資産の額で認識すべきものとされる。引き渡しの要件は、取引の相手方の特定に必要であり、貨幣性資産の要件は、金額を確定するのに必要とされる。そしてこれら2要件が満たされると、収益は後で取り消されることのない確実性を具備すると考えられるのである。この状態こそが、討議資料でいうリスクから解放された状態である。したがって、リスクからの解放という概念は、伝統的な実現ないし実現可能性の概念と基本的には相違しないと思われる。」として、「貨幣性資産（キャッシュ）の裏付け」を資産計上の要件とする。このように「貨幣性資産（キャッシュ）の裏付け」を前提とする会計上の資産認識基準は、「分配財源としての経済的実体」を要請する「開始時実在性」の判断基準と重なり合う。

(22) 開始前に相殺が実行された場合には、受働債権が実際に開始時貸借対照表に資産計上されることはないので、この場合は、相殺未実行の想定下での、開始時貸借対照表における受働債権の資産計上の可否がメルクマールとされる。

(23) なお、「受働債権の資産計上の可否」という会計的事象は、重要なファクターではあるものの、あくまで「受働債権の開始時実在性」という法的判断の一要素という位置づけであり、私見においても、会計的事象への全面的な依拠を前提にするものではない。しかし他方で、「受働債権の資産計上の可否」というファクターは、制度会計上の理論と実務に裏打ちされた資産認識基準（前掲注(21)の実現概念参照）に依拠するものであるから、明確性と相応の説得力を備えていることは強調されなければならない。特に、双務契約に基づく倒産債務者の開始後の給付にかかる債権（いわゆる将来債権）の受働債権適格性が否定されるべきことは、会計上の資産認識基準である実現概念に照らせば理解がし易いと思われる。同ファクターの具体的な有用性については、第五章の個別事例の検討を参照されたい。

(24)　財産評定の目的は複数あるが、倒産債権に対する「清算原資（分配財源）」となるべき開始時財産（経済価値）を漏れなく捕捉、特定し、その価額を評価することが第一の目的として挙げられる。倒産債権に対する清算分配（観念的清算を含む）は、開始時を基準時とする財産評定貸借対照表に基づき、その借方に資産計上された個々の責任財産に対する優先回収権（プライオリティ）の有無に従って行われる。

(25)　例えば、会更八三条は、「管財人は、更生手続開始後遅滞なく、更生会社に属する一切の財産につき、その価額を評定しなければならない。」（同条一項）、「管財人は、第一項の規定による評定をしたときは、直ちに更生手続開始の時における貸借対照表及び財産目録を作成し、これらを裁判所に提出しなければならない。」（同条三項）と規定する。財産評定の対象を「更生会社に属する一切の財産」と強調する同条一項の文言からは、開始時財産を倒産債権に対する分配原資として固定（限定）する趣旨が窺われる。また、同条三項からは、財産評定貸借対照表を基礎として、倒産債権の実価（財産評定に基づく責任財産の価額をもって測定される）に見合った権利の再配分（権利変更）を行うことを予定した会社更生法の制度設計を読み取ることができ、ここに会計処理との整合性の要請を見出すことができる。

(26)　停止条件付債権は、その観念的性質ゆえ、これを受働債権とする相殺可否の検討に際しても観念的な議論に終始しがちであるが、いくら観念論として可能なロジックであったとしても、実体経済から乖離し、経済合理性や会計上の実務処理との整合性を欠くような法的帰結は妥当とは言えない（後述のとおり、将来債権を受働債権とする相殺を容認するロジックは行き過ぎた観念論であり、経済合理性・妥当性を欠いていると考える）。

三　倒産法上の相殺の正当化根拠――清算債権債務当事者間の公平

1　倒産法上の相殺の正当化根拠と基礎的要件

（1）　前章において考察したとおり、倒産手続の本質を「倒産手続開始前の投資関係の清算」として捉える倒産法観を前提にすれば、倒産債権たる自働債権は「清算分配に与る対象債権」、開始時財産たる受働債権は「清算原資（分配財源）たる責任財産」、として位置付けられる。

このとき、両債権間には、互いに清算関係（清算対象債権と清算原資の関係）の枠内に組み込まれることを基礎とした牽連関係（以下「清算的牽連関係」という）が生じ、清算対象債権たる倒産債権は、かかる清算関係に基づく拘束のもと、当該清算の埒外での満足を禁止されるという制約を受ける。

（2）　仮に、倒産法上の相殺が認められなければ、倒産債権者の側からすれば、自働債権となる筈の倒産債権については倒産手続のもと清算分配による比例的満足（債権額の減縮等）を余儀なくされる一方で、受働債権となる筈の反対債権（債務）については債権額面どおりの履行を要請されることになる。しかし、かかる処遇は、両債権の清算的牽連関係に鑑みれば、明らかに不公平である。

それ故、清算時における債権債務当事者間の公平に鑑み、清算対象債権たる自働債権と清算原資たる受働債権とが同一当事者間で対立する場合に、両債権の対当額での決済を容認するのが、倒産法上の相殺制度の趣旨であると理解される[27]。

（3）　また、倒産債権者間の利益衡量としても、受働債権にかかる債務を負担することで当該債務の目的給付の実現を事実上支配する地位（いわば「債権」の留置権者的地位）にある倒産債権者と、そのような地位のない一般の倒産債権者とを比較すれば、前者の方が後者よりも、当該受働債権を責任財産とする摑取力の点で法的保護に値する優越的な地位を有していると言って差し支えない[28]。

開始時財産たる受働債権は、総倒産債権者のための引当財産ではあるものの、他の一般倒産債権者は、当該受働債権にかかる債権債務当事者間の法律関係に容喙し得る立場にはなく、当該受働債権に附着した一切の抗弁（相殺の抗弁を含む）を甘受すべき立場にある[29]。

これらの点に鑑みれば、開始時に倒産債権者と倒産債務者との間で債権債務の対立が存在する場合には、当該倒産債権者が両債権の相殺を通じて受働債権から優先回収することを認めたとしても[30]、倒産債権者間の衡平を害するとは言えない[31]。

（4）　以上のとおり、倒産法上の相殺の正当化根拠は、「開始時に対立する債権債務間の清算的牽連関係を踏まえた債権債務当事者間の公平」（以下「清算債権債務当事者間の公平」という）に見出すことができる。

そして、このような正当化根拠に鑑みれば、倒産法上の相殺の基礎的要件としては[32]、「清算基準時たる開始時において、倒産債権者と倒産債務者との間で債権債務の対立が存在すること」が要請され、かつ、これをもって足りるものと解される。

（5）　後述のとおり、近時、倒産法上の相殺権を担保権に近付けて考察するアプローチが示唆されているが、このようなアプローチは、「公平の原理」に立脚した決済手段という相殺の本質を見誤らせるおそれがある。倒産法上の相殺の正当化根拠は、あくまで「開始時の債権債務の対立」という客観的事実を基礎とした「公平の原理」に求められるものであり、内実の不確かな「合理的相殺期待の保護」なるものが正当化根拠とされるべきではなく、「期待」などという主観的要素が重視されるべきではないことを強調しておきたい。

2　平時実体法上の相殺権と倒産法上の相殺権の異同――「清算関係」を基礎とすることによる相殺の許容範囲の拡張

（1）　倒産法上の相殺の正当化根拠も、広い意味での「当事者間の公平」（公平保持機能）に求められるものであり、その限りでは、平時実体法上の相殺と異なるところはない。

他方、上記のとおり、倒産法上の相殺は、「清算」を本質とする倒産手続における、「清算債権債務当事者間の公平」に立脚するものであるから、平時実体法上の相殺とは相違点も存する。(33)

（2）　第一に、「清算」を本質とし、包括執行手続としての性格を備える倒産手続においては、開始前の原因に基づいて生じた債権(34)は、期限付・条件付等の如何に拘わらず全て倒産債権として倒産手続に組み込まれ、清算分配の対象債権とされる。したがって、倒産手続では、包括差押効を生ずる開始時をもって、自働債権を含む全ての倒産債権の摑取力が事実上顕在化しているとみて差し支えなく、(35)平時のように期限の到来・条件の成就等の如何による厳密な意味での摑取力の有無や発生時期を重視する必然性は乏しいと考えられる。(36)

（3）　第二に、「清算」を本質とする倒産手続においては、倒産債権に対する清算分配原資が開始時財産に限定され、他に回収原資を見出すことができないため、平時に比べて相殺を制約することによる債権債務当事者間の不公平性がより顕著に現れる。(37)このため、平時よりも倒産時の方が、相殺を認めることによる公平性の保持の要請は強い。

また、「清算関係」にある債権債務間の牽連関係に鑑みれば、清算の枠内で両債権の相殺を広く認めたとしても不当とは言えず、むしろ当事者の公平に適うと考えられる。

（4）　以上の「清算関係」の特性に基づく平時との相違点（相殺の許容範囲の拡張要因）に鑑みれば、理念上、(38)倒産手続においては、開始時にそれ以前の原因に基づく債権債務の対立が存する限り、各々の債権の期限の到来・未到来や条件の成就・未成就の如何に拘わらず、原則として[39]、相殺が許容されるべきであると考える[40]。

（5）　この点、破産手続では、停止条件付債権等を自働債権とする相殺について、受働債権にかかる弁済額の寄託を請求した上での後日の相殺実行を認める制度（破七〇条）が存する。これは、開始時にそれ以前の原因に基づく債権債務の対立が存する限り、自働債権にかかる停止条件が未成就であったとしても、相殺による優先的回収を可及的に保障しようとする制度であると理解される。かかる寄託制度は、清算関係の枠内にある対立債権債務の相殺権を保障することによって、上記の「清算債権債務当事者間の公平」を図る制度として、積極的意義と目的合理性を見出すことができる[41]。

（6）　また、現行法の解釈上の論点として、相殺規定にかかる法文上の「債務[42]」あるいは「債権[43]」に、条件未成就の停止条件付債務・債権が含まれるかという論点があるが、上記のとおり、倒産法上の相殺に関しては、開始時にそれ以前の原因に基づく債権債務の対立が存する限り、原則として[44]、相殺を認めるべきであると解する立場からは、肯定に解すべきであると考える[45]。

3　合理的期待説についての批判的検討

（1）　近時、倒産法上の相殺権の正当化根拠を「相殺の合理的期待の保護」に見出し、合理的相殺期待の有無をもって相殺可否のメルクマールとする見解[46]（以下「合理的期待説」という）が有力に主張されている。しかし、合理的期待説は、以下の点において妥当ではないと考える。

（2）　第一に、合理的期待説に対する批判としては、「合理的相殺期待の有無」という相殺可否の判断基準の不明確性を指摘することができる。

例えば、前掲事例（開始時に倒産債務者がその所有する受取手形を倒産債権者たる取引信用金庫に取立委任している事例）

の場合、合理的相殺期待の有無という判断基準によれば、着眼点の如何によって合理的相殺期待が有るとも無いとも言い難いことから、その判定は極めて困難である。単に「相殺期待の保護」というだけでは、重視すべき要素が不明であるため、いくら「合理性」の絞りをかけたとしても有効な歯止めとして機能せず、いきおい場当たり的な判定にならざるを得ないことが懸念される(47)。

（3） 第二に、相殺による債権回収の「期待の保護」という合理的期待説の論拠自体が、曖昧模糊としており、倒産手続において優先回収権を付与するに値する十分な説得力や合理性を備えているか疑問であるという点を指摘することができる。

言うまでもなく、倒産手続は、財政破綻した投資客体に対する包括執行（清算）たる性質を有し、倒産債権に対する分配財源にも厳しい制約がある。その限られた分配財源について優先回収権を付与する根拠が、内実の不確かな「期待の保護」というのでは、如何にも説得力に欠けるように思われてならない(48)。仮に、合理的期待説が、「期待の保護」を根拠として、開始時実在性の認められない債権（将来債権がその典型例である）を受働債権とする相殺までをも容認する趣旨であるならば、倒産手続の「清算」としての本質に反するものであり、到底、与することができない。

また、相殺が問題となる局面においては、倒産債権者は、受働債権を担保拘束している訳ではなく、もともと当該受働債権からの優先的回収を確実視できる立場にはない（倒産債権者としては、倒産債務者によって開始前に受働債権が処分されてしまえば、もとより当該受働債権を相殺に供することはできないし、このような倒産債務者による受働債権の処分を止めることができる立場にもない）。それにもかかわらず、このような不確実な「期待」の保護を正当化根拠とするのは、些か合理性を欠いているように思われる(49)。

（4） この点、合理的相殺期待の保護と担保信用取引の保護を同視し、倒産法上の相殺権を担保権に近付けて考察するアプローチが示唆されている[50]。

しかし、このアプローチについては、㋐そもそも相殺制度は、受働債権の担保的拘束を前提とせず、基準時における債権債務の対立という多分に偶然的要素を孕む事実を要件とする制度であるところ、このような非拘束性・偶然性を特性とする相殺制度と、責任財産の担保的拘束を前提とする担保信用取引を同視することには疑問があること、㋑あくまで「債権法の法理」を基礎として成り立つ相殺権と、公示性を基礎とする担保権とを近づけて考察するアプローチには違和感が残ること、以上の点において賛同し難い[51]。

（5）　第三に、合理的期待説は、受働債権と自働債権とで相殺適格性の判定基準を区別することなく、「合理的相殺期待の有無」をもって一元的に相殺可否の判定をする立場を採用しているが、この点も疑問である。

所論のとおり、受働債権は「清算原資（分配財源）」たる性質を有し、自働債権は「清算分配に与る対象債権」たる性質を有しているため、かかる性質の相違を踏まえて、それぞれ異なる観点から相殺適格性の分析を行う必要があり、実際、両者では相殺適格性の判定要素（要件）に重要な違いがあると言わなければならない[52]。それにも拘わらず、合理的期待説は、このような受働債権と自働債権の性質の相違を捨象し、各々に要請される相殺適格性の判定要素（要件）の違いを看過している点で妥当でない。

（27）　元来、相殺制度は、留置権制度と同様、「債権者が、債務者に対する自らの債務を履行しないまま、自己の債権の履行を求めた場合、それが信義に反するときには、債務者は、その履行を拒絶することができる」というローマ法の悪意の抗弁に由来するものとされ、このような沿革や当事者間の公平に根差すという権利の性質上、留置権制度と近似する制度として位置付けられる（富井政章『民法原論第二巻物権下』三一一頁）。同書は、「相殺権ハ最モ広義ニ於ケル留置権ノ一作用トミルコトヲ得ヘシ　殊ニ商人間ニ於ケル留置権ハ連関ノ条件ヲモ必要トセサルカ故ニ此類似ノ関係ハ更ニ著明ナルモノトス　惟フニ近時ノ法学上ニ於テ留置権ヲ以テ最モ相殺権ニ近似スルモノト為スハ畢竟自己ノ債権ト独立セル債務ヲ履行セサル方法タル点ニ於テ之ト性質ヲ同フスルカ故ニ外ナラサルナリ」として、相殺制度と留置権制度の近似性を示唆する。

両制度をパラレルに考察すれば、留置権においては「物の占有」が成立要件とされているところ、留置権における「物の占有」に対置されるのが、相殺権における「受働債権の負担」である。そのように考えれば、債権者自身が債務者に対して債務を負担し、当該債務にかかる給付の実現を事実上支配（コントロール）する地位（いわば「債権」の留置権者的地位）にあるからこそ、その地位に法的権利性を認め、公平の観点から、一方的意思表示に基づく両債権の対当額での簡易決済を認めたのが相殺制度であると理解される。

（28）　平時における「差押と相殺」の論点について、いわゆる無制限説の論者は、「相互に見合っている債権債務をもち、それゆえに——相殺に関する特約があればもちろん、しからざる場合にも——いったんことあるときは債務の支払を拒んで反対債権の——弁済期が到来すれば——回収に充てることを予定し期待することのできる当事者間と、なんら特殊の関係もないのに右の他人間に割り込んできてその一方の債権だけをさらおうとする一般債権者とでは、問題の債権についての期待ないし密接さは遥かに違う。その利益状況は同一視できないであろう。」と指摘する（好美清光「銀行の差押と相殺(上)」判例タイムズ二五五号一四頁）。

（29）　無制限説の論者は、反対債権による相殺を被差押債権に附着する取消・解除原因などの瑕疵と同列におき、第三債務者による相殺権の行使はこれらの形成権の行使と同様に保護されるべきであると指摘する（好美・前掲注（28）一四頁、奥田昌道『債権総論（増補版）』五七一、五八五、五八八頁）。

（30）　先にみたとおり、特定の責任財産に対する倒産債権者の優先回収権（プライオリティ）の有無の判定基準時は、包括差押効の生ずる「開始時」であるから、相殺の要件である「債権債務の対立」は「開始時」に存することが必要である。

（31）　倒産手続上の相殺権の処遇を検討するに当たっては、倒産債務者との関係（当事者間の公平）よりも、むしろ他の一般倒産債権者との関係（倒産債権者間の衡平）を重視すべきであるとの指摘がなされている（前掲注（2）二四頁［服部発言］、岡・前掲注（20）一四二頁）。倒産手続が限られた清算原資を倒産債権者間で争奪する手続であり、相殺の可否に関して実質的利害関係を有するのが倒産債権者であることに鑑みれば、同見解は、もっともな指摘ではある。但、相殺権は、元来、「債権法の法理」に服する制度であるから（林良平「相殺の機能と効力」加藤一郎ほか編『担保法体系第5巻』五三五頁）、基本的には、債権債務当事者である倒産債務者との関係（当事者間の公平）を基礎として考察すべきであり、その意味で、「倒産債権者間の衡平に適う」という論拠は、あくまで補足的なものとして位置付けられるべきものと考える（「倒産債権者間の衡平」の重視が高じて、徒に相殺権と担保権を同視する傾向が強まれば、相殺制度の本来的な論拠である「債権債務当事者間の公平」の理念が歪められるのではないかと危惧する）。

（32）　本文の基礎的要件は、平時実体法の相殺規律の延長線上に位置付けられる。かような「一般規制」としての基礎的要件に対し、前出の「開始時実在性」を要請する受働債権規制や、後出の危機時期規制は、倒産法固有の法理念に基づく「特別規制」の関係に立つ。したがって、かかる「特別規制」に抵触する場合は、本文の基礎的要件を充足したとしても、もとより相殺は許されない。

(33) 倒産手続の「清算」たる本質が相殺権の処遇に及ぼす影響として、「清算原資たる受働債権」に及ぼす影響（相殺の制限要因としての開始時実在性要件）については、第二章において検討したとおりである。そこで、本章では、専ら「清算対象債権たる自働債権」に及ぼす影響（相殺の拡張要因としての自働債権適格性）について検討する。

(34) 破二条五号、民再八四条一項、会更二条八項、会社五一五条三項括弧書。

(35) 再建型倒産手続においては、倒産債権の現在化は生じないものの、期限未到来債権や条件未成就債権であっても、倒産債権として倒産手続に組み込まれ、再生計画等に基づく権利変更及び弁済（清算分配）の対象となることに照らせば、一般の倒産債権（弁済期到来済みの債権等）と変わりがなく、その限りにおいて事実上の摑取力を認めることが可能である。

(36) 平時においては、受働債権の差押え局面において、自働債権の摑取力の有無や、自働債権の摑取力の発生時期と受働債権のそれとの先後によって、相殺の可否を決する見解（制限説等）も説得的であると思われるが、倒産時においては、「清算」の発動により自働債権の摑取力は事実上顕在化していると解される上、両債権間の清算的牽連関係に鑑みても、自働債権の弁済期の到来の有無や受働債権の弁済期との先後によって相殺の可否自体（相殺の実行可能時期はともかく）を決する取扱は、妥当とは言い難いように思われる。なお、周知のとおり、判例通説は、平時の差押え局面においても、自働債権と受働債権の弁済期（摑取力の発生時期）の先後を問わず、差押債権を受働債権とする相殺を容認する立場（無制限説）を採用している。

(37) 債務者の資力が問題とならない平時であれば、債権者は、相殺が認められないとしても、別の債務者帰属財産からの債権回収を図れば足りるから、相殺を認めることによる公平性の保持の要請はそれほど強くないと言える。

(38) 「あるべき論としては」という趣旨である。現行倒産法の規律や解釈は、例えば、清算型倒産手続と再建型倒産手続とで相殺権の処遇に顕著な相違がみられるように、必ずしも本稿において示唆するような理念型に沿うものとはなっていない。

(39) 「原則として」とは、「開始時実在性」を要請する受働債権規制や、後出の危機時期規制など、他の根拠に基づく制約に抵触しない限りで、という趣旨である。

(40) 勿論、実際に相殺を実行するには、自働債権が現実化（期限の到来、停止条件の成就）していなければならない。しかし、清算関係の枠内における対立債権債務の相殺は可及的に保障されるべきであり、自働債権が開始時に存在している限り、たとえ開始時に現実化していなくとも、開始後に現実化した場合には、相殺を認めるべきである。こうした清算関係の枠内での相殺権を保障するための制度が、寄託制度（破七〇条）である。

(41) 再建型倒産手続には、破七〇条に類似する制度は設けられていないが、清算型倒産手続も再建型倒産手続も「清算」手続としての本質に変わりはないから、立法論としては、再建型倒産手続にも同種の制度を設けることにより、手続間の平仄を保つべきであろう。

(42) 破七一条一項一号ほかの「債務を負担したとき」を、「停止条件付債務の成立時」と解するかそれとも「停止条件の成就時」と解するか、という論点である（同論点にかかる議論の状況については、前掲注（2）二五頁［中本発言］参照）。「停止条件の成就時」と解するのが現在の通説的見解であるが、本文の理由により、「停止条件付債務の成立時」と解すべきである。
通説的見解によれば、再建型倒産手続では、開始時に条件未成就の停止条件付債務を受働債権とする相殺を一切認めない解釈に繋がることになるが（園尾隆司ほか『条解民事再生法［第3版］』四七九頁［山本克己］）、受働債権の相殺適格性として、開始時における「現実化」（停止条件の成就）までをも要請するのは合理的ではない。受働債権の相殺適格性としては、開始時において、「分配財源としての経済的実体」（開始時実在性）があれば足り、「現実化」（停止条件の成就）までをも要請するのは行き過ぎである（例えば、保険解約返戻金債権を受働債権とする相殺については、開始時に停止条件たる保険解約が未了であったとしても、「分配財源としての経済的実体」は備えているから、再建型倒産手続においても、開始後の保険解約により相殺することは許容されるべきである）。したがって、倒産法上の相殺の基礎的要件としては、開始時における債権債務の対立があれば足り、法文上の「債務」には条件未成就の停止条件付債務も含まれると解すべきである。そして、その上で、これとは別に、受働債権規制として「開始時実在性＝分配財源としての経済的実体」を要請するのが妥当であると考える。

(43) 破七二条一項一号ほかの「破産債権を取得したとき」を、「停止条件付債権の成立時」と解するかそれとも「停止条件の成就時」と解するか、という論点である（同論点にかかる議論の状況については、木村真也「委託なき保証人の事後求償権と破産手続における相殺」金融法務事情一九七四号四三頁参照）。「停止条件の成就時」と解するのが現在の通説的見解であるが、本文の理由により、「停止条件付債権の成立時」と解すべきである。
そもそも「開始前の原因に基づく債権」は、期限の到来・未到来や条件の成就・未成就の如何に拘わらず、全て「倒産債権」として処遇するのが倒産法の取扱である。したがって、「倒産債権を取得したとき」には、停止条件付で倒産債権を取得した場合、すなわち条件成就前の停止条件付倒産債権の取得も含まれると解するのが素直な解釈だと思われる。

(44) 前掲注（39）に同じ。

(45) 岡・前掲注（20）一六九頁、岡正晶「無委託保証人の事後求償権による相殺を破産法七二条一項一号の類推適用により相殺不可とした最二小判平二四・五・二八」金融法務事情一九五四号六八頁の注5も同旨と思われる。

(46) 山本和彦ほか『倒産法概説［第2版］』二五一頁［沖野眞已］。

(47)　先にみたとおり、開始時実在性説によれば、「開始時における分配財源たり得る責任財産としての実在性（経済的実体）の有無」という会計的事象を踏まえた客観的事実をもって相殺可否の判定ができるため、より明確で有用な判断基準を提供するものと言える。

(48)　「投資の清算」理念に立脚する私見によれば、倒産法上の相殺権の正当化根拠は、「開始時に分配財源としての経済的実体を備えた受働債権について、倒産債権者が、当該受働債権にかかる債務を負担していることにより、その給付の実現を事実上支配する地位にあること」、及び、そのような地位を踏まえた「清算債権債務当事者間の公平」に求められる。このように「期待の有無」という曖昧な要素ではなく、「開始時の債権債務の対立」や「受働債権の経済的実体の有無」という客観的要素を重視することにより、倒産法上の相殺権の許容範囲を合理的かつ適切に限定することができるものと考える。

(49)　相殺制度が、事前の財産拘束（担保的拘束）を前提とするものではなく、もともと偶然性の高い要素を前提とすることに鑑みれば、相殺の正当化事由は、「事前の期待の保護」ではなく、「開始時の債権債務の対立」という客観的事実を踏まえた「当事者間の公平の原理」に求めるのが合理的であると考える。

(50)　中西正「いわゆる『合理的相殺期待』概念の検討」事業再生と債権管理一三六号四七頁。

(51)　林・前掲注（31）五三四頁以下は、「相殺は担保でなく、『債務消滅』を介する一般財産への介入といわねばならない。」、「債務消滅原因であるゆえ、債務法の法理に服する」、「物に対する直接排他的支配である物権の世界に対し、一対一の対人関係は債権の法理に服する。同時履行の抗弁権のごとく、一つの双務契約から生じた両債権という関係になくても、相殺のように別々に発生した債権間の関係も債権の世界の問題である。」と指摘する。

このように、相殺権は「債権法の法理」に服する権利であり、対世的な「担保権の法理」ではなく、「双方未履行双務契約の法理」などと同様、対人的な「公平の原理」を論拠とする権利として理解すべきである。

この点、潮見佳男『債権総論［第3版］Ⅱ―債権保全・回収・保証・帰属変更』三四六頁も、「公平保持機能と担保的機能との差異が明らかにされないままで公平保持機能が担保的機能に置き換えられていることの問題性を指摘し、相殺の担保的機能を過度に強調することを戒める方向が現れてきている」として、相殺の担保的機能の限界を示唆する。

(52)　所論のとおり、「清算原資（分配財源）」たる受働債権の相殺適格性については、「投資の清算」の理念を踏まえた「開始時実在性」の要件が必要とされるが、自働債権の相殺適格性については、このような規制はない。

四　倒産法上の相殺権の処遇にかかる理念的フレームワーク（立法論を含む）

1　はじめに

第二章では、倒産法固有の「投資の清算」理念を踏まえ、受働債権の相殺適格性について考察した。第三章では、開始時対立債権の清算的牽連関係に基づく「清算債権債務当事者間の公平」を倒産法上の相殺の正当化根拠として位置付け、主として自働債権の相殺適格性について考察した。これらを統合した倒産法上の相殺権の処遇にかかる理念的フレームワークは、以下のように整理される。

2　基本的規律――開始時における債権債務の対立

（1）　まず、基本的規律として、「開始時における債権債務の対立[53]」が倒産法上の相殺の基礎的要件とされる。この要件を充足する限り、開始時において自働債権または受働債権が期限未到来もしくは条件未成就であったとしても、原則として[54]、相殺が許容されるべきである[55]。

この基本的規律は、倒産手続の「清算」手続たる本質を踏まえて、開始時対立債権の清算的牽連関係に基づく「清算債権債務当事者間の公平」に根差した規律であるから、清算型倒産手続と再建型倒産手続のいずれであるかを問わず、同様に適用されるべきである[56]。

（2）　この点、「清算か再建かというのは、換価方法の違いであって、換価の問題は、分配の問題とは無関係だと説かれています。つまり、配当原資が現有財産なのか将来収益なのか（換価問題）によって、権利者間におけるプライオリティー秩序（分配問題）が異なるいわれはない」とされる水元宏典教授の示唆は極めて合理的である[57]。このような観点からも、清算型倒産手続と再建型倒産手続とで相殺権の処遇は基本的に同一にすべきである。

例えば、現行法上、再建型倒産手続においては、債権届出期間経過後の相殺は禁止されているが（民再九二条一項、会更四八条一項）、そのような制約は、「清算債権債務当事者間の公平」に反し、合理的とは言えない制約であるから見直されるべきである。(58)

また、清算型倒産手続と再建型倒産手続との平仄を合わせる観点からは、停止条件付債権を自働債権とする相殺権の保障のために、再建型倒産手続において、現行破産法上の寄託制度（破七〇条）(59)と同種の制度を新設することも検討され得る。

3　受働債権規制——開始時実在性

（1）　受働債権については、基本的規律たる「法的概念としての開始時の債権の存在」に加えて、第二章において詳述したとおり、「開始時に分配財源たり得る責任財産としての実在性（経済的実体）を備えていること」（開始時実在性）が相殺適格性の要件とされる。(60)

（2）　この要件は、開始時財産たる受働債権が倒産債権に対する「清算原資（分配財源）」として位置付けられることを踏まえた、「投資の清算」理念に基づく、受働債権特有の要件である。

（3）　受働債権規制も、倒産手続の「清算」たる本質に基づく規律であるから、清算型と再建型のいずれであるかを問わず、同様に適用されるべきである。(61)

4　自働債権規制——不要

（1）　自働債権については、受働債権のような特段の相殺適格性の要件は不要であり、基本的規律（開始時における債権債務の対立）を充足する限り、相殺適格性が認められる[62]。

受働債権については、「清算原資（分配財源）」としての性質上、財産価値性の有無が重視され、基本的規律に加えて、特に「開始時実在性」という要件が求められる。これに対して、自働債権については、基本的規律たる「法的概念としての開始時の債権の存在」が認められれば足り、開始時に経済的実体（財産価値性）を具備することまでは要請されない。自働債権については、「清算分配に与る対象債権」としての性質上、法的な摑取力が備わっていれば相殺適格性として十分であり、経済的実体（財産価値性）の有無は、法的な摑取力の有無には影響を及ぼさないからである[63]。

このように、受働債権と自働債権とでは、前者が「清算原資（分配財源）」であり後者が「清算分配に与る対象債権」であるという性質を反映して、相殺適格性の要件を異にしており[64]、両者は区別して議論されなければならない[65]。

（2）また、開始後に承継取得した倒産債権（以下「開始後承継取得倒産債権」という）を自働債権とする相殺は否定されるべきであるが[66][67][68]、法文上は、基本的規律として「開始時における債権債務の対立」を相殺適格性の要件とすれば、この裏返しの意味で、自ずと開始後承継取得倒産債権の相殺不適格性を導くことができる。よって、自働債権の相殺適格性の要件としては、基本的規律のみで事足り、特に開始後承継取得倒産債権の相殺不適格性を定める明文規定は不要である。

5　受働債権にかかる危機時期規制[69]

上記の基本的規律及び受働債権規制のほか、倒産債権者が、危機時期に偏頗的態様をもって受働債権にかかる債務を負担した場合には、プライオリティ判定の基準時を開始時から繰り上げることによって、かかる受働債権の相殺適格性を否定する規律が必要とされる。

相殺の担保的機能を踏まえると、受働債権にかかる債務の負担は「担保の取得」に類する。[70] この点に鑑みた、偏頗行為否認制度と同様の趣旨からの要請である。[71]

6　自働債権にかかる危機時期規制[72]

上記の基本的規律のほか、倒産債権者が、危機時期に相殺権の濫用にわたる態様をもって自働債権を取得した場合には、プライオリティ判定の基準時を開始時から繰り上げることによって、かかる自働債権の相殺適格性を否定する規律が必要とされる。

受働債権にかかる債務が「担保」に類することに着目すれば、倒産債務者に対して倒産債権を上回る債務を負担していることで「一種の担保余剰」のある倒産債権者が、危機時期に実質価値の低下した自働債権を取得して相殺に供するのは、「相殺権の濫用」に該当する。この点に鑑みた、「相殺権の濫用」行為を防止するための要請である。[73]

(53)　この場合の「開始時における債権（債務）の存在」は、あくまで「法的概念としての債権の存在」を意味し、「経済的実体（財産価値性）としての債権の存在」を意味する受働債権規制の「開始時実在性」とは異なる概念である。「法的概念としての債権の存在」とは、別の表現をすれば、「開始前の債権発生原因の存在」と言い換えることができる。

(54)　前掲注（39）に同じ。

(55)　水元・前掲注（8）一六頁も立法論として同旨を示唆するものとみられる。なお、前掲注（40）のとおり、相殺を実行するには自働債権の現実化（期限の到来、停止条件の成就）を要する。

(56)　現行法の解釈上、再建型倒産手続では、開始時に条件未成就の停止条件付債務を受働債権とする相殺について、㋐破六七条二項後段に相当する規定が存在しないことや、㋑再建型倒産手続で広く相殺を認めると事業再生の支障となることを理由として、これを否定するのが現在の通説的見解であるが、かかる通説的見解が合理的でないことは、前掲注（42）のとおり。㋑の点についても、受働債権規制として「開始時実在性＝分配財源としての経済的実体」を受働債権の相殺適格要件とすれば、事業再生に支障を生じることはない。

(57) 水元・前掲注(8)一四頁。岡・前掲注(20)一四八頁もこれに同調する。

(58) 水元・前掲注(8)一六頁、多比羅誠「相殺権行使の時期的制限」東京弁護士会倒産法部編『倒産法改正展望』三七六頁。債権届出期間経過後の相殺を認めても、再建型倒産手続の遂行上の支障にはならないし、そのような手続便宜上の理由をもって、倒産実体権としての相殺権の行使を制約することは妥当ではない。

(59) 敷金返還請求権にかかる民再九二条三項のような規律が考えられる。

なお、再建型倒産手続において広く相殺を認めることで、倒産債務者の再建に支障を来すおそれがある旨の指摘がなされることがある。しかし、「倒産債権に対する清算原資(分配財源)」を開始時財産に限定する処理が堅持される限り、計数上、倒産債権者に対する清算分配額は開始時財産の額に限定されるから、このような指摘は当たらない(倒産債権者間でのシェアが変化するだけである)。むしろ、再建型倒産手続に寄託請求制度と同種の制度を設けることによって手続間の平仄を合わさなければ、再建型倒産手続では、破産手続との比較において、停止条件付債権を自働債権とする相殺の許容範囲が狭まる分、他の一般倒産債権者に棚ぼた的利益を許すことになる。

(60) 受働債権規制に相当する現行法の法文は、破七一条一項一号ほかであるが、同条項の一号の規律と、二～四号の規律とは、その基本的要件(主観的要件の要否)や、規律対象時期(清算基準時たる開始時を挟んで、一号の規律対象時期が開始後であるのに対し、二～四号の規律対象時期は開始前である)の違いにも示されるとおり、そもそも本質的な性質を異にする規律であることが意識されなければならない。すなわち、一号の規律は、本則規律である破六七条一項(再生手続の場合は、民再九二条一項)と表裏関係にある同一趣旨の規律であり(破六七条一項の「破産手続開始の時において破産者に対して債務を負担するとき」は相殺できるとの規律と、破七一条一項一号の「破産手続開始後に破産財団に対して債務を負担したとき」は相殺できないとの規律は、表裏の言い換えに過ぎず、両者は同義に解することができる)、「開始時実在性」の要件を本則規律に読み込んでしまえば(受働債権の「開始時実在性」の要件は、本則規律に読み込むことも可能である)、一号自体は特に必要のない規定と言うことができる。これに対し、二～四号の規律は、偏頗行為否認制度と同様の趣旨から、危機時期における一定の債務負担行為を偏頗的な「担保の取得」と同視して、相殺を否定することを目的とした規律であり、その意味で二～四号は独立の存在意義をもった規定として位置付けられる。したがって、一号の規律と、二～四号の規律とは、本来、区別して議論すべきであると解され、本稿は、そのような観点から、一号の規律を「開始時実在性」の要件に纏わる「受働債権規制」、二～四号の規律を「危機時期における偏頗的債務負担に基づく相殺規制」として、区別して論ずる。

(61) なお、現行法上、再建型倒産手続においては、将来賃料債権を受働債権とする相殺について、開始時の賃料六月分の限度で相殺を認める規律が採用されている。また、破産手続においては、将来賃料債権を受働債権とする相殺が無制限に認められる旨の立案担当者解釈が示されている（小川秀樹編『一問一答 新しい破産法』九〇頁）。しかしながら、将来賃料債権は、開始時実在性の要件を充たさない受働債権であるから、このような相殺は本来認められるべきではない。

(62) 現行法の法文（破六七条一項ほか）は、文言上、「倒産債権者」を相殺の主体として規定している。このような規定振りからは、「倒産債権」すなわち「開始前の原因に基づく債権」については、原則として、自働債権適格性を認める趣旨に理解される。

(63) 先にみたとおり、実際に相殺を実行するためには、自働債権が現実化していなければならないが、相殺権を保障するための制度として寄託制度（破七〇条）があり、再建型倒産手続においても同種の制度の新設が検討され得る。

(64) 大掴みに言えば、受働債権は、分配財源としての経済的実体（財産価値性）を要求される分、相殺適格性の要件が厳格であり、自働債権は、法的成立（開始前の債権発生原因）が認められれば足りる分、相殺適格性の要件は緩やかであると言える。自働債権の相殺適格性の要件は、平時実体法の相殺規律の延長線上に位置付けられるのに対し、受働債権の相殺適格性については、それに加えて倒産法固有の規律として「投資の清算」理念に基づく「開始時実在性」の要件が付加されるから、その限りで加重されているのである。

所論のとおり、受働債権規制は、分配財源規制として機能し、「過去の投資関係を強制的にリセット（清算・整理）することによって、将来的な投資関係の正常化を図る」という、倒産法の目的に直結する最も重要な規律である。自働債権の相殺適格性の規律も、「倒産債権者間のプライオリティ」に影響を及ぼす要件ではあるが、受働債権の相殺適格性の規律（分配財源規制）は、倒産債務者の将来的な財政状態をも左右することから、「倒産債権者間のプライオリティ」への影響もさることながら、これにとどまらず「将来投資者の利害」や、「倒産債務者の経済的再生」にも重大な影響を及ぼすという点において、極めて重要性が高く、厳格性が強く求められる規律であることが留意されなければならない。

(65) 合理的期待説は、受働債権と自働債権とで相殺適格性の判定基準を区別して議論することなく、一律「合理的相殺期待の有無」をもって相殺可否の判定基準としているが、このようなアプローチが妥当でないことは、先にみたとおりである。

(66) 開始後承継取得倒産債権の自働債権適格性を否定する規律を定める現行法の法文は、破七二条一項一号、民再九三条の二第一項一号、会更四九条の二第一項一号、会社五一八条一項一号である。

受働債権の場合と同様、これらの条項の一号の規律と、二～四号の規律とは、その基本的要件（主観的要件の要否）や、規律対象時期（清算基準時たる開始時を挟んで、一号の規律対象時期が開始後であるのに対し、二～四号の規律対象時期は開始前である）の違いにも示されるとおり、そもそも本質的な性質を異にする規律であることが意識されなければならない。すなわち、一号の規律は、本則規律である破六七条一項（再生手続の場合は、民再九二条一項）と表裏関係にある同一趣旨の規律であり（「開始時に倒産債務者に対する債権を有していること」を相殺の積極要件とすることと、「開始後に倒産債務者に対する債権を取得したこと」を相殺の消極要件とすることは、表裏の言い換えに過ぎず、両者は同義に解することができる）、「開始時における債権債務の対立」の要件を本則規律に読み込んでしまえば、一号自体は特に必要のない規定ということができる。これに対し、二〜四号の規律は、危機時期における一定の倒産債権取得行為を「相殺権の濫用」として、相殺を否定することを目的とした規律であり、その意味で二〜四号は独立の存在意義をもった規定として位置付けられる。したがって、一号の規律と、二〜四号の規律とは、本来、区別して議論すべきであると解され、本稿は、そのような観点から、一号の規律を「基本的規律」、二〜四号の規律を「危機時期における相殺濫用的債権取得に基づく相殺規制」として、区別して論ずる。

(67)　開始後承継取得倒産債権の自働債権適格性を否定する規律の論拠も、倒産手続の「清算」手続たる本質に求めることができる。すなわち、包括執行手続（清算手続）たる倒産手続においては、包括差押効（清算の発動）の生じる「開始時＝清算基準時」において、特定の開始時財産（清算原資）に対する優先回収権（プライオリティ）の有無の判定がなされることにより、「清算原資（分配財源）」たる開始時財産と「清算分配に与る対象債権」たる倒産債権との間に、清算分配を前提とした割付け（清算的牽連関係）が生ずる。したがって、㋐このような「清算」手続の性質上、包括差押効に基づく割付け（清算的牽連関係）が生じた後である「開始後」に、プライオリティの変更が生ずることは許されない。また、㋑「開始時＝清算基準時」に対立する債権債務間の清算的牽連関係に鑑みた「清算債権債務者間の公平」を倒産法上の相殺の正当化根拠とみる立場からは、そもそも「開始時＝清算基準時」後の倒産債権の承継取得により債権債務の対立が生じたとしても、かような事後の倒産債権承継取得者を法的に保護すべき理由はない（公平の原理に反するものではない）と考えられる。㋒条件未成就の停止条件付債権を相殺根拠条文の「債権」に含める私見によれば、「開始前に債権発生原因が存する債権」は全て相殺適格性が認められるから、その法的保護に悖ることもない。以上の理由から、開始後承継取得倒産債権の相殺適格性は否定されるべきである。

(68)　自働債権適格性に纏わる近時の論点として、Ⓐ委託を受けた保証人の事後求償権、Ⓑ委託を受けない保証人の事後求償権、を自働債権とする相殺の可否が問題とされる（論点の所在について、山本ほか・前掲注(46)二五七頁［沖野眞已］参照）。この点については、Ⓐ、Ⓑいずれの場合も、事後求償権は、保証債務履行を停止条件とする債権であり、保証契約という開始前の原因に基づく倒産債権者固有の倒産債権であることから、開始後承継取得倒産債権には当たらず、相殺適格性が認められるべきである。なお、Ⓐ、Ⓑいずれの場合も、弁済代位（民五〇〇条）により取得した原債権は、開始後承継取得倒産債権に当たり、相殺適格性が否定される。ちなみに、Ⓒ保証関係のない純然たる第三者が開始後の任意弁済（第三者弁済）により取得した求償権については、そもそも

「開始前の原因に基づく債権」ではないことから倒産債権性自体が否定されるべきであり、その意味で相殺適格性が否定される。また、Ⓒの場合も、弁済代位（民四九九条）により取得した原債権は、開始後承継取得倒産債権に当たり、相殺適格性が否定される。

(69)　この規律を定める現行法の法文は、破七一条一項二〜四号、民再九三条一項二〜四号、会更四九条一項二〜四号、会社五一七条一項二〜四号である。なお、当該各条項の一号と二〜四号の規律を区別して議論すべきであることは、前掲注（60）のとおり。

(70)　山本ほか・前掲注（46）二五一頁［沖野眞已］。

(71)　本稿の目的との関係上、危機時期規制にはこれ以上、立ち入らない。

(72)　この規律を定める現行法の法文は、破七二条一項二〜四号、民再九三条の二第一項二〜四号、会更四九条の二第一項二〜四号、会社五一八条一項二〜四号である。なお、当該各条項の一号と二〜四号の規律を区別して議論すべきことは、前掲注（66）のとおり。

(73)　現行法における危機時期規制は、受働債権（破七一条一項二〜四号ほか）と自働債権（破七二条一項二〜四号ほか）とでほぼ相似の規定振りとなっている。しかし、両規制については、㋐「清算原資（分配財源）」たる受働債権と、「清算分配に与る対象債権」たる自働債権とでは、規制対象とする債権の性質を異にしていること、㋑受働債権の危機時期規制は、「偏頗行為否認制度と同趣旨の規制」であるのに対し、自働債権の危機時期規制は、「相殺権の濫用に対応する規制」であり、両者は規制の趣旨を異にしていること、が指摘され得る。これらの相違点に鑑みれば、今後、各々の規制の趣旨や要件の違いを意識した議論が必要であると思料する。

五　個別事例の検討

1　将来売掛債権を受働債権とする相殺のケース

【事例1】[74]

①YはXに対し、10M[75]の貸金債権を有していた。

②XはYとの間で、Xを売主、Yを買主とする継続的商品売買取引（年間取引高は12M）を行っており、Xの倒産

手続開始時において、引渡済み商品にかかるXのYに対する売掛債権の残高は3Mであった。
③また、Xの倒産手続開始時において、個別受発注は完了したものの未引渡しの商品があり、その売買代金額は1Mであった。

【検討】

(1) 本事例において、開始時にXはYに対して3Mの売掛債権を有しており、Yは、当該売掛債権を受働債権とする相殺によって貸金債権3Mを優先回収できることに問題はない。

(2) 問題となるのは、㋐個別契約の成立が認められる未引渡しの商品にかかる売掛債権1M、更には、㋑将来の商品売買取引に基づいて生ずる将来売掛債権、を受働債権とする相殺の可否である。㋐は商品の引渡しを条件とする停止条件付売掛債権、㋑は個別契約の成立及び商品の引渡しを条件とする停止条件付売掛債権、と法的に評価することが一応可能な債権であろう。(76) このような場合に、㋐、㋑のような停止条件付債権を受働債権とする相殺は、倒産手続上認めるべきであろうか。(77)

(3) 停止条件付債権を受働債権とする相殺を肯定する説は、条件に関する利益の放棄は民法上も妨げられないから、㋐、㋑のような停止条件付債権を受働債権とする相殺は倒産手続上も認められるとする。(78)
しかしながら、相殺肯定説の妥当性には疑問がある。

(4) まず、㋑の停止条件付債権について考察すると、同債権は、取引事実の裏付けのない観念的な存在に過ぎず、開始時において「分配財源たり得る責任財産としての実在性」を備えているとは到底認められない仮想の財貨でしかない。経済的観点からは、㋑のような将来売掛債権の経済価値は、開始時に存在する別の責任財産(商品在庫等)か、開始後の新規投資に由来して生じる将来経済価値に、その価値源泉を求めざるを得ず、開始時に経済的実体を認めることはできないのである。会計理論上も、㋑のような将来売掛債権を貸借対照表に資産計上することは当然ながら認められない。

相殺肯定説によれば、相殺に供した自働債権額（ここでは貸付債権額10Mから開始時売掛債権残高3Mと㋐の売掛債権額1Mを控除した残余額6Mの貸付債権を自働債権として、㋑の売掛債権を受働債権とする相殺に供したものと仮定する）に相当する部分について㋑の売掛債権が支払済みになることを前提にすると解されることから、YはXに対して、将来的に、当該相殺に供した自働債権相当額6M分の商品の引渡請求をなし得ることになりそうである。

しかし、このような結論は、倒産債権たる自働債権について、開始時には存在しない将来財貨（将来経済価値）からの優先的満足を認めるに等しく[79]、倒産債権に対する分配財源を開始時財産に固定（限定）する趣旨の「投資の清算」理念に反し、容認し得ない[80]。

（5）　㋐の停止条件付売掛債権も、程度の差こそあれ、㋑と同様、未だ経済的実体を欠いた観念的な存在に過ぎず、開始時において「分配財源たり得る責任財産としての実在性」を備えた財貨とは認められない。何故なら、㋐の売掛債権は、XがYに対して売買目的商品の引渡しを履行することによって初めて実現する（経済的実体を備える）財貨であり、開始時に存在する別の責任財産（売買目的商品）の価値変形物に過ぎないからである。会計理論上も、商品引渡債務の履行前であるXの開始時貸借対照表には、㋐の売掛債権ではなく、売買目的商品が棚卸資産として資産計上されなければならず、㋐の売掛債権を資産計上すれば、同一経済価値の二重計上となってしまう[81][82]。

相殺肯定説によれば、相殺に供した自働債権額1Mに相当する部分について㋐の売掛債権が支払済みになることを前提にすると解されることから、YはXに対して、当該売掛債権の反対給付に相当する未引渡し商品1Mの引渡請求をなし得ることになりそうである。

しかし、このような結論は、倒産債権たる自働債権について、㋐の売掛債権の価値源泉に当たる別の開始時財産（未引渡し商品1M）からの優先的満足を認めるに等しく、同一経済価値の二重捕捉を来してしまい[83]、やはり「投資の清算」理念に反するものとして容認し得ない。
（6）以上のとおり、受働債権規制として「開始時実在性」を要請する私見によれば、㋐、㋑の停止条件付売掛債権は、いずれも開始時において「分配財源たり得る責任財産としての実在性」を欠く債権として、相殺適格性を否定すべきである(84)。

本事例の売買取引において、売買代金の支払給付と、売買目的商品の引渡しにかかる反対給付との間には、双務契約に基づく対価的牽連関係が存する。このため、㋐、㋑の売掛債権の経済価値は、売買目的商品の引渡しという反対給付の経済価値的犠牲があって初めて、その対価として実現するものである(85)。したがって、売買目的商品の引渡しが履行されるまでは、㋐、㋑の売掛債権は、分配財源としての経済的実体（財産価値性）を備えているとは言えないと考える(86)。

（7）これに対し、相殺肯定説からは、たとえ双務契約に基づく債権が相互に同時履行の関係にあるとしても、自ら進んで債務履行することは妨げられないから、本事例のYの側から㋐、㋑の売掛債権にかかる債務を履行することは可能であり、したがって、㋐、㋑の売掛債権を受働債権とする相殺も妨げられないのではないか、との反論が考えられる。

しかし、この反論も正当とは言えない。問題の本質は、単なる給付履行の時期的先後ではなく、給付間の対価的不均衡にあるからである。前記のとおり、売買代金の支払給付と、売買目的商品の引渡しにかかる反対給付との間には、双務契約上の対価的牽連関係が存することから、その履行に際しても各給付間の経済価値に対価的均衡が保たれていることが要請される。しかるに、相殺肯定説が主張するように、倒産債権を自働債権とする相殺をもって、㋐、㋑の売掛債権に対する支払給付に充てることが可能とされれば、倒産債務者は、開始前の実質価値の低下した倒産債権の代償として、開始後に売買目的商品の引渡義務のみを対価的給付の見返りのないまま一方的に負担することになってしまう。かかる結果が、双務契約に基づく両給付間の対価的牽連関係を損なうことは明らかである。

この点、倒産法上の双方未履行双務契約の規律[87]は、双務契約に基づく給付間の対価的牽連関係を踏まえた規律として理解されるところ、「対価関係の維持」を重視した同規律との平仄に鑑みても[88]、双務契約に基づく開始後の給付にかかる債権については、「開始後の等価の経済価値的給付」による決済が保障されるべきであり、実価の劣る倒産債権をもってその決済に充てることは許されないと解される（「双務契約における対価的均衡の保障」原則。同原則は、双方未履行双務契約の規律の淵源に当たる民法五三三条の趣旨[89]にその論拠を求めることができる。）。そして、双務契約に基づく倒産債務者の開始後の給付にかかる債権を受働債権とする相殺を認めることは、倒産債権での決済を認めるのと同義であるから、かかる相殺は上記の「双務契約における対価的均衡の保障」原則に反し許されず、このような意味においても、相殺肯定説は妥当でないと思料する[90]。

2　将来賃料債権を受働債権とする相殺のケース[91]

【事例２】
①ＹはＸに対し、10Ｍの貸金債権を有していた。
②ＸはＹとの間で、Ｘを貸主、Ｙを借主とする建物賃貸借契約を締結していた（月額賃料は１Ｍ）。
③なお、Ｘの倒産手続開始時において、２Ｍの未払賃料があった。

【検討】
（１）本事例において、開始時にＸはＹに対して２Ｍの未収賃料債権を有しており、Ｙは、当該未収賃料債権を受働債権とする相殺によって貸金債権２Ｍを優先回収できることに問題はない。
（２）問題となるのは、開始後に発生する将来賃料債権を受働債権とする相殺の可否である。

この点、受働債権規制として「開始時実在性」を要請する私見によれば、将来賃料債権は、開始時において「分配財源たり得る責任財産としての実在性」を欠く債権として、相殺適格性を否定すべきであると考える。

前掲事例1と同様、本事例の賃貸借取引においても、建物使用対価たる賃料の支払給付と、建物の使用収益をなさしめるという反対給付（役務提供）との間には、双務契約に基づく対価的牽連関係が存する。このため、将来賃料債権は、建物の使用収益をなさしめるという反対給付（役務提供）がなされて初めて、その対価として実現するものである。したがって、建物の使用収益にかかる役務提供が履行されるまでは、将来賃料債権は、分配財源としての経済的実体（財産価値性）を備えているとは言えない。

（3）　会計理論上も、将来賃料債権は、取引事実の裏付けのない観念的な存在に過ぎず、貸借対照表に資産計上することは認められない。

このような将来賃料債権を受働債権とする相殺を認めることは、倒産債権たる自働債権について、開始時には存在しない将来経済価値からの優先的満足を認めるに等しく、倒産債権に対する分配財源を開始時財産に固定（限定）する趣旨の「投資の清算」理念に反し、容認し得ない。

経済価値的にみれば、賃料は、対象不動産の投下資本に対応する利益と、減価償却費、維持管理費、公租公課、損害保険料、貸倒れ準備費、空室等による損失相当額等の必要諸経費等により積算されるところ(92)、これらの必要諸経費等の相当部分は、倒産債務者が開始後に負担する人件費・経費などの将来経済価値をもって賄われている(93)。仮に、将来賃料を受働債権とする相殺が可能とされれば、倒産債務者は、開始後においても、対価的給付の見返りのないまま一方的に上記の将来コストの経済的負担を余儀なくされることとなる。かかる事態が、「開始時財産による倒産債権のリセット（清算・整理）をもって、正常な投資秩序の回復と倒産債務者の経済的再生を図る」という倒産法の目的に背反することは明らかであろう。

（4）　さらに、前掲事例1と同様、将来賃料債権は、双務契約に基づく開始後の給付（建物の使用収益をなさしめるという開始後の役務提供）にかかる債権だから、同債権を受働債権とする相殺を認めることは、双務契約に基づく給付間の対価的牽連関係を損なうことも指摘されなければならない。

先にみたとおり、倒産法上の双方未履行双務契約の規律は、双務契約に基づく給付間の対価的牽連関係を踏まえた規律として理解される。「対価関係の維持」を重視した同規律との平仄に鑑みれば、倒産債権者の給付債権と同様に、倒産債務者の開始後の給付にかかる債権についても、「開始後の等価の経済価値的給付」による決済が保障されるべきであり、実価の劣る倒産債権をもってその決済に充てることは許されないと解される（前出の「双務契約における対価的均衡の保障」原則）。したがって、将来賃料債権を受働債権とする相殺を認めることは、双務契約に基づく倒産債務者の開始後の給付（建物の使用収益をなさしめるという開始後の役務提供）にかかる債務について、倒産債権での決済を認めるのと同義であるから、かかる相殺は「双務契約における対価的均衡の保障」原則に反し許されないものと思料する[94]。

（5）　なお、現行法上、将来賃料債権を受働債権とする相殺に関しては、再建型倒産手続では、開始時の賃料六月分の限度で相殺を認める規律が採用され[95]、破産手続では、旧破産法一〇三条一項前段の相殺制限規定の削除をもって、無制限に相殺が認められる旨の立案担当者解釈[96]が示されている。これは、将来債権を受働債権とする相殺を制約しない平時実体法の規律が、そのまま倒産法上の相殺権の処遇にも当てはまるとの考え方を基礎とするものである。

しかしながら、上記のとおり、将来賃料債権を含む将来債権一般は、開始時実在性の要件を充たさない受働債権であるから、倒産法上、このような相殺は本来認められるべきではなく、現行法の基礎となる考え方（立案担当者解釈）には重大な疑義がある。

所論のとおり、倒産債権に対する分配財源を開始時財産に固定（限定）する「投資の清算」理念とこれを踏まえた受働債権規制は、「過去の投資関係を強制的にリセット（清算・整理）することによって将来的な投資関係の正常化を図る」という倒産法制度の究極目的に根差した根本規律であるから、単なる小手先の条文改廃をもって変更し得るような規律ではない。将来債権を受働債権とする相殺を無制限に認める取扱を原則とする考え方は、「投資の清算」理念とは相容れず、倒産法制度の「リセット機能」を骨抜きにするものであるから、倒産法の法目的に反していると言わなければならない(97)(98)。

3　開始後の手形取立金返還請求権を受働債権とする相殺のケース

【事例3】

①Y（信用金庫）はXに対し、10Mの貸金債権を有していた。

②Xはその所有する受取手形（2M）をYに取立委任していた。

③Xの倒産手続開始後、Yは手形交換によって受取手形を取り立てた。

【検討(99)】

（1）　本事例においては、手形取立金返還請求権を受働債権とする相殺の可否が問題となる。

（2）　この点、私見によれば、手形取立金返還請求権は、「開始時実在性」の要件を充たさず、受働債権としての相殺適格性を欠くことから、相殺は認められないものと解する。

（3）　Xの開始時財産（受働債権）として、「Yによる手形金の取立てを停止条件とする手形取立金返還請求権」を認識することも観念的には可能かもしれない(100)。

しかし、かかる「停止条件付債権としての手形取立金返還請求権」を開始時財産（受働債権）として認識したのでは、Xの開始時財産であることに疑念のない「受取手形」との関係上、同一経済価値の二重捕捉（ダブルカウント）を来してしまう。

（4）　会計理論上も、Xの開始時貸借対照表に資産計上されるのは、「停止条件付債権としての手形取立金返還請求権」ではなく、「受取手形」である。

（5）「手形取立金返還請求権」は開始時財産である「受取手形」を取り立てることによって初めて生ずる開始後の価値変形物に過ぎない。したがって、このような手形取立金返還請求権について、開始時における「分配財源たり得る責任財産としての実在性（経済的実体）」（開始時実在性）を認めることはできない。

4　開始後の投資信託解約金返還請求権を受働債権とする相殺のケース

【事例4[101]】

①YはXに対し、10Mの貸金債権を有していた。

②XはYを販売窓口銀行とする投資信託取引を行っており、Zを投資信託委託業者とする信託受益権を有していた。

③Xの倒産手続開始後、Yは、投資信託の解約によりZから投資信託解約金（2M）の交付を受け、Xに対し当該投資信託解約金の返還債務を負担した。

【検討】

（1）　本事例においては、投資信託解約金返還請求権を受働債権とする相殺の可否が問題となる。

（2）　この点、私見によれば、投資信託解約金返還請求権は、「開始時実在性」の要件を充たさず、受働債権としての相殺適格性を欠くことから、相殺は認められないものと解する。

（3）　Xの開始時財産（受働債権）として、「投資信託の解約を停止条件とする投資信託解約金返還請求権」を認識することも観念的には可能かもしれない[102]。

しかし、前掲事例3と同様、かかる「投資信託の解約を停止条件とする投資信託解約金返還請求権」を開始時財産（受働債権）として認識したのでは、Xの開始時財産であることに疑念のない「信託受益権」との関係上、同一経済価値の二重捕捉（ダブルカウント）を来してしまう。

（4）　会計理論上も、Xの開始時貸借対照表に資産計上されるのは、「停止条件付債権としての投資信託解約金返還請求権」ではなく、「信託受益権」である。

（5）　「投資信託解約金返還請求」は、投資信託を解約することによって初めて生ずる、開始時財産たる「信託受益権」の開始後の価値変形物に過ぎない。したがって、このような投資信託解約金返還請求権について、開始時における「分配財源たり得る責任財産としての実在性（経済的実体）」（開始時実在性）を認めることはできない。

5　開始後の保険解約返戻金請求権を受働債権とする相殺のケース[103]

【事例5】

①Yは Xに対し、10Mの貸金債権を有していた。

②XはY（保険会社）との間で保険契約を締結していた。

③Xの倒産手続開始後になされた保険契約の解約に伴い、YはXに対し保険解約返戻金債務2Mを負担した。

【検討】

（1）　本事例においては、保険解約返戻金請求権を受働債権とする相殺の可否が問題となる。

（2）　本事例の保険解約返戻金請求権は、開始時においては解約未了のため現実化していないものの、開始前に債権発生原因が存することから、基本的規律としての「開始時における債権債務の対立」の要件を充足する。

また、保険解約返戻金請求権は、保険契約に基づいて契約者が払い込んだ保険料の積立金を原資として、解約時に当該保険料積立金の一部の払戻しを受けることを内容とする権利である。このような性質に鑑みれば、保険解約返戻金請求権は、開始時における「分配財源たり得る責任財産としての実在性（経済的実体）」を備えるものといえ、受働債権規制としての「開始時実在性」の要件も充足する。

よって、本事例の保険解約返戻金請求権を受働債権とする相殺は、認められるものと解する。
（3）　本事例の保険解約返戻金請求権と前掲事例1、2の将来債権との違いは、開始時貸借対照表における資産計上の有無に現れる。
先にみたとおり、前掲事例1、2の将来債権は、反対給付の履行がなされていないため経済価値（債権）が実現しておらず、会計理論上、資産計上されることはない。

これに対し、本事例の保険解約返戻金請求権は、その実体経済価値の裏付けとなる保険料の払込みは開始前に了していることから、会計理論上も、「保険積立金」等としてXの開始時貸借対照表に資産計上される。

このように、保険解約返戻金債権は、開始時に停止条件未成就ではあるものの、既に実体経済価値の裏付けのある責任財産としての実在性が認められるため、これを優先的回収の引当てとする相殺を認めたとしても「投資の清算」理念に反することはない。
（4）　本事例の保険解約返戻金請求権と前掲事例1、2の将来債権との違いは、開始後の倒産債務者の負担の有無によっても示される。
保険解約返戻金請求権の場合、相殺を認めたとしても、倒産債務者は、当該債権を失うだけで、将来にわたって経済的負担が残存するわけではない。

これに対して、将来債権の場合、相殺が容認されれば、倒産債務者は、対価的給付の見返りのないまま一方的に将来にわたる経済的負担を余儀なくされることとなる。

(5) このような違いは、とりもなおさず両債権の開始時における「経済的実体(財産価値性)」の有無に起因している。

保険解約返戻金請求権は、開始時に経済的実体を有する財貨であるから、これをもって自働債権に対する優先的回収の財源(決済)に充てることができる。

これに対し、将来債権は、開始時に経済的実体を有しない財貨であるから、これをもって自働債権に対する優先的回収の財源(決済)に充てることができない。それゆえ、実質的な経済的負担が開始後に繰り延べられ、開始後の将来財貨(将来経済価値)の価値犠牲をもって自働債権に対する満足が図られることにならざるを得ないのである。

(6) 以上のとおり、本事例の保険解約返戻金請求権と前掲事例1、2の将来債権とでは、同じく停止条件付債権ではあるものの、「分配財源たり得る責任財産としての実在性(経済的実体)」(開始時実在性)の有無において顕著な違いが存する。

停止条件付債権を受働債権とする相殺可否の判定に当たっては、この開始時実在性の有無をメルクマールとすることにより、「投資の清算」理念に適った適切な受働債権の相殺適格性の判定をなし得るものと思料する。

6 無委託保証人の事後求償権を自働債権とする相殺のケース(104)

【事例6】

①Yは、Xの委託を受けないで、ZがXに対して有する10Mの貸金債権について保証していた(保証契約の締結時は、Xの危機時期前であった)。

②Xの倒産手続開始後、YはZに上記①の保証債務を履行し、Xに対する事後求償権を取得した。
③YはXに対し、2Mの預金返還債務を負担していた。

【検討】

（1）本事例においては、無委託保証人Yの事後求償権を自働債権とする相殺の可否が問題となる。

（2）第三章において考察したとおり、倒産法上の相殺の正当化根拠は、「開始時に対立する債権債務間の清算的牽連関係を踏まえた債権債務当事者間の公平」に見出され、開始時にそれ以前の原因に基づく債権債務の対立が存する限り、自働債権にかかる停止条件が未成就であったとしても、その後に停止条件が成就すれば、原則として相殺が認められるべきであると解される。

本事例においては、受働債権規制や危機時期規制を受ける特段の事情はない。本事例の事後求償権は、保証債務履行を停止条件とする停止条件付債権であり、保証契約という開始前の原因に基づく倒産債権であるから、私見によれば、相殺適格性に欠けるところはなく、当該事後求償権を自働債権とする相殺は、認められるものと解する。

（3）この点、最判平二四・五・二八民集六六―七―三一二三（以下「本最判」という）は、破産手続における同種事案につき「（無委託保証人の）求償権を自働債権とする相殺を認めることは、破産者の意思や法定の原因とは無関係に破産手続において優先的に取扱われる債権が作出されることを認めるに等しいものということができ、この場合における相殺に対する期待を、委託を受けて保証契約を締結した場合と同様に解することは困難というべきである。そして、無委託保証人が上記の求償権を自働債権としてする相殺は、破産手続開始後に、破産者の意思に基づくことなく破産手続上破産債権を行使する者が入れ替わった結果相殺適状が生ずる点において、破産者に対して債務を負担する者が、破産手続開始後に他人の債権を譲り受けて相殺適状を作出した上同債権を自働債権としてする相殺に類似し、破産債権についての債権者の公平・平等な扱いを基本原則とする破産手続上許容し難い点において、破産法七二条一項一号が禁ずる相殺と異なるところはない」と判示し、破七二条一項一号の類推適用により、相殺を否定した。

しかし、本最判の理由及び結論には賛同できない。

（4）まず、本最判は、破七二条一項一号の類推適用を、相殺を否定する根拠として掲げている。しかし、破七二条一項一号は、開始後承継取得破産債権の相殺適格性を否定することに意味のある規定に過ぎないところ、[105]本件の事後求償権は、開始前の原因に基づく破産債権者自身の破産債権であり、開始後承継取得破産債権ではないから、同条項を根拠に相殺を否定することはできないし、類推適用の余地もない。

本最判は、「破産手続開始後に、（中略）破産債権を行使する者が入れ替わった結果相殺適状が生ずる点」が、「破産手続開始後に他人の債権を譲り受けて相殺適状を作出した上同債権を自働債権としてする相殺に類似し（ている）」とする。しかし、本件の事後求償権は、開始時に既に法的に成立している破産債権（保証履行を停止条件とする停止条件付債権）であって、同債権が、同じ破産債権者に帰属したまま、停止条件の成就によって現実化したに過ぎないから、「破産債権を行使する者が入れ替わった」訳ではなく、これを開始後承継取得破産債権と同視するのは、論理の飛躍があると言わざるを得ない。

何より、本最判は、同一状況下における委託保証人の事後求償権による相殺を容認すべき旨説示するが、開始後承継取得破産債権との類似性を指摘するのであれば、停止条件の成就に伴う相殺適状の発生という法的枠組みを同じくする委託保証人のケースについても相殺が否定されなければならない筈であり、論理的整合性を欠くものと言わなければならない。

（5）本最判は、破七二条一項一号を、同項二～四号と同様に、「相殺権の濫用」を規制した規律として位置付けているのかもしれない。[106]

しかし、仮にそのような解釈（筆者は与しないが）を前提にしたとしても、本件の事後求償権は、開始後に停止条件の成就に伴って現実化しただけで、その債権の発生原因である保証契約は、もとより倒産債務者が危機時期に陥る前に締結されているのであるから、「不当性」を基礎づけるべき主観的要件を欠いている。

無委託保証人の場合も、保証契約に基づく法的義務として保証債務履行義務を負担しているという点では委託保証人と変わりがなく、本件の事後求償権は、かかる法的義務の履行を余儀なくされた結果として発生する債権であることを考慮しても（この点で、法的義務のない者による任意の第三者弁済に基づいて発生する求償権とは大きく異なっている）、「不当性」は認めがたく、「濫用」というには当たらない。

（6）　また、本最判は、「破産者の意思」に基づかないで倒産債権の優先回収権が作出される点を、相殺を否定する理由として強調しているが、このような理由付けも疑問である。[107]

元来、相殺制度は、債権債務が同一当事者間で対立する場合に、「当事者間の公平」に鑑み、両債権の対当額での決済を容認する制度である。そこで要求されるのは、「同一当事者間での債権債務の対立」という客観的事実のみであり、「破産者の意思」という主観を介在させる余地はない。

第三章において考察したとおり、「相手方が債務を履行しない場合に、自身の債務の履行だけを余議なくされることはなく、何時でも両債権を対当額で決済できる」という、債権債務対立下にある者の「当事者間の公平」に基づく法的地位の保護は、倒産手続においても等しく妥当する。[108]かかる「開始時の債権債務の対立」という客観的事実を基礎とする「公平の原理」に基づく法的地位を、他方当事者の主観的事情の如何をもって否定することは、明らかに合理性を欠くものと言わなければならない。

他の一般倒産債権者との関係でも、開始時に債権債務対立下にある倒産債権者については、Ⓐ受働債権の目的給付の実現を事実上支配する地位にあることによって、受働債権を責任財産とする摑取力の点で、他の一般倒産債権者よりも優越的な地位にあること、Ⓑ他の一般債権者は、もともと受働債権に附着した一切の抗弁を甘受すべき立場にあること、を受働債権に対する優先回収権（プライオリティ）の根拠として指摘し得る。[109] これらの点に鑑みれば、かような地位にある倒産債権者に受働債権からの優先回収を認めたとしても、倒産債権者間の衡平を害するとは言えないし、「倒産債務者の意思」の欠如は、かかる優先回収権（プライオリティ）を否定する合理的理由にはならないと思料する。

（7）「倒産債務者の意思」の欠如を優先回収権（プライオリティ）の否定要素として重視する本最判のアプローチには、倒産法上の相殺権を担保権に近付けて考察する見解[110]が少なからず影響しているように見受けられる。すなわち、担保権の「公示性」に対置されるファクターとして「倒産債務者の意思」を位置付け、これを相殺局面における倒産債権者間での優先回収権（プライオリティ）の根拠とする発想である。

しかし、第三章3項において考察したとおり、相殺制度は、㋐債権債務の対立という偶然的要素の高い事実を要件とし、当事者の意思に基づかない「公平の原理」に立脚する制度である点において、当事者の意思に基づく約定担保制度とは性質を異にする上、㋑「債権法の法理」を基礎とする相殺制度に公示的要素を求めるのは失当であり、「債権法の法理」によれば、債権債務当事者以外の第三者は、もともと当該債権に附着した抗弁（相殺の抗弁を含む）を甘受せざるを得ない立場にあることが留意されなければならない。[111]

かかる観点からすれば、「倒産債務者の意思」を重視することで、倒産法上の相殺権を担保権に近付けて考察する本最判のアプローチは妥当ではなく、その意味でも、本最判の判示には賛同できない。

(74) 以下の個別事例においては、倒産債務者をX、倒産債権者をYと表記する。
(75) 以下の個別事例においては、「百万円」の表記に代えて「M」と表記する。
(76) 厳密には「将来の請求権」（破六七条二項後段参照）に該当するとも解されるが、倒産法上、「停止条件付債権」と「将来の請求権」とで処遇に差異はないため、さしあたり「停止条件付債権」として議論を進める。
(77)　停止条件付債権を受働債権とする相殺の可否の論点については、各倒産法制における規定振りの違い（破六七条二項後段に相当する規定の有無）等々を踏まえて、幾つかの異なる解釈が示されているところである。しかしながら、本稿の目的は、あるべき論としての倒産法の理念的解釈（倒産法システムとしての理念型）を追究することにあるから、以下の検討においては、現行倒産法の解釈論を主体とするのではなく、これまでに論じた理念的フレームワークを踏まえつつ、倒産法制度としての目的整合性や経済合理性に鑑みた考察を中心に議論を進める。
(78)　山本ほか・前掲注（46）二四九頁［沖野眞已］も同旨か。
(79)　仮に、Xが当該相殺に供した自働債権相当額6M分の商品の引渡義務を履行しない場合に、XがYに対し債務不履行責任として同額の損害賠償債務を負担するのであれば、これは取りも直さず「倒産債権」の「共益債権（財団債権）」としての復活を意味するものであり、いずれにせよ容認することはできない。
(80)　相殺肯定説からの反論としては、条件に関する利益を放棄してなす停止条件付債権を受働債権とする相殺は、将来の反対給付の実現の不確実性というリスクを甘受して行うものであるから、XがYに対して任意に反対給付の履行をすればこれを受領できるが、YからXに対して反対給付の履行を法的に強制し得るものではなく、Xが反対給付を履行しなくても債務不履行責任を負わない、との反論が想定される。しかしながら、このようなXY間の法律関係（反対給付について法的履行義務は負わないが、任意の履行は受領できる）は明らかに不自然である。Xが合理的経済人であれば、何らの見返りもない（対価が実質無償となってしまう）Yに対する反対給付を任意に履行することなど考えられないし、Yとの取引を継続すれば反対給付の任意履行を余儀なくされることから、これが誘因となってXY間の継続的取引が将来的に解消のやむなきに至ることも十分想定される。かような法的帰結は、投資取引の正常化という倒産法の理念に悖り、社会経済全体の効率性の観点からも妥当な結論とは言い難い。
(81)　複式簿記の原理や実現主義の原則上、このように同一の経済価値が二重に資産計上されることはない。結局のところ、㋐の売掛債権は、開始時貸借対照表に資産計上されている売買目的商品の将来形を投影した「写像」に過ぎず、開始時において実在性（経済的実体）を有する財産ではない。
(82)　「金融商品会計に関する実務指針」（日本公認会計士協会・会計制度委員会報告第14号）7項は、「商品等の売買又は役務の提供に係る契約が締結されたときには、その権利義務は等価であり現金又はその他の金融資産を授受すべき会計上の金銭債権債務は生じていないから、当該金銭債権債務を認識しない。当該商品等の受渡し又は役務提供の完了時に、契約条件に従い、はじめてその対価として現金又はその他の金融資産を授受する片務的な権利又は義務に変わるから、この時点で金銭債権債務を認識する」とする。このように、会計理論上は、「双務契約であって、給付が未履行の段階にとどまるものは、財務諸表上で資産・負債を認識しない」取扱が原則とされる。反対給付が未履行の段階では、「履行の見込みの不確実性」という契約リスクから解放されておらず、資産・負債の認識要件を満たさないからである（前掲注（21）参照）。

(83) ㋐の売掛債権の価値源泉に当たる未引渡し商品1Mは、開始時貸借対照表上、棚卸資産として資産計上されるべき紛れも無い開始時財産である。開始時貸借対照表に資産計上された当該棚卸資産（未引渡し商品1M）については、当該責任財産に対する優先回収権（プライオリティ）の有無に従って、倒産債権者に対する分配財源としての割付けが完了している（当該商品が担保目的になっていれば特定の担保権者のための責任財産として、当該商品が担保目的になっていなければ一般倒産債権者のための責任財産として、それぞれ開始時のプライオリティに基づいて分配財源の割付けが完了している）。したがって、このように既に倒産債権者に対する分配財源として捕捉済みの未引渡し商品1Mを、更に自働債権者の優先的満足に充てたのでは、同一経済価値を二重捕捉（ダブルカウント）していることになり、財政的矛盾を生じてしまう。

(84) なお、㋑の売掛債権については、開始時に個別売買契約すら成立していないから、そもそも基本的規律に関わる「開始時における法的概念としての受働債権の存在」（開始前の債権発生原因の存在）の要件充足性についても疑問の余地がある。

(85) 双務契約に基づく「反対給付の履行」は、「条件」とは異なる性質の法律事実であるとの指摘もなされている（四宮和夫＝能見善久『民法総則第8版』三四二頁）。

(86) 本事例のように、双務契約上の対価的牽連関係に基づき、反対給付たる財貨・用益の提供がなされることによって初めて実現する債権については、開始時に反対給付が未履行の場合、その開始時実在性（財産価値性）は基本的に否定されるべきである。かかる双務契約上の債権の場合、各々の給付請求権には同時履行の抗弁権が附着しているから、一方当事者が反対給付を履行しないまま給付請求をしたとしても、反対給付との引換給付が認められるに過ぎない。このような法的処遇は、反対給付が未履行の場合における、給付請求権の不完全性（経済価値の未実現性）を示すものと言える。

(87) 破五三条、五四条、民再四九条、会更六一条。これらの規律は、「双務契約における双方の債務が、法律上及び経済上相互に関連性をもち、原則として互いに担保視しあっているものであること」（最判昭六二・一一・二六民集四一―八―一五八五）に鑑みた規律として理解される。

(88) 双方未履行双務契約の規律によれば、履行選択がなされた場合、倒産債務者に対する給付債権は、財団債権または共益債権として処遇される。これは双務契約における給付間の対価的牽連関係を重視した規律として理解される。このような趣旨に鑑みれば、その反面として、倒産債務者が有する給付債権についても、開始後の給付にかかる債権については「開始後の等価の経済価値的給付」をもって決済されることが保障されるべきであり、実価の劣る倒産債権をもってする決済は許されるべきではない。

(89)　谷口知平ほか『新版注釈民法（13）債権（4）』四五九頁［沢井裕・清水元］。

(90)　「投資の清算」理念を踏まえれば、そもそも倒産債権は、清算原資である開始時財産をもってリセット（清算・整理）されるから、倒産債務者の開始後の給付にかかる債権に対して、その決済手段に用いることはできないのが論理的帰結である。

(91)　本事例の検討については、拙稿・前掲注（3）一九一頁以下も併せて参照されたい。

(92)　賃料の経済価値分析（コスト分析）については、「不動産鑑定評価基準」（国土交通省）第7章第2節Ⅱ「新規賃料を求める鑑定評価の手法」の「積算法」の考え方が参考となる。

(93)　なお、必要諸経費等のうち減価償却費は、開始前に負担した経済価値に対応するコストであるが、減価償却の対象となる建物等は開始時貸借対照表に資産計上され、「清算原資（分配財源）」となるべき開始時財産として捕捉されている。したがって、当該建物等にかかる減価償却費を経済価値的構成要素とする将来賃料の相殺を容認することは、当該減価償却費相当分について、別の開始時財産（建物等）からの優先的満足を認めるに等しく、その限りで同一経済価値の二重捕捉を来している。

(94)　関連論点として、賃料前払いの倒産法上の処遇がある。現行法では、賃料前払いの効力を倒産手続開始後2期分に制限していた旧規定（旧破産法六三条）が削除されており、この旧規定の削除をもって、倒産法上の処遇も平時と同様、無制限に賃料前払いの効力が認められる旨の立案担当者解釈が示されている（小川・前掲注（61）八八頁）。しかし、㋐賃料前払いは、同時履行の抗弁権を放棄し自らの給付のみを先履行した「一方のみ未履行の双務契約関係」であり、典型的な与信取引（信用供与型取引）であるから、倒産法上は単なる倒産債権として処遇するのが原則であること、㋑会計処理上（倒産債務者側）も、賃料前払い（倒産債務者側では賃料前受け）は、「賃料債権の決済取引」（資産減少処理）ではなく、「前受金の受入取引」（負債増加処理）という広義の借入取引として処理されること、㋒本文のとおり、双務契約に基づく給付間の対価的牽連関係を踏まえると、双務契約に基づく開始後の給付にかかる債権については、「開始後の等価の経済価値的給付」による決済が保障されるべきであること、以上の理由により、開始前の賃料前払いの効力は否定されるべきである（前払い賃料は倒産債権として処遇されるべきである）。

(95)　民再九二条二項、会更四八条二項。立案担当者によれば、この規律は、本来であれば将来債権を受働債権とする相殺は無制限に認められるところ、賃料債権については、その収益財源としての重要性に鑑み、相殺可能な範囲を画定することによって、倒産債務者の再生に一定の配慮を示したものである、旨の説明がなされている（小川・前掲注（61）三八四頁）。しかし、受働債権規制として開始時実在性を相殺適格性の要件とする私見では、この規律は、本来は認められない筈の将来債権を受働債権とする相殺を、賃料に限って六月分の限度で認めた政策的規定として理解される。

(96) 小川・前掲注(61)九〇頁。

(97) 旧破産法一〇三条一項前段の相殺制限規定が削除されただけでは、将来債権を受働債権とする相殺が無制限に認められる旨の立案担当者解釈は、条文上、直截には導くことができない(かえって、破七一条一項一号に抵触すると解される)。むしろ、受働債権規制が倒産法制度の究極目的に根差した根本規律であることに鑑みると、特に明文の規定がない限り、かかる原則的理念に立ち戻った法解釈が基本とされるべきである。このような観点からは、立案担当者解釈に拘わらず、現行破産法の解釈論としても、将来債権を受働債権とする相殺は、破七一条一項一号に基づいて一切認められないとの解釈が十分成り立つものと思料する。

(98) 本事例の将来賃料債権と前掲事例1の将来売掛債権は、いずれも双務契約に基づく開始後の給付にかかる債権であり、これらを受働債権とする相殺は同性質の経済取引であるから、等しく取扱わなければ合理性を欠いている。また、前掲事例1の将来売掛債権の相殺を認める取扱が不合理であることは、比較的分明であると目されるところ、これは取りも直さず、同性質の経済取引である将来賃料債権の相殺を認める取扱の不合理性を裏付けるものと言える。このように、前掲事例1の将来売掛債権の例との比較においても、賃料債権のみを特別扱いし、将来賃料債権の相殺の容認を原則論とする、現行法の基礎となる考え方(立案担当者解釈)の問題性は、明らかであろう。

(99) 本事例の検討については、第二章の受働債権規制に関する考察も参照されたい。

(100) 前掲注(2)三三頁[浅田発言]。なお、同三三頁[中本発言]は、停止条件付債権であること自体を否定する。

(101) 本事例は、前掲注(2)三二頁掲載事例の事実関係を前提としている。

(102) 前掲注(2)三三頁[浅田発言]。なお、同三三頁[中本発言]も、前掲事例3の手形取立金返還請求権の場合と異なり、投資信託解約金返還請求権については停止条件付債権であることを認める。

(103) 本事例は、最判平一七・一・一七民集五九-一-一を参照事例としている。

(104) 本事例は、最判平二四・五・二八民集六六-七-三一二三を参照事例としている。

(105) 第四章4項(2)において考察したとおり、「開始時における債権債務の対立」を相殺適格性の要件として破六七条一項に読み込めば、同条項と表裏関係にある同一趣旨の規定である破七二条一項一号には、精々、開始後承継取得破産債権の相殺不適格性を再確認する意味を見出し得るに過ぎない。

(106) 前掲注(66)のとおり、私見では、破七二条一項一号と同項二~四号とは性質を異にする規律として位置付けられる。倒産債権者の主観等を問わず、一律に開始後承継取得破産債権の自働債権不適格性を導く一号の規律に「相殺権の濫用」の趣旨を読み込むことは、妥当ではないしその必要もない。開始後承継取得破産債権の自働債権不適格性は、前掲注(67)の㋐~㋒を論拠としており、「相殺権の濫用」を論拠とするものではない。

(107) 園尾ほか前掲注（42）五〇二頁［山本克己］も同旨。

(108) むしろ、第三章2項のとおり、「清算」を本質とする倒産手続下においては、開始時における対立債権債務の清算的牽連関係を基礎として、相殺権の保障の要請が平時よりも強まる。このような要請のもと、かかる清算関係の枠内にある対立債権債務の相殺を可及的に保障することによって、「清算債権債務当事者間の公平」を図るのが倒産法の考え方であり、その現れが、破産法上の寄託制度（破七〇条）である。したがって、開始時にそれ以前の原因に基づく債権債務の対立が存する限り、原則として、相殺が許容されるべきであり、「破産者の意思」の欠如という「当事者間の公平」に関連しない理由をもって相殺を否定することは、倒産法固有の理念に反しない限りにおいて相殺権を可及的に保障する倒産法の趣旨に反する。

(109) 第三章1項（3）参照。

(110) 中西・前掲注（50）四七頁。

(111) 林・前掲注（31）五三五頁は、「相殺権の付された債権を差し押さえれば、その相殺権付着のままでそれに差押の法的拘束を加えうるだけである。」とし、同五三八頁は、「相殺権という抗弁は、いわば対外効をもち、質権を設定されても差押などに対しても減殺されるものではない。それは債務消滅原因を介するためである。担保ではないからである。」とする。

六　本稿のまとめ

（1）　第五章の個別事例の検討において、事例1～5では受働債権の相殺適格性が論点となるケースを取り上げ、事例6では自働債権の相殺適格性が論点となるケースを取り上げた。

本稿冒頭（第一章）に指摘したとおり、受働債権と自働債権とでは倒産法上の相殺の規制原理を異にしており、その相殺適格性の要件と判断基準も異なるものとして捉えられなければならない。

（2）　自働債権については、「清算債権債務当事者間の公平」という平時実体法の延長線上の原理が適用されるにとどまり、「開始時の債権債務の対立」を要件として広く相殺が許容されるべきである。「広く」というのは、「法的概念としての債権の存在＝開始前の債権発生原因の存在」を前提として、開始時に期限未到来債権もしくは条件未成就債権であったとしても現実化後の相殺が許容されるべきことを意味する。

ここで強調されるのは、相殺適格性の判定は、「合理的相殺期待の有無」という主観的で不分明な基準ではなく、あくまで「開始時の債権債務の対立」という外形的事実をもってなされるべきであるという点である。

この点、事例6の判例理論は、自働債権適格性を不当に限定するものであり、与することができない。

（3）　受働債権については、右の要件（法的概念としての債権の存在）に加えて、「開始時実在性」すなわち「開始時に分配財源たり得る責任財産としての実在性（経済的実体）を備えていること」が相殺適格性の要件とされなければならない。これは、「投資の清算」理念（倒産手続の本質を「投資の清算」として捉え、清算基準時の「投資」の枠内で清算分配を完結すべきであるとする理念）に立脚した、「倒産債権に対する清算分配財源は開始時財産以外には見出し得ない」という、倒産法固有の「責任財産の限定」規律に基づく要件である。

ここで強調されるのは、㋐受働債権規制の「分配財源規制」としての性質上、受働債権が観念的に存在するだけでは相殺適格性に欠けており、受働債権の相殺適格性の判定は、「経済的実体の有無＝財産価値性」に着目してなされなければならないという点、㋑清算分配財源たる開始時財産は、開始後の時の経過に伴い財産形態を変化させるため、開始時貸借対照表をもって開始時財産を固定することにより、開始時財産と開始後財産を峻別し、「開始後の新規投資に由来して生じる将来経済価値」や「開始時に存在する別の責任財産の価値変形物」を、清算分配の基礎から適切に除外しなければならないという点、㋒そのためには、財産評定制度のもと、会計処理との整合性を重視した「開始時実在性」の判定がなされなければならないという点、である。

この点、事例2の将来賃料債権にかかる立案担当者解釈は、将来賃料債権が「開始後の新規投資に由来して生じる将来経済価値」（例えば開始後の管理諸経費・人件費に相応する経済価値）や「開始時に存在する別の責任財産の価値変形物」（例えば建物減価償却費に相応する経済価値）にその価値源泉を求めざるを得ず、開始時実在性の要件を充足していない点を看過するものであり、与することができない。

（4）　これまでの倒産法学説においては、平時実体法にない倒産法特有の受働債権規制（破七一条一項一号ほか）の論拠について十分な解析がなされていたとは言い難く、法解釈の軸足となるべき倒産法の理念や、倒産法上の相殺の正当化根拠についての深堀的考察も不十分であったように思われる。その結果、倒産法上の相殺適格性の要件についても、受働債権と自働債権とで区別して考察されることのないまま、「合理的相殺期待の有無」といった不分明な基準をもって一元的に相殺の可否が判断されるところとなり、論理的に首尾一貫しない混沌とした議論状況に陥る要因になっていたように見受けられる。

（5）　私見によれば、倒産法の究極目的は、「投資客体の財政破綻局面において、過去の投資関係を強制的にリセット（清算・整理）することによって、将来的な投資関係の正常化を図ること」にあり、倒産手続は、「投資の清算」を本質とする手続であると理解される。開始時貸借対照表をもって全容が示される「過去投資」の枠内で清算分配（金銭分配または権利の再分配）を完結することが倒産手続の核心に位置付けられる理念であり、かかる「清算」を通じて投資客体の財政破綻状態を解消するという「リセット機能」こそが、将来的な投資関係の正常化という法目的を達成するための倒産法システムの最大の特徴なのである。

「投資の清算」の理念型のもとでは、開始時財産たる受働債権は「清算原資（分配財源）たる責任財産」としての属性を帯び、倒産債権たる自働債権は「清算分配に与る対象債権」としての属性を帯びる。受働債権規制に繋がる倒産法固有の「責任財産の限定」規律や、倒産法上の相殺の正当化根拠である「清算債権債務当事者間の公平」原理は、「投資の清算」理念のもと、両債権が互いに清算関係の枠内に組み込まれ、その埒外での満足を禁止されるという清算的牽連関係を基礎として演繹的に説明される。

（6）　以上のとおり、本稿では、平時と異なる倒産法固有の法理念としての「投資の清算」理念を軸足に据え、「清算債権債務当事者間の公平」を倒産法上の相殺の正当化根拠として位置付ける観点から、倒産法上の相殺適格性を受働債権と自働債権とで別異に考察すべき旨を指摘し、各々の相殺適格性の要件と判断基準について検討を行うとともに、倒産法上の相殺権の処遇にかかる理念的フレームワークの提示を試みた。

拙見について大方の御批判を仰ぎたい。

電力システム改革と原子力廃止措置の事業体
――英国ＮＤＡ（原子力廃止措置機関）と日本の電気事業者――

兼平裕子

一　はじめに

二〇一一年三月に起きた東京電力福島第一原子力発電所事故は、事故後三年を経過した今日においても、未だに収束していない。政府と東京電力が作成した中長期のロードマップでは、原子力廃止措置（decommissioning）には三〇～四〇年はかかるとされている(1)。

原子力工学的には、日本においては起こりえないとの割切りがされていた「シビア・アクシデント」が実際に起こってしまった(2)。現行法上、廃炉は電気事業者の責任であり、したがって、その後処理を東電が行っているが、原子力損害賠償支援機構が一兆円出資（二〇一二年七月三一日）したことにより、東電は、実質国有化されている。しかも、汚染水処理に苦慮し、結局は、政府が直接介入せざるを得なくなった（二〇一三年八月七日）。

しかしながら、今後、完全に破綻させて国有化するのか、存続させたまま一民間企業では負担しきれないレベルの損害賠償や原子力廃止措置を最後まで遂行させるのかについての指針は示されないままである。

一方、福島事故後、電力システム改革議論が再燃している。一九九〇年代後半から始まった電力自由化は、二〇〇五年四月の大口需要家に対する部分自由化のレベル（電力量の六二パーセントまで自由化）で留まり、進捗しないまま、原子力を基幹とするエネルギー政策がすすめられてきた。福島事故は、これまでのエネルギー政策の破綻を示したことになる。

エネルギー環境会議「革新的エネルギー・環境戦略」（二〇一二年九月一四日）では、「原発に依存しない社会の一日も早い実現」「グリーンエネルギー革命の実現」「エネルギーの安定供給」の三本柱を実現するために、「電力システム改革」を断行するとしながらも、「核燃料サイクル」を堅持という矛盾する方針を掲げざるを得なかった。

その後、自公へと政権が替わり、電力システム改革専門委員会は、「発送電分離」「小売全面自由化」「卸電力市場の活性化」という基本方針を決定し（二〇一三年二月）、同年十一月には、電気事業法が改正された。発送電分離（二〇一八～二〇年目途）が行われると、「原子力」の新規立地は困難になる。すなわち、発送電分離と原子力推進とは両立しえない。発送電分離後は、「原発維持か、脱原発か」という選択ではなく、「現存する四八基の原発の稼働をいつまで続けるか」に論点が転換することになる。

エネルギー資源に乏しい日本は、一九五五年の原子力基本法制定以来、バックエンド問題（使用済み核燃料の再処理、あるいは、ワンススルーの場合の最終処分）を先送りしたまま、原子力推進策を採ってきた。しかしながら、初期に建設された原発が廃炉の時期を迎え、さらには核燃料サイクルの実質的破綻により、六ヶ所村再処理工場の核燃料貯蔵プールは満杯に近くなってきている。原子炉の廃炉作業やバックエンド問題につき、これ以上の先送りはできない。

本稿は、矛盾点が露呈しながらも、有効な方策を見つけることができない原子力廃止措置問題につき、日本より進んでいるとされる英国のＮＤＡ（Nuclear Decommissioning Authority：原子力廃止措置機関）と比較・参照しつつ、「廃止措置の実施主体となる事業体をどのような形態にすべきか」という論点につき検討する。[3]

（1）JEPIC, *The Electric Power Industry in Japan 2013*, p. 18.

（2）「理論上のリスク・ゼロはありえないが、非常に低い事故の発生確率になるよう設計条件が整えられているので、事実上のリスク・ゼロを達成できる」との割切りがされてきた。加藤尚武『災害論　安全性工学への疑問』ⅱ頁（二〇一一年、世界思想社）。

（3）Energy Act 2004、第三条（1）に明記されるＮＤＡの目的範囲は、原子力施設の廃止、サイトのクリーンアップ、指定施設の運用、危険物の処理のほか、高レベル放射性廃棄物の処分も含む。

なお、3・11東日本大震災以降の地震と原子力をめぐる法律論文として、以下を参照。法律時報八三巻五号（二〇一一年）「緊急特集　東日本大震災への緊急提言」、法律時報八四巻六号（二〇一二年）「特集　大規模災害と市民生活の復興」、法律時報八五巻三号（二〇一三年）「シンポジウム　大規模災害をめぐる法制度の課題」、法学セミナー No. 682（二〇一一年）「3・11大震災の公法学 Part. 1」、法学セミナー No. 683（二〇一一年）「3・11大震災の公法学 Part. 2」、法学教室 No. 372「特集　法律学にできること　東日本大震災を契機に考える」、ジュリスト No. 1427（二〇一一年）「特集　東日本大震災」、ジュリスト No. 1433（二〇一一年）「原子力損害賠償法制の現状と課題」、斉藤浩編著『原発の安全と行政・司法・学界の責任』（二〇一三年、法律文化社）。

二　電力システム改革――発送電分離に関する議論

1　二〇〇五年までの部分自由化の限界

欧米諸国における電気事業体制は、各国で事情が異なるものの、一般的には、発送電一貫体制の垂直統合型事業者が管轄地域内の電力供給を行ってきた。電気事業は典型的な設備産業であり、「自然独占」を有する産業とされてきた。ところが大規模電源の経済性に対抗しうる技術革新により、発電部門の「規模の経済性」が薄れ、「範囲の経済性」（垂直統合の経済性）の根拠が乏しくなってきた。このような技術的な背景や、レーガノミックスやサッチャリズムといった規制緩和の流れにより、電力自由化が始まった。

電力自由化が最初に行われたのは、英国においてである（一九九〇年）。欧米諸国では一九八〇年代に公的部門と民間部門の境界を是正する改革が始まったが、英国では民営化（privatization）により政府保有資産の売却という形態が、米国では政府の規制を緩和する（deregulation）という形態がとられた[4]。英国（イングランド・ウェールズ）では、国有企業である中央電力公社（CEGB：Central Electricity Generation Board）の分割・民営化とともに、電力自由化に踏み切った。送電部門の全面自由化、卸電力市場（プール制）の導入、発電の全面自由化、小売の段階的自由化を行い、二〇〇一年には卸電力市場の全面改革（相対取引制への移行）、二〇〇二年には配電部門の法的分離や料金規制の撤廃を実施している[5]。

一方、わが国において、電力自由化に関する議論が始まったのは一九九〇年代後半のことである。現行の一〇電力会社体制は、戦時中の「日本発送電㈱」（国家総動員法による特殊法人・一九三九―一九五一）を経て、戦後の一九五一年に再編されたものである[6]。電力会社（＝一般電気事業者）は、「地域独占」「総括原価方式」による事業体制と引き換えに、「供給責任」を負わされてきた。欧米における電気事業が、国営や地方公共団体による経営が多かったのと異なり、日本では、戦時中の国家管理時代を除き、ほぼ民間電力会社による電気事業体制であったという特色を持つ。[7]

このように地域独占と総括原価方式に守られてきた一〇電力会社体制では、競争が起こらず、高水準のままの電気料金体制が続いた。しかしながら、わが国でも、欧米における規制緩和の流れを受け、電力自由化に関する議論が始まり（一九九七年五月一六日閣議決定に基づく通産大臣からの諮問の付託による）、電気事業分科会で議論を重ねた結果、二〇〇〇年三月二一日から部分自由化がスタートした。[8]その後、自由化の範囲は順次広げられ、二〇〇五年四月には契約電力が五〇ｋＷ（高圧Ａ）以上の需要家（電力量の六二パーセント）の料金が自由設定になった。

現在、小売市場の部分自由化から一〇年以上が経過したが、「新電力[9]（特定規模電気事業者）」のシェアは依然として小さく（新電力のシェアは二〇一三年度上期で自由化部門のうち四・一パーセント）、一般電気事業者間での供給区域を超えた競争も起こらず（供給地域を超えた供給は一件のみ）、独占に近い状態が続いている（ただし、自由化議論の端緒となった割高な電気料金は、自由化の進展に伴って下がった）。

電力システム改革として、小売市場の完全自由化のみならず、既存の電力会社の発送電分離まで求められるのは、自然独占部門であるところの送配電網を電力会社が保有し、新電力が託送料金を払う体制では、真に有効な競争が起きにくいためである。送配電部門の中立性確保のためには、系統運用を電力会社から切り離し、誰もが同じ条件で送電線を使えるように送配電部門の運営を透明にする必要がある。しかし、部分自由化では、会計分離の導入や差別的取扱いの禁止等の手法しか取り組めなかった。

現代のわれわれの生活や経済活動は、エネルギーという基盤の下に初めて成り立つものであり、エネルギー政策は国の最重要政策の一つである。したがって、政府の関与をなくし、「市場原理の活用」のみによるエネルギー政策はありえない。特に原子力に関する安全規制は厳格さが求められるが、経産省の原子力安全保安院による規制も、内閣府の原子力安全委員会によるダブルチェックも、福島事故が示すように、有効に機能しなかった（ともに二〇一二年九月一九日廃止された）[10]。その反省のもと、環境省の外局として、「原子力規制委員会」（国家行政組織法三条二項に基づく三条委員会であるところの行政委員会）および同委員会の事務局として「原子力規制庁」が設置された。

改正電気事業法による改革スケジュール第三段階（二〇二〇年目途）としての発送電分離は、福島事故を契機とし、東電の事業体問題解決（福島第一原発廃止措置部門の分離問題）を急務とするものである。しかしながら、原子力問題とは切り離して、規制緩和（競争法）の側面から議論されている。

2　福島事故後における議論

福島事故の後、棚上げ状態となっていた電力システム改革が再燃したのは、競争回避的な電力会社の企業体質では、将来、低廉で安定的な電力供給を確保できなくなる可能性が露見したことによる。事故後の東電の対応が批判の的となったことをあげるまでもなく、既存の一〇電力会社は、任意団体であるところの「電気事業連合会」の構成員としての仲間意識が強く、互いに競争することを好まない。

電力会社は一九五五年の原子力基本法制定以降、国策としての原発推進を民営の立場で実行してきた。再生可能エネルギーのような分散型電源の拡充に力を入れず、大規模集中型電源中心の供給システムを採用してきた。これでは価格による需給調整は柔軟に働かない。東西で周波数が異なり（東日本は五〇Ｈｚ、西日本では六〇Ｈｚ）、電力会社間の連携線の容量には制約があり、送電網ネットワークは脆弱なままである。

二〇一二年九月、公正取引委員会は、意見書「電力市場における競争の在り方について」を公表した。同意見書に示された問題意識を要約すると、①競争政策としての観点からは、事業者の創意工夫を需要家が市場メカニズムの中で享受できることが望ましい。一方、政策的要請からの規制については、規制の目的が合理的であるか、また、規制の内容はその目的に照らして必要最小限のものかの検討が必要。②規制の内容や方法が適正でないために、さらなる市場の歪みや弊害をもたらすことがある。事業者のインセンティブに照らして、合理的に目的を達成し得るものかの検討が必要。③自由化の推進によって市場参加者が自由に事業活動を行うことができる分野が拡大するが、電力市場の特性によって自由かつ活発な競争が妨げられるのであれば、これらへの対応が必要、という内容である。

二〇一三年二月には「電力システム改革専門委員会報告書」が公表され、同年四月二日に閣議決定された。担当大臣は、閣議決定後、「電力事業への新規参入が進み、家庭部門などにかかる料金の規制が撤廃される中で、消費者にとっても多様な事業者からの電気の購入や、料金メニューの多様化など選択の幅が広がる。最終的には電気料金の低下にもつながる」との見解を述べている。しかし、同報告書は「原発の長期にわたる不稼働、化石燃料の高騰、再生可能エネルギーの推進等を考慮すると、電気料金のコストは今後さらに上昇する」と想定したうえで、「価格シグナルを通じた需要抑制を図ることのできる電力システムに転換することで、電力選択や節電意識といった国民の考え方の変化を最大限、活かせる仕組みを作り上げていくことが有効」とする内容であって、「新規参入の増加＝電気料金の低下」につながるわけではない。

発送電分離によって「電気料金の低下」がもたらされるかどうかについては、肯定的にはとらえ難い。「小売電気料金水準の低下」を発送電分離の目的に挙げることに関して、消極的な意見も多い(11)。

野村も、「原発再稼働が厳しい状況下において、料金低下は起こらない。」「再生可能エネルギー事業者に参入機会を広げることになるが、料金が下がることはない。」したがって、「発送電分離が小売全面自由化や料金規制の撤廃と同時に実施されると、料金格差拡大や料金高止まりが問題となることは容易に予測できる」と指摘している(12)。

3　発送電分離（アンバンドリング）の法的問題

電力市場自由化のさきがけとなったＥＵでは、他の財やサービスと同様に、エネルギーについても域内で単一の市場を形成するとの考えに立ち、電力取引の障害の除去を進めてきた。

一九九六年一二月のＥＵ電力自由化指令（Directive 96/92/EC）から始まり、二〇〇三年六月に第二次指令（Directive 2003/54/EC）、二〇〇九年六月には第三次指令（Directive 2009/72/EC）が出されているが、一貫した方針は「アンバンドリング（unbundling）」である。電気事業における「アンバンドリング」とは、垂直統合型事業者において、競争が導入される部門（発電・供給）と、規制に委ねられる部門（送配電のネットワーク事業）を、何らかの基準に従って分離することを指す。

まず、第一次電力自由化指令（一九九六年）においては、送配電部門の機能分離と会計分離が、第二次指令（二〇〇三年）においては、送電系統運用組織を垂直統合型事業者とは別法人とする法的分離が要求された。小売市場の全面自由化を二〇〇七年七月までに実施するとのスケジュールも定められた。しかし、法的分離をもってしても、アンバンドリングは依然として不十分との見解が示され、第三次指令（二〇〇九年）においては、①垂直統合型事業者と送電部門の間の資本関係を断絶する所有権分離か、それができない場合には、②独立系統運用者（ISO：Independent System Operator）の設立、という選択に加えて、③独立送電運用者（ITO：Independent Transmission Operator）を用いた機能分離が認められた。[13] これらＥＵ諸国における自由化の初期においては料金の低減が認められたが、その後は、Ｍ＆Ａの進展等により、むしろ、価格は上昇している。[14]

ＥＵ加盟国は、マーストリヒト条約（一九九三年発効）、リスボン条約（二〇〇九年発効）に基づき、ＥＵ法に適用するように、各国の国内法を制定しなければならない。エネルギー政策に関しては、リスボン条約において、ＥＵ基本条約として初めて独立した条項が盛り込まれた。ただし、「ＥＵの措置は、加盟国のエネルギー源の選択、エネルギー供給構造を決定する各国の権限に影響を与えない」という条件が付与されている。「指令（directive）」は、それが命じられた加盟国に対して法的拘束力を持つが、その形式や方法は各国の裁量に委ねられる（EU運営条約（TFEU）二八八条）。加盟国は、指令に従うため、通常は、何らかの国内法を制定することになる。

翻ってわが国の状況をみるに、一〇電力会社は民間の上場株式会社であり、財産権に抵触するような発送電分離は断行できない。

「民間企業であるところの一般電気事業者に対し、送電資産の所有権を強制的に売却させることは法的に原則不可能である。公共の利益に合致している、または目的を達成するために他の手段がないといった厳しい要件の下でしか適用できない」と、強制的な発送電分離は違憲になるとの反対論もある。

憲法二九条一項は、「財産権は、これを侵してはならない」と規定する。憲法が資本主義体制を予定していることから、同項は、私有財産制の制度的保障の根拠とされる。しかし第二項による制約、すなわち、「財産権の内容は、公共の福祉に適合するやうに、法律でこれを定める」場合がありうる。

つまり、財産権は、それ自体に内在する制約があるほか、立法府が社会全体の利益を図るために加える規制により、制約を受ける。財産権に対して加えられる制約が、政策的考慮に基づく制約として、公共の福祉に適合しているものとして是認されるかどうかは、「規制の目的、必要性、内容、その規制によって制限される財産権の種類、性質及び制限の程度等を比較衡量して決するべき」とされている（「森林法共有林分割制限事件」最大判一九八七（昭和六二）年四月二二日民集四一巻三号四〇八頁）。

すなわち、「『公共の福祉』による制約が私企業の財産権の保障を上回り、結果として、政策的な規制が認められるのはどのような場合か」という問題として把握すべきことになる。つまり、財産権への規制が、立法目的を達成するための規制手段として、必要性と合理性があるか否かにつき、審査すべきということになる。私企業に対する発送電分離は、このような憲法上の制約に合致するように――すなわち、従前の財産権の不利益変更が、公共の福祉によってその制限が正当化され、財産権を侵害するものと評価されることがないように――今後の電気事業法改正を行う必要がある。(15)

（4）Peter Cane. *Administrative Law Fifth Edition, Oxford University Press, 2011*, p.8.
（5）奈良長寿「発送電分離の考察　英国事例にみるフェアの追求とその帰結」海外電力 Vol.54（1）二〇頁（二〇一二年）、塩見英治編『現代公益事業』一〇五頁（二〇一一年、有斐閣ブックス）。
（6）GHQは、日本発送電の分離再編を政府に命じたが、分割民営化案が廃案寸前となったため、一九五〇年一一月、超法規的な「ポッダム政令」を出し、日本発送電を解体した。翌一九五一年に九電力会社体制が発足した。山岡淳一郎「歴史的転換軸としての『電力自由化』」日本原子力学会誌五四巻一〇号二頁（二〇一二年）。
（7）日本最初の電力会社である東京電灯会社（現在の東京電力の前身）が発足した一八八三年から、電力自由化時代までの電気事業史として、中瀬哲史『日本電気事業経営史』（二〇〇五年、日本経済評論社）、橘川武郎『日本電力業の発展と松永安左ヱ門』（一九九五年、名古屋大学出版会）、同『日本電力業発展のダイナミズム［第二版］』（二〇一一年、名古屋大学出版会）参照。
（8）二〇〇〇年五月の独占禁止法改正により、電気事業やガス事業等に対する同法二一条（その性質上当然に独占となる事業に固有な行為に対する独占禁止法適用除外の規定）が削除された。
（9）「新電力」とは、自由化対象である「特定規模需要」の顧客に対して電気を供給する事業を営むことについて届出を出した者をいう。二〇一二年三月以前はPPS（Power Producer and Supplier）と呼ばれていた。
（10）福島事故前の原子力規制部門の機能不全、事故後の再編成につき、愛敬浩二「原子力行政の課題」法学セミナー五六巻一二号三〇頁（二〇一一年）、城山英明「原子力安全規制政策」森田朗・金井利之編著『政策変容と制度設計』二七六頁（二〇一二年、ミネルヴァ書房）。
（11）発送電分離に対して消極的な見解として、丸山真弘「発送電分離論について考える」ENECO. Vol.45（1）三四頁（二〇一二年）、大西健一「欧米諸国における発送電分離の動向と評価」海外電力 Vol.54（1）四頁（二〇一二年）、同「欧米諸国における電気事業の現状」季報エネルギー総合工学三五巻二号一九頁（二〇一二年）、同「わが国における発送電分離」エネルギー・レビュー三二巻五号二四頁（二〇一二年）、澤昭裕「見落とされがちな発送電分離の問題点」電気評論九七巻一二号四九頁（二〇一二年）、橘川武郎「発送電分離をめぐる議論の検証」都市問題 Vol. 102. 三〇頁（二〇一一年）。
(12) 野村宗訓「発送電分離の意義を問う～予備力不足下では料金引き下げは起こらず～」ENECO. Vol. 45 (9) 三七頁（二〇一二年）。
(13) ＩＴＯは、垂直統合型電気事業者の送電子会社の資本関係を維持したまま、厳しい規制・監視を適用することで、送電部門の独立性を確保するものである。海外電力調査会『海外諸国の電気事業　第一編　追補版一　欧米主要国の気候変動対策（電力編）』三四-三六頁（二〇一一年、海外電力調査会）。
(14) 後藤美香・丸山真弘・服部徹「発送電分離の課題に関する計量分析」Den-chu-ken topics, Vol. 13 (0) 四頁（二〇一二年）。
(15) 松本和彦「原発事故と憲法上の権利」斎藤・前掲注（3）一三二頁は、国有農地売払い判決（最判一九七八（昭和五三）年七月十二日）を引用し、廃炉と憲法上の財産権の制限につき論じている。

三　原子力廃止措置における問題点

1　原子力発電の事業リスク

電力システム改革として、発送電分離（アンバンドリング）を行った場合、原子力発電と市場との整合性をどうするかという問題がある。もともと、原子力は、①高い投資コスト、②将来コスト（原子力廃止措置の費用）の不確実性、③長期の投資・運転管理、④収入と支出の時間的ズレ、⑤国の関与、という固有な特徴点をもつ。[16] ①～④のリスクは、発送電分離後の民間電力会社が担うには重すぎる負担である。

この点につき、吉岡も、「日本の大方の論者は、自由化のもたらす原発へのインパクトにつき、政府介入による従来の手厚い支援の仕組みが、さらに格段に強化されない限り、原発の新増設を発電会社は忌避するだろうという共通認識を持っている」との見方を示している。[17]

二〇〇四年に総合資源エネルギー調査会が示した電源別の発電単価では、原発は発電コストが低い（石油火力一〇・七円、ＬＮＧ火力六・二円に対し、原子力五・三円）とされてきた。実際は、一定の仮定を置いた場合のモデル計算であって、経済性が高いわけではない。福島事故後には、廃炉費用や巨額の賠償額を加算した見直しが、コスト等検証小委員会において行われた（二〇一一年一二月一九日）[18]。今後、賠償費用や除染費用、廃炉技術開発等の費用は数兆円以上に膨らむといわれている。

これまでも、発送電分離による原子力発電リスクとして「回収不能コスト（stranded cost）」の問題が指摘されていた。新規参入者が需要家を奪っていくと、需要増を見越して開発した電源が不要となり、開発コストが回収できなくなるという、自由化の移行期に問題となるコストである[19]。

このようなコストは需要家全員が負担すべき費用であり、米国では、電気料金を通じた回収を認めている。米国の公益事業の規制緩和の結果、stranded cost は、一九九四年には二〇〇〇億ドルに達したといわれる。これらの回収費用が、憲法上の財産権の保護の対象に含まれるかどうかが注目され、その回収を認めた判例もある（「デュケーン電灯会社事件」（Duquesne Light Company v. Barasch 488 U.S. 299（1989）では、四基の原発建設キャンセルに伴う費用を一〇年で償却することの承認と料金値上げを認めた[20]）。

一方、英国では国営企業の民営化（一九九〇年）を行ったが、原子力発電の民営化は難しく、国有のままであった[21]。原子力債務のための積立として、一九九〇年から「化石燃料課徴金（Fossil Fuel Levy）」が導入されたが（当初は電気料金の一〇～一一パーセント、新規原発建設への不透明な運用も指摘されている）、一九九三年の国家監査局（National Audit Office）の報告では、原子力発電の廃止措置費用は一八〇億ポンドと見積もられながら、十分な財政的準備がされていない点が指摘された。

今後、原子力発電の事業リスクが大きくなることは間違いない。福島事故の場合も、原発の廃炉や使用済み核燃料といった廃止措置にかかる費用の見積もりには、まだまだ不確定要因が多い。損害賠償については、「原子力損害賠償法」（一九六一年）では対応しきれず、「原子力損害賠償支援機構法」が制定された（二〇一一年八月一〇日）。一義的には、原子力事業者（東電）が無限賠償責任を負うが（無過失責任・責任集中・無限責任）（第三条）、原発政策を推進してきた国の責務も明記されている（第二条）[22]。一〇電力会社のうち突出した事業規模で、世界最大級の民間電力会社であった東電ですら負担しきれない巨額の損害賠償額である。

2　核燃料サイクルの破綻

全国の原発サイトにある「使用済み核燃料貯蔵プール」は、原発を再稼働した場合、平均六年で満杯になる状況にある。六ヶ所村の再処理工場の核燃料貯蔵プールも、すでに満杯近くなっている（三〇〇〇トンの能力に対して、二〇一二年三月末で既に二九一九トンを受入済み）。

「核廃棄物（Nuclear Waste）」には、「使用済み核燃料（Spent Nuclear Fuel）」と「高レベル放射性廃棄物（High-Level Radioactive Waste）」がある。核燃料サイクル政策を採る日本では、使用済み核燃料を再処理して、ウランとプルトニウムを取り出し、ウランとプルトニウムの混合酸化物（ＭＯＸ）燃料に加工、後に残る極めて危険性の高い高レベル放射性廃棄物は「地層処分（geological disposal）」を行うことにしている[23]。

わが国は再処理路線を堅持しているが、核燃料サイクルの前提は高速増殖炉でプルトニウムを燃料として利用し、燃やした以上のプルトニウムを生むことによる、もともとのウランの利用効率性や経済性の向上にある。しかし、もんじゅ事故により、研究・開発は頓挫したままである。もんじゅは、事故（一九九五年）後の再稼働もできないまま、一兆円以上の税金がつぎ込まれてきた。ＭＯＸ燃料を軽水炉で使うプルサーマル発電も限定されるため（玄海三号炉、伊方三号炉、高浜三号炉、福島第一発電所三号炉（廃炉決定）のみ）、プルトニウムは溜まっていくばかりである。「余剰プルトニウムは持たない」という国際公約（ＩＡＥＡ総会での政府代表演説）を遵守できない状況にある。

このように、核燃料サイクル自体が破綻しているが、政府は一向に見直すことができない。最新のエネルギー基本計画（二〇一四年）も、「核燃料サイクルについては、引き続き着実に推進する」こととされている。核燃料サイクル政策を見直すと、原子力政策全体が破綻してしまう。というのは、再処理施設を運営する日本原燃㈱と青森県・六ヶ所村とは、再処理事業の確実な実施が困難となった場合には、使用済み核燃料を施設外へ搬出する覚書（一九九八年七月二九日）を締結しているが、搬出元の原発サイトに返還されても、貯蔵プールは満杯状態で、受入場所がない。

使用済み核燃料から高レベル放射性廃棄物を取り出す六ヶ所村の再処理工場は、一九九三年当初の建設費用は七六〇〇億円であったが、結局、約三倍の二兆二〇〇〇億円まで膨らんだ。当初は一九九七年の完成予定であったが、アクティブ試験がうまくいかず、延期は二〇回におよび、未だに稼働できない状況にある（原子力規制委員会の新規制基準施行後の二〇一四年一月七日に適合審査を申請し、同年十月完成を目指す）。

これまでの再処理は、フランス・ラアーグの再処理工場と英国・セラフィールドの再処理工場（THORP：Thermal Oxide Reprocessing Plant）に委託してきた。契約量のすべては既に搬送し、現在はガラス固化体等が返還され、六ヶ所村に一時貯蔵・管理されている（二〇一三年現在、仏からの分一三一〇本すべて返還済み、英からの分九〇〇本は二〇二〇年までに返還予定）。

この再処理事業を「中長期的にぶれずに着実に推進する」ことが政府のエネルギー基本計画である。しかし、世界的にみると、ワンススルーと呼ばれる直接処分（米国やドイツ・フィンランド・スウェーデン等）が主流であり、核燃料サイクル路線を維持する国は、フランスと日本に限られる。

日本からの再処理引受先の一つであったセラフィールド再処理工場（ＴＨＯＲＰ）は、二〇一一年の福島事故後に最終的に閉鎖（二〇一八年予定）を決定しており、イギリスは、事実上、再処理から撤退している。[24] ＴＨＯＲＰは、一九七七年に、①英国は再処理を行うべきか、②行うならどこで行うべきか、Windcale（Sellafield の元の地名）か、③海外の再処理も行うべきか、の三点につき議論（the Windscale Inquiry）[25]を経たうえで、一九七八年に建設が始まったものである（稼働は一九九四年）。しかし、二〇〇五年の放射性廃棄物リーク事件や一九九六年以降のデータ改ざん事件もあり、結局、経済的な面も含めて、失敗に終わったことになる。[26]

「革新的エネルギー・環境戦略」（二〇一二年九月）には、「①直接処分の研究に着手し、②バックエンドに関する事業については、民間任せにせず、国も責任を持つ」方針が明記されている。これまでの政府の原子力推進は、フロントエンドのみであった。発送電分離後の分社化された民間企業にとっては重すぎる負担となる原子力廃止措置（decommissioning）に対し、「国の（直接的な）関与」が必要な時期に来ている。

3　高レベル放射性廃棄物——地層処分の難しさ

高レベル放射性廃棄物は、「特定放射性廃棄物の最終処分に関する法律」（二〇〇〇年）により、「特定放射性廃棄物」として定義され、原子力発電環境整備機構（以下、「ＮＵＭＯ」という）（経産大臣の許可を受けて設立される民間の認可法人。国の出資はない。）が処分実施主体となって「地層処分」が行われる。発電用原子炉設置者は、経産大臣が決定した拠出金額（当初は三兆円。電気料金に上乗せられ消費者の負担となる。）をＮＵＭＯに拠出する（第一一条）。

ＮＵＭＯの行う地層処分事業は、数百年を超える極めて長期にわたるため、事業の終了時期は明確ではない。ＮＵＭＯによる処分実施が困難となった場合には、国の関与が規定されている（第七三条）。つまり、一次的に国が最終処分を行うのではなく、あくまで原発を保持する発電用原子炉設置者が責任を負うシステムとなっている。

多くの原発保有国は、核廃棄物の最終処分については地層処分を採る方針を示しているが[27]、実際に処分地が決定しているのはフィンランド・オルキルオト原子力発電所から数マイルにあるオンカロ処分場のみである（二〇二二年から一〇〇年間、操業予定。フィンランドは直接処分方式を採る)[28]。どの国においても、核廃棄物の最終処分地の選定には苦渋している。わが国でも、二〇〇二年から公募を開始したが、未だに第一段階の「文献調査」さえ行われていない。

一九七〇年代から今日まで、全国の原発の運転によって排出された使用済み核燃料の最終処分は一切行われていない。溜まっていくばかりの核廃棄物を、国内のどこかで、現代世代が責任をもって、地層処分をすることは可能であろうか。

原子力問題をバックエンド問題からバック・キャスティングして考察するに、今後の原子力発電は、「後どのくらいの核廃棄物を保存することができるのか」という総量管理から決定するしかないと思われる。迷惑施設(NIMBY)の建設に対する住民同意を得ることが難しいという手続上の問題のみではなく、地震国日本において、今後一〇万年単位で安全に核廃棄物を保管できる場所を探すことは、ほぼ不可能に近い。となると、地層処分ができないことを前提に、バックエンド問題を再考する必要がある。

日本学術会議は、二〇一二年九月一一日、原子力委員会からの審査依頼に対し、六つの提言を行った(「高レベル放射性廃棄物の処分について」)[29]。「地層処分の一〇万年の安全は、現在の科学では証明できないため、わが国において、地層処分は実施すべきではない」との提言である。

「全量再処理」という従来の政策方針をいったん白紙に戻し、見直しをすべきとの科学者からの提言である。「地層処分がいっこうに進捗しない政策枠組の行き詰まりは、超長期にわたる安全性と危険性の問題に対処するにあたっての、現時点での科学的知見の限界である」との見解を示している。同回答においては、「『高レベル放射性廃棄物』とは、使用済み核燃料を再処理した後に排出される高レベル放射性廃棄物のみならず、使用済み核燃料の全量再処理が中止され、直接処分が併せて実施されることになった場合における使用済み核燃料を含む用語として使用する」旨の記載がある。すなわち、核燃料サイクルの見直しをも提言している。

地震国であるという日本固有の条件も勘案すると、日本学術会議の提案「当面、実現の見込みのない『地層処分』政策を凍結し、『長期貯蔵』政策に切り替え、使用済み核燃料の発生量の『総量規制』を行うべき」であろう。「発生総量の上限」が定まると、原発の稼働年数が決まってくる。後どのくらい原発を稼働することができるか、自ずと決まってくる。

(16) 拙著『低炭素社会の法政策理論』六七頁（二〇一〇年、信山社）。
(17) 吉岡斉「原子力発電に対する政策」八田達夫＝田中誠編著『電力自由化の経済学』二四九頁（二〇〇四年、東洋経済新報社）。
(18) 原子力の発電単価は、運転年数四〇年・設備稼働率八〇パーセントの仮定に基づく数字である。そのうえ、放射性廃棄物の処理などバックエンド費用については、最終的に誰が負担するのか明確になっていない。高橋洋「ドイツから学ぶ、三・一一後の日本の電力政策」富士通総研経済研究所・研究レポート No. 394 四頁（二〇一二年）。なお、大島は有価証券報告書を基に実績値を計算し、原発は十・七円、火力は全体で九・八円、水力は四・〇円であり、原発は決して安くないことを指摘した。大島堅一『再生可能エネルギーの政治経済学』（二〇一〇年、東洋経済新報社）、同『原発のコスト』（二〇一一年、岩波新書）。
(19) 服部徹＝後藤美香＝矢島正之＝筒井美樹「欧州における電力自由化の動向」八田＝田中編著・前掲注（17）二九三頁。
(20) 森田章「電力会社のコーポレート・ガバナンス再論―福島原発事故を契機として」NBL No. 953 三〇頁（二〇一一年）。
(21) Stephen Tromans QC, *Nuclear Law*, Hart Publishing, 2010, pp. 18-21.
(22) 原子力損害賠償法制の現状と課題につき、ジュリスト No. 1433（二〇一一年）の特集2掲載の諸論文のほか、卯辰昇『現代原子力法の展開と法理論［第二版］』三四六頁（二〇一二年、日本評論社）参照。
(23) 地層処分とは、原発の使用済核燃料の再処理によって生ずる高レベル放射性廃棄物をガラス固化体にして、三〇年ないし五〇年間貯蔵冷却したのち、地下三〇〇メートルないし一〇〇〇メートルの一定深度に埋め捨てることをいう。保木本一郎「放射性廃棄物の最終処分と将来の世代に対する責任」『塩野宏先生古稀記念　行政法の発展と変革　下巻』八三二頁（二〇〇一年、有斐閣）、資源エネルギー庁「最終処分の実現に向けた取組について」（二〇一二年一〇月）。
(24) セラフィールドは、もともと王立軍需工場として始まり、核兵器用のプルトニウムを製造していた。再処理工場（ＴＨＯＲＰ）は、一九九四年に完成したが、再処理事業は、当初の目論見の五億ポンドの利益どころか、結局、一〇億ポンドの損失となった（二一〇〇三年まで)。Jesse Russell, Ronald Cohn, *Sellafield*, 2012, pp. 6-18。なお筆者は二〇一三年六月に当地を訪問し、担当者に電話でインタビューを申し込んだが、受け入れられなかった。ビジターズハウスも既に閉鎖されており、厳重な警備下におかれている。

(25) 'the Windscale Inquiry' は、高等裁判所のパーカー判事(Sir Roger Parker)によって主催されたもので、政策事項の安全性に関し、国民的関心を呼び起こしたが、結局、反対論を退け、THORP建設を支持した。*Supra* note (21) p. 15.

(26) 秋元健治『核燃料サイクルの闇　イギリス・セラフィールドからの報告』二一五頁、二二二頁(二〇〇六年、現代書館)。

(27) 脱原発を表明しているドイツも既に発生している核廃棄物の最終処分が必要であり(最終処分施設の設置義務は連邦にある)、ゴアレーベンの岩塩層とコンラッドの鉄鉱床が埋設地層として考えられていたが、最終的には断念している。原子力大国フランスは、改正バタイユ法(二〇〇六年)に基づいて原子力廃棄物政策が策定される。松田美夜子「ドイツ、フランスにおける原子力廃棄物最終処分地の選定状況」日本原子力学会誌五〇巻四号二八頁(二〇〇八年)。

イギリスの最終処分場は、セラフィールドのあるカンブリア州での建設が検討されていたが、州議会の同意を得ることができなかった(二〇一三年三月)ため、未定である。

(28)「世界初の核燃料最終処分場」二〇一三年一月一六日付愛媛新聞一面、マイケル・マドセン『一〇万年後の安全』(二〇一一年、かんき出版)参照。

(29)「高レベル放射性廃棄物の処分について」(二〇一二年九月一一日)日本学術会議

http://www.scj.go.jp/ja/info/kohyo/pdf/kohyo-22-k159-1.pdf

イギリス九一・二トン、フランス五七・五トン、ロシア五〇・一トン、日本四四・三トンと世界各国には原発由来のプルトニウムが総計約二六〇トンあり(二〇一一年末現在)、余剰プルトニウムの処理の目途が立っていない。「夢の燃料いまや重荷」(二〇一三年十一月二六日付朝日新聞二面)。

四　英国の原子力政策とNDA（原子力廃止措置機関）

1　原子力政策とNDA

イギリスでは、民営化後の新規立地はなかったが、二〇〇八年に原子力の再導入策（White Paper on Nuclear Power）を発表し、エネルギー法を改正した（Energy Act 2008）。規制上のリスクを軽減する内容となっており、この方針は、福島事故以降も変更はないとされ、二〇一三年十月には、新規建設を決定した。[30]

実用規模の原発建設に早くから取り組んできたイギリスの原子力の歴史は長い。旧式のマグノックス炉（黒鉛減速ガス冷却炉）の開発をしてきたため、既に廃炉となった古い原発を多く抱えている（二〇一三年までに二六基すべて閉鎖予定）。

サッチャリズムにより、世界の先駆けとして電力自由化を行う（一九九〇年）以前は、発電から送電・配電・小売に至るまで、中央電力公社（CEGB）が一貫して担っていた。一九八九年電気法のもと、電気事業が再編され、発電会社三社、送電会社（National Grid）一社、一二の地域電力会社に分割民営化された。[31]

CEGBの所有する原発は、当初は民営化の方針であったが、シティが（誰も株式を購入しないのではないかとの）拒絶反応を示したため、結局、国有にして競争から切り離した。まず、イングランド・ウェールズとスコットランドにそれぞれ国営会社を設けた。一九九六年の統合民営化にあたり、原子力専門の British Energy（BE）社が設立されたが、原発に対する市場の評価は厳しく（マグノックス炉の債務は八〇億ポンドとの見積もり）、マグノックス炉二〇基すべてを英国核燃料公社（BNFL：British Nuclear Fuels Limited）に引き取ってもらい、BE社は相対的に経済性の優れている一五基のみを引き継いでようやく株式を売却することができた。

にもかかわらず、民営のＢＥ社はわずか六年で経営破綻した。原因は、発電原価の高さに加え、電力市場の制度設計の見直しや、ＢＮＦＬに支払う核燃料サイクル・バックエンドコストの高さによる。その救済措置として、二〇〇三年にＢＥを準国営化した（公的資金を投入）。ＢＮＦＬは他に引き受け手のない核関連事業分野を引き継ぎ、多額の債務を抱え、回収の見込みのない状態であった。

このような状況の原子力発電につき、ＢＮＦＬの債務を引き継いで設立されたのがＮＤＡ（Nuclear Decommissioning Authority：原子力廃止措置機関）である。[32] その設立理由として、①国有時代の費用部分（税金処理）とそれ以降に発生する費用部分（事業者負担）を明確に区別する必要性があった、②リスクの高い事業を民間発電会社に委ねることが適切ではなかった、③国有時代に発生した原子力債務への積立てがされてなかった、④廃炉を専門に調査研究する機関が必要である、⑤長期（一〇〇年以上）に亘って責任を果たす機関が必要である、等が挙げられている。

以上の経緯により二〇〇五年四月一日に設立されたＮＤＡは、（軍事用以外の）民間の原子力債務につき責任を負う独立行政法人（Non-Departmental Public Body）という位置付けである。[33] Energy Act 2004, ref 2 に基づき、少なくとも五年ごとに、戦略の見直しと、国会への提出という透明性が要求されており、最新版は二〇一一年三月に公表されたものである（Strategy Effective from April 2011）。

二〇一一年度末現在の債務総額は約五三〇億ポンド（約七兆円）（二〇一三年までに全て閉鎖される予定のマグノックス炉は一〇〇年後に解体・撤去することを前提に割り引いた数字）。[34] 五三〇億ポンドの原子力債務（Nuclear Liability）のうち、三七三億ポンドはセラフィールド諸施設の廃止措置費用である。ＮＤＡの方針として、事業最適性（Business Optimization）も柱の一つとして掲げられているが（土地や資産、商業活動からの収入があるため。）、廃炉対象のマグノックス炉による発電や燃料サービスの事業収入にすぎず、予算の八割以上（二〇一一年で五七億ポンド）は政府ファンドの投入である（ただし支出に関しては、ＮＤＡが直接支出するのではなく、Site License Companies との契約による運用であり、効率性を追求できる）。廃炉対象となるマグノックス炉は二六基、ほか、濃縮工場、再処理工場（ＴＨＯＲＰ）、ＭＯＸ工場、高速増殖炉等の閉鎖を使命とする。燃料を取り出した後、解体・撤去が始まるのは二〇九〇年から二一一〇年にかけてという超長期のスキームである。(35)

2　原子力廃止措置の事業体

福島事故後、ＮＤＡが注目を浴びている。原子力委員会でも取り上げられ（第三八回議事録参照）、現地サイトへの東電社員らの視察も行われている。福島事故により廃炉が決定した四基の収束作業を行っている段階であるが（残る二基も二〇一三年十二月に廃炉決定）、軽水炉のメルトダウンによる廃炉は世界初の経験である。前記ロードマップに従うと、三〇〜四〇年後に廃止措置が完了予定となっているが、実質破綻状態にある民間電力会社のままで、最後まで事業継続は可能か、という疑問がある。

他の原発サイトにおいても、今後、次々と使用年数を超過する原子炉の廃止措置を、発送電分離後の民間企業が担うべきか、あるいは、ＮＤＡのように長期の存続が保障された独立行政法人が担うべきか、という問題である。

原子力の廃止措置事業は、①原子炉の廃炉作業、②核廃棄物の処理、③核燃料サイクル、に大別される。うち、①の原子炉の廃炉のための費用は、一九八九年以降、電気料金の中から各電力会社が積み立てているが、半分は不足すると見込まれている。(36)福島第一原発四基の廃炉費用は、現段階では算定不能なレベルの金額である。(37)未だに、汚染水処理に苦慮している段階であり、試行錯誤状況にある。

廃炉作業は超長期にわたる。現在は垂直統合された電力会社の責任となっているが、発送電分離が行われた場合、分社化された事業体が数十年間にわたり、責任をもって遂行できるのか。ＥＵの自由化事例からみて、発送電分離（＝分社化）後は、地域を超えたＭ＆Ａが予想される。あるいは、原発部門のみを切り離してのＭ＆Ａもありうる。

責任の所在が曖昧になる懸念がある。

②③の核廃棄物の処理は、さらに難しい。まず、核燃料サイクルでは、再処理の過程で、人体にとって危険な高レベル放射性廃棄物が出るため（「ガラス固化体」）、地層処分場所の確保を前提としたシステムとなっている。しかし、前述したように、地層処分地の決定は、ほぼ不可能と断言せざるを得ない状況にある。

かつて二〇〇四年の段階で、再処理路線の見直しが議論された。六ヶ所村の再処理工場を稼働させると、今後四〇年の運転で一八・八兆円かかると試算された（電気事業連合会の試算）。高速増殖炉の目途がたたない以上、再処理には経済性がなく、直接処分に比べて一・五倍から一・八倍の費用がかかり、今後青天井に増える可能性についても言及されたが、それでも結局、見直されることはなかった。長い時間と巨額の費用がかかる原子力政策には路線を変えさせない「制度の慣性力」が働くことの証左といえよう(38)。

ＭＯＸ燃料の用途はほとんどなく、ウランやプルトニウムが溜まるばかりである。日本はすでに国内外にプルトニウムを四四トン保有している。六ヶ所村再処理工場が本格操業すると、最大で年間八トン取り出すことになる。すでにプルトニウムの資産価値は「ゼロ」となっており、「資源」ではなく、使い道のない「ゴミ」である。六ヶ所村に溜まり続けているこれら核廃棄物の処理責任は、燃料として使用した電力会社側にあるのか。使用済み核燃料やガラス固化体を受け入れた日本原燃㈱側にあるのか。あるいは、国策として推進した国にあるのか。

核燃料サイクルを担う日本原燃㈱にしても、地層処分の実施主体であるＮＵＭＯにしても、電力会社がメインの出資者であるところの特殊法人である。国とは資本関係がないため、国の関与は二次的なものにとどまっている。

(30) 原子力の民事利用を規制・監督する原子力規制庁（ONR：Office for Nuclear Regulation）は、二〇一一年一〇月、福島第一原発での事故が英国の原子力産業に与えた影響についての調査報告書を発表。同報告書は、「英国の原子力施設に基本的な安全上の問題があるとは思えない」とした上で、「福島事故によって、英国の原子力産業がこれまでの方針や今後の計画を変更する必要はない」

と結論付けている。海外電力調査会・前掲注（13）一八二頁。二〇一三年十月には、二五年ぶりとなる新規原発を南西部のヒンクリーポイントに建設することを決定した。ヒンクリーポイント原子力発電所はもともとは British Energy（ＢＥ）等が運営していたが、現在は仏電力（ＥＤＦ）系としての保有となっている。

（31）民間の新規参入を促す一九八三年エネルギー法（Energy Act 1983）が機能しなかったため、一九八九年電気法（Electricity Act 1989）によって分割民営化が行われた。藤原淳一郎「英国エネルギー法（一九八三年）に関する一考察—英国電力民営化論序説—」『雄川一郎先生献呈論集　行政法の諸問題　下』七三一頁（一九九〇年、有斐閣）。

（32）第三八回原子力委員会資料一‐一号「ＮＤＡ設立の経緯とその役割」海外電力調査会および議事録（二〇一二年九月四日）参照。

（33）*Supra* note（21）pp. 348-350.

（34）マグノックス炉は燃料を取り出した後、管理期間をおいた後、二〇九〇年～二一〇〇年にかけて、解体・撤去・クリーン化を行う。長期の管理期間の間に放射能レベルが低下する、廃炉費用は現在価値に割引ができる、というメリットがある。さらに、一〇〇年間の存続を前提とするため、その間の事業体の存続が保障され、人材確保も容易になる。

（35）Nuclear Decommissioning Authority Business Plan 2013-2016.
http://www.nda.gov.uk/documents/upload/NDA-Business-Plan-2013-2016.pdf
ほか、ＮＤＡのサイトを参照。http://www.nda.gov.uk/

（36）資源エネルギー庁によると、廃炉には一基あたり約三〇〇億～七〇〇億円かかり、五〇基で総額二兆七九〇〇億円が必要となる見込みである。しかし、二〇一一年度末時点であらかじめ資金を積み立てる引当て処理をしたのは、計約一兆五六〇〇億円。不足額は、東京電力約四〇〇〇億円（福島第一原発の廃炉費用は除く）、東北電力約一五〇〇億円、関西電力約一四六〇億円に上る。

（37）東京電力に関する経営・財務調査委員会報告によれば、四基の廃炉費用として、最低一兆一五一〇億円かかるとされている。高橋・前掲注（18）四頁。

（38）英セントアンドルーズ大のウィリアム・ウォーカー教授は、「技術的選択肢を複数持ち、特定の業界が都合のいい解決策を強要しないよう見識を持った政治による監視が必要だ」と述べている。「とじぬ『環』止まらぬ計画」二〇一三年十一月二九日付朝日新聞。

五　発送電分離と原子力廃止措置

1　原子力フェイズ・アウトの後始末

核燃料サイクルが実質、破綻しているため、六ヶ所村に溜まり続けている核廃棄物は、行き場のない状況にあり、ほぼ満杯状態となっている。

このような出口が詰まっている状況から逆算して、「国内において最終処分可能な総量は後、どのくらいか」という総量規制の観点から原発問題を考える必要がある。となると、結局は、「核廃棄物の管理ができる量はどのくらいか。その総量以内におさめるためには、後どのくらい原発を稼働させることができるのか」という問題設定にならざるを得ない。使用済み核燃料貯蔵プールが、あと数年で満杯になることは不可避の現実であり、それは、結局、遅かれ早かれ、原発はフェイズ・アウト（phase-out：段階的廃止）するしか方策はないとの結論に至る。

発送電分離は、原子力フェイズ・アウトの後始末が可能な形（＝核廃棄物の最終処分が可能な範囲内で原発を稼働させる）で行われなければならない。したがって、超長期にわたる原子力債務の後始末が可能な形での電力システム改革が望ましい。

改正電気事業法（二〇一三年十一月）に示された改革案は三段階に分かれる。最終の第三段階においては、発送電分離（法的分離）により送配電部門を別会社化し、送配電部門の一層の中立化、および、料金規制の撤廃（総括原価方式の廃止）による市場環境の実現が示されている。自然独占部門であり、中立性が要求される送配電部門は、電力会社の子会社として、切り離されることになる。しかし、法的分離といっても、法人格を別にするだけの持株会社方式であり、資本関係は残ることになる。前述したEU第二次指令（二〇〇三年）と同様の改革案と思われる。

小売全面自由化、一般電気事業者の垂直統合の解体、新電力の参入、料金規制の撤廃――これらは、電気事業分野における規制緩和である。これまでの部分自由化では、ほとんど競争が起こらなかった反省を踏まえての市場原理の活用である。今後の電力システム改革によって、節電やデマンドレスポンスなどの需要側の工夫や分散型電源――すなわち、価格による需給調整――が期待される。

小売が全面自由化されると、(39)これまで一般電気事業者に課されてきた供給責任は、料金規制とともに撤廃される。ユニバーサルサービス(40)が撤廃されることによって、低所得者や山間離島の需要家に対して、適正水準での供給が行われなくなる懸念が生じる。

小売事業者の破綻等で電気の供給を受けられない需要家が出現する場合には、エリアの送配電事業者による最終保障サービスが必要であろう（ただし、最終保障サービスは、例外的な事態に対応するためのセーフティネットとの位置付けである）。山間離島の需要家に対するユニバーサルサービスについては、エリアの送配電事業者を担い手として電力供給がされる仕組みが必要であろう（生活や経済活動の基盤である電力の供給責任は軽視できない）。

2　わが国における原子力廃止措置の事業体

一九九〇年代後半から二〇〇〇年代前半にかけての電力自由化議論は、地域独占の一〇電力会社体制により世界でも最高水準にあった電気料金を、市場原理の導入によって、引下げを図ることが第一の目的であった。電力会社は横並び体質で、電力会社間の競争を嫌うため、地域独占状態が改善されることはなかったが、それでも、電気料金の引下げ目的は達成することができた。「統括原価方式」がいかに非効率であるか、「地域独占体制」がいかに競争を嫌う体質であるか、明示されたことになる。

福島事故後に再燃した電力システム改革議論は、国策民営で推進してきた「原子力発電の見直し」が主目的となる。原子力推進も原子力規制も同じ経産省が行い、実質的に何ら安全規制をしてこなかった国側。大規模電源の維持・開発を図り、新電力の参入にも、分散型の再生可能エネルギーの導入にも消極的で、電力会社間の連携ネットワークを強化してこなかった電力会社側。双方ともに責任がある。

今後の電力システム改革は、全発電市場の三分の一を占める東電をどのように取扱うかが鍵となる。東電は国からの資本支援を受け、実質、国有となっている。今後の損害賠償費用、除染費用、廃炉のための費用負担額の大きさからして、福島第一原発の廃止措置事業部門を切り離し、国の関与が必要になると思われる。このような事情を背景に、廃止措置事業につき、日本版NDAは可能か──という点に注目が集まったと思われる。(41)

イギリスは戦後一貫して、原子力推進策を採っている。しかし、もともとは軍事用プルトニウムの製造が主目的であり、発電は二次的な目的にすぎなかった。結局、経済性がないうえに、福島事故によって海外顧客（日本）からの注文がとぎれたため、THORPの再処理は中止された（二〇一八年停止予定）。これらの後始末をしているのがNDAである。

前述してきたような原子力発電事業の限界、これから先の超長期に及ぶ廃止措置期間を考慮すると、原子力フェイズ・アウトの後始末をする事業体は「公法人」が望ましいのではないか。自由化の進展により、一層、市場に依拠することになる分社後の民間電力会社が負うには、長すぎる期間であり、重すぎる負担である。

(39)　二〇一六年を目処に全面自由化を行う改正電気事業法案は、二〇一四年五月一六日、衆議院経済産業委員会を通過した。

(40)　電気は生活に欠くことのできない財であることから、ユニバーサルサービスの保障（その基本的内容は、availability と affordability の確保、すなわち、すべての需要家に対して、少なくとも一つの供給者が、需要家にとって実際に利用可能な水準でサービスを提供するもの）と同等の最終保障約款による手当は不可欠である。丸山真弘「米国でのユニバーサルサービス確保の方策──低所得者支援プログラムの検討──」電力中央研究所報告 Y99012、二〇頁（一九九九年）。

(41)　二〇一四年一月現在、日本版NDAを作るべきとの意見は受け入れられていない。二〇一三年夏に政府が作った「国際廃炉研究開発機構（ＩＲＩＤ）」の機能は、原子力損害賠償支援機構に廃炉部門をつくり、吸収される予定になっている。

六　むすびにかえて

未曾有の厄災である東京電力福島第一原子力発電所事故を、原子力を含めた電力システムを根本的に見直す契機とする必要がある。ドイツでは早々とフェイズ・アウトを決めたが、日本はこれだけの厄災を経験しながら、改革は遅々として進まない。中長期的に、「脱原発」を本気で進める意思があるのか、政府の方針は揺れ動くばかりである。発送電分離を行うためには、さらなる電気事業法改正が必要であるが、不確実性が残る。

福島事故前は、エネルギー資源に乏しい小国である面が強調され、「エネルギー政策基本法」（二〇〇二年）においても、「安定供給の確保」（第三条）が、「環境への適合」（第四条）や「市場原理の活用」（第五条）より重視されてきた。福島事故は、準国産エネルギーとして原子力をエネルギー安全保障の要としてきた従来の政策の矛盾点を一機に露呈させた。

一九九〇年代から始まった郵政や通信・鉄道や航空分野等における規制緩和の最後の分野として見直しが始まったのが、電力システム改革である。電気は「同時同量」を要求され、原子力のような国の関与が必要な分野もあるネットワーク型設備産業である。原子力廃止措置（decommissioning）は、市場原理になじまない。国の関与が必要な分野である。

法律上の権利義務の主体となる「法人」は法技術にすぎず、それは「公法人」でも、「私法人」でも、同様である。しかし、超長期にわたる核廃棄物管理を含めた原子力廃止措置を確実に実行するためには、人材面・財政面・技術面の確保が必要であり、存続が確実な「公法人」による後始末が望ましいと思料する。

「環境救助」についての一考察

菊池直人

一　はじめに――問題の所在

現代社会共通の理念として、「持続可能な社会」の実現が課題となっている。企業活動においても、企業の社会的責任の一環として、環境の保全や環境損害の防止といった環境への配慮が強く求められている。海上運送では、油濁事故をはじめとした海難事故が発生した場合、周辺環境に多大な損害を与えることが予想されるが、このような環境損害の発生を防止・軽減することは、船主のみならず、海難救助者に対しても当然に要請されている。(1)

ところで、万国海法会（ＣＭＩ）二〇一二年の第四〇回国際会議において、「一九八九年の海難救助に関する国際条約（以下「新条約」とする）」改正について審議がなされた。(2) そこでは、現条約に、新たに「環境救助報酬」（environmental salvage award）導入の是非も審議された。この「環境救助報酬」とは、海難事故に際して環境損害の防止に努めた救助者に対して、追加の海難救助報酬を設けようとするものである。すなわち、財産救助の成功報酬として支払われる従来の報酬とは別に、救助者によって回避された環境損害を考慮した救助報酬を設けようとするものであった。同国際会議では、「環境救助報酬の評価は極めて困難である」等の意見が述べられ、[3]結論としては導入が見送られた。

海難事故に際して、専門的設備と技術を擁する職業的救助者による海難救助が、環境損害の防止・軽減に極めて有効であることは論を待たない。しかしながら、環境損害が発生するとわかっていても、報酬が低額であるがために、救助者が救助を躊躇せざるを得ない場合も考えられる。すなわち、現行の海難救助制度では、救助者への報酬は基本的には被救助価額に限定されるからである。

本稿では、現行の海難救助制度と環境損害ついて、二〇一二年の第四〇回国際会議で審議された環境救助概念について検討を加えようとするものである。海難救助制度につき、伝統的な原則から脱却しようとした例として、およそ三〇年前の一九七九年に提案された責任救助概念がある。今回の環境救助概念と責任救助概念とは違う概念なのか、また、今後に導入するような余地はないのか考察を試みる。まず、次章において海難救助制度に環境損害が問題となった経緯について触れることとする。三章では、そもそも環境損害に基づく責任とは何かについて、タンカー船舶の油濁損害賠償責任に立ち入りながら、検討する。最後に、環境救助概念の導入について若干の私見を加え、まとめとする。

（1）　一九七〇年代後半に発生した油濁事故を契機に、救助者に対して、油濁防除措置義務を課した一九八〇年ロイズ海難救助契約標準書式（Lloyd's Standard Form of Salvage Agreement、一般に Lloyd's Open Form と呼ばれている。以下「ＬＯＦ」とする）が制定された。その後、一九八九年に海難救助条約が改正され、そこでも救助者に環境損害の防止・軽減に相当の注意を尽くすことが義務付けられた（八条）。
（2） 条約改正に関する議論の経緯と結果については、久保治郎「一九八九年海難救助条約の改正について」海法会誌復刊五六号三九頁以下（二〇一二年）参照。
（3） 久保・前掲注（2）五九頁。

二　海難救助制度の経緯

1　伝統的海難救助制度とその限界

海難救助は、国籍の異なる船舶間で行われることも少なくなく、したがって海難救助に関する法制度の統一化が早くから望まれていた。一九一〇年には「海難ニ於ケル救援救助ニ付テノ規定ノ統一ニ関スル条約」（我が国批准。以下「旧条約」とする）が成立している[4]。また、現在の海難救助は、職業的救助者による契約救助が大半を占めており[5]、そこでは、国際的にも国内的にも、海難救助条約の内容を取り入れた海難救助標準契約書式が用いられることが多い。今日一般的に利用されている契約書式は英国ロイズ制定のＬＯＦであり、我が国において利用される救助契約書[6]もＬＯＦに倣って改訂されている。旧条約およびその内容を取り入れたＬＯＦにおける海難救助は、いわゆる「不成功無報酬原則[7]」に基づいて実施されており、また救助者の油濁汚染防止作業等の環境損害防止措置に関する規定は何ら存在しない。すなわち、このような伝統的な海難救助原則に基づけば、救助者がいかに環境損害を防止・軽減する措置をとろうとも、被救助物である船舶等の財産救助に成功しない限り、何らの救助料請求権は発生しないことになる。

このような、海難救助の伝統的な原則が修正されるような契機となったのが、一九六〇年代から多発したタンカーによる油濁損害事故であった。[8] 特に、一九七八年にフランスのブルターニュ沖で発生したアモコ・カディス号[9]による油濁事故が直接の契機となり、事故後、海難救助制度についての条約改正の動きとＬＯＦの改訂が進められることになった。

2　海難救助条約改正[10]とＬＯＦ改訂[11]の動き

(1)　海難救助条約改正の経緯

アモコ・カディス号事件で問題となったのは、救助の成功を条件として報酬を支払う不成功無報酬原則であった。すなわち、タンカー等の海難事故において、救助者がいかに環境損害の防止・軽減措置をなしたとしても、救助が成功しない場合は救助料請求権が発生しない。救助者は、環境損害防止につき費やした労力と費用を回収できない可能性があり、例え環境損害が発生すると予想されるとしても、救助の成功が困難である場合、救助を躊躇せざるを得ない状況になりえる。

このような状況を解消するため、一九七九年にＩＭＣＯ（政府間海事協議機関、一九八二年にＩＭＯへ名称を変更）が統一条約の改正又は新たな条約の制定という観点からこの問題を取り上げ、ＣＭＩに条約改正の検討を要請した。ＣＭＩは、海難救助委員会（委員長はオスロ大学セルヴィク教授）を設置し検討作業を行った。同教授は一九八〇年に各国代表の意見をとり入れて修正を加えた報告書[12]を提出した。この報告書では、伝統的な海難救助概念を改め、新たに「責任救助（Liability salvage）」概念を導入することが提案された。ＩＳＵ（国際海難救助連合）はその有益性を認め賛成したが、その他の関係者の同意は得られず、結果的には、責任救助概念は条約草案から削除されることとなった。その後、一九八一年にＣＭＩにおいて海難救助条草案が完成し、ＩＭＯの審議を経て、一九八九年に採択され「一九八九年の海難救助に関する国際条約」として成立した。新条約では、救助者にも環境損害の軽減・防止につき相当の注意を尽くすよう義務付けるとともに（新条約八条一項（b））、救助報酬の決定においては、救助者の環境損害防止・軽減するための技能及び努力を考慮するとした（新条約一三条一項（b））。さらに、不成功無報酬原則を一部修正して、環境に損害を与えるおそれのある船舶に対して救助者が救助作業を行い、その救助作業に負担した費用が救助財産で満足されない場合には、特別補償を船主から受けることができるとした（新条約一四条）。

（2）　ＬＯＦ改訂作業

海難救助条約の改正に先立ち、アモコ・カディス号事件を受けて、実務ではロイズがＬＯＦの改訂作業に取り掛かった。ＬＯＦ一九八〇と呼ばれるこの新契約書式では、救助者に対して、油濁防止のために最善の努力をする義務を課し（第一条）、また一部不成功無報酬原則の例外を設けて、一定の場合には救助者は救助の奏功を問わずに支出した費用が補償されるとした（第一条（ａ）項）。これをセーフティ・ネットと呼ぶ。

新条約が成立したものの、その発効には相当な時間を要すると予測されていたため、ロイズは、条約成立の翌一九九〇年、新条約の特別補償その他の規定をそのまま取り入れたＬＯＦ一九九〇を制定した。[13]ところが、ＬＯＦ一九九〇の運用をめぐっては、問題が発生した。ＬＯＦ一九九〇に基づき救助が行われた、一九九二年のナガサキ・スピリッツ号事件[14]において、特別補償の算定がイギリス貴族院で争われ、新条約およびその規定をとり入れたＬＯＦ一九九〇には規定に曖昧さがあるなど問題が浮き彫りとなった。すなわち、特別補償規定の発動要件や特別補償の報酬決定の方法が不明瞭であったためである。

ＬＯＦ一九九〇の問題点を解消する為、ＬＯＦ一九九五では新条約の規定をそのまま取り入れることを中止した。その後、一九九九年にはＬＯＦの追加条項としてＳＣＯＰＩＣ条項（Special Compensation of P and I Club Clause）が導入された。[15]ＳＣＯＰＩＣ条項は、特別補償制度に代わる制度として、関係者の任意により救助契約に追加できる条項である。その内容は、救助船、救助用具および人員などの一日当たりの使用料について、予め合意されたタリフ・レート（料率表）に基づいて算出されるＳＣＯＰＩＣ報酬を導入するというものである。救助者は、環境損害の有無を問わずＳＣＯＰＩＣ報酬を請求することが可能である。ＳＣＯＰＩＣ条項が発動された場合、救助対象の財産的価値が著しく低いあるいは救助料が存在しない場合でも、救助を実施した救助者に対する報酬が確保されることとなる。新条約の特別補償と比較した場合、ＳＣＯＰＩＣ条項の利点は、支払われる補償の算出が料率表に基づいているため明確であることと、救助作業の環境損害防止・軽減の評価とは関連しないことであった。二〇〇〇年には、このＳＣＯＰＩＣ条項を契約時に主契約に含めるかどうかを選択できるようにしたＬＯＦ二〇〇〇が制定された。ＳＣＯＰＩＣ料率表は二〇〇七年及び二〇一〇年に引き上げ改訂が行われている。

3　環境救助概念

二〇〇六年、ＩＳＵが新たな救助報酬概念をＬＯＦに導入するよう提案した[16]。これは「環境救助報酬」（environmental salvage award）と呼ばれるもので、環境損害の防止・軽減に係る作業に対して独立した報酬を創設するというものである。現行の「救助報酬」と「ＳＣＯＰＩＣ条項による報酬」という二本立てではなく、新たに「環境救助による報酬」を設けて三本立てとし、救助者は「救助報酬」に加えて、「ＳＣＯＰＩＣ条項による報酬」および、「環境救助報酬」のいずれかを救助契約締結時に選択できるというものであった[17]。ＩＳＵの提案は、ＬＯＦを管理する目的で開催されるLloyd's Salvage Group（以下「ＬＳＧ」とする）の場では合意に至らず、この状況を受けて、ＩＳＵはＣＭＩに対して海難救助条約の改正に関する検討を要望した。結論から言うと、ＣＭＩの第四〇回国際会議でこの環境救助概念の導入について審議がなされたものの、採択には至らなかった。環境救助報酬の導入に反対する立場からは、「環境救助報酬の評価は極めて困難である」、「ＳＣＯＰＩＣ条項が不十分なのであれば、ＳＣＯＰＩＣ条項を改訂すべきである」等の意見が述べられた[18]。

4　まとめ

不成功無報酬を原則とする伝統的な海難救助制度は、環境損害という新たな問題に直面し、従来の船舶と積荷だけを救助する制度から、環境問題に考慮した救助を奨励させるような制度へと変遷していった。救助者には、環境損害防止・軽減措置を義務付けるとともに、不成功無報酬原則を修正した特別補償や、それに代わるＳＣＯＰＩＣ報酬によって救助のインセンティブを与えようとしている。ＩＳＵが提案した環境救助報酬の概念は、財産だけを救助の対象とする従来の海難救助制度にとらわれない考えだが、実施が困難であるとの評価がなされた。次章では、海難救助による環境損害の防止という点から考えた時、そもそも制度の射程となる「環境損害」とは何かを、検討していく。

（4）　日本は、旧条約を批准しているため、日本の裁判所において、全ての利害関係人が日本国に属する場合には商法が適用されるが、日本船舶が他の締約国に属する船舶に救助された場合には、旧条約が直接適用される。

（5）　海難救助は、海難救助を専門とする職業的救助者によって行われる契約救助と、義務なくして行われる救助とがある。前者の場合は、救助の成功を目的としてなされる請負契約であり、したがって、救助料はその仕事の完成に対する報酬である。後者の場合の、「義務なくして」（商法八〇〇条）とは私法上の義務なくしての意味であると解されている（公法上の義務を含めて解する有力説もある）。窪田宏『海商法（商法講義Ｖ・新訂版）』二一九頁（一九七七、晃洋書房）。

（6）　一般社団法人日本海運集会所によって制定されている。

（7）　海難救助の伝統的な基本原則において救助者に救助料の請求権が発生するには、救助が成功することが要件である（商法八〇〇、旧条約二条）。契約救助については請負契約に基づく。したがって、救助が成功しなかった場合には、報酬請求権は発生しない。

（8）　一九六七年にイギリス南西沖で発生したトリー・キャニオン号座礁事件では、積載原油の内約八万トンが流出し、英仏両国の海域に甚大な被害をもたらした。同事件を契機として、タンカー等からの流出油による油濁損害に対する国際的な賠償・補償の体制が創設されることとなった。トリー・キャニオン号の事故当時、「海上航行の船舶の所有者の責任の制限に関する国際条約」に基づき船主が責任を制限することが認められており、結果同事故で多大な被害を被った英仏両国は船主から十分な賠償を得られなかった。このような問題に対処するため、一九六九年に船主の賠償責任に関する「油による汚染損害についての民事責任に関する国際条約」が成立した。一九七一年には同条約を国際基金で補完するための「油による汚染損害の補償のための国際基金の設立に関する国際条約」が成立した。我が国では、一九七五年に、右記条約を国内法化した「油濁損害賠償保障法（現：船舶油濁損害賠償保障法）」を制定した。トリー・キャニオン号事件およびその後の国際条約成立については、谷川久「『油濁損害に対する民事責任に関する国際条約』について」海法会誌復刊一五号四三頁以下（一九七〇年）、谷川久「海洋油濁損害補償基金条約の成立について」商事法務五八三号二五頁以下（一九七二年）参照。

（9）アモコ・カディス号事件の経緯については齋藤功高「海洋油濁事故と民事責任」明治大学大学院紀要第二五集（一）一二九頁以下（一九八八年）参照。

（10）新条約成立の詳細については、高桑昭「万国海法会における新たな海難救助条約案」海法会誌復刊二五号五頁以下（一九八一年）参照。

（11）ＬＯＦ一九八〇の改訂については、中西正和「新たな海難救助条約案とロイズ救助契約標準書式の比較」海法会誌復刊第二六号五三頁（一九八二）参照。

（12）Professor dr. juris Erling Chr. Selvig, Report on the revision of the law of salvage, (SALVAGE-5/IV-80), CMI, *The travaux préparatoires of the Convention on salvage, 1989*, (2003).

（13）ＬＯＦ一九九〇の改訂について、金井薫一郎「ロイズ救助契約標準書式の改正」海事法研究会誌第九九号六六頁以下（一九九一年）参照。

（14）安藤誠二「海難救助報酬と特別補償金について」海事法研究会誌第一三八号四三頁以下（一九九七年）参照。

（15）井口俊明「ロイズ海難救助契約書式とＳＣＯＰＩＣ条項の制定について」海運第八六三号二五頁（二〇〇〇年）参照。

（16）ＩＳＵの提案の経緯については、久保・前掲注（2）四三頁以下参照。ＩＳＵの提案方針については、Position Paper on the 1989 Salvage Convention (2012) 参照。http://www.marine-salvage.com/environmental/ISU%20Final%20Position%20Paper.pdf

（17）久保・前掲注（2）四四頁。

（18）久保・前掲注（2）五九頁。

三　環境損害と海難救助制度

1　新条約における環境損害の定義

新条約第一条（d）では、環境損害について「汚染、汚濁、火災、爆発、その他類似の巨大事故によって沿岸、内水又はその隣接水域における人の健康又は海洋生物若しくは資源に生じた重大な物的損害をいう」と規定する。しかしながら、この規定では、「沿岸、内水又はその隣接水域」以外での海難事故の場合は、環境損害には当たらないということになり、新条約に基づく特別補償の対象となりえない。この点につき、CMI第四〇回国際会議においても問題提起がなされ、新条約第一条（d）の環境損害の定義について審議された。[19] 国際会議の審議の結果、環境損害の地理的範囲を限定する「沿岸、内水又はその隣接水域」という文言については「領海および排他的経済水域」へと改定するのが適当とする意見が多数となった。ちなみに、SCOPIC条項はその発動について、環境損害の有無を問わないため、新条約のような地理的範囲を限定する文言が問題となることはない。

2　環境損害に対する責任

ところで、新条約が規定する環境損害とは何を指すのであろうか。環境損害について簡潔に考察したい。大塚教授によれば、環境損害には、2つの意味があるという。[20] すなわち、①環境影響に起因する損害一般（広義の環境損害）と、②環境影響起因の損害のうち、人格的利益や財産的利益に関する損害以外のもの（狭義の環境損害）であるという。国際法上は環境損害を前者の意味で用いることが多く、後者は環境損害から伝統的な損害を除いたもの（環境自体に対する損害）であるとされる。欧米で主に論じられるのは②であり、環境自体に対する損害についての立法等を通じて、環境損害論が発展しているという。付け加えると、我が国においては狭義の環境損害についての回復責任ないし未然防止についてあまり検討されたことがなく、環境損害に対する責任に関する立法が制定されれば、環境損害の回復責任や未然防止を徹底させることにつながるとされている。

次に、海難救助の現場と賠償責任等で交錯する領域と思われる油濁損害賠償制度から、環境損害について考察してみたい。タンカーによる油濁損害の賠償責任については、一九六九年に成立した「油による汚染損害についての民事責任に関する国際条約」（以下「CLC条約」という）および、一九七一年の「油による汚染損害の補償のための国際基金の設立に関する国際条約」[21]（以下「FC条約」という）を我が国は批准しており、「油濁損害賠償保障法（現：船舶油濁損害賠償保障法）」が制定された。CLC条約はタンカーの貨物である原油や重油等の流出によって生じた油濁損害について、船主の無過失責任、責任限度額（最大補償限度額）、責任限度額までの賠償の支払いを確保するために船主の強制保険を規定している。被害額がCLC条約の限度額を超える場合に、船主の責任を補填するための補償制度としてFC条約が制定されている。なお、CLC条約およびFC条約は一九九二年に新条約に改正されている。大塚教授は現行の「船舶油濁損害賠償保障法の油濁損害には、環境損害が含まれている」と指摘する。[22]これについて、高村教授は、「一九六九年のCLC条約では、「汚染損害」を①船舶からの油の流出、排出による汚染で、船舶の外部に生じる損失や損害と、②防止措置の費用、防止措置によって生ずる損失や損害（一条六項）と定義していた。これに対して、一九九二年CLC条約では「汚染損害」を「環境の悪化について行われる賠償（環境の悪化による利益の喪失に関するものは除く）は、実際にとられた又はとられるべき回復のための合理的な措置の費用に係るものに限る」（一条六項）とし、一九六九年CLC条約と比して、環境の悪化も賠償の対象になることを明記しつつ、同時に、賠償の範囲は環境の悪化による利益の喪失と合理的な回復措置費用に限られると定めた」とされる。[23]したがって、油濁により被った財産損害の結果生じる経済損失以外にも、漁業者や観光業者といった沿岸地域の活動からの収入に直接依拠している者が被った経済的損失についても、責任の範囲をどこまで認めるかの判断は困難が伴うとしながら、責任の対象としてきたという[24]。他方で、生態的価値や美的価値の損失といった環境自体の損害については、金銭的評価が難しいとされる。ただし、合理的な回復措置費用と対応措置費用を責任の対象としようとする国際的な動きはあり、例えば一九九二年ＣＬＣ条約でも回復措置費用を賠償の対象とする。こうした回復措置費用や対応措置費用を責任の対象に含めることは、「環境それ自体の損害」を責任の対象としているとも考えられるという[25]。

しかしながら、これら環境損害に対する責任は、国家管轄権を超える地域の環境損害からは除外されている。一九九二年ＣＬＣ条約においても、締約国の領域および排他的経済水域において生ずる汚染損害のみが対象となる（二条）。すなわち、このような国家の管轄を超える地域での環境損害について、誰に賠償請求権を与えるかは困難な問題である[26]。

3　海難救助における環境損害

以上、ＣＬＣ条約における油濁損害には環境損害が含まれていると考えられ、その場合には「環境それ自体の損害」も責任の対象となる可能性があることをみた。それでは、海難救助制度における環境損害とはどのようなものか、考察してみたい。

（1）新条約における環境損害

新条約第一条（d）では、環境損害について「汚染、汚濁、火災、爆発、その他類似の巨大事故によって沿岸、内水又はその隣接水域における人の健康又は海洋生物若しくは資源に生じた重大な物的損害をいう」と規定する。前段は損害発生原因についての規定であるが、ここでは油濁による損害だけでないことが明示されている。また、適用対象についても、例えばタンカー等の限定はなされていない。問題は「沿岸、内水又はその隣接水域における人の健康又は海洋生物若しくは資源に生じた重大な物的損害」についてであるが、この解釈については、条約草案から検討する必要がある。すなわち、この新条約における環境損害の概念は、セルヴィク教授の提案した責任救助概念と併せて提案されたものだからである。セルヴィク教授は報告書の中で、伝統的な海難救助の概念を改め、従来の船舶や積荷の救助のみならず、それ以外の第三者に生ずべき損害の救助を、救助概念に取り入れるべきと主張している[27]。そこでは環境を含めた広い範囲における損害を包含する。したがって、救助にあたっては第三者への損害が生じないような措置が義務付けられるという。この時の報酬は船主から支払われることになり、したがって責任保険の対象となる。その後、新条約から責任救助概念は削除されたが、環境損害の定義はそのまま維持された。

ＣＭＩの第四〇回国際会議で審議された、ＩＳＵ提案による新条約改正案においてはどうだろうか。本章の冒頭で述べたように、国際会議でのＩＳＵの提案は、環境損害の定義については、地理的範囲を限定する「沿岸、内水又はその隣接水域」という文言を「領海および排他的経済水域」へと改定するものであった。ちなみに、この文言はＣＬＣ条約の規定にならった表現である。その他、環境損害の定義については、従来の「重大な物的損害（substantial physical damage）」という文言のうち、「substantial」を削除すべきとの提案がなされている[28]。その理由としては、たとえ少量（small quantity）であったとしても環境の脅威となるような場合も想定されるからだという。なお、この提案は改定不要とする意見が多数であった。これら、ＩＳＵ提案の条約改正案における環境損害の定義については、基本的には従来の定義を維持したものであると考えられる。むしろ、地理的限定についてはＣＬＣ条約の規定にならった文言であるため、その範囲が明確になったと思われる。

以上、新条約および条約改正案における環境損害の定義について検討した。油濁損害に環境損害が含まれるか初めから明確ではなかったＣＬＣ条約と異なり、当初から「damage to the environment」の文言を用いていた新条約では、広義の環境損害概念（環境影響起因の損害のうち、人格的利益や財産的利益に関する損害）が含まれることは明らかである。そして、セルヴィク教授が提案した責任救助とは、この環境損害賠償責任を救助の対象とするものであった。しかしながら、現行の海難救助契約では環境損害概念は含まれていない。すなわち、新条約では環境損害の防止・軽減措置基づく特別補償が前述の理由から機能しておらず、代わりに環境損害の有無を問わないSCOPIC条項が救助者のセーフティ・ネットとなっているからである。しかしながら、「環境損害」の結果についての規定であるCLC制度と、「環境損害」の防止・軽減についての新条約の規定は、その「責任」において重複しているように見受けられる。

(19)　久保・前掲注（2）六〇頁。
(20)　大塚直「環境損害に対する責任」ジュリスト一三七二号四二頁（二〇〇九年）参照。
(21)　CLC条約およびFC条約の成立経緯については、谷川・前掲注（8）参照。
(22)　大塚・前掲注（20）四六頁参照。
(23)　高村ゆかり「国際法における環境損害」ジュリスト一三七二号八二頁以下（二〇〇九年）参照。
(24)　高村・前掲注（23）八四頁。
(25)　高村・前掲注（23）八六頁。環境損害への賠償範囲については、一九九〇年にアメリカで制定された油濁法（OPA90）では、船主の損害賠償範囲が格段に拡張されることとなり、事実上、船主の無限責任を認めることになった。CMIはこれを受けて損害賠償範囲を統一すべく「油濁損害の賠償に関するガイドライン」を作成した。このガイドラインは、環境損害に対する補償は合理的な復旧対策費用に限定され、補償の範囲についても規定されたものの、その後、CLCにおいても賠償範囲については拡大されるようになった。井口俊明「油濁損害の賠償に関する国際的法則」海運第八三五号一六頁（一九九七年）、新谷顕一「油濁損害の賠償の範囲に関する万国海法会のガイドラインについて」海法会誌復刊第三八号五頁（一九九四年）参照、小林寛「一九九〇年油濁法の下での責任制度」海事法研究会誌第二〇九号一一頁（二〇一〇年）参照。
(26)　高村・前掲注（23）八七頁。
(27)　Selvig, op. ct., p. 19.

（28）ＩＳＵは代わりに「Significant（重要な）」が適当であると主張している。ここでいう「substantial」とは「相当な、十分な」の意か。

四　環境救助についての検討

1　セルヴィク報告書と責任救助

環境救助について検討する前に、新条約草案で報告されたセルヴィク報告と、責任救助について考察してみたい。ＩＳＵが提案した環境救助概念は、セルヴィク教授による責任救助概念を下敷きにしていることには間違いない。ただし、ＩＳＵは責任救助概念を再び提案したわけではないという。(29) その理由として、責任救助は三〇年も前の概念であり、現在の状況は当時と異なること、特に現代の海難救助においては環境を保護することは人命救助に次いで優先されるべき事項であり、財産救助の優先順位はこれらに劣後すると主張する。これらの主張にどの程度意味があるのか、責任救助概念について見ていくことにする。

セルヴィク報告書は、一九八〇年にＣＭＩが新条約草案の作成に着手したときに提出された。アモコ・カディス号事件についての記述から始まる報告書の中身は、海難救助制度の実施によって、環境損害のような第三者への利益侵害を防止する、公的な利益が実現されるとする。そして、ＣＬＣ条約およびＦＣ条約の国際的な油濁損害に関する条約も整備された状況では、旧条約に基づく海難救助制度では時代の要請に答えられないとしている。そこで、伝統的な海難救助概念を改め、環境を含めた広い範囲での関係者に生ずべき損害の救助をも救助概念に取り入れるべきであると主張し、従来の財産救助と対比して責任救助とした。(30) 第三者への損害を防止するため、船主、荷主、救助者に対して損害発生防止義務が課され、救助者がこのような義務を履行し、環境損害の防止・軽減に寄与した場合、財産救助とは別の報酬として与えられるとする。(31) また、救助者が自己の責任を負うことをおそれず救助活動に臨めるようにするため、救助者にも責任制限をなしうることと、環境損害防止措置に要した費用は船主その他責任を負うべき者から償還を受けることとしている。(32)

責任救助についてはＩＳＵが支持したが、他の支持を得られずに削除された。責任救助についての批判としては、「責任」の内容、範囲、被害者の範囲、が明確でないこと、また実際に発生していない「損害」の発生を防止し、あるいは阻止したということになると、その「損害」、「被害」は仮定的なものでしかなく、このような「損害」、「被害」に対する責任とは一体いかなるものかは不明確であるといわざるを得ない」というものがある。(33)

2　環境救助

ＩＳＵが提案する環境救助とは新条約をベースに修正したものである。もっとも大きな修正は、新条約一四条の特別補償に関するもので、ほとんどの文言が修正して提案されている。(34) それによれば、一三条の規定を従来の財産救助についての報酬規定とし（したがって、現行の環境損害の防止・軽減措置についての規定を削除する）、一四条を環境損害の防止・軽減措置についての報酬規定とする。環境救助規定については、救助者が救助に際して、環境損害に配慮して、船舶、燃料、船荷の救助に成功したならば従来の財産救助報酬に加えて、環境救助報酬も受け取ることができるとしている（一四条一項）。また、環境救助報酬は、第三者へ生じるかもしれなかった船主の責任についても支払われるとしている（一四条二）。ＩＳＵは、ＳＣＯＰＩＣ条項の有益性を認めながらも、それはあくまで支出した費用の補償であって報酬ではないとし、独立した環境救助に基づく報酬を提案した。

ＩＳＵの以上の提案については、責任救助の場合と同様の批判がなされた。すなわち、環境救助報酬は救助者が防止した汚染損害に基づくことになり、これはその性格として防止し得た損害の仮想評価となる。つまり、その評価は困難であり、実施にあたって不安が残るというものである。(35) その他の批判として、「海難救助の根本原理を変更するべきではない」とするものや、「SCOPIC条項の改訂が現実的である」、「環境損害の防止・軽減作業についての費用はすでにCLC条約やFC条約において補償されている」等があげられる。

3　小括

責任救助と環境救助について考察してみたが、両者の目的とするところは実質同じである。すなわち従来の財産救助に基づく海難救助とは別に、環境損害を含む第三者への損害賠償責任を防止・軽減することをもって、仮定的な損害を評価するものである。したがって、その批判についても同様の指摘を受けることになる。つまり、査定評価が困難であるという点につきる。ただし、責任救助あるいは環境救助概念には、現行の海難救助制度にない優れた利点があるのも事実である。すなわち、SCOPIC条項に基づく現行の海難救助制度では、被救助物の価額が著しく低い、あるいは価値がない場合には、救助者は支出した費用の割増金の償還しか受けられないということである（極端な例だと、少量でも環境に損害を与えるような産業廃棄物などの場合）。このような利点があるからこそ、三〇年を経た現在に、「環境救助」として名を変えて現れたのではないだろうか。この利点につき、環境救助が導入できる余地がないか、最後に検討する。

（29）　ISU, op. ct., p. 3.
（30）　高桑・前掲注（10）一三頁。Selvig, op. ct., p. 19.
（31）　Selvig. op. ct., p. 23.
（32）　Ibid., p. 25.

（33）　高桑・前掲注（10）一八頁。
（34）　ISU, op. ct., p. 8.
（35）　久保・前掲注（2）五九頁。また、このような仮想損害の査定は困難を伴うため、実際はうまく機能しないとする批判もある。アメリカでは汚染事故の後に天然資源の損害評価がなされるが、このプロセスがうまく機能しない場合もあるという。Environmental salvage—It sounds good, but is it?, Gard News 207 August/October 2012.

五　まとめ

環境救助概念は、その査定評価が困難であることから現実の実施には困難が予想されること、および、環境損害の防止につき従来の制度に比べて利点があることについては右記の通りである。本稿では、環境救助（あるいは責任救助）を導入するにあたり、「環境損害」の意義から考察しようと試みた。例えば、海難事故によって発生したタンカーによる油濁損害事故は「環境損害」を構成する。この「環境損害」とは、油濁により被った財産損害の結果生じる経済損失以外にも、環境に直接依拠して活動している者が被った経済的損失についても、責任の対象としている。他方で、環境自体の損害については、金銭的評価が難しいとされるが、合理的な回復措置費用と対応措置費用を責任の対象としようとする国際的な動きはあり、こうした責任を対象に含めることは、「環境それ自体の損害」を責任の対象としているとも考えられる。つまり、環境についての責任、「事前の環境損害」を評価できる可能性は今後十分考えうるのである。

付け加えると、環境損害の概念が、これまでの伝統的な人身侵害から、「狭義の環境損害」へと転換しつつある今日では、損害の範囲までが拡大する可能性がある。例えば、船主の責任が重いとされるアメリカの油濁法の下では、いかなる場合にあっても、環境に損害を与えたものについては民事上・刑事上の責任を負うことになる。このように、環境責任が広範囲に重く課されるようになると、この責任を免れさせた救助者に対して、相当の報酬を与えることはあり得るのではないか。勿論、救助の査定評価については難しい問題が残っているが、責任救助の概念は、「環境損害」とその責任がクローズアップされる今後にこそ、導入の可能性があるのではないだろうか。

ただし、本稿では船舶油濁損害についてはタンカー油濁損害におけるＣＬＣ条約とＦＣ条約にしか触れなかった。一般船舶の油濁損害問題については考察しておらず、その点については今後の検討課題としたい。

取立委任文言抹消の効力
――福岡高裁平成一九年二月二二日判決を素材として――

切詰和雅

一　はじめに

通常の譲渡裏書の形式をとりながら、取立委任の目的でなされる裏書が、いわゆる隠れた取立委任裏書である。(1)これとは逆に、取立委任裏書の形式をとりながら、譲渡の目的でなされる裏書が、いわゆる隠れた譲渡裏書である。(2)隠れた取立委任裏書に関しては、実際上の必要性が大きく、裁判例も多く学説においても活発に議論されてきた。これに対し、隠れた譲渡裏書に関しては、裁判例も少なく研究も決して多いとはいえない状況であった。しかし、福岡高裁平成一九年二月二二日判決(3)を契機として、取立委任文言抹消の効力に関する研究とともに、いったん取立委任裏書がなされたあとに譲渡裏書とする旨の合意が裏書当事者間でなされ、それから取立委任文言が抹消されるまでのあいだの、いわば隠れた譲渡裏書ともいえる法律関係に関する研究がいくつか発表されるに至った[4]。

本判決における争点は、取立委任裏書を通常の譲渡裏書に変更する旨の合意がなされたときに、譲渡裏書の効力が生ずるのは手形外の合意のときか、それとも取立委任文言抹消のときかという、決して目新しいものではなかった。しかし、譲渡裏書の効力発生時期について、従来の裁判例[5]が、取立委任文言抹消のときであると判示してきたのに対し、本判決は、手形外の合意、すなわち手形の譲渡契約がなされたときであると判示したことによって注目を集めた。本判決の興味深い点は、理論構成においては従来の判例の手形行為に関する理解に相容れないとして批判される一方で、その結論の妥当性については好意的な評価を受けている点にある[6]。

そこで、本稿は、まずは手形行為の理解に関する重要な問題として、福岡高裁平成一九年判決を素材として取立委任文言の抹消の法的意義について検討を加えたい。そのあとに、いわゆる隠れた譲渡裏書について、具体的には、隠れた取立委任裏書に関する議論を、福岡高裁平成一九年判決のような隠れた譲渡裏書の場合に応用できるか否かについて検討を加える。隠れた取立委任裏書に関する学説（資格授与説）を隠れた譲渡裏書にも応用して、合意時に裏書譲渡の効力があると認める見解[7]があるが、疑問なしとしないからである。

（1） 富山康吉「取立委任裏書」鈴木竹雄＝大隅健一郎編『手形法・小切手法講座第三巻』（有斐閣、一九六五年）二四七頁。隠れた取立委任裏書は、形式が簡便なこと、手形所持人が公然の取立委任裏書の存在・効力などについて知識がないこと、満期前に手形を割引して対価を取得しうる便宜があることなどの理由から、実際上広く行われているとされる（同頁）。

（2） 加藤勝郎「隠れた譲渡裏書の効力」手形研究四一一号四頁（一九八八年）。ただし、同・五頁は、「隠れた譲渡裏書の場合、換言すれば、形式上は取立委任裏書であるが、裏書の時またはその後に、譲渡裏書とする旨の合意が裏書当事者間でなされた場合」（傍点筆者）と述べており、のちに譲渡裏書とする旨の合意がなされた場合をも、隠れた譲渡裏書として捉えている。

（3） 判タ一二四七号三二三頁、判時一九七二号一五八頁。

（4） 福岡高裁平成一九年判決に関する研究として、菊地雄介「判批」受験新報六八二号三二頁（二〇〇七年）、笹本幸祐「解説」法

セミ六三六号一二一頁（二〇〇七年）、水野信次「解説」銀行法務二一第六八二号六七頁（二〇〇七年）、今川嘉文「手形の取立委任文言の記載と譲渡裏書の効力」神戸学院法学三七巻三・四号一九七頁（二〇〇八年）、弥永真生「判批」金法一八四四号一一頁（二〇〇八年）、今井克典「判批」ジュリスト一三五四号一二二頁（二〇〇八年）、酒井太郎「判批」金判一三一四号一一頁（二〇〇九年）、吉岡伸一「取立委任手形の譲渡担保手形への変更と手形債権の移転時期」法学会雑誌五九巻二号五五頁（二〇〇九年）、芳賀良「『隠れた譲渡裏書』について――取立委任文言の抹消による譲渡裏書の効力発生時期に関する若干の考察――」銀行法務二一第七一〇号三六頁（二〇〇九年）、福瀧博之「手形行為の性質――福岡高判平成一九年二月二二日判時一九七二号一五八頁を契機に――」法学論集六〇巻三号一頁（二〇一〇年）、同「判批」商事法務一九一一号一〇一頁（二〇一〇年）、周劍龍「判批」獨協法学八一号一二五頁（二〇一〇年）、新里慶一「隠れた譲渡裏書」中京法学四四巻三・四号合併号二三頁（二〇一〇年）。

（5）最判昭和六〇年三月二六日判時一一五六号一四三頁（一九八五年）、金判七二三号三頁（一九八五年）、最判昭和五〇年一月二一日金法七四六号二七頁（一九七五年）。下級審判決として、東京高判昭和三六年四月一一日下民集一二巻四号五七頁（一九六一年）。

（6）福岡高裁平成一九年判決において、理論構成に反対しながらも、結論の妥当性について評価・検討するものとして、福瀧・前掲注（4）一四頁以下、新里・前掲注（4）七三頁以下などがある。

（7）田邊光政「判批（最判昭和六〇年）」昭和六〇年度重判一〇三頁、一〇五頁は、「隠れた取立委任裏書における資格授与説の考え方を隠れた譲渡裏書にも応用」して、「当事者間ではその合意の時点で譲渡の効力が生じているものと解し、ただ、取立委任裏書の形式を信じて行為をした者に対しては譲渡の効力を主張しえない」と述べる。

二　福岡高裁平成一九年二月二二日判決

1　事実の概要

X（原告、被控訴人）は、建設機械の修理・販売を営んでいる株式会社である。Xの代表取締役にはAが就いていたが、実際にXの経営実務を取り仕切っていたのは、専務取締役のBである。Y（被告、控訴人）は、商工組合中央金庫法に基づき設立された特殊法人であり、Xに対する融資をめぐる実務を担当していたのは大分支店のCであった。

XとYとは、平成五年九月三〇日付けで、手形貸付、証書貸付等の一切の取引に関する債務の履行につき定めた約定書を取り交わし、XY間では、次のような決済方法がとられていた。すなわち、YはXに貸付けを行うにあたり、その見返りとして、Xから取立委任裏書の方式で第三者振出の商業手形の交付を受け、これを預かり保管し、手形の満期日にこれを呈示し、取り立てた手形金をX名義でYのもとに開設された普通預金口座に入金し、同預金債権と貸金債権とを適時に対等額で相殺処理していた。

YはXに対し、平成一四年三月二二日に一四二〇万円（弁済期・平成一五年三月二〇日）を、平成一四年七月四日に五〇〇〇万円（弁済期・平成一五年七月四日）を、いずれも手形貸付けの方法で貸し付けた（以下、「本件貸付け」という）。しかし、その後、XはYに対し窮状を訴え、その善処方として、XとYとは、平成一五年三月一九日付けで債務弁済契約証書を取り交わし、本件貸付けにかかる一九二〇万円の借入金が現存することを確認するとともに、同借入金の弁済期を平成一六年三月一九日とすることなどを合意した。その際、Cは、Bから手形組戻依頼書の所定の欄にXの記名押印を得て、これをYの手形集中センターに送り、本件手形をY大分支店へ回送するよう求めた。

平成一五年四月二二日に、CはX方を訪問し、同月二三日付けで、「手形譲渡に関する契約書」（以下、当該契約書にかかる契約を「本件譲渡契約」という）、「商業手形担保約定書」および「念書（商業手形担保特約）」をXの専務取締役Bに作成してもらい交付を受けた。このうち、「手形譲渡に関する契約書」には、「私（X）は、（中略）貴金庫（Y）に対して現在および将来負担するいっさいの債務の根担保として（中略）、下記手形（合計八四通。以下、「本件手形」という）を貴金庫に譲渡します。」と記載されていた（なお、「貸付金額」欄には二四六〇万円と記載されていた）。

平成一五年四月二八日午前、Xは、大分地方裁判所に対して、民事再生手続開始および保全処分の各申立てをし、同日午前一一時ころ、同裁判所は、Xについて、予め裁判所の許可を得た場合を除き、同月二七日までの原因に基づいて生じた債務（ただし、租税その他国税徴収法の例により徴収される債務等を除く）の弁済および担保の提供をしてはならない旨の保全処分および所有する財産（ただし、商品を除く）にかかる権利の譲渡、担保権の設定等の一切の処分、Xの有する債権について譲渡、担保権の設定その他の一切の処分（ただし、Yによる取立てを除く）等をする場合には、監督委員の同意を得なければならない旨の監督命令を発した。

Yは、Xが民事再生手続開始の申立てを準備中であったことを全く知らず、右事実が右申立代理人弁護士からYに伝えられたのは、同日午後一時ころであった。

同日午後六時ころ、Yの職員はX方を訪問し、Bに対して本件手形を示した。これに対し、Bは、本件手形の被裏書人欄の「取立委任につきY」との記載のうち、「取立委任につき」の部分を抹消し、同部分の上からXの代表者印を押印した（以下、「本件抹消行為」という）。

平成一五年四月二八日以降、Yは本件手形を所持し続け、七六通の各手形（額面合計二〇五八万一〇〇〇円）につき順次支払呈示をし、手形金合計二〇四三万三〇〇〇円の支払を受けた（一通は不渡りとなり手形金の回収にいたっていない）。

Xは、平成一五年四月二八日になされたXからYへの裏書譲渡は、代表権を有しない専務取締役Bが行ったものであり、Xを再生債務者とする平成一六年改正前の民事再生法に基づく保全処分および同監督命令に違反するものであるから無効であるとして、Yに対して、不当利得返還請求権に基づき、本件手形のうちYが現に支払呈示して取り立てた手形にかかる手形金相当額（二〇五八万一〇〇〇円）およびこれに対する遅延損害金の支払を求めるとともに、取立未了の手形（八通）の引渡しならびにその代償請求として同各手形にかかる手形金相当額およびこれに対する遅延損害金の支払を求めた。

原審（大分地裁平成一八年三月三一日判決）は、本件手形に基づいてYが取り立てた手形金一八八一万九〇〇〇円は不当利得にあたるとして、同額およびこれに対する遅延損害金の限度でXの請求を認容した。これに対して、Yのみが控訴した。

2　判旨　原判決取消し（上告）[8]

本件手形は、従来の見返り手形ないしそれに基づく決済の方式……から、手形に表象された手形金（手形債権）それ自体が控訴人に譲渡担保に供されたものであるといわなければならない。

そうすると、本件手形債権は、本件譲渡契約に基づき、平成一五年四月二三日の同契約締結の時点で、根譲渡担保として控訴人に移転したものというべく、その後なされた本件抹消行為は、同契約に基づく手形面上の処理が事実行為としてなされたにすぎず、これによりはじめて本件手形債権が控訴人に譲渡されたというものではないのである。

（中略）

……本件手形債権の移転には、本件譲渡契約のみならず別途その旨の手形行為の存在が必要であり、本件抹消行為がそれであるとする点については、昭和六〇年最判が援用されているところ、同判決は、「取立委任文言の抹消により、その時から通常の譲渡裏書となる」とする昭和五〇年最判を引用した上で、「約束手形の取立委任裏書を受けてこれを所持している者が、その裏書人との間で当該手形の譲渡を受ける旨の合意をしたとしても、そのときに右取立委任裏書を抹消して新たに通常の譲渡裏書がされるか、又は取立委任文言が抹消されるなど、右譲渡のための裏書がなされなかったときには、後日取立委任文言を抹消しても、これによって譲渡裏書としての効力を生ずるのは右抹消の時からであって、前記譲渡の時に遡って効力を生ずるものではない」としたものであるから、一見すると本件の場合にも当てはまるかのようである。

しかし、同判決の事案は、取立委任裏書を受けていた者から取立委任文言が抹消された手形の裏書（白地）譲渡を受けた者が振出人に手形金請求をしたというものであるから、あくまで手形上の記載に依るべきことは当然であるが、本件は、本件譲渡契約の当事者である控訴人と被控訴人との間において本件手形債権の移転の有無や移転の時期が争われているのであるから、両者は事案を異にし、同列に論ずることはできないものというべきである。

（中略）

……本件譲渡契約に基づく根譲渡担保の被担保債権（本件貸付金）はその後完済されていないのであるから……、控訴人が本件手形の手形金を取り立て、本件貸付金の弁済に充当したとしても、それが被控訴人に対する関係で不当利得に当たるといえないことは明らかである。

3　取立委任文言の抹消の法的意義

（1）問題の所在

本判決は、取立委任裏書をなした当事者間で、その後これを通常の譲渡裏書に変更する場合に、手形債権譲渡の効力が生じるのは、取立委任文言の抹消のときではなく、当事者間の手形外における手形の譲渡契約が締結されたときであると判示した。

従来、同様の事案において、最高裁判決[9]は、取立委任文言の抹消のときから、通常の裏書譲渡となると判示してきた。それゆえ、最高裁判決と本判決とでは、一見、反対の立場に立っているようにも考えられる。しかし、この点につき、本判決は、本件は譲渡契約当事者間で争われている事案であり、譲渡契約当事者以外の手形の第三取得者が訴えを提起している最高裁判決の事案とは異なっているから、両者を同列に論じることはできないとする。すなわち、本判決が、手形行為は「あくまで手形上の記載によるべきことは当然である」として、自らの立場を、最高裁判決に矛盾するものではなく、その例外的立場として位置づけているところに、本判決の特徴があるといえる。

本判決が述べるように、手形債権譲渡の効力が生じているということは、譲渡当事者間において手形債権の譲渡を目的とした法律行為が存在しているはずであり、本判決はそれを譲渡当事者間の手形外における手形の譲渡契約にもとめている。すなわち、取立委任文言の抹消を事実行為として捉えている。そこで、取立委任文言の抹消行為は、法律行為であるのか事実行為であるのか、また、それは訴訟当事者が譲渡契約当事者であるか否かによって異なって解しうるのかが問題となる。

以下においては、まず本判決において引用されている最高裁昭和六〇年判決を考察し、本判決との比較を行う。次に本判決に関する学説を考察し、最後に私見を述べることとする。

(2) 最高裁昭和六〇年三月二六日判決(10)

(a) 事実と判旨

Y有限会社（被告、控訴人、被上告人）は、昭和五五年八月七日、A株式会社に対して本件約束手形二通（金額合計五〇〇万円、満期はいずれも昭和五六年一月二六日）を融通手形として振り出し、Aは、同日これをB信用金庫に取立委任裏書をして、その取立を依頼した。翌日、手形の不渡りを出して倒産したAは、Bに負担していた債務の担保として本件各手形を譲渡する旨Bに約した。しかし、本件手形がBの本店にあって手元になかったので、手形上の処理はされなかった。Bは、取立委任裏書のままの本件各手形をAのために支払期日に支払場所に呈示したが、支払を拒絶された。

昭和五六年三月一〇日、Aの保証人であるX（原告、被控訴人、上告人）が、AのBに対する債務を代位弁済したので、Bは、担保物として預かっていた本件手形を、被裏書人欄の「取立委任ニ付B信用金庫」との記載を抹消したうえ、白地裏書の方法でXに譲渡した。

Xは振出人のYに手形金の請求をしたが、これに対し、Yは融通手形の抗弁を主張した。そこで、XはYに対し、手形金五〇〇万円及びこれに対する昭和五六年一月二六日から支払済に至るまで年六分の割合による金員を求めて本訴を提起した。

第一審（長野地裁昭和五七年二月二四日判決[11]）は、「本件手形上の権利は、AからBへ満期前に担保の目的で譲渡され、その後Xが保証人としてその被担保債権を代位弁済したことにより、その担保たる本件手形を取得したものというべきであり、本件手形の取立委任裏書が抹消されないまま支払の呈示がなされたからといって、右認定を左右するものではない」としてXの請求を認容した。そこで、Yが控訴した。

第二審（東京高裁昭和五七年九月二九日判決[12]）は、「Bは本件手形の取立委任文言及びBの文字を抹消した昭和五六年三月一〇日ころ（満期後）に本件手形をAから隠れた質入裏書として白地裏書譲渡を受けたというべきであり……、そしてXはBから同日、更に白地裏書による譲渡を受けて現に本件手形を所持しているものということができる。」「Yは本件手形を期限後に取得したBに対し右融通手形の抗弁をもって対抗しうるものであり、Bから裏書譲渡を受けたXに対してもこれを対抗しうるものである」として、一審判決を取消した。そこで、Xが上告した。

これに対して、最高裁は以下の通り判示し、上告を棄却した。すなわち、「約束手形の取立委任裏書を受けてこれを所持している者が、その裏書人との間で当該手形の譲渡を受ける旨の合意をしたとしても、そのときに右取立委任裏書を抹消して新たに通常の譲渡裏書がされるか、又は取立委任文言が抹消されるなど、右譲渡のための裏書がされなかったときには、後日取立委任文言を抹消しても、これによって譲渡裏書としての効力を生ずるのは右抹消の時からであって、前記譲渡の時に遡ってその効力を生ずるものではない」として、YのXに対する融通手形の抗弁を認めた[13]。

（b）　**福岡高裁平成一九年判決と最高裁昭和六〇年判決との比較検討**

まず、福岡高裁平成一九年判決（以下、この節において単に「一九年判決」という）と最高裁昭和六〇年判決（以下、この節において単に「六〇年判決」という）

との事実の異同について考察をし、次に、取立委任文言の抹消の法的意義に関する両判決の理解の相違について考察を加える。

事実において、一九年判決も六〇年判決も、もともと取立委任裏書がなされ、その後、債務を担保するために手形を譲渡する旨の合意がなされている。その際、手元に当該手形がなかったことも共通しているが、一九年判決においては、直ちに手形を取り寄せる手続を進め取立委任文言の抹消を行っているが、六〇年判決においては、合意後直ちに手形を取り寄せることもせず、取立委任文言の抹消が行われたのは数ヶ月後であったという相違がある。また、一九年判決においては、手形の譲渡契約当事者が訴訟当事者であるのに対して、六〇年判決においては、手形の譲渡契約当事者（裏書人）に手形を振り出した手形債務者と、譲渡契約当事者（被裏書人）から手形を取得した手形所持人とが訴訟当事者であるという相違がある。

以上のような事実の違いから、一九年判決と六〇年判決とで価値判断が異なり、結果的に取立委任文言の抹消の法的意義に関する理解に違いが生じているように思われる。すなわち、一九年判決は手形行為の文言性(14)について述べており、昭和六〇年判決は、手形の書面行為性について述べているように思われる。

一九年判決は、六〇年判決における事案は取立委任裏書を受けていた者から取立委任文言が抹消された手形の裏書譲渡を受けた者が振出人に手形金請求をしたというものであるから、「あくまで手形上の記載に依るべきことは当然である」が、本事案は譲渡契約の当事者間で争われているのであるから、同列に論じることはできないとされる。このことから推測するに、一九年判決が指摘しているのは、手形行為の文言性であろう。つまり、手形の譲渡契約当事者から手形を取得した者が訴訟当事者となる場合には、手形外の事情（手形の譲渡契約）にしたがうのではなく、手形の文言にしたがうのは当然であるが、手形の譲渡契約当事者間で争われている場合には、手形の文言にしたがう必要はなく、手形外の事情を基準として妥当な結論を導き出しても決して不当とはいえないと考えているように思われる。

　これに対して、六〇年判決が指摘しているのは、手形の書面行為性ではなかろうか。なぜなら、六〇年判決は、いつ効力が生じるかについて判示しているのであって、いかなる内容の効力が生じるかについて判示しているわけではないからである。六〇年判決は、手形の譲渡について合意をしても、譲渡裏書としての効力を生ずるのは取立委任文言の抹消のときからであると判示しているにすぎない。このことは、手形行為における意思表示は手形という書面を通じてなされなければならないという手形の書面行為性について述べているのではなかろうか。

　一九年判決と六〇年判決とを比較すると、いずれもいったん取立委任裏書がなされ、その後、手形を譲渡する旨の合意がなされている。しかし、六〇年判決の事案においては、第三取得者が訴訟当事者であり、また、手形の譲渡契約当事者（被裏書人）が、合意後直ちには取立委任文言の抹消に取りかからなかったという事情があるのに対して、一九年判決では、手形の譲渡契約当事者間での争いであり、また、その契約当事者（被裏書人）が、合意後直ちに取立委任文言を抹消するために手続を進めたという相違がある。加えて、六〇年判決に関する学説においては、直ちに抹消の手続を進めることができたにもかかわらず、それをしなかった者が不利益を受けてもやむを得ないという評価[15]がなされているが、この価値判断は一九年判決の事案においては妥当しない。直ちに抹消の手続に取りかかっているからである。それゆえ、一九年判決は、手形の譲渡契約当事者間においては手形の譲渡を認めてしかるべきとの価値判断をしたように思われる。そして、六〇年判決を手形の文言証券性の問題として捉えたうえで、訴訟当事者如何によって文言性を問題にすべきときとすべきでないときというように、まさに六〇年判決の例外として自らを位置づけたように思われる[16]。しかしながら、六〇年判決を手形の書面行為性の問題として捉えたときには、一九年判決は、手形行為（書面行為）なくして手形の権利移転（裏書の効果）を認めている点において、六〇年判決の例外ではなくして、これに正面から反するものといわざるを得ない。なぜなら、我々は、署名を要素とする要式の書面的法律行為をして手形行為と呼ぶのであって、これに例外はありえないからである。

（3） 福岡高裁平成一九年判決に関する学説

以下では、福岡高裁平成一九年判決について、否定的な見解と肯定的な見解とに分けて紹介する。

（a） 否定的見解　福岡高裁平成一九年判決に否定的な見解の主張する理由は以下の通りである。第一に、手形行為は、原因関係とは別個の手形上の法律行為であって、少なくとも裏書による手形債権譲渡には、「手形上の権利移転に関する意思表示」が原因関係とは別に必要であり、そのような意思表示に当たるのが、取立委任文言の抹消であり、本件抹消行為により、その時点で新たな譲渡裏書がなされたことになると解すべきであるとされる。[17]第二に、手形債権移転事実に反する記載が手形面上にある場合、当事者の意思表示にかかわらず、同記載にしたがい手形債権移転の効力も認められるべきではなく、[18]また、手形行為の文言性、手形行為客観解釈の原則からして、手形上の法律関係を当事者の法的地位を基準として区別して判断することはできないとされる。[19]

要するに、取立委任文言の抹消行為は法律行為であるということ、手形上の法律関係は手形の記載にしたがって解釈されるべきこと、そして、このことは訴訟当事者が誰であるかによって変わらないことが理由として挙げられている。

（b） 肯定的見解　本判決に肯定的な見解は次のように述べる。第一に、判例・通説である裏書禁止手形以外の手形を指名債権譲渡の方式により譲渡することができる、あるいは単なる手形の交付により譲渡することができるという立場によるのであれば、手形外の契約によって、手形債権を移転することができるはずであり、取立委任文言を抹消しなくとも、取立委任裏書（そして手形債権の譲渡）の当事者間では、手形債権の譲渡の効力が認められると解することが整合的であるとされる。[20]第二に、裏書禁止手形以外の手形は裏書によらなければ譲渡できないという見解によっても、相続や合併などの一般承継の場合や代位弁済の場合など裏書によらずに手形上の権利が移転する場合があることは否定できず、手形上の権利の帰属は手形上の記載のみによっては決することはできないのであるから、このような見解によっても、本判決の結論が直ちに否定されるわけではないとされる[21]。第三に、取立委任文言が抹消されなければ、通常の譲渡裏書の効力（例えば、人的抗弁の切断、担保的効力あるいは善意取得）が生じないと解すれば、昭和六〇年判決および昭和五〇年判決の結論・価値判断とも抵触せず、しかも、本判決は取立委任文言の抹消前に「通常の譲渡裏書」があったとするものではなく、手形債権の譲渡があったと判断するものにすぎないから、昭和六〇年判決などの裁判例の抽象論とも抵触しないとされる[22]。

要するに、裏書という手形法的譲渡によらない譲渡方法で手形が譲渡されたとみれば、取立委任文言の抹消の有無は問題にならないこと、また、実際に、相続等によって手形上の権利が移転することもあり、手形上の記載だけによって決することができない場合もあること、そして、本判決自身、通常の譲渡裏書があったとは述べておらず、つまり手形法的譲渡（裏書）を問題にしていない以上、通常の譲渡裏書を問題とする従来の判例に抵触するものでないとされる。

（4）私見

取立委任文言抹消の法的意義および訴訟当事者が誰であるかによってその法的意義が変わりうるかについて、以下検討する。

まず、取立委任文言抹消の法的意義について検討する。取立委任裏書は、手形上の権利行使の委任を目的とする法律行為であるから、通常の譲渡裏書とは異なり、権利移転的効力を有しない。したがって、取立委任裏書から通常の譲渡裏書に変更する場合、換言すれば、当事者間で手形債権を移転させる場合には、新たに裏書という権利移転を目的とする手形行為が必要である。手形行為とは、署名を要素とする要式の書面的法律行為であるから、権利移転の合意は書面を通じて行われなければならない。その際、権利変動を忠実に手形面上に表すならば、取立委任文言ではなく、取立委任裏書自体を抹消し、新たに譲渡裏書をなすことになろう。しかし、実際には、取立委任文言のみを抹消し、これに代えるのが一般的である。ただし、そうであるからといって、手形債権の移転を目的とする裏書という手形行為は必要ないということにはならない。むしろ、取立委任文言の抹消が、手形債権の移転を目的とする裏書という手形行為（書面行為）における当事者の意思表示と解されるべきである。したがって、取立委任文言の抹消行為は、事実行為ではなく法律行為であると解する。(23)

この点、本判決は、最高裁昭和六〇年判決を引用し、同判決における事案においては「あくまで手形上の記載によるべきことは当然である」としながらも、本件では本件譲渡契約の当事者である控訴人と被控訴人との間において本件手形債権の移転の有無や移転の時期が争われているということを理由に、当事者間における手形債権の移転は本件譲渡契約のときに生じたものと判示している。さらに、取立委任文言の抹消行為は、同契約に基づく手形面上の処理が事実行為としてなされたにすぎないと判示する。要するに、本判決によると、本来、手形上の記載にしたがって手形上の法律関係は決定されるが、本件譲渡契約の当事者間で手形債権の移転の有無や移転の時期について争いがある場合には、手形外の合意（本件譲渡契約）のみによって手形債権は移転することになる。そして、この場合、取立委任文言の抹消行為は、手形行為ではなく、事実行為であるとされる。

そこで次に、取立委任文言の抹消行為の法的意義は、訴訟当事者が誰であるかによって変わりうるかについて検討する。この点、前述したように、取立委任文言の抹消行為は、通常の譲渡裏書に変更する旨の手形法的合意、つまり手形行為である。手形行為は書面的法律行為であるから、口頭の合意では手形行為たり得ないため手形上の法律効果は生じず、これを生じさせるためには書面を通じた意思表示の合致が必要である。したがって、手形外でいくら通常の譲渡裏書に変更する旨の合意がなされようと、それ自体によって手形関係に影響はなく、取立委任文言の抹消という手形行為があってはじめて通常の譲渡裏書という手形上の法律効果が生じるのである。まさに最高裁昭和六〇年判決はこのことを判示しているのであって、そして、手形行為は書面的法律行為であるから取立委任文言の抹消という手形行為がない以上、通常の譲渡裏書の効力は発生しないと考えると、このことは訴訟当事者が誰であるかによって左右されるものではない。

以上のことから、取立委任文言の抹消は法律行為であり、かつ、このことは訴訟当事者が誰であるかによって変わるものではないと考える[24]。

以上のように、私見としては本判決に理論構成・結論ともに反対であるが、それは本判決におけるXとYとの利益衡量として正当なものといえるであろうか。この点、本件のような隠れた譲渡裏書に隠れた取立委任裏書に関する議論を応用して、本判決と同様の結論を導き出そうとする見解がみられる。そこで以下においては、隠れた譲渡裏書への隠れた取立委任裏書に関する議論の応用の可否について、若干の検討を加えたい。

(8)　本件は、その後「上告棄却・上告不受理決定（平成二〇年七月四日）」となったようである（酒井・前掲注（5）一二頁参照）。
(9)　前掲注（5）参照。
(10)　前掲注（5）参照。
(11)　金判七二三号八頁（一九八五年）。
(12)　金判七二三号七頁（一九八五年）。
(13)　最高裁昭和六〇年判決は、最高裁昭和五〇年一月二一日判決を踏襲したものである。最高裁昭和五〇年判決（金法七四六号二七頁）の事実と判旨は以下の通りである。
　X銀行（原告、控訴人、上告人）は、Yを支払人とする為替手形（手形金額一一八万円、満期日昭和四二年一一月二四日）につき、昭和四二年八月一〇日付でAから取立委任裏書を受けた。Xは、同年八月二〇日にYから引受をえて、満期日である同年一一月二四日に支払呈示をしたところ、不渡りとなった。そこで、その後昭和四三年三月二日に、Xは裏書欄の取立委任文言を抹消し、同年五月四日、Y（被告、被控訴人、被上告人）に対しその支払を求めて、本訴を提起した。これに対し、Yは、昭和四三年五月三〇日の右訴の口頭弁論期日に、その所持するところのA振出（手形金額一一四万円、満期日昭和四二年一二月二五日）の約束手形債権を自働債権、Xの前記為替手形債権を受働債権として対等額で相殺する意思表示をし、Aに対する人的抗弁（相殺の抗弁）を主張して争った。

これに対して、最高裁は、「AからXに対する本件為替手形の裏書は、原判示の取立委任文言の抹消によりその時から通常の譲渡裏書となるものであって、所論のような期限前に遡及して通常の譲渡裏書となるものではないから、期限後裏書であるとしたうえ、Yの相殺の抗弁を認めた原審の判断は、正当として是認することができる」と判示した。

(14) 手形行為の文言性とは、手形上の法律関係はもっぱら手形上の記載によって決まるという性質であり、それゆえ、手形に記載されている内容が手形外の実質関係と異なる場合でも、手形上の法律関係は、その実質関係によって修正されることはないというものであるとされる（田邊光政『最新手形法小切手法』（中央経済社、二〇〇七年）三二頁）。もっとも、文言証券という言葉の用語法については争いがある（上柳克郎「手形の文言性」鈴木竹雄＝大隅健一郎編『手形法・小切手法講座第一巻』（有斐閣、一九六四年）六〇頁以下）。それゆえ、手形の文言性を如何に解するかによって福岡高裁平成一九年判決の捉え方も変わりうるが、この点については今後の課題としたい。

(15) 田邊・前掲注（7）一〇五頁参照。

(16) もっとも手形の文言性の解釈如何によっては、訴訟当事者が誰であるかによって文言性を問題にすべきときとすべきでないときがあるという考え方自体が否定されることになろう（竹田省『商法の理論と解釈』（有斐閣、一九五九年）四八四頁、四八六頁参照）。

(17) 福瀧・前掲注（4）一〇頁、菊地・前掲注（4）三五頁。

(18) 酒井・前掲注（4）一六頁。

(19) 新里・前掲注（4）二五六頁。なお、今井・前掲注（4）一二三頁は、取立委任文言が抹消されるまでは、手形債権は、裏書人に帰属するが、被裏書人は、裏書人からの手形返還請求に対しては、原因契約である譲渡契約をもって拒絶することができ、また、裏書人に対して、手形債権の移転を譲渡契約に基づき請求することができるとされる。

(20) 弥永・前掲注（4）一四頁。同頁は、誰が権利者であるかという問題と手形上に表章されている権利はどのような内容のものかという問題とは別であり、後者は手形上の記載によるべきであるが、前者は手形外の法律関係によって決せられる場合もあるから、譲渡の合意によって手形債権は当事者間では移転すると解しうるとされる。

(21) 弥永・前掲注（4）一四頁。

(22) 弥永・前掲注（4）一四頁。なお、昭和五〇年判決については、前掲注（13）参照。

(23)　厳密に言えば、取立委任文言が抹消された手形の授受が手形債権譲渡についての合意（手形行為）ということになろう。

(24)　学説においては、第一に、指名債権譲渡の方式により譲渡することができる、あるいは単なる手形の交付により譲渡することができるという立場からは、取立委任文言の抹消がなくても手形債権を移転することができるとする見解がある。しかし、本件において、指名債権譲渡の方式が履践されたという事情はない。第二に、相続などのように裏書によらずに手形上の権利が移転する場合があり、手形上の権利の帰属は手形上の記載のみによっては決することはできないとする見解がある。しかし、目下問題となっているのは、意思表示（法律行為）による手形債権の譲渡であって、意思表示によらない手形債権の移転に関する相続などとは問題が異なるのではなかろうか。第三に、本判決は取立委任文言の抹消前に「通常の譲渡裏書」があったとするものではなく、手形債権の譲渡があったと判断するものにすぎないから、最高裁昭和六〇年判決などの裁判例の抽象論とも抵触しないとの見解がある。しかし、最高裁昭和六〇年判決を手形の書面行為性について判示したものと捉えれば、本判決は書面行為（手形行為）なくして手形債権の譲渡を認めるものであり、抵触するものといわざるを得ない。仮に本判決が手形法的譲渡以外の譲渡方法について判示しているものとすれば、それはすでに最高裁昭和六〇年判決とは別の問題について判示していることになり、そのような意味においては抵触しないということになろうか。

三　いわゆる隠れた譲渡裏書について

XY間で手形行為（裏書）がなされていないとしても、福岡高裁平成一九年判決が判示するように、XからYへ手形債権が移転したものと解することはできないであろうか。

この点、隠れた譲渡裏書に隠れた取立委任裏書に関する議論を応用することが試みられ、また、検討されている[25]。隠れた取立委任裏書においては、手形面上は通常の裏書でありながら、その目的は取立委任裏書である。すなわち、当事者間で取立委任についての手形外の合意がなされているのである。これと同様に、本件においても、取立委任裏書と本件譲渡契約（手形外の合意）との間に時間的隔たりがあるとはいえ、手形面上の記載（取立委任）と手形外の合意（手形債権譲渡）とに食い違いがあり、この点において共通する。

そこで、以下においては、手形面上の記載と手形外の合意とに食い違いがある場合に、手形外の合意が手形関係に如何なる影響を与えるかについて、隠れた取立委任裏書に関する議論を整理・検討し、本件について考察する。

隠れた取立委任の法的性質については、学説上、大きく二つの説に分かれている。[26] 信託裏書説と資格授与説とである。信託裏書説は、形式を重視し、譲渡裏書の形式で手形行為が行われている以上、手形上の権利は裏書人に移転し、取立委任の合意（手形外の合意）は当事者間の人的関係にすぎないとする。これに対し、資格授与説は、実質を重視し、取立委任の目的でなされた裏書である以上、隠れた取立委任裏書によって手形上の権利は移転せず、被裏書人には自己の名をもって裏書人の権利を行使する権限が与えられるにすぎないとする。

それでは、資格授与説の立場に立てば、福岡高裁平成一九年判決のように譲渡契約時に手形債権が移転したものと解することはできるであろうか。

この点、資格授与説をどのように捉えるかにかかっていると思われる。すなわち、資格授与説を、形式（手形面上の記載）と実質（当事者間の真の目的ないし合意）とが異なる場合に、実質を重視する見解であると捉えるならば、形式上は取立委任裏書であっても、当事者間の合意（実質）によって手形債権が移転すると解することができそうである。これに対して、資格授与説は、右のような意味において実質を重視する見解ではなく、あくまで手形行為（裏書）における裏書人の意思解釈として、手形面上は譲渡裏書の形式であっても、その効果は取立委任裏書とみるべきであるという見解であると捉えるならば、福岡高裁平成一九年判決においては、資格授与説ひいては隠れた取立委任裏書に関する議論そのものを応用することはできないことになろう。なぜなら、資格授与説が、裏書人の意思解釈の問題として隠れた取立委任裏書を考えているならば、その問題が起こりうるのは、取立委任目的（実質）で譲渡裏書（形式）をなした場合、いわば実質上の意思表示（取立委任目的）と形式上の意思表示（譲渡裏書）とが「同時に」なされた場合のみであるからである。福岡高裁平成一九年判決のように、もともと取立委任目的で取立委任裏書がなされ、のちに手形債権譲渡の合意（つまり譲渡裏書に変更する旨の合意）がなされたという場合には、もはや取立委任裏書（時）の裏書人の意思解釈という問題は出てこないであろう。

そこで以下においては、資格授与説に立つ論者が、自説をどのように展開しているか考察する。

資格授与説に立ち、これを詳述している大隅博士は次のように説明される。「資格授與説は、それに對應する意思を伴はざる限り、單なる形式のみによりて、手形の所有權從って手形上の權利の移轉を生ずるものではない、之を生ずるがためには裏書の外に權利移轉を内容とする交付契約が存しなければ」ならないとされる。続けて「隱れたる取立委任裏書に於ては、当事者は固有裏書の形式を採るにも拘らず、權利移轉の意思を缺如するが故に、手形の所有權及び債權者權《ママ》は被裏書人に移轉することなく、依然として裏書人に留保されて居り、被裏書人は單に手形上の權利を行使する資格の下に於て、裏書人の權利を行使する權限を有するものたるに過ぎず」と述べる。(27)また、裏書の本質について、次のように述べる。すなわち、固有裏書の場合においても「裏書自體には手形上の權利の移轉を惹起すべき効力はないのであって、之を生ずるがためには裏書の外に手形所有權移轉の物權的合意を必要とし、隨って假令固有裏書ある手形の引渡あるも、右の合意を缺く限り、手形所有權從って手形上の權利の移轉を生ぜず、只被裏書人はそれによって常に手形上の權利者たる資格を取得し、別段自己の實質的權利を證明するを要せず」と説く。(28)そして、「隱れたる取立委任裏書は、この裏書の本質たる手形上の權利者たる資格の授與にその根柢を置くもの」であるが、「それのみでは被裏書人の地位は受動的であって、債務者に於て被裏書人を手形上の權利行使の權能（Berechtigung）あるものとして取扱ふこと」ができるのみであり、完全に取立委任の目的を達することは困難であるとされる。(29)そこで、「當事者は、單に資格の授與のみならず、手形上の權利の行使に必要なる限り、被裏書人にその權利を自己の名に於て行使する權能（Rechtsmacht）をも認むるものとする。」「かゝる裏書人の意思は、商法第四六三條の取立委任裏書によりて制限的な資格が授與しうるにも拘らず、意識的に完全なる資格の授與を生ずる固有裏書の形式を選びたることに於て求められる」（傍点筆者）とする。[30]

要するに、裏書の本質を資格授与と考え、手形上の権利を移転するためには裏書とは別に物権的合意が必要であることを前提とし、物権的合意を欠く隠れた取立委任裏書は、裏書の本質である権利者たる資格の授与を基礎とするとされる。しかし、その資格だけでは取立委任の目的を達するのは困難であるから、「裏書人の意思」として、単に資格の授与のみならず、被裏書人にその権利を自己の名において行使する権能をも認めるべきであるとする。そして、そのように裏書人の意思を解釈しうる理由として、取立委任裏書によると制限的な資格を授与しうるにもかかわらず、意識的に完全な資格の授与を生ずる「固有裏書の形式」を選んでいることに求めている。ここで注目すべきは、あくまで形式上は固有裏書であることを認めていることと、裏書人の意思解釈を行っていることである。

以上のことから、資格授与説は、形式よりも実質を重視するというものではなく、一方において、裏書の本質たる手形上の権利者たる資格が与えられ、他方において、取立委任裏書ではなく譲渡裏書の形式を利用していることに着眼し、裏書人の意思解釈によって、自己の名において行使する権能が与えられているとする見解であると理解することができる。

このように資格授与説を理解するならば、福岡高裁平成一九年判決や最高裁昭和六〇年判決のように、いったん取立委任裏書がなされ、そのあとに当事者間で譲渡裏書に変更する旨の手形外の合意がなされた場合には、資格授与説を持ち出すことはできないことになろう。譲渡裏書に変更する旨の手形外の合意を、その前に行われた取立委任裏書における意思表示とみることはできないからである。

それでは、手形を債権担保のために譲渡する目的で、取立委任裏書をなした場合[31]に、資格授与説から手形債権譲渡の効力を導くことはできるであろうか。

大隅博士は、通常の裏書について次のように述べている。「通常の裏書による手形の譲渡は手形上の権利の譲渡を目的として手形に一定の形式を具してなす手形所有権移轉の物権契約であるといふことが能きる。即ち裏書による手形上の権利移轉の本質は債権の譲渡に外ならざるも、それは手形の所有権譲渡の衣を纏って現はれるのである。従って裏書により手形上の権利の移轉を生ずるがためには、商法四五七條所定の形式（中略）を践みたる手形の引渡（中略）と共に手形の所有権移轉を目的とする物権的合意を必要とする」とされる。(32) つまり、手形上の権利を移転するためには法定の形式を履践した手形の引渡とともに物権的合意が必要であり、物権的合意だけで手形上の権利は移転するものではない。

これに鑑みれば、取立委任裏書の形式をとるときは、いかに手形上の権利移転に向けられた物権的合意があろうとも手形上の権利は移転するものではないと考えるべきであろう。通常の裏書の方式が履践されていないからである。すなわち、資格授与説は、隠れた取立委任裏書についてのみの理論であり、隠れた譲渡裏書に応用できる理論ではないと考える。

(25) 田邊・前掲注（7）一〇五頁。福瀧・前掲注（4）一五頁以下（二〇一〇年）は、福岡高裁平成一九年判決の結論に反対しながらも、同判決の判旨に代わる法的構成の可能性として、隠れた取立委任裏書の考え方を応用できないかについて検討を加えている。

(26) 隠れた取立委任裏書に関する詳しい学説状況については、富山・前掲注（1）二四七頁以下参照のこと。

(27) 大隅健一郎「手形の隠れたる取立委任裏書（一）」法学論叢二五巻五号六一頁。

(28) 大隅健一郎「手形の隠れたる取立委任裏書（二・完）」法学論叢二五巻六号六二頁。

(29) 大隅・前掲注（28）六三頁以下。

(30) 大隅・前掲注（28）六四頁以下。

(31) 例えば、東京地裁平成一〇年八月二七日判決（金法一五四五号五五頁）である。同判決の事実は以下の通りである。

Y（被告）は、本件更生会社の管財人である。X（原告）は、平成九年四月三〇日、本件更生会社に対し本件（一）手形（手形金額四五一〇万円、平成九年八月三一日満期）を振り出した。本件更生会社は、平成九年五月二日、本件（一）手形を訴外A銀行に債権担保目的で譲渡したが、取立委任裏書の形式が採られていた。Xは、平成九年四月二一日に本件更生会社からXに振り出された本件（二）手形（手形金五〇〇万円、平成九年九月五日満期）を所持している。

平成九年一〇月二〇日、XはYに対し、Xの本件（二）手形についての手形債権をもって、本件更生会社の本件（一）手形についての手形債権とその対等額において相殺する旨の意思表示をし、その際、本件（二）手形を呈示したが、同手形上に一部支払の記載はされなかった。

そこで、XはYに対し、Xの本件更生会社に対する手形債務は、本件更生会社のXに対する手形金債務との相殺によって消滅したとして、本件手形金債務の不存在確認を求めた。

これに対して、東京地裁は次のように判示し、請求を認容した。「本件裏書の趣旨ないし経済上の目的が、訴外銀行においてこの手形金を取立取得し、これを本件更生会社に対する貸金の弁済に充てるなど、被裏書人である訴外銀行の債権担保のためのものであるとしても、右のような意図された実質関係よりも効力の弱い取立委任という形式が当事者間において当初から選択され、かつ、……訴外銀行は、取立委任裏書の被裏書人として、取立委任文言の記載された本件（一）手形を所持し、これを支払呈示したのであるから、このような裏書の効力としては、その形式ないし証券上の記載にしたがって、取立委任裏書による効力（手形法七七条一項一号、一八条）を有するにすぎないものと解するのが相当である」。

(32) 大隅・前掲注(27)七〇頁。なお旧商法四五七条は以下のように規定する（丸山長渡『改正商法〔明治三二年〕要義下巻』（信山社出版、復刻版、二〇〇五年）六〇頁から引用）。「裏書ハ為替手形其謄本又ハ補箋ニ被裏書人ノ氏名又ハ商號及ヒ裏書ノ年月日ヲ記載シ裏書人署名スルニ依リテ之ヲ為ス」（一項）。「裏書ハ裏書人ノ署名ノミヲ以テ之ヲ為スコトヲ得此場合ニ於テハ爾後為替手形ハ引渡ノミニ依リテ之ヲ譲渡スコトヲ得」（二項）。

四　おわりに

本稿において検討したのは、取立委任文言の抹消の法的意義と、隠れた譲渡裏書に隠れた取立委任裏書に関する議論を応用できるか否かである。

取立委任文言の抹消の法的意義については、これは法律行為であり、訴訟当事者如何によって事実行為であったり法律行為であったりするものではないと解する。

隠れた譲渡裏書に隠れた取立委任裏書に関する議論を応用できるか否かについては、次の理由から、応用できないものと考える。第一に、資格授与説は、裏書人の意思解釈として譲渡裏書の形式に取立委任の効力を認めるものであるが、いったん取立委任目的で取立委任裏書がなされ、そのあとに通常の譲渡裏書に変更する旨の合意があった場合には、もはや取立委任裏書における裏書人の意思解釈の問題は出てこないからである。第二に、仮に譲渡裏書目的で取立委任裏書がなされた場合においても、資格授与説が、隠れた取立委任裏書のように、裏書人の意思（取立委任）よりも手形上の記載通りの効力（譲渡裏書）が大きい場合にのみ妥当する説である以上、当事者の目的（譲渡裏書）よりも手形上の記載通りの効力（取立委任）が小さい、いわゆる隠れた譲渡裏書のときには、同説を応用し得ないからである。

これまで、福岡高裁平成一九年判決のように、いったん取立委任裏書がなされ、そのあとに通常の譲渡裏書に変更する旨の合意があった場合に、これも隠れた譲渡裏書の一場合であるかのように考えられてきた。しかし、福岡高裁平成一九年判決の事案においては、単に手形の書面行為性が問題になるにすぎない[33]。それゆえ、手形法の領域で考える限り、本判決においては、取立委任文言の抹消という手形行為がない以上、譲渡契約当事者間においても手形債権は移転しないものと考える[34]。

（33）　加藤・前掲注（2）四頁は、隠れた譲渡裏書の効力に関する問題として、譲渡裏書としての効力を生ずるには、当事者の合意があれば足りるのか譲渡裏書としての形式をととのえる必要があるか、また、その効力発生の時期が取立委任文言の抹消とどのような関係にあるのかという問題を挙げている。しかし、卑見によれば、これらの問題は、手形行為、とくに書面行為性に関する問題である。

(34) もっとも、他の法律により福岡高裁平成一九年判決と同様の結論を導くことはできるかもしれない。例えば、福瀧・前掲注(4)三三頁は、民事債権法における商事留置権の効力の問題として取り扱われるべきものとされる。

なお、本件と同様の事案において手形の商事留置権の効力について、東京地裁平成二一年一月二〇日判決(判時二〇四〇号七六頁)は、次のように判示している。すなわち、「破産手続においては、商事留置権は特別の先取特権とみなされ(破産法六六条一項)、商事留置権を実行したことによる回収金についての優先弁済が認められているが、民事再生法には同様の規定が設けられておらず、前記説示のとおり優先弁済権はないと解されていて、商事留置権本来の効力の範囲内で別除権者としての権利行使をし得るに止まるのであって、その相違は、両手続における商事留置権者に対する保護の違いに起因するものであるから、そのような相違が生じること自体を不合理であるということはできない」として、手形の取立金の債権への弁済充当は許されず、弁済への充当には法律上の原因がない旨、判示する。

人身傷害保険契約の法的性質と「保険金請求権者」の変更の可能性

肥塚肇雄

一　問題の機縁――盛岡地裁平成二一年一月三〇日（公刊物未登載）

人身傷害保険契約または人身傷害補償保険契約（以下「人身傷害保険契約」という）は、一般に、自動車等の運行に起因する急激かつ偶然の外来の事故（以下「人身傷害事故」という）により、被保険者が身体に傷害を被ることによって被保険者またはその父母、配偶者もしくは子（以下「被保険者等」という）に生じた損害に対して、賠償義務者の過失の有無、被保険者の過失割合にかかわらず、てん補することを内容とする。このような契約内容の人身傷害保険契約は、人身傷害事故によって被保険者等が身体に傷害を被る損害をてん補する契約であるから、一般に、保険法上、少なくとも損害保険契約の一種に属すると考えられている。(2)(1)

ところが近時、人身傷害保険契約に係る重要な問題を含んでいる裁判例が示された。盛岡地裁平成二一年一月三〇日判決（公刊物未登載）(3)がそれである。

Aは自動車を運転中、トンネルに差しかかった際、トンネルを支える支柱に激突して負傷しその結果死亡した。AはY社との間で自らを記名被保険者とする一般自動車総合保険契約を締結していた。同契約には人身傷害補償特約が付帯しており、同特約には、自動車の運行に起因する急激かつ偶然な外来の事故により被保険者が身体に傷害を被り被保険者またはその父母、配偶者若しくは子に生じた損害に対して、保険金を支払う旨が定められており、その保険金を請求すべき保険金請求権者には、損害を被った被保険者またはその父母、配偶者若しくは子、被保険者が死亡した場合は、その法定相続人がなる旨定められていた。Aの法定相続人はその妻Bおよび二人の子C・Dであったが、全員が相続を放棄し相続人不在となった。そこで盛岡家庭裁判所は、Aの相続管理人として弁護士Xを選任した。Xは、Aに人身傷害補償特約が適用される結果、人身傷害補償特約に基づく死亡保険金請求権は法定相続人の固有財産となるものではなく、相続財産に帰属すると主張し、Y社にAの死亡保険金の支払を求めた。これに対して、盛岡地判平成二一・一・三〇（公刊物未登載）は、「人身傷害補償特約、搭乗者傷害条項及び自損事故に基づく各死亡保険金は、いずれも、被保険者が死亡した場合はその法定相続人を保険金請求権者あるいは保険金の支払先とすると定められているところ、これらの約款は、被保険者が死亡した場合において、保険金請求権の帰属を明確にするため、被保険者の法定相続人に保険金を取得させることを定めたものと解するのが相当であり、その権利関係は、保険金受取人を法定相続人として指定した場合と異なるところはないというべきである。そして、保険金受取人を法定相続人と指定した保険契約は、被保険者死亡時の法定相続人のための契約であり、その保険金請求権は、保険契約の効力発生と同時に法定相続人の固有財産に帰属し、被保険者の相続財産には属さないものと解すべきである。」と判示した。

この判決は、「人身傷害補償特約、搭乗者傷害条項及び自損事故に基づく各死亡保険金は、いずれも、被保険者が死亡した場合はその法定相続人を保険金請求権者あるいは保険金の支払先とすると定められている」ことを指摘し、被保険者死亡事案において、人身傷害条項上、保険金請求権者が法定相続人であると定めていることは、「保険金受取人を法定相続人として指定した場合と異なるところはないというべきである」と述べ、人身傷害保険金請求権は法定相続人の固有財産に帰属し、被保険者の相続財産には属さないことを導いた。

もしこの判決が述べるとおりに、人身傷害保険契約と搭乗者傷害保険契約または自損事故保険契約でそれぞれ法定相続人を指定する法的意味に異なるところがないのであれば、人身傷害保険契約も搭乗者傷害保険契約も自損事故保険契約もともに支払保険金の額の決定方法を基準にして分類した場合の定額保険契約の一種となるから、保険金請求権者と保険金受取人とを同列に論じることができることになるはずである。

はたして、人身傷害保険金について保険金請求権者を法定相続人として指定していることは、保険金受取人を法定相続人として指定していることと異なるところはないのであろうか。傷害疾病定額保険契約の保険契約者には保険金受取人の変更権が与えられている（保険法七二条一項・七三条一項）が、この権利を人身傷害保険契約の保険契約者も有するのか、保険法七二条一項・七三条一項が、被保険利益と無関係に締結される保険契約における確認規定であれば、人身傷害保険契約にも類推適用できる可能性がある。すなわちこの判決は、人身傷害保険契約の法的性質は何か、保険法上定義されているどの保険契約に属するのかという問題を提起しているのである。

近時、仄聞するところによれば、人身傷害保険契約甲の被保険者A（兼保険契約者）死亡事案において、保険契約者Aが生命保険契約乙を締結していたところ、人身傷害事故発生前に遺言により生命保険金受取人をXからBに変更した場合に、人身傷害保険金についてもX（人身傷害「保険金請求権者」）からBに変更し、その後人身傷害事故により死亡したとき、Xは人身傷害保険契約を締結した保険会社（以下「人傷引受会社」という）Yに対し人身傷害保険金の支払を求めたという事案が実際に起きたとのことである。この事案では、人身傷害保険契約との関係では、Bが①人身傷害保険契約甲上の「保険金請求権者の範囲」に含まれるか、②人身傷害保険契約甲上の「保険金請求権者の範囲」外の者かに分けることができる。

本稿は、このような問題意識に基づき、人身傷害保険契約の法的性質[4]を再検討し保険契約者による「保険金請求権者」の変更の有効性を考察することを目的とする。

（1） 保険法上は、支払うべき保険金の額の算定方法を標準として保険契約（二条一項）を分類し、損害保険契約と定額保険契約（生命保険契約と傷害疾病保険契約）に分けるという二分法を前提にし、傷害疾病定額保険契約には独自の法的意義を認めている（二条九号）が、これと対義的な位置付けにある傷害疾病損害保険契約には独自の法的意義を認めず損害保険契約に包摂している（傷害疾病損害保険契約の定義規定（同法二条七号）にいう「損害保険契約のうち」）。しかし、傷害疾病保険契約には、厳密には「定額給付型」と「不定額給付型」があり、後者はさらに「損害てん補型」の存在と厳密にはこの損害てん補型と同じではない所得補償保険契約のような「中間型」の存在がある（金澤理『保険法下巻』八四頁（成文堂、二〇〇五年））。

（2） 山下典孝「人身傷害補償保険に基づく保険金の充当の問題」自動車保険ジャーナル一八二〇号四～六頁（二〇一〇年）では、人身傷害保険契約の被保険者の過失割合部分が傷害疾病定額保険契約ではないかという問題提起がなされている。

（3） 大塚英明「人身傷害補償の死亡保険金の帰趨―人傷の法的性質論の新たな展開」法律のひろば六四巻二号五四～六一頁（二〇一一年）、洲崎博史「判批」損害保険研究七四巻四号二一五～二三九頁（二〇一三年）。なお、山下友信＝永沢徹『論点体系 保険法1』四二三～四二六頁〔肥塚肇雄・筆〕（第一法規、二〇一四年）参照。

（4）　赤津貞人「傷害・疾病保険の意義・性質と人身傷害補償条項・無保険車傷害条項」金澤理監修・大塚英明＝児玉康夫編『新保険法と保険契約法理の新たな展開』四四三頁以下、特に四五九頁以下（ぎょうせい、二〇〇九年）。

二　人身傷害保険契約の基本コンセプトと保険法上の位置付け等

1　基本コンセプト

人身傷害保険契約は、その基本コンセプトを、一般に、迅速な損害てん補を可能にするために、被保険者が賠償義務者との交渉、責任原因または過失割合の調査並びに訴訟等による時間、労力および費用の負担を軽減させ、また賠償義務者の責任性は人身傷害保険契約に影響を与えることはなく、被保険者に発生した損害の額が人身傷害条項損害額基準に基づき算定されてん補されることに求められる(5)。すなわち、人身傷害保険契約の「人身傷害条項損害額基準」は、迅速な損害てん補を可能にするために、被保険者が賠償義務者との交渉、責任原因または過失割合の調査並びに訴訟等による時間、労力および費用を要することなく、また賠償義務者の責任性が人身傷害保険契約に影響を与えることがないように、被保険者に発生した損害の額を算定しその額の損害をてん補することができるように設計されている(6)。

したがって、「人身傷害条項損害額基準」に基づき損害額を算定する際、証拠資料に依拠して事案の個別特殊性を充分に考慮することはできず、また、同基準は裁判基準に比べ低額に抑えられていると言われている。さらに、「契約自由の原則」の下、人身傷害保険契約を締結した当事者には、保険金額を上限として、被保険者の過失割合の対象となる損害部分を含め、被保険者の下で発生した総損害額が人身傷害保険契約によりてん補されるという意思(7)がそれぞれ認められるのである。

2 保険契約の位置付けと人身傷害保険契約に対する規律

傷害疾病損害保険契約は、保険法において、損害保険契約（二条六号）の範疇に含まれる下位概念として位置付けられている（二条七号「損害保険契約のうち」）。傷害疾病損害保険契約は、保険者が「一定の偶然の事故」によって生じることのある損害をてん補することを約すると定義される損害保険契約のうち、保険者が「人の傷害疾病」によって生ずることのある損害をてん補する保険契約類型として定義されたものである（二条七号）。

人身傷害保険契約は被保険者等に発生した損害をてん補することを契約内容とするものだから、一般には、保険法上損害保険契約に分類されると考えられている。さらに、保険法上損害保険契約に分類されることを前提に、人身傷害事故によって被った被保険者等の損害をてん補するという点で、保険法上傷害疾病損害保険契約に分類されそうである。ところが、傷害疾病損害保険契約の定義規定をみると、てん補されるべき損害は「当該傷害疾病が生じた者が受けるものに限る。」（保険法二条七号）という括弧書きがおかれている。立法者が、このような括弧書きを定め傷害疾病によって生ずることのある損害を当該傷害疾病が生じた者（以下「当該受傷者」という）に絞った趣旨は、当該受傷者以外の者に当該傷害疾病から損害が発生する場合もあり、そのような損害をてん補する保険契約は、人保険契約性が認められず、損害保険契約と変わらないので、そのような保険契約に対しては損害保険契約一般の規律を及ぼすことで足りるということにある。(9)

(8)

人身傷害保険契約のうち、傷害疾病損害保険契約に分類されるのは、人身傷害事故により被保険者が身体に直接の傷害を被った損害部分に限られそうである。そうだとすれば、人身傷害保険契約のうち、人身傷害事故により当該受傷者以外の被保険者が身体に傷害を被った損害部分は、損害疾病損害保険契約に該当しないことになり、この部分は、傷害疾病損害保険契約の特有の規律（保険法三四条）が及ばず、損害保険契約の一般の規律（同法三一～三三条）に服することになると思われる。

このように考えると、人身傷害保険契約は、当該受傷者である被保険者の部分と、当該受傷者以外の被保険者の部分とに分かれて、前者は傷害疾病損害保険契約の一種であり後者は傷害疾病損害保険契約に該当せず損害保険契約の一種に留まり、一つの保険契約の中に、傷害疾病保険損害契約の規律に服する部分と損害保険契約の規律に服する部分とが認められることになり、これは契約当事者が一つの意思表示を行って人身傷害保険契約を締結した実態から乖離し合理性に欠けそうである。

そこで、人身傷害保険契約がどのような法的性質を有し保険法に規律されるのかを検討する。

第一に、人身傷害保険契約の「被保険者」概念についてである。保険契約上の損害保険契約に対する規律によれば、「被保険者」とは、「損害保険契約によりてん補することとされる損害を受ける者」（保険法二条四号イ）と定められているが、傷害疾病損害保険契約における「被保険者」の定義規定は保険法上損害保険契約の「被保険者」の定義規定から別個独立におかれていない。保険事故発生の客体と保険給付との関係において、傷害疾病損害保険契約の契約内容の眼目は、当該傷害疾病により死亡した場合を除き、当該傷害疾病を受けた「被保険者」に限り当該保険契約に基づく保険金給付を受け取るべきことにある。なぜならば、第一義的には、当該保険給付を最も必要としている者は当該受傷者だからである。また、モラル・リスク誘発を防止する観点からも、第一に、保険給付を受け取るべき者は当該受傷者に限るのが最も望ましいからである。

保険法二条七号の定義規定の括弧書きを敷衍すれば、保険法上、傷害疾病損害保険契約の「被保険者」は当該傷害疾病が生じた者、すなわち当該受傷者であるといえよう（傷害疾病定額保険契約では、被保険者を、その者の傷害疾病に基づき保険者が保険給付を行うこととなる者（保険法二条四号ハ）と定めている）。ただ、傷害疾病損害保険契約のうち、保険契約保険給付を受け取るべき者を当該受傷者に限定したとき、その限定はモラル・リスクの誘発がないと思われる場合も保険給付を制限することになり、一定の保険契約ではその結果は実際的ではないので、当該受傷者以外の者であっても当該受傷者との間に一定の人的関係がある者に限っては、その者が損害を被っているならば、その者に保険給付請求権を付与すべきである。

具体的には、人身傷害保険契約における「被保険者」は、理論上、その人保険契約性に鑑みて、当該傷害が生じた者、つまり人身傷害事故の発生の客体をいうと考えるべきであるが、人身傷害事故発生の客体と損害発生の客体との関係の視点からは、人身傷害保険契約のうち、当該人身傷害事故を原因として被保険者の父母、配偶者または子に生じた損害部分については、モラル・リスクの誘発が考えにくいので、その者に発生した損害のてん補請求を認めるべきである。ただ、その部分は、その父母、配偶者または子が直接人身傷害事故を受けておらず、保険法二条七号の定義規定の括弧書きが適用されるので、この部分は「傷害疾病損害保険契約」の範疇から除外すべきことになる。

第二は、人身傷害保険契約において、人身傷害事故発生と損害発生との因果関係についてである。人身傷害保険契約は、一般に、人身傷害事故により被保険者等に生じた損害をてん補する、すなわち発生した損害の額に応じて人身傷害保険金を支払う契約である。人身傷害保険契約はこのような契約であるから、人身傷害保険契約を全体的・包括的に観察すれば、傷害疾病損害保険契約に分類されるように思われる。[10] しかし、上記のとおり、保険法上二条七号の定義規定の括弧書きにより、当該受傷者以外の者に損害が発生しその損害をてん補する契約は「傷害疾病損害保険契約」に該当しないことになる。人身傷害保険契約では、後述するとおり、受傷者死亡による保険金の支払部分は「傷害疾病損害保険契約」と見ることはできない。[11]

人身傷害保険契約における人身傷害事故発生と損害発生との因果関係についてさらに深く考えると、当該傷害を受けて直接損害を被った者と当該傷害を受けなかったが因果関係上損害を被った者とが存在することになり、前者の損害をてん補する保険契約は傷害疾病損害保険契約の範疇に属し、後者の損害をてん補する保険契約は傷害疾病損害保険契約の範疇に属さず、その上位概念である損害保険契約に属することになる。この結果は、前述のとおり、やや不合理な側面が認められる。すなわち、人身傷害保険契約は一つの契約であって人身傷害事故が人の身体に発生する人保険契約であるという点に特色があるのに、損害の発生を受けた者が当該受傷者であるか、当該受傷者以外の者に損害が間接的に発生したかにより、保険法上レベルの異なる傷害疾病損害保険契約の規律に服する部分と損害保険契約の規律に属する部分とに分かれるからである。

具体的に、人身傷害保険契約が「傷害疾病損害保険契約」の定義から外れる部分を示すことができる。すなわち、まず人身傷害保険契約においては、人身傷害事故により身体に当該傷害を被った者（約款上は「被保険者」である）に生じた損害（この損害には、傷害による損害として、医療費、休業損害および精神的損害等、後遺障害による損害として、逸失利益および将来の介護費用等、並びに死亡による損害として、逸失利益および葬祭費等がある）のほか、身体に直接傷害を被っていないが人身傷害事故によって損害を被った被保険者の「配偶者、父母または子」の損害もてん補されることが予定されている（損害てん補の人的対象者はてん補請求権を有するので、約款上「保険金請求権者」と定義される。この「保険金請求権者」には、被保険者の父母、配偶者または子が含まれるほか、人身傷害事故により被保険者が死亡した場合に限り、被保険者の法定相続人も含まれるが、法定相続人も被保険者の「父母、配偶者または子」も人身傷害事故によって損害を被ったことが約款上要求されている）ので、被保険者の「父母、配偶者または子」に発生した損害部分は、「傷害疾病損害保険契約」の定義から外れることになる。

第三は、被保険者死亡の場合の法定相続人が取得する保険金請求権についてである。人身傷害保険契約はそもそも損害保険契約において求められる「被保険利益」を観念することはできないため[12]、損害保険契約にいう「被保険者」（保険法二条四号イ）という概念から、被保険者が保険金請求権を取得することを導くのは困難であり、また人身傷害保険契約は傷害疾病定額保険の一種でもないのであるから、「保険金受取人」という概念を導入することも困難である。そこで、約款上「保険金請求権者」という概念を定め、損害てん補を請求し得る者として、保険金請求権を取得した者を「保険金請求権者」と定めているのである。

ところで、人身傷害保険契約の被保険者死亡事案においては、その法定相続人が保険金請求権を取得することになるが、これをどのように法的に説明するかが問題となる。被保険者が一旦取得した保険金請求権を相続によって法定相続人が承継取得する結果、「保険金請求権者」となるという構成が一つ考えられる(この構成によれば、傷害による損害、後遺障害による損害および死亡による損害については、被保険者に保険金請求権が発生すると統一的に説明することができる)。[13] もう一つは、法定相続人は、被保険者の死亡により自己固有の権利として保険金請求権を原始取得する結果、法定相続人が「保険金請求権者」となるという構成である(この構成によれば、傷害による損害および後遺障害による損害については「被保険者」に保険金請求権が発生するのに対し、「死亡による損害」部分に限っては「法定相続人」に保険金請求権が原始取得されると説明することになる)。[14]

前者の構成によれば、被保険者が当該受傷者として損害を被りその損害をてん補する請求権、すなわち保険金請求権を法定相続人が相続により取得したと捉えるので、このような捉え方をすれば、人身傷害保険契約の被保険者死亡による法定相続人の保険金請求権者の部分は、「傷害疾病損害保険契約」に該当するが、後者の構成によれば、法定相続人が自己固有の保険金請求権を取得しても、法定相続人は当該受傷者ではないのであるから、損害保険契約の一種ではあるが、「傷害疾病損害保険契約」の一種ではないことになる。

以上からすれば、人身傷害保険契約が「傷害疾病損害保険契約」の定義から外れる部分が認められるが、その部分は「傷害疾病定額保険契約」(保険法二条九号)ではないとされるので、「保険金受取人」(保険法二条五号)という概念を導入することは困難であり、したがって「保険金受取人の変更」(保険法七二条七三条)も観念し得ないことになる。[15]

次に人身傷害保険契約においては、「保険金請求権者」の変更も観念し得ないのかが問題となる。「保険金請求権者」の変更というとき、保険契約者（兼被保険者）Ａが遺言により人身傷害保険金についても、①法定相続人である「保険金請求権者」Ｘ、ＹおよびＺから法定相続人Ｘ（またはＸもしくはＹ。以下同じ）に変更する場合と、②法定相続人である「保険金請求権者」Ｘ、ＹおよびＺから法定相続人でもなくしたがって「保険金請求権者」の範囲にも含まれていないＢに変更する場合とが考えられる。

（5）星野明雄「新型自動車保険ＴＡＰ開発について」損害保険研究六一巻一号九八頁（一九九五年）。京都地判平成二三年六月三日自保ジャ一八六二号一三三頁参照。
（6）星野・前掲注（5）九八頁。
（7）東京地判平成二二年五月二六日交民集四三巻三号七〇六頁・自保ジャ一八四一号一三九頁参照。
（8）興行中止保険契約は、出演者が傷害を被ったり疾病を発症したりして各種のイベントの開催が中止を余儀なくされた場合に興行主が負担する費用などの損害をてん補するものであり（東京海上日動火災保険株式会社編著『損害保険の法務と実務』三二一頁（金融財政事情研究会、二〇一〇年））、当該受傷者である被保険者以外の者に当該傷害疾病を被ったことにより発生した損害をてん補する契約の典型の一つである。その他、キーパーソンが当該傷害疾病により休職したことにより企業に発生した損害をてん補する契約も指摘されている（山下友信＝米山高生編『保険法解説』一四三頁〔洲崎博史・筆〕（有斐閣、二〇一〇年））。
（9）萩本修編著『一問一答保険法』三五頁（商事法務、二〇〇九年）。
（10）山下（友）＝米山編・前掲注（8）一四四頁〔洲崎〕。
（11）山下（友）＝米山編・前掲注（8）一四四頁〔洲崎〕。
（12）保険法上傷害疾病損害保険契約は損害保険契約の一種である。したがって、傷害疾病損害保険契約も損害保険契約の規律にしたがうことになる。では、傷害疾病損害保険契約において「被保険利益」の存在が必要であろうか。保険法三条の規定は、「損害保険契約は、金銭に見積もることができる利益に限り、その目的とすることができる。」と定めている。責任保険契約および費用保険契約などの消極保険は損害賠償責任を負担することおよび傷害疾病により発生した医療費用を負担することについての消極利益を「被保険利益」として観念し得ると解される。受傷者が当該傷害疾病の発生により損害を被ることについて、受傷者に消極利益が認められるとも考えられそうである。ところが、傷害疾病損害保険契約も傷害疾病定額保険契約と同様に人保険契約の一種であり、傷害疾病の発生の客体である「人」、すなわち、その生命・身体それ自体は経済的に無価値であると考えれば、「人」の生命・身体が傷害疾病を被ることによる損害は、傷害疾病損害保険契約がてん補する損害の範囲から除外され、傷害疾病という事実から因果関係上派生した積極的損害・消極的損害がその範囲に含まれることになり、消極的意味においても、受傷者である「人」に「被保険利益」を観念できないのではないだろうか。したがって、保険法三条の規定は傷害疾病損害保険契約には適用されないと考えるべきではないかと考える。

(13) 村田敏一「保険の意義と保険契約の類型、他法との関係」落合誠一＝山下典孝編『新しい保険法の理論と実務』三六頁（経済法令研究会、二〇〇八年）、山下（典）・前掲注（2）六頁。
(14) 山下＝米山編・前掲注（8）一四四頁〔洲崎〕。
(15) 村田・前掲注（13）三九頁注（11）。

三　人身傷害保険契約の新しい捉え方の可能性
――「人身傷害条項損害額基準」は低額か、準定額性が認められるか

1　人身傷害保険契約における「保険金請求権者」と被保険者の法定相続人

保険法上の人身傷害保険契約の位置付けは上記のように必ずしも明確ではないが、人身傷害保険契約における「保険金請求権者」の範囲については、どのように考えるべきかが問題となる。損害保険契約においては、一般に、保険金を請求する権利者は保険事故が発生したことを原因として被保険利益の全部または一部が喪失し損害を被る「被保険者」であるところ、保険法上「保険金請求権者」という概念が定められていないので問題となる。

人保険契約には「被保険利益」の存在は観念し得ず[16]、傷害疾病損害保険契約においても「被保険利益」の存在を観念することはできない。しかし少なくとも傷害疾病損害保険契約の一種である人身傷害保険契約[17]（および無保険

車傷害保険契約）においては、人身傷害事故（および無保険車傷害事故）が発生すれば、人傷引受会社は人身傷害事故（および無保険車傷害事故）によって発生した損害をてん補する義務を負うので、誰に損害をてん補すべきかを決定する必要がある。そこで、損害てん補請求権者、すなわち、「保険金請求権者」という概念を人身傷害条項（および無保険車傷害条項）に創設したのである。しかし、人身傷害事故（および無保険車傷害事故）が発生しそれと因果関係の範囲にある損害を被ったすべての者が損害てん補を請求することができるとすれば、それはモラル・リスクの誘発を防止する観点から妥当ではない。この観点からは、第一に、人身傷害事故（および無保険車傷害事故）を直接被り受傷した者の損害をてん補すべきである。第二に、人身傷害事故（および無保険車傷害事故）発生によって損害を被った被保険者と一定の身分関係等の人的関係がある範囲の者にも損害が発生した場合には、その者に対しその損害をてん補することを認めるべきである。すなわち、人身傷害事故が発生したことから相当因果関係の流れの中で損害を被っている者であっても、モラル・リスクを誘発することにならないと考えられる、被保険者と一定の人的関係のある者に限っては、保険金請求権が与えられるべきであり、その者が「保険金請求権者」の範囲に含まれることが認められたものである[18]。換言すれば、人身傷害事故発生前に、保険契約者が「保険金請求権者」の範囲を超えてこの範囲以外の者に抽象的な保険金請求権を譲渡または帰属させることは、モラル・リスクの誘発防止の観点からは、許されないと考えられるのである。

しかし他方、賠償義務者が存在する場合に人身傷害保険金請求権と表裏の関係にあると思われる不法行為に基づく損害賠償請求権を視点に入れて考察すれば、次のように考えられる。すなわち、不法行為法において近親者の損害賠償請求権が法定されている（民法七一〇条・七一一条）こと等に配慮して[19]、損害てん補型、厳密には、後述する「人傷条項損害額基準」[20]の準定額性が完全に排除されているとは認められないことから、不定額給付型のうちの「中間型」の人保険契約であると捉えられる人身傷害保険契約は、被保険者の近親者に発生する損害をもてん補する内容であると構成し「保険金請求権者」の範囲を定めたと考えるのである。ただ、人身傷害保険契約には賠償義務者が存在しない自損事故による場合も含んでおり、その部分は、民法七一〇条・七一一条の規定に配慮するこの考え方では説明し尽くせないところがある。つまり、人身傷害保険契約は人保険契約の一種であり「被保険利益」を観念できない点では、「損害」の概念から離れた「保険金受取人」の概念が必要となるが、定額保険契約の一種ではないことから新たな「保険金請求権者」という概念を人身傷害条項に導入したものと考えられ得る。その人的対象の範囲を、不法行為の観点から不法行為に基づく損害賠償請求権者と平仄を合わせ、絞っているという見方は、無保険車傷害保険契約には組み込まれていない自損事故保険契約機能部分が人身傷害保険契約に組み込まれているので、賠償義務者の不存在の場合との整合性がとれなくなるため、人身傷害保険契約において不法行為法との関係を考慮することについては疑念が残る。

人身傷害保険契約においては、「被保険利益」の存在は保険契約の有効要件ではないと考えると、モラル・リスクの誘発防止の観点から、たとえば被保険者である搭乗者が死亡した場合、法定相続人が被保険者の「死亡による損害」について保険金請求権を承継取得することの結果として法定相続人が「保険金請求権者」になるという法的構成を採るとき、技巧的ではあるが、保険契約者ではない搭乗者の死亡時に搭乗者の下で「死亡による損害」について抽象的な保険金請求権が具体化するのだから、保険契約の有効要件としての搭乗者の同意は不要であり（保険法六七条一項ただし書き参照）[21]、具体的な保険金請求権が相続され法定相続人が搭乗者の「死亡による損害」についての保険金を請求することになる。

これに対し、人身傷害保険契約には「被保険利益」の存在は契約の有効要件ではないと考えることはそのままであるが、搭乗者死亡により搭乗者の下では「死亡による損害」についての保険金請求権が具体化して法定相続人に相続されるのではなく、法定相続人に原始取得された「死亡による損害」についての保険金請求権が具体化すると法的構成をするとき、保険契約者以外の法定相続人が搭乗者の「死亡による損害」についての保険金請求権を取得するのだから、他人のためにする他人の傷害の保険契約となる。この保険契約の場合、搭乗者の法定相続人が保険金請求権者となるため、搭乗者の同意が不要となりそうである（保険法六七条一項ただし書き参照）。この点、搭乗者等契約者以外の者が被保険者となりその「死亡による損害」について法定相続人が「保険金請求権者」と指定されているのは、被保険者と法定相続人の間にはモラル・リスクを誘発し難いと思われる人的関係が認められることから、被保険者死亡事案については「保険金請求権者」の範囲を法定相続人に絞っているのであって、したがって、搭乗者の同意は不要であると解する（保険法六七条一項ただし書き。同法同条二項（不適用）参照）。

思うに、人身傷害保険契約においては、賠償義務者が存在しない場合も、保険者は被保険者等の損害をてん補する義務を負うが、その場合、不法行為法等に基づく損害賠償請求権（自賠法三条、民法七〇九条・七一〇条・七一一条等）を被保険者等は取得しない。法定相続人が取得すべき被保険者「死亡による損害」についての保険金請求権は必ずしも常に不法行為法等に基づく賠償されるべき損害をてん補するものではないと解しても、「死亡による損害」についての保険金請求を承継取得することの結果として法定相続人が「保険金請求権者」になるという法的構成は、被保険者の債権者との関係で、保険金請求権が被保険者の相続財産に組み込まれ[22]被保険者の差押えの対象となる余地を認めることとなり、妥当ではないと考える。

2　「人身傷害条項損害額基準」は低額か、準定額性が認められるか

人身傷害保険契約の基本コンセプトである迅速な損害のてん補を実現し被害者を救済するということに照らして、「人身傷害条項損害額基準」は、従来から、損害額の算定方式および損害費目等は裁判基準とほぼ共通するが、個別具体的な事案の特殊性を反映させる裁判基準に比べて低額といわれてきた。

一般に、人身傷害保険契約の基本コンセプトは、迅速な損害てん補を可能にするために、被保険者が賠償義務者との交渉、責任原因または過失割合の調査並びに訴訟等による時間、労力および費用の負担を軽減させ、また賠償義務者の責任性は人身傷害保険契約に影響を与えることはなく、被保険者の被った損害額が「人身傷害条項損害額基準」に基づき算定されてん補されることにある。[23] したがって、この保険契約による迅速な損害てん補を実現するために、「人身傷害条項損害額基準」においては、この保険商品の開発・販売当初はとりわけ訴訟が提起された場合のように個別具体的な事案の特殊性を反映して損害額を算定することは想定しておらず、裁判基準に比べその水準は低額に抑えられているのである。しかし、「人身傷害条項損害額基準」は、裁判基準に近い水準であると評価し得なくはないが、精神的損害、将来の介護料および入院看護料・通院看護料等の費目は依然として低額である。のみならず、人身傷害保険金の支払要件として、過失割合の認定は不要であり、したがって、賠償義務者が不存在である自損事故による損害もてん補される。このような「人身傷害条項損害額基準」を全体的に観察すると、同基準の水準は低く低額であり、準定額性が完全に排除されているとは認められないと考えられる。したがって、人身傷害保険契約は「不定額給付型」傷害疾病定額保険契約のうち、厳密には、「損害てん補型」に属するのではなく「中間型」に属するのではないかと思われるのである。[24]

人身傷害保険契約の「人身傷害条項損害額基準」が低額であれば、人身傷害事故を被った被保険者に発生した損害額の算定基準を何に求めるか、とりわけ、人身傷害保険金が賠償金よりも先行支払された被保険者（過失あり）死亡事案において、人傷引受会社が代位求償する段階になって、被保険者の賠償義務者側に対する損害賠償請求権と人傷引受会社の代位求償権とが競合し被保険者と人傷引受会社との間に利害衝突が生じたときに、被保険者が受けるべきてん補損害額を算定する基準が問題となり得る。その典型が最高裁平成二四年二月二〇日第一小法廷判決民集六六巻二号七四二頁[25]（以下「平成二四年二月最高裁判決」という）（一部破棄自判、一部上告棄却）の事例であり[26]、人傷引受会社は損害賠償請求権をどの範囲で代位取得できるのかが争われたものである。

3　最高裁平成二四年二月二〇日第一小法廷判決との関係

最高裁は、平成二四年二月二〇日判決において次のように判断を示しいわゆる「訴訟基準差額説(27)」を採用した。すなわち、「本件代位条項にいう『保険金請求権者の権利を害さない範囲』との文言は、保険金請求権者が、被保険者である被害者の過失の有無、割合にかかわらず、上記保険金の支払によって民法上認められるべき過失相殺前の損害額（以下「裁判基準損害額」という。）を確保することができるように解することが合理的である。そうすると、上記保険金を支払った訴外保険会社は、保険金請求権者に裁判基準損害額に相当する額が確保されるように、上記保険金の額と被害者の加害者に対する過失相殺後の損害賠償請求権の額との合計額が裁判基準損害額を上回る場合に限り、その上回る部分に相当する額の範囲で保険金請求権者の加害者に対する損害賠償請求権を代位取得すると解するのが相当である」。つまり、最高裁は、人傷引受会社の請求権代位の範囲について、人身傷害保険金の額と被保険者の賠償義務者の損害賠償請求権の額との合計額が裁判基準損害額を上回る場合に限り、その上回る部分に相当する額の範囲で保険金請求権者の賠償義務者に対する損害賠償請求権を代位取得することを認めたものである(28)。

このような問題は、人傷引受会社が被保険者（＝保険金請求権者）に「人身傷害条項損害額基準」に基づいて人身傷害保険金を支払ったところ、任意対人賠償保険契約を締結した保険会社が受傷者（被保険者）との間で損害額の算定を裁判基準に基づいて行い人傷引受会社による求償額を控除して損害賠償額を支払ったときに、人傷引受会社が求償額の範囲は「人身傷害条項損害額基準」に依拠した損害額を基準とすべきであって、裁判基準に基づく損害額を前提とした求償には応じられないと主張する場合にも生じ得る。その後も、人傷引受会社から人身傷害保険金支払を先行して受けた、死亡被保険者の相続人が人傷引受会社の代位取得する加害者に対する自賠法三条に基づく損害賠償請求権の範囲をめぐって争われた事案において、最高裁は平成二四年二月最高裁判決を踏襲した（最小（二）判平成二四年五月二九日（破棄差戻し）[29]）。

平成二四年二月最高裁判決の最大の問題点は、人身傷害保険金先行支払の場合と賠償金先行支払の場合とでは、保険金請求権者の受け取るべき総損害額に差が生じてしまうという点である[30]。一つの人身傷害保険契約において、同一の保険金請求権者が人身傷害保険金先行受領した場合と賠償金先行受領した場合で総損害額に較差が生じることは不合理である[31]。この不合理を解消する方策の一つは、損害額は人身傷害保険金が先行して支払われるか賠償金が先行して支払われるかにかかわらず、「人身傷害損害額基準」にしたがって算定するということに求められる。のみならず、人身傷害保険金の迅速な支払を可能にするという人身傷害保険契約の基本コンセプトからすれば、人身傷害保険契約に基づく迅速な保険金支払は賠償義務者との交渉、責任原因または過失割合の調査並びに訴訟等による時間、労力および費用を節約するという利点があり、「人身傷害条項損害額基準」は対人賠償保険金支払基準に相当するともいわれているので、先行支払されたのが人身傷害保険金か賠償金かにかかわらず、「人身傷害条項損害額基準」に依拠して被保険者の損害額を算定することが妥当だと考えられる（人傷基準差額説[32]）。保険法に定められた厳格な原則ではないが、保険技術上は、ミクロ的には給付反対給付均等の原則、マクロ的には収支相等の原則に適うように、保険契約者が出捐した保険料の（総）額と人傷引受会社が給付する保険金の（総）額との間に均衡が保たれている必要があるところ、人傷引受会社は、被保険者等の損害額が「人身傷害条項損害額基準」に基づいて算定されることを前提に保険料率を算出しているのであって、個別の事案の特殊性を考慮する裁判基準に基づいて被保険者等の損害額が算定されることまでは想定していないと考えられるのである[33]。

以上の理由から、「人身傷害条項損害額基準」には、裁判基準と比べて、精神的損害、将来の介護料および入院看護料・通院看護料等の費目については、より低い水準の損害額算定の尺度が採用され、その結果全体的に低額となっているのであるが、最高裁平成二四年二月二〇日第一小法廷判決で争われた問題の背景には、このような「人身傷害条項損害額基準」の低額性が横たわっているのである。のみならず、同基準により、賠償義務者が存在しない自損事故による損害も算定されるのだから、「人身傷害条項損害額基準」を全体的に観察すれば、準定額性が完全に排除されているわけではないので、人身傷害保険契約が「不定額給付型」傷害保険契約の一種であること、そしてその中でも「損害てん補型」傷害保険契約と位置付けるよりむしろ「中間型」傷害保険契約に位置付けることができるように思われる(34)。

(16)　前掲注（12）参照。
(17)　無保険車傷害保険契約においても、無保険車傷害事故が発生すればそれによる損害をてん補される人的範囲、すなわち「保険金請求権者」の範囲についても、基本的には人身傷害保険契約と同様のことが妥当する。
(18)　無保険車傷害保険契約における「保険金請求権者」の範囲について、肥塚肇雄『無保険車傷害保険契約と保険者免責の法理』一四八～一五二頁（信山社、二〇〇〇年）参照。
(19)　最小三判昭三三年八月五日民集一二巻一二号一九〇一頁。
(20)　前掲注（1）参照。保険法上は、すでに検討したとおり、人身傷害保険契約を傷害疾病損害保険契約部分と損害保険契約部分とに分けることができるが、いずれも損害保険契約に分類される（肥塚肇雄「人身傷害補償保険契約と過失割合」（財）日弁連交通事故相談センター編『交通賠償論の新次元』三二四頁（判例タイムズ社、二〇〇七年））。しかし最高裁平成二四年二月二〇日第一小法廷判決民集六六巻二号七四二頁（後掲注（24）参照）が人身傷害保険契約の被保険者が受けるべきてん補「損害額」（保険法二五条）は裁判基準に従うという判断が示されたので、人身傷害保険契約の法的本質論を再検討すれば、「人身傷害補償条項損害額基準」の準定額性から、人身傷害保険契約は「中間型」の傷害疾病保険契約と理解すべきではないかと考える（赤津・前掲注（4）四五七頁）。すなわち、保険法上の傷害疾病損害保険契約の「損害てん補」は、より緩やかな「不定額給付」という概念であり、「不定額給付」には狭義の「損害てん補」とこの損害てん補と同じではない所得補償保険契約が給付する「中間」に分けることを意味する。
(21)　人身傷害保険契約の「死亡による損害」部分について、この部分を人身傷害「死亡保険契約」と捉え、人身傷害保険契約を「中間型」傷害保険契約の一種と理解すれば（赤津・前掲注（4）四五七頁）、保険法六七条二項を類推し、被保険者死亡事案において被保険者の同意が必要となるが、人身傷害保険契約を人身傷害「死亡保険契約」と人身傷害・後遺障害保険契約とが包摂されているものと捉えることは、いたずらに複雑化させ保険消費者保護に資するとは思えないし、被保険者が搭乗者である場合は、その者の同意を保険契約時に得ることは実際的ではない。

(22) 村田・前掲注（13）三九頁注（11）。

(23) 星野・前掲注（5）九八頁。

(24) 前掲注（20）参照。

(25) 民集六六巻二号七四二頁、判時二一四五号一〇三頁。本判決に対しては、奥田直之「判批」交通事故判例速報五四九号一頁以下（二〇一二年）、嶋寺基「判批」NBL九七四号七頁（二〇一二年）、島智久「判批」共済と保険五四巻一〇号二八頁以下（二〇一二年）、古笛恵子「人身傷害保険をめぐる実務上の問題点―裁判基準差額説のその後―」保険学雑誌六一八号二三三頁（二〇一二年）、相井寛子「判批」OIKE LIBRARY三六号二七頁（二〇一二年）、梅村悠「判批」保険毎日新聞二〇一二年八月八日号四頁、榎本光宏「判解」ジュリスト一四四七号九四頁（二〇一二年）、水野信次「判解」銀行法務二一・七四五号五九頁（二〇一二年）、同・同七五六号八三頁（二〇一三年）、出口正義「判批」私法判例リマークス四六号一〇二頁（二〇一三年）、潘阿憲「判批」民商法雑誌一四七巻一号六〇頁（二〇一二年）、同「判解」法学教室三九〇号別冊判例セレクト二〇一二年版（Ⅱ）二〇頁（二〇一三年）、近藤明日子＝青野渉「人身傷害保険の支払による保険代位の範囲」法学セミナー六九七号一〇頁（二〇一三年）、濱口弘太郎「民事判例研究」北大法学論集六四巻一号五二頁（二〇一三年）、肥塚肇雄「判批」判例評論六四七号（判時二一六六号）一七八頁（二〇一三年）等がある。なお、②賠償義務者に過失がある場合の人傷保険金先行支払事案における人傷引受保険会社の被保険者等の損害賠償請求権に対する請求権代位の範囲については、肥塚肇雄「判批」損害保険研究七四巻二号一四五頁、とりわけ一五二頁以下（二〇一二年）も参照。

(26) その他、人傷引受会社が賠償請求できる損害金元本に対する遅延損害金支払請求権を代位取得することができるかという点についても争われた。

(27) 訴訟基準差額説を支持する見解として、訴訟基準差額説を支持する見解として、桃崎剛「人身傷害補償保険をめぐる諸問題―東京地判平成一九年二月二二日（判タ一二三二号一二八頁）を契機として―」判タ一二三六号七一頁（二〇〇七年）、石田清彦「判批」損害保険研究六九巻四号一八九頁（二〇〇八年）、村田敏一「判批」私法判例リマークス三六号一〇九頁（二〇〇八年）、山下友信「人身傷害補償保険の保険給付と請求権代位」保険学雑誌六〇〇号一三三頁（二〇〇八年）、潘阿憲「人身傷害補償保険における請求権代位の範囲について」法学会雑誌四九巻二号一八六頁（二〇〇九年）、甘利公人「判批」判例評論六〇〇号（判時二〇二四号）

一九五頁（二〇〇九年）、山本豊「判批」判タ一三〇五号四三頁（二〇〇九年）、山野嘉朗「判批」私法判例リマークス四〇号一一三頁（二〇一〇年）、堀切忠和「判批」法律のひろば六三巻三号四八頁（二〇一〇年）、山下典孝「判批」TKCローライブラリー速報判例解説商法四八号三頁、同「人身傷害補償保険に関する一考察」阪大法学六一巻三・四号七五五頁（二〇一一年）等がある。

(28)　被保険者（過失有り）死亡後その相続人ら（原告、被控訴人）に賠償金先行支払がなされた後、人身傷害保険金支払を人傷引受保険会社に求めた事案について、大阪高判平成二四年六月七日判時二一五六号一二三頁、自保ジ一八七五号六頁（以下「平成二四年大阪高裁判決」という）（本判決に対しては、伴城宏「判批」自保ジ一八七五号二頁（二〇一二年））は、訴訟基準差額説が相当である旨の主張及び特約一一条一項の定めを限定解釈し差し引くことのできる金額は裁判基準損害額を確保するという「保険金請求権者の権利を害さない範囲」のものと解釈するのが相当であるという被控訴人らの主張を退けた。

(29)　判時二一五五号一〇九頁、裁判所時報一五五六号六頁。

(30)　西島梅治「人傷保険をめぐる諸問題についての覚書」金澤理監修・大塚英明＝児玉康夫編『新保険法と保険契約法理の新たな展開』四三四～四三五頁（ぎょうせい、二〇〇九年）は、契約実損額を基準にして支払済み自賠責保険金や対人賠償保険金など全額を控除して残額のみを人傷保険金として支払うことは保険法二五条・二六条の規定に反するとされる。

(31)　宮川光治裁判官（平成二四年二月最高裁判決）は、同一の事故内で、人身傷害保険金先行支払の場合と賠償金先行支払の場合で保険金請求権者の受取るべき金額に違いが生じることの不合理性については、人身傷害条項の、賠償義務者から既に取得した損害賠償金の額等がある場合は、保険金の額はそれらの合計額を差し引いた額という定めを限定解釈し、差し引くことができる金額は裁判基準差額を確保するという「保険金請求権者の権利を害さない範囲」のものとすべきであるという補足意見を示した。また、田原睦夫裁判官（平成二四年五月最高裁判決）も、訴訟基準差額説を前提に、「同一の約款の下で、保険金の支払と加害者からの損害賠償金の支払との先後によって、被害者が受領できる金額が異なることは決して好ましいことではな」く、「現行の保険約款についての見直しが速やかになされることを期待する」という補足意見を示した。

(32)　人傷基準差額説を支持する見解として、植田智彦「人身傷害補償保険による損害填補及び代位の範囲についての考察」判タ一二四三号一八頁（二〇〇七年）、板東司朗「判批」損害保険研究七〇巻三号一五九頁（二〇〇八年）、岡田豊基「判批」私法判例リマークス三九号九七頁（二〇〇九年）、梅津昭彦「判解」山下友信＝洲崎博史編・保険法判例百選（別冊ジュリスト二〇二号）八七頁（二〇一〇年）等がある。

(33)　賠償金先行支払事案に対しては、最高裁の判断はいまだ示されていないが、高裁レベルでは判断が示されている。すなわち、被保険者（過失有り）死亡後その相続人ら（原告、被控訴人）に賠償金先行支払がなされた後に人身傷害保険金の支払を人傷引受保険会社に求めた事案について、大阪高判平成二四年六月七日判時二一五六号一二三頁、自保ジ一八七五号六頁（本判決に対しては、伴城宏「判批」自保ジ一八七五号二頁（二〇一二年）がある）は、被控訴人らの、「訴訟基準差額説」が相当である旨の主張及び特約一一条一項の定めを限定解釈し差し引くことのできる金額は裁判基準損害額を確保するという「保険金請求権者の権利を害さない範囲」のものと解釈するのが相当である旨の主張を退け「人傷基準差額説」を支持している。

（34） 前掲注（1）、前掲注（20）参照。

四 人身傷害保険契約における「保険金請求権者」の変更の可能性

「人身傷害条項損害額基準」の準定額性が完全に排除されているとは認められないことから、人身傷害保険契約が「中間型」の傷害疾病保険契約であると捉えれば、被保険者死亡事案について法定相続人が「保険金請求権者」に指定されていることの法的構成については、たとえば、搭乗者の死亡によって搭乗者の下で「死亡による損害」についての保険金請求権が具体化し法定相続人に相続されるという構成ではなく、法定相続人に原始取得された「死亡による損害」についての抽象的保険金請求権が具体化するという法的構成がより妥当すると思われる。この点について、以下検討する。

まず、被保険者の「傷害による損害」部分または「後遺障害による損害」部分について、これらの保険金請求権は保険金請求権者である被保険者に帰属し死亡後はその相続財産に組み込まれる（相続法による処理）。

次に、「死亡による損害」部分については、これについての保険金請求権が法定相続人に相続により承継取得されると構成するか（相続法による処理）、そうではなく法定相続人に原始取得されると構成するか（人身傷害保険契約の効力発生時から法定相続人に抽象的な保険金請求権がその固有財産として帰属する）という考え方があり得る。[35] この問題は、たとえば、「死亡による損害」部分について、保険金請求権が具体化していない段階（すなわち、被保険者が死亡していない場合）で抽象的な保険金請求権が法定相続人に帰属するのか否かに収斂される。被保険者が人身傷害事故発生前に全財産を法定相続人の中の特定の者に遺贈する内容の「遺言」を作成した後、人身傷害事故によって死亡した場合がその典型である。すなわち、①「保険金請求権者」である複数の法定相続人から特定の法定相続人に「保険金請求権者」の変更を行う場合と、②「保険金請求権者」である複数の法定相続人から法定相続人ではない特定の者に「保険金請求権者」の変更を行う場合の二つが考えられる。

ここには、法定相続人が被保険者「死亡による損害」部分について保険金請求権を被保険者から承継取得するのか、そうではなく法定相続人が自己固有の権利として保険金請求権を原始取得するのかという問題と、「保険金請求権者の範囲」の趣旨をどのように捉えるのかという問題などが隠されている。

「死亡による損害」部分についての「保険金請求権者」は死亡被保険者の法定相続人であり、その法定相続人は直接の受傷者ではないから、傷害疾病損害保険契約の一種ではないが、損害保険契約の一種ではある。しかし、人身傷害保険契約の一部分が損害保険契約の一種であるといっても、どのような理論構成に基づいて、被保険者死亡後、その法定相続人が「保険金請求権者」と指定されたのか、すなわち、その法定相続人に「死亡による損害」についての保険金請求権が承継取得されるのか原始取得されるのかの結論は直接導かれない。

思うに、「死亡による損害」部分についての保険金請求権は死亡被保険者の法定相続人に自己固有の権利とし原始取得される。すなわち、無保険車傷害保険契約は保険者によりそのてん補されるべき損害額の算定の尺度を損害賠償額算定基準に求めている点で、損害額の算定の側面からは、「損害てん補型」傷害保険契約の一種であるといえる。これに対し、人身傷害保険契約は保険者によりてん補されるべき損害の額の算定の尺度を、損害賠償額算定基準ではなく、約定された「人身傷害条項損害額基準」に求めている。この「人身傷害条項損害額基準」は、前述のとおり、個別具体的な事案の特殊性を考慮して損害額を算定する裁判基準と比べて、準定額性が完全に排除されているとは認められない。

このように考えると、むしろ、人身傷害保険契約は、「死亡による損害」部分だけに限られず、「人身傷害条項損害額基準」の準定額性から、形式上は損害保険契約の一種でありながらも、その実質は「中間型」傷害疾病保険契約であると理解するほうが実際的ではないだろうか。そうだとすれば、「死亡による損害」部分について、保険金請求権が法定相続人に自己固有の権利として原始取得されると考えるほうがより親和性があるといえるだろう。

このように解することが許されるのであれば、保険契約者でもある被保険者が遺言を残していた場合、保険法七三条の規定が類推適用される途が拓かれるのかもしれない。この場合、保険契約者兼被保険者が遺言を作成し特定の者に「保険金請求権者」の変更が行われたと認められるから、その遺言が効力を生じた後、つまり、保険契約者兼被保険者の死亡後、保険契約者の相続人がその旨を保険者に通知しなければ、これをもって保険者に対抗することができないことになる。

問題は、たとえば、法定相続人X、YおよびZのうち、特定のXに絞ること、すなわち、保険金請求権者がX、YおよびZであったところ、特定のXに保険金請求権者を変更することは、人身傷害保険契約が「保険金請求権者の範囲」を絞った趣旨に抵触するのではないかという点である。人身傷害保険契約が「保険金請求権者の範囲」を絞った趣旨は、先述したとおり、不法行為法上の近親者の慰藉料請求権を認めること（民法七一〇条・七一一条）と平仄を合わせる点にあるわけではない。むしろ、他人のための傷害の保険契約が有効に成立するためには被保険者の同意が必要であるが、人身傷害保険契約においては、予めすべての被保険者になり得る者から同意を得ることは不可能であるから、「保険金請求権者の範囲」を、モラル・リスクの誘発が少ないと思われる被保険者と一定の人的関係のある近親者に絞ったことにあると解される。この趣旨を具体的な事案において請求権代位の処理も視野に入れてどのように解するかが重要である。

すなわち、人身傷害保険契約に係る約款作成者は、保険金請求権者のいわば資格要件として法定相続人であることを求めているのであって、法定相続人X、YおよびZ以外の者Bが保険金請求権者になることは許されないが、法定相続人であれば、特定の法定相続人Xが保険金請求権を取得することは認められると考えるべきなのか（仮に甲説とする）、「保険金請求権者」にはそもそも法定相続人全員X、YおよびZが指定されており特定の法定相続人Xだけが保険金請求権者になることも認めていないと考えるべきなのか（仮に乙説とする）という点が重要なのである。

どちらの考え方を採用しても、「保険金請求権者の範囲」を絞った右の趣旨に照らせば、保険契約者Aが「保険金請求権者の範囲」外の者Bに「死亡による損害」について「保険金請求権者」の変更を行うことは、モラル・リスクが誘発され認められないと考える。すなわち、被保険者と「保険金請求権者」との間に一定の身分関係は認められず、また、Bは人身傷害事故の発生によって損害を被る関係にもないので、モラル・リスクの誘発を防止できないから、「保険金請求権者の範囲」外の者Bに「死亡による損害」について「保険金請求権者」を変更することは無効と解されるべきである。

次に、甲説と乙説のうち、どちらの説が妥当であると考えるべきなのかについては、「保険金請求権者の範囲」内の特定の者に「保険金請求権者」の変更を認める場合と、「保険金請求権者の範囲」外の者に「保険金請求権者」の変更を認める場合に、責任レベルの近親者の損害賠償請求権、法定相続人の被保険者死亡による損害賠償請求権の相続および人傷引受会社による請求権代位についてどのように法的処理をなすべきかを考える必要がある。被保険者等の受け取るべき総損害額の基準が裁判基準か「人身傷害条項損害額基準」かも視野に入れこれらの法的処理を考慮にすると、いたずらに法律関係が著しく複雑になり、保険消費者の利益を損なうことになる。

むしろ、人身傷害保険契約に定める「保険金請求権者」の範囲は、モラル・リスクの誘発を厳に防止するだけでなく、請求権代位に係る法律関係の複雑さを回避するという見地から定められたものであり、公序（民法九〇条）の具体化であると理解し、保険契約者の意思表示に基づく「保険金請求権者」の変更は、遺言も含めて、認められない（無効）と考えるべきではないだろうか。したがって、保険法七二条一項・七三条一項の規定は、傷害疾病定額保険契約の保険契約者に与えられている保険金受取人の変更権は傷害疾病保険契約の保険契約者であればその者に与えられる権利であることを確認したものではないと考えるべきである。

(35) 盛岡地判平成二一・一・三〇（公刊物未登載）。

五　結びにかえて

以上をもって、人身傷害保険契約の法的性質と保険契約者による「保険金請求権者」の変更の可効性についての考察を了える。

本稿の考察結果をまとめると、次の通りである。

保険法上は、傷害疾病保険契約に支払うべき保険金の額の算出方法を基準にした損害てん補型（傷害疾病損害保険契約（二条七号））と定額給付型（傷害疾病定額保険契約（二条九号））が定められている（二分法）が、支払われるべき保険金の額の算出方法を基準にして実際の保険契約の種類を二分法よりさらに詳細に分類すれば、定額給付型と不定額給付型に分けることができ、不定額給付型には、損害てん補型の存在と厳密には損害てん補型と認めがたい所得補償保険契約のような「中間型」の存在がある。

人身傷害保険契約は、その一内容である「人身傷害条項損害額基準」を全体的に観察すると、裁判基準に比べ低額であり、準定額性が完全に排除されているとは認められないから、狭義の「損害てん補型」よりも「中間型」と評価できるのではないか。そうだとすると、人身傷害保険契約の被保険者死亡事案において、保険契約者が人身傷害事故発生前に遺言を作成し、「保険金請求権者の範囲」に属する法定相続人のうち、①特定の法定相続人に保険金請求権を取得されることとし死亡した場合も、②「保険金請求権者の範囲」外の特定の者に保険金請求権を取得させることとし死亡した場合も、傷害疾病定額保険契約に準じて、法定相続人は保険金請求権を自己固有の権利として原始取得すると解するのが相当である。さらに、人身傷害条項に定める「保険金請求権者の範囲」は、法律関係の複雑さを回避しかつモラル・リスクの誘発を厳に防止するという見地から定められたものであり、公序（民法九〇条）の具体化であると理解し、保険契約者の意思表示に基づく「保険金請求権者」の変更は、遺言に基づくものも含めて、認められない（無効）と考えるべきではないだろうか。

【付記】本稿を執筆するにあたり、株式会社全管協ＳＳＩホールディングス リスク・コンプライアンス部長の赤津貞人氏にご教示賜わった。ここに記して謝意を表する次第である。

ドイツ競争制限防止法における相対的地位の濫用規制理論

柴田潤子

一　はじめに

我が国においては、優越的地位の濫用規制に課徴金が課せられる等の改正を受け、具体的事例も見受けられるようになり、優越的地位の濫用規制への注目は高まりつつある。我が国独占禁止法の不公正な取引方法の効果要件としての公正競争阻害性については、それぞれの行為ごとに整理されており、自由競争の減殺、競争手段の不公正さ、競争基盤の侵害として説明されており、競争効果要件として、それぞれ異なる内容を意味している。

本稿では、いわゆる相対的に有力な地位にある事業者に対する濫用規制を具備しているとされるドイツ競争制限防止法の規定二〇条に焦点を当て、当該規定の内容・意義を整理分析し、我が国における不公正な取引方法との異同を明らかにする手がかりとしたい。

二　濫用行為規制について

濫用の行為形態は、様々な出現形態で現れるため、ドイツの立法者は、濫用行為禁止規定を繰り返し補完ないし改正し、その結果、種々多様な個別要件が集積し、濫用禁止要件の規定構造は雑然としていた。これが法の理解、適用を困難にしているという認識から、二〇一三年の第八次改正では、市場支配と相対的市場力を明白に区別し、一八条に市場支配的地位の定義規定を設け、一九条は市場支配的地位の濫用禁止のみを規定し、そして二〇条を相対的地位の濫用禁止規定として体系的に整理した。規定内容の実質的な変化はなく、従来の判例理論が引き続き判断基準となる。

競争制限防止法一九条はいわゆる市場支配的地位にある事業者の濫用行為を禁止する規定であり、市場支配的事業者が取引関係において他方の事業者を不当に妨害ないし差別する行為が、一九条の適用対象となる。二〇条は、一九条一項二号で禁止する差別・妨害禁止規定を拡大するという基本的機能を持っている。さらに、一九条二項五号は、市場支配的事業者による、不当な利益の要請を通しての濫用行為を禁止しており、当該禁止は、二〇条二項によって、市場における有力な事業者にも当てはまることになる。このような意味で、二〇条は、一九条にいう市場支配的事業者の濫用規制を補完する役割を果たすことになる。二〇条の意義は、個々の構成要件において異なっているものの、総じて言えば、市場支配的事業者だけでなく、相対的に市場有力な事業者が規定の名宛人に含まれることである。

このような濫用規制の仕組みに対しては、市場支配に至らない程度の規制基準によって、いわゆる一方的行為に対する競争法上の規制の要否を問う議論もある。市場支配が存在せず、かつ協調的行為も認められない場合に、競争法の介入が必要かどうかの問題が議論されている。ここでは、期待可能かつ妥当な選択可能性が欠如するような状況が念頭に置かれている。そのような選択可能性が、市場の取引相手方全般にとって存在しない場合には、市場支配の問題と捉え得る。選択可能性が、個別の事業者について欠如する場合には、個別の従属性が存在し、この従属性を問題にするのが競争制限防止法二〇条等ということになる。この二〇条の意義については、一方で、かかる個別の従属性を所与のものとして受け入れ、自立した事業者への転換を支えるという機能が認められるが、他方で、競争適合プロセスを妨害し、既存の販売構造を固定化することになり、まだ従属関係にない他の事業者にとって、それを回避するインセンティブを減じるという消極的な評価も考えられる。さらに、民法二四二条に基づくコントロールの様な一般的な私法上のインストルメントで十分であるという見解もある。[1] しかし、見解の対立があるにせよ、法実務において二〇条が競争法上重要な意義を持っていることについて異論は無いであろう。経済的な従属関係にある中小事業者に対する濫用行為の禁止規定の適用事例は、行政上及び民事上も重要な競争政策及び中小事業政策としての機能を果たしてきている。二〇条の差別妨害禁止は、個人保護を目的とした規定として、侵害を受ける事業者は、競争制限防止法三三条ないしは三五条に基づき差し止め請求及び損害賠償請求を提起する可能性を規定していることにも意義が見いだされる。

相対的地位の濫用規制は、欧州競争法に規定はなく、この点にドイツの競争制限防止法と欧州競争法との間の相違が明白に存在する。欧州機能条約一〇二条も同様に、市場支配的事業者の濫用行為を禁止している。ここでは、少なくとも共同体市場の実質的部分において市場支配的地位を有すること及び濫用行為が加盟国間通商を侵害することが要件となっているため、名宛人の範囲を相対的市場力に拡大するドイツの競争制限防止法二〇条は、市場支配的事業者に限定する欧州機能条約一〇二条における規制と同一ではない。むしろ相対的濫用行為規制は、日本法にいう不公正な取引方法規制と重複する部分が多く、一定の市場地位に関連づけた効果要件の捉え方は注目に値しよう。

（1） ドイツ民法二四二条（信義誠実に適った給付） 債務者は取引の慣習に顧慮し信義誠実に適うように、給付を行う義務を負う。同法三一一条によれば、当事者の合意のもと契約変更は原則として常に可能であるため、同法二四二条による規制で十分であるとする見解である。Florian Wagner-von Papp「Das deutsche Kartellrecht nach der§8 GWB-Novelle」（二〇一三年）一〇二頁参照

三　競争制限防止法二〇条の概要

競争制限防止法二〇条は、相対的に突出した市場力を持つ事業者の行為を禁止する。同条一項によれば、市場支配的事業者の不当妨害行為又は正当理由のない同種の事業者に対する差別的取り扱いを禁止する一九条一項は、一定の種類の商品又は役務の供給者又は需要者としての中小規模の事業者が、十分かつ合理的な取引先変更可能性がない程度までに事業者又は事業者の団体に従属している場合にも適用される（相対的市場力）。

さらに、購買力の濫用を問題にする規定として、二〇条一項二文は、垂直的な差別的取扱の特殊なケース、すなわち、需要者が、その市場力を用いて供給者が他の需要者に供与していない特別の利益を供給者から供与させるために、需要者がその市場力を利用する場合を捉える(2)。

競争制限防止法第四次改正で導入された旧二〇条三項も購買力の濫用を問題としており、合理的理由なく利益を供与するように他の事業者に要求するために、市場地位を利用することを禁止していた。購買力濫用に起因する限りで、受動的差別の特別規定を通して差別禁止規定を補完すると説明されている。法規定は、妨害及び差別行為という違反行為と直接的に結びつけられておらず、すなわち、供給者サイドでの差別的扱い、供給価格の差別それ自体を定めるのではなく、利益の供与という狭い要件を定めている。この場合の利益は、第四次改正の政府草案によれば、正当化されない有利な条件を意味し、補足的にサービスに関係する割引やその他料金であり、供給者において突出した地位を持つ購買者によって、競争において力の弱い競争者に対して、市場ないしは役務に条件づけられたのではない有利な地位を手に入れるという意図を持つものである。例として、交渉による付随的サービス料金または価格構成部分が示され、これに対して、交渉を経た合意価格自体には言及されていない。このように付随的なサービス又は価格構成をとりあげて、同時に合意された価格を考慮しないことについては、その区別は困難である。価格と付随的条件は、自由に相互に交換可能である。付随的条件を規制したい場合には、価格をもコントロールするという結論に連なるはずである。しかし、市場支配的でない事業者に対する価格コントロールについては、その基準のあり方も問題となる。

第八次改正では、旧二〇条三項は削除され、替わって一九条二項五号に、市場支配的地位の濫用行為の一類型として、正当理由なく他の事業者に利益供与を唆すことを禁止する規定が導入された。さらに、二〇条二項によれば、一九条二項五号に関連して、従属する事業者および事業者団体についても、一九条一項の市場支配的地位の濫用行為禁止が適用されることになる。規定の文言、内容についての考え方は、改正前と同様の考え方が妥当しよう。ドイツの小売業者は一般的には競争上問題となるような購買力を有していないという理解である。しかしながら、このことは、同時に個別の事例で小売業者が、濫用的に自己に有利に購入条件を設定し、小売段階における競争プロセス及び市場成果を侵害するされることにつらなる、メーカーに対する突出した交渉上の地位にあることを否定するものではない。

この購買力を前提とした利益供与の要請を規制する規定の保護対象は、一方では、購買力による差別に関係する供給市場の競争であり、他方で、それにより競争活動の侵害を受ける要請者又は（教唆者）の競争者である。これらの保護の単なる反射的効果を超えて、供給市場での従属している供給者の競争可能性の侵害を保護するかどうかは議論があった。一九条二項二号（搾取行為禁止）による他の市場サイドの搾取からの保護は、しかしながら、二〇条の妨害禁止と同様に一九条二項五号の規定目的に一致しないことも指摘されている。(3)

第八次改正によって、二〇条三項は、中小競争事業者に対して卓越した市場力をもつ事業者は、当該競争者を直接ないしは間接的妨害をしてはならないと定め、不当な妨害の例示として、仕入れ価格以下での食料品の供給（一号）、仕入れ価格以下での一時的ではない供給（二号）、価格スクイーズでの供給（三号）が禁止されている。

二〇条三項一号及び二号が、いわゆる廉売規制となるが、二〇一七年一二月三一日まで有効である期限付きの規定である。一号の規定は、もっぱら食料品の供給を対象としており、仕入れ価格以下での販売が一般的に禁止されていることになる。(4)仕入れ価格を下回る供給という要件は、最終消費者に販売する小売業者にのみ禁止が向けられていることになり、産業用加工業者等に販売する大規模卸売業者は対象としていない。かかる廉売の市場効果の検討の要否については、議論があるが、規定の目的は、中小の競争者の競争活動の保護であり、これが侵害されるかどうかは留意すべき要素である。同二号は、食料品に限定しておらず、その他商品役務を提供する小売業者による仕入れ価格を下回る販売を問題としている。二号では、仕入れ価格を下回る供給を一般的に禁止しているのではなく、「一時的ではない」という要件が加わっており、継続的な競争の効果を出発点とするが、継続的な競争への侵害を必ずしも必要としているわけではない。さらに、かかる廉売は、自由競争の維持という法目的に照らした利益衡量に基づき正当化されうる。傾向として、新規参入価格は正当化事由としては消極的に評価されるが、防衛的目的は積極的に評価されるようである。既に存在する競争者価格への適合は、正当化事由として捉えられず、むしろ市場相手方に対する悪影響を強化するとされている。(5)小売業者の仕入れ価格を下回る供給に対しては厳格な規定となっている。ただし、注意しなければならないのは、かかる禁止の前提は、中小の競争者に対して圧倒的な地位を持つ事業者を禁止の名宛人としていることである。

同三号は、価格スクイーズの禁止を定めている。当該規定も二〇一七年一二月三一日まで有効である。当該規定は、石油市場における取引関係に焦点を当てており、すなわち、石油元売会社が、一部の独立系ガソリンスタンドに対し、そのコンツェルンに属するガソリンスタンドの消費者価格より、高い価格を要求することである。保護対象は、名宛人から供給を受ける中小事業者である。

ドイツ競争制限防止法は、一般的な差別禁止ではなく、差別及び妨害行為が市場力の濫用に起因する場合に、競争制限防止法による介入が規定されている。とりわけ、二〇条一項により、適用範囲は、中小事業者が供給又は需要者として他の事業者に従属しているという相対的な従属関係のケースに拡大されており、相対的な市場有力な事業者による妨害及び差別行為を禁止する点に特徴がある。(6)なお、中小事業者の従属性に限定するという限定があるが、従属事業者の社会的な保護が導入されたのではないとされる。(7)

（2）　当該規定は、一九八〇年の第四次改正で新設された。
（3）　Markert「Immenga/Mestmäcker Wettbewerbsrecht Band 2. GWB」（二〇〇七年）六四五頁
（4）　Rainer Bechtold「GWB Kartellgesetz Gesetz gegen Wettbewerbsbeschränkungen Kommentar」（第七版二〇一三年）一九一頁
（5）　デュッセルドルフ高裁決定二〇〇一年一二月一九日「Wal Mart」（WuW/E DE-R 七八一頁）
（6）　相対的な市場有力な事業者を名宛人とする現行法二〇条一項は、一九七三年の第二次改正で設けられた。さらに、一九八九年の第五次改正で、同一項の保護対象を中小事業者に限定した。

（7） ツェレ高裁判決二〇〇〇年七月二二年「VAG Vertrieb」（WuW/E DE-R 581）

四　相対的な従属関係について

二〇条一項一文は、中小事業者が一定の商品又はサービスの供給又は需要者として、他の事業者に転換する十分かつ期待しうる可能性がないという意味で、従属している事業者及び事業者団体に適用される。他方の市場サイドにおける十分かつ期待し得る選択の可能性の欠如によって定義される事業者の地位は、相対的市場力として特徴づけられる。かかる相対的市場力概念は二重に理解される。第一に、その相対性は、市場支配のように、全ての顕在的又は潜在的取引相手方及び競争者に対する力関係ではなく、個別の供給者又は需要者との間の相対的な関係を基準とする。第二に、「有力」な事業者という一般的な力の意義と結びつけられ、市場力は、市場支配的事業者の「絶対」に対して、段階的により低い市場力を問題にするという意味で「相対的」である。

1　従属する事業者としての中小事業者

競争制限防止法第五次改正により、保護対象が限定され、中小事業者のみが保護対象となった。大規模事業者は、十分な代替性を持っており、保護の必要性がないと判断されたためである。これにより、大規模事業者は、従属関係が存する場合であっても、もはや一般的に二〇条の禁止規定により保護されないことになる。このことは、立法者によれば不当な取引拒絶の保護のみに妥当することが意図されていたが、結局、同条一項の禁止により捉えられるそれ以外の行為類型にも妥当する結果になってしまったこと、加えて禁止規定の適用範囲として「中小事業者」

の概念が明確でなく、区別に困難が生じていることが指摘されている。[8]

中小事業者かどうかは、具体的事例において判断される。絶対的な規模基準が一つの指標となる。合併規制を手がかりにして、売上が一〇〇〇万から二五〇〇万ユーロの事業者は、中小事業者と捉え得るであろう。[9] さらに、関連する取引におけるその競争者との関係で検討される。後述する事業者に係る従属性の類型においては、市場において取引相手方となる名宛人事業者との垂直的規模も基準とする。最高裁の判決によれば、事業者に関連する従属性については、相対的に有力な事業者との関係での規模が重要とするが、これは他の従属性の類型には援用できないとする。[10]

2　従属要件

（1）　市場画定について

従属性は、「一定の商品又はサービス」について存在する。ここから、一定の画定された商品市場について（後述する）従属性の有無が検討される。もっとも、市場は、従属性が検討される事業者の視点から画定されるため、一定の限定された市場が問題になる。[11] 品揃えの従属性のケースにおいては、どのような購入可能性が存在するか、購買力の従属性のケースでは、購入可能性があるかということが重要であり、相対的有力な事業者が活動する販売ないしは調達という取引段階（市場）は基準とされない。また、（広範囲に販売される提供商品において）他の市場においては、何ら従属性が存在しないことを持って、事業者の従属性は否定されない。

（2）　従属性

従属性概念は、事実上存在する購入及び販売の選択可能性を基準としており、この点に従属関係の競争関連性が示される。そしてこの選択が存在し、十分かつ期待できるか否かは、従属的と考えられる事業者の競争上の活動可能性によって判断される。

（3） 十分かつ期待可能な選択可能性

「相対的」市場力は、当該事業者が商品上関連市場において十分でないだけでなく、期待し得ない購入販売可能性を何ら持たないことを前提としている。関連市場において選択可能性が存在するとしても、期待可能ではない場合もある。当該事業者の個別の関係を基準とする。

A） 十分な選択可能性

選択可能性が十分かどうかは、客観的なメルクマールによって、すなわち、どのような可能性が存在するかどうかによって評価されるが、存在するあらゆる選択可能性が「十分」を意味するのではない。市場における事業者の商品サービスの評判及び地位、価格の他に品質、事業者の宣伝という観点から、具体的従属性の形態に応じて判断される。市場有力な事業者が実質的競争に直面していることは、十分な選択可能性を根拠づけない。同種の商品を販売している事業者の数もそれ自体では決定的ではなく、市場有力な事業者の市場シェアが低い場合も同様である。

B） 期待可能性

十分な選択可能性が期待可能であるかどうかは、第一義的には、個別の主観的基準によって評価される。従属事業者の利益状況の価値判断が行われ、とりわけ、従属事業者にとっての選択可能性に結びついた経済的負担とリスクの範囲が重要である。個別事例で、従属事業者にとって十分な選択可能性が期待し得ないのは、取引の転換に不釣り合いな負担が伴う、又は多大かつ計算し得ないリスクが存在する場合である。基準となるのは、従属事業者の関連市場における競争能力である。一般的に選択可能性が期待しうると捉えられるのは、競争者に存在するのと同様な前提と条件が満たされる場合のみである。

3　具体的従属性の類型

以下で従属性の類型を示している。この類型の区分は、具体的事例で事業者にとって十分かつ期待しうる選択可能性が存在しているかどうかの問題について、それぞれ類型別に原則として異なる視点を基準とすることから、意義がある。

(1)　品揃えの従属性

小売が競争能力を維持するために、すなわち、消費者によって期待されているため、一定の商標品を品揃えに扱わなければならない場合、当該商品が品揃えから欠如する際に、他の商品を含めた買手の流出が懸念される場合となる。品揃えに条件づけられたの従属性は、まず当該市場における商品の地位や評判によって規定される。実務では、とりわけ著名な商標品の提供に小売業者が依存するケースが取り上げられる。

当該基準の存否について、判例は一般的な検討方法を確立している。この一般的な検討方法は、当事者の主観的個別状況を出発点とするのではなくて、当該システムに参加する典型的販売者にとって、具体的な商標品販売システムから明らかになる状況を出発点とする。最高裁は、機能的リベート供与から排除されたセルフサービス卸売業者の具体的関係を詳細に検討することなく、販売システムの一般的な特徴を根拠に、期待しうる選択可能性の欠如を認定した[12]。

品揃えの従属性は、首位の従属性と首位グループ従属性に大別される。前者は、小売店が競争能力を維持するために品揃えとしなければならない程度、市場において一商標品がトップ地位を占める場合を捉える。比較しうる殆どの販売店で扱われているという高い取扱の割合は明らかなその徴候とされる[13]。後者は、競争能力維持のために、一般的に認識される多数の商標品を扱わなければならない場合を捉える。この場合も同様に、取扱割合、多くの販売店で取り扱われていること、首位グループの製品の市場シェアが重要である[14]。

（2） 事業者に関する従属性

事業者に関する従属性は、買手が、継続的かつ規則的な契約により維持される供給関係に基づいて、一メーカーに固定されている場合に存在する[15]。主要な事例は、特約店である。販売店は経営資本の著しい部分を当該商標品に投資していることから、同種の新しい設備への転換が著しい財政的な負担となり、他の商標品への転換はこのため原則として何ら十分かつ期待可能な選択を意味しない場合である。従属性の認定に際しては、販売店の典型的な状況を基準として、客観的かつ一般化された検討方法に基づくべきとする見解[16]、これに対して、従属事業者の個別具体的な状況を検討の出発点とすべきで、品揃え従属性の様に一般化した検討方法は行なわれないとする見解もある[17]。事業者に関係する従属性は、新規参入者については概念上当てはまらない[18]。

（3） 品不足の従属性

急に出現した品不足の結果、事業者が従来の購入チャンネルを失う、選択転換が可能ではないため、それによって事業者の競争能力が脅威を受ける場合である。

（4） 購買力に条件づけられた従属性

供給者が買い手に従属する、いわゆる購買力に条件づけられた従属性は、さらに多様なグループに分類される。すなわち、生産の特殊性、販売条件又は販売シェアを理由とした従属性、グッドウィルに条件づけられた従属性である。

生産の特殊性に条件づけられた従属性の主たる事例は、下請け関係である。この場合、同時に事業者に関連した従属性も問題となりうる。基準となるのは、専門化の程度、考慮に入れられる買手の数及び生産転換の財政的困難性である。なお、単に、専門化を促されているだけでは従属性は生じず、かかる専門化は、メリットとリスクがそれ自体比較衡量される。

販売条件又は販売シェアを理由とした従属性は、買手について、再販売のため重要な地位を持つ大規模小売店又は購入センターである場合、ないしは一定の買手について供給者の販売シェアが特に高い場合に問題となる。幾つかの事例では、相対的に高い割合が捉えられているが[19]、他方で、反証可能な推定としつつも、特に消費生活物資の生産者と大規模小売店の関係において、需要者における供給者の販売比率が10％以上である場合に供給者の需要に条件づけられた従属性を十分認定できるとする[20]。他方、当該シェアに係らず、特殊な状況から、十分かつ期待可能な選択が欠如するとされた事例として、医薬品輸入業者と卸売販売店との取引関係において輸入品医薬品の取扱いが全般的に拒絶され、薬局がほぼ全ての品揃えを卸売業者から圧倒的部分購入しているため、薬局への直接販売が期待できないとされたケースがある[21]。

グッドウイルに条件づけられる従属性は、商標品のグッドウイルに鑑みれば、一定の小売の販売形態で当該商標品が販売される必要性がある場合に認められる。ここでは、具他的販売数は考慮されない。十分かつ期待しうる販売可能性の有無は、他の小売店ないしは他の販売形態を通す場合、商標品のグッドウィルの侵害が回避しうるかどうかである。もっとも、かかる従属性に関する、具体的な事例は存在しないようである。

需要者の供給者に対する相対的市場力の認定を容易とする推定規定が一九八〇年の第四次改正で導入された（旧二〇条二項二文、現行法二〇条一項二文）[22]。この導入の理由は、従来の基準が、需要サイドの市場支配力の検討に適合していないということであった。当該推定規定は二つのファクターに焦点が当てられている。すなわち、他の需要者に対して有利に扱うこと、及びその規則性・継続性であった。まず、需要者は、通常の取引における割引又はその他のサービス料金に追加して、特別な優遇を供給者に要求しなければならない。優遇は同種の需要者に供与されていないことが必要である。購入される役務と機能的に関係がないことによっても、特別な優遇は特徴づけられる。すなわち、需要者の購入する具体的なサービスとの関係が明白でない場合である。例として、商品棚の賃貸料、棚卸しの手伝い、記念祭の奨励金（割引）、新規開店の特別サービス、需要者の販売陳列における供給者の参与、とりわけ長期の支払い期間等が挙げられる。(23) さらに、需要者が商品買い入れの前提条件として、購入金額とは別個に協賛金を要求することは、競争における公序良俗に反するとされたケースがある。(24) 当該ケースでは、同時に不正競争防止法（UWG）一〇条に反するとされている。不正競争防止法違反とされる場合には、原則として正常な取引の範囲内の行為とは捉えられないであろう。

取引慣行上というのは、一定の優遇が既に通常の取引において実施されていることを意味するのではなく、需要される役務との機能的関係が認められれば、新規の形での優遇も取引慣行上の役務（取引）の対価として捉えられる。逆に、多数の供給者において優遇が実施されているが、その市場力に基づいて、優遇が需要者に与えられている場合には、取引慣行上の優遇に当たらない。

さらに、需要者は、特別な優遇を定期的に得ることが必要である。一又は一定の複数の供給者によって、合理的な理由が認定されることなく、長期かつ反復的に優遇が供与されなければならない。したがって、優遇がまさに特例にとどまる場合、個別事例での特別条件の交渉、一回きりの典型的にサービスと関係のない優遇は、従属性の推定を根拠づけない。

推定は反証可能である。この反証は、他の需要者への十分かつ期待しうる代替可能性の立証によってなされる。政府理由書では、この立証は、供給者及び需要者のそれぞれの市場シェア、その事業者規模の関係、特殊性又は品揃え、品不足の程度、当該製品の供給過剰の程度から明らかになりうるとする。

（8）　Markert・前掲注3）五四六頁
（9）　Bechtold・前掲注4）一八〇頁
（10）　最高裁決定二〇〇二年九月二四日「Konditionenanpassung」（WuW/E DE-R 984）

(11) Loewenheim「Loewenheim/Messen/Riesenkampff Kartellrecht」（二〇〇九年）一九〇一頁

(12) 最高裁判決一九七六年二月二四日「Asbach-Fachgrosshändelvertrag」（WuW/E BGH 1429）

(13) 最高裁判決二〇〇〇年五月九日「Designer-Polstermöbel」（DB二〇〇〇年二四七二頁以下）では、取扱割合80％で認められたが、選択的販売システム等販売拘束に服する商品については高い取扱い割合が求められているのではない。また、市場シェアについても必ずしも高い必要はない。

(14) 娯楽機器という部分市場において11％の市場シェアで十分とする判例もある最高裁判決一九七九年一月一七日「Nordmende」（WuW/E BGH 1567）。他方で、5％では不十分とするケースもある（デュッセルドルフ高裁判決一九八〇年五月六日 WuW/E OLG 2294）

(15) 事例としては、最高裁判決一九九五年二月二一日「Kfz-vertraghändler」（WuW/E BGH 2983）等があるが、あまり多くない。

(16) Markert・前掲注3）五五九頁。最高裁判決一九八八年二月二三日「Opel Blitz」（WuW/E BGH 2491）

(17) Loewenheim・前掲注11）一九一五頁

(18) Markert・前掲注3）五六頁。品揃えの従属性については新規参入者も主導的供給者に従属しうる。

(19) 最高裁判決「Orthopädisches Schuhwerk」WuW/E BGH 2919、BGH 一九九四年四月二一日では、合計80％となる割合を伴う、全ての社会保険契約の供給者の従属性を認め、その場合需要者である保険者の市場シェアは何ら意味がないとした。

(20) 「Konditionenanpassung」前掲注10）

(21) 最高裁決定一九九五年二月二一日「Importarzneimittel」（WuW/E BGH 2990）

(22) 二〇条第一項二文では、ある需要者が一定の種類の商品又は役務の供給者から取引慣行上値引き又はその他の優遇の他に、他の事業者には付与されない特別の利益を得る場合には、当該供給者は当該需要者に対して第一文の意味で従属していると推定されると定める。

(23) Loewenheim・前掲注11）一九一九頁

(24) 最高裁判決一九七六年一二月一七日「Eintrittsgeld」（WuW/E BGH 1466）

五　不当な妨害・差別

二〇条一項に基づき、相対的な市場力を持つ事業者にも、直接又は間接的な他の事業者の不当な妨害及び、正当な事由を欠く同種の事業者に対する直接又は間接的な他の事業者の差別的取り扱いが禁止される。当該要件の意義は、同一の者は同等に扱い、異なる者は異なる扱いをするという同等扱いの原則を明示したものである。これらの妨害行為と差別行為の両者は、重なる部分もあり、常に明瞭に区別されるわけではない。重点の置き方が異なるのは、妨害禁止は、第一に行為者の競争者の保護に機能し、差別的取扱の禁止は、とりわけ前段階又は後段階の取引段階における事業者を保護し、名宛人との関係で同等の市場機会を確保することにある。両者の要件に共通するのは、妨害又は異なる取り扱いに関する規範的評価基準である利益衡量の原則である。

1　妨害

他の事業者の妨害は、客観的意味での競争行動可能性のあらゆる侵害と理解され、価値中立的である。「競争とは関係のない」又はその場合、その他の方法で疑わしい（議論の余地のある）手段をとっていることも前提としておらず、侵害の一定の規模も要件としていない。もっとも、事業者に加えられる全ての経済的不利益が、直ちに競争における活動可能性の侵害として捉えうるのではなく、侵害を受ける事業者の競争機会に対する効果、第三者と取引を締結する機会が侵害されることが必要である。このため、競争制限防止法一九条二項二号の意味での搾取行為によって単に不利益を与えることは、それ自体ではまだ何ら妨害を意味しない(25)。

妨害については、競争における他の事業者の活動可能性の事実上の侵害が必要である。その単なる属性又は成果のない試みでは不十分である。[26] 侵害は、一事業者を根拠とすることも可能である。

2 差別的取い

差別的取扱の禁止規定は、まず名宛人とその前後の取引段階で活動する事業者の保護に機能し、当該事業者に名宛人との関係で同等の市場チャンスを確保することであるが、これに限定されず、名宛人の競争者の保護も捉えられる。また、同種事業者の差別的取扱には、多数に対して個別に不利益を与えるだけでなく、逆に多数に対する個別の優遇も含まれる。もっとも、個別の優遇を直接に捉えるのではなく、そこから間接的に生じる他の同種事業者の競争上の機会同等性の侵害を問題にする。

3 不当性と正当事由の欠如

妨害の不当性および差別的取り扱いの正当性事由の価値判断が決定的に重要となる。最高裁の判例によれば、競争の自由に向けられた競争制限防止法の目的を基準として、当事者の利益衡量という統一的基準によって判断される。この利益衡量の評価システムは完全に確立されたとはいえないが、ここでは、一方では原則として個別事例に関連した当事者の個別利益に照準を当て、他方では、競争制限防止法の価値システムが考慮される。

(1) 利益衡量

妨害する名宛人側については、その全ての利益が原則として考慮可能である。これには、自己の判断に基づく販売購入システムの構築を中心とする、何より事業活動の自由に関する利益が含まれることになる。原則としてその取引活動及び販売システムを自身にとって利益上意義があるかたちで自己の裁量によって形成することは妨げられない。かかる利益は、他の当事者の利益及び競争制限防止法の目的との比較衡量によって初めて制限されることになる。名宛人の行為が、客観的基準に従い商慣行上合理的かまたは経営合理的であるかどうかは重要ではない。とりわけ行為の目的と手段が検討され、それは、常に合理的かつ相当の方法での利益確保が問題にならなければならない。原則としてその利益を確保するために、より侵害的でない方法をとらなければならない。また、法規定に違反するないしは法価値に反する場合には、その利益は考慮されない。

妨害を受ける事業者の側の利益としては、原則として、競争における自由な活動の可能性に向けられたもののみであり、この意味では、考慮し得る利益の範囲は狭いことになる。これは、個別の市場参加者の競争の活動の自由を、有力な事業者の影響から保護するという法の保護目的から明らかとなる。競争外の目的は考慮されず、中小事業者が問題になっている場合であっても、構造的ないしは社会政策的な存立保護は考慮されない(27)。何より自由な市場参入が考慮され、これには、妨害を受ける事業者の販売ルートの選択の自由が含まれる。さらに、他の事業者との競争における機会均等という利益が、妨害によって侵害されないという利益が考慮される。

最終的な結論、すなわち不当性の評価は、競争者の自由に向けられた競争制限防止法の目的を考慮して評価される。この比較衡量について基準となる評価システムというのは、正確には、競争的な事業活動を可能な限り保護することによる、制限のない可能な限り自由な競争という目的が、利益考量の枠組みでの中心となる法適用原則である。かかる個別利益考量と競争制限防止法の目的は、実際の適用において相互に密接に関係し合い、包括的に考慮されることになる。競争の自由という目的に基づく評価基準としては、競争制限防止法の全体的な価値システム、とりわけ二〇条の立法目的が考慮される。当該利益衡量のもとでは、一定の行為が、不正競争法で展開する効率(Leistung)上正当化されるか否かは重要ではない。その区別は望ましい市場行動ではなく市場成果を指向することに成功しておらず、また購買力の問題にも適合しない。判例の中には業績競争(Leisungswettbewerb)概念を説明するケースもあるが、補足的な判断基準として用いられているにすぎない(28)。「業績競争」及びそこから導かれる非「業績競争」は、これらの概念が、明確に区別されることに成功しておらず、二〇条の枠組みでの一般的適用にとって不確定な内容にすぎるということに起因する。加えて、当該行為の非業績性から、妨害又は差別的取り扱いの不当性を結論づけることはできない。他方で、行為自体が競争促進的な性格を持つ場合にも、評価は困難である。業績競争の概念については、明確にされていないのが現状であるが、明らかに不当な手段と考えられる行為だけでなく、行為自体は正当な競争行為であっても、二〇条違反とされる可能性があることから、やはり市場力と結びついた形で不当性が理解されることになると思われる。

(25)　イェナ高裁一九九七年一二月一〇日「SEAG」(WuW/DE-R 63)。ミュンヘン高裁判決　一九九七年七月三一日「Zahnersatz」(WuW/E OLG 5898）では、二六条二項（現行法二〇条一項）を根拠に、原則として、妥当な料金の請求権は導かれないとした。歯科技工士が、彼らによって適切と考慮される料金を得る請求において、保険会社の説明文による歯科技巧報酬の限定が、不当な間接的な妨害に当たるかどうかが争点となった。保険会社の保険契約者への注意文書において、歯科技巧的サービスについての費用については、規定された保険に妥当する弁済額を適切とするとして、それを超える高い歯科技巧料金は払戻されないとすることは、二六条二項（現行法二〇条一項）にいう不当な妨害を意味しないとされた。被保険者を通して歯科技巧士の報酬支払い請求に対して、その相当性についての自己の概念で対抗させる保険者の行為は、取引相手方の搾取による不利益の賦課と同様に、購買力の行使による二六条二項にいう妨害を意味しないとした。

(26)　Markert・前掲注3）五七七頁。時間限定のない供給停止の留保は、未だ妨害とはいえないとされている。これに対しては、買手がその競争能力について、長期的供給に依拠している場合には妨害となり得るとする見解もある。

(27)　最高裁決定一九九八年一一月一〇日「U-Bahn-Buchhandlungen」(WuW/E DE-R 220)

(28)　ベルリン上級裁判所一九七七年一月六日「Kombinationstarif」(WuW/E OLG 1767//1772)。最高裁の判例によれば、不当妨害の評価基準は、UWG の基準と一致しないとする（最高裁一九九五年四月四日「Hitlisten-Platten」WuW/E BGH 2977）

六　具体的行為類型

取引における妨害又は他の事業者の差別的取扱は、原則として名宛人の全ての行為形態を出発点とする。その場合、従来の二〇条に関する学説によれば、基本的形態として四つの事例グループに区別される。すなわち、新規又は既存の取引の拒絶、価格取引条件の差別的取扱、そしてそれ以外の競争者妨害の手段として排他条件付き取引、抱合わせ取引及び廉売供給、需要者の行為である。

1　取引拒絶

取引拒絶の不当性ないしは正当化事由の評価については、市場参入妨害の観点のもと、関係する事実上及び潜在的買手の購入可能性との関係で、名宛人の持つ具体的な市場力に重点を置いて検討される。供給拒絶の問題として取り上げられる類型としては、①販売の系列化・組織化（一定の基準を充足する小売にのみ販売するという専門店拘束と量的な基準に基づく販売店の選択の形態）、②ネットワークへのアクセス拒絶（競争制限防止法一九条二項四号にいう市場支配的事業者のアクセス拒絶の評価が、同二〇条一項においても基準）、③品不足の状況に置ける供給範囲及び買手の選択、④ライセンス拒絶、⑤純正部品を独立系修理業者へ供給しないことである。名宛人であるの市場有力な事業者における供給拒絶が正当化されるのは、実質的に事業者の基本判断に属する場合に限定され、例えば、同種の事業者全般に取引を開始していない、買手の数・形態を合理的な組織に限定している場合、品不足等回避し得ない状況、買手の取引形態、商品サービスの特殊性又は必要性等が挙げられる。その他として、信義誠実又はその他の法規定に反する場合、さらなる事情が加味される場合にのみ、継続的な供給の拒絶は正当化される。

2　価格取引条件の差別的取扱い(29)

供給者による価格差別は、一定の商品又はサービスの買手に対する、価格に関係する、供給者による差別的取り扱いの全ての形態を包含し、本質的メルクマールは、買手が、同種の商品又はサービスの一定の量につき、異なる対価を要求されることである。これに当たる主要な行為類型は、リベートである。

3　競争者の妨害

供給拒絶及び価格差別以外の供給者による妨害の類型であり、競争における他の事業者の活動のあらゆる妨害として、幅広く妨害の概念が捉えられる。競争的な市場構造をさらに悪化させないという市場支配的事業者の責任は、二〇条においてはそのまま当てはまらない。また、不当な競争妨害を「効率とは無関係な」及び「残余競争の阻害」という基準によって区別しようとする試みもある。原則として、競争妨害は、個別事例に関係付けられた利益衡量の枠組みによってのみ、自由競争の維持という競争制限防止法の目的の考慮のもと評価され、様々に一般化された視点が当該枠組みで考慮されることになる。

4　排他条件付き取引

排他条件付き取引は、相対的市場力をもつ名宛人において、二〇条違反となることがある。排他条件付き取引は、欧州その他の条項違反を構成する可能性もある。市場シェアが30％に充たない事業者による排他条件付き取引は、欧州機能条約一〇一条及び競争制限防止法一条の適用除外に当たる場合であっても、二〇条の適用は排除されない。二〇条の適用は、絶対的な市場シェアではなく、相対的な従属性を基準としている。排他条件付き取引が、従属者に対して、不当な妨害として効果を持ち、又は、排他的条件付取引の累積的効果に基づき競争者を市場参入を困難にする場合には、個別具体事例では、適用免除の要件に一致しないことになろう。排他条件付き取引については、さらに市場支配的地位の濫用規制を内容とする欧州機能条約一〇二条、競争制限防止法一九条の適用対象でもあり、二〇条一項が単独で適用された最近の具体的事例はないようである。

(29) 差別的取扱の例としては、子会社の取引先の関係とその他の取引先の関係において、不平等な扱いは認められないとするケース（最高裁二〇〇二年九月二四日「Vorleistungspflicht」WuW/E DE-R 1051/1054）がある。その他、「Depotkosmetik im Internet」（最高裁二〇〇三年一一月四日 WuW/E DE-R 1203 以下）では、ブランド香水メーカー商品を選択的販売で販売しており、有名ブランド香水に係る市場シェアが18％である被告事業者が、インターネットでの販売を固定販売による売上げの半分以下とする等の一定の条件付きで事業者と受託契約を締結し、商品を供給していたが、インターネットのみで販売する業者への供給は拒否していた。原告はもっぱらインターネットを通して化粧品を販売する中小事業者であり、店舗を持たないことから、被告の受託者やその他販売店においてその需要をカバーすることに依存しており、被告に対して供給義務の確認請求訴訟を提起した。被告については、市場支配的地位は認められないものの、中小事業者に対しては相対的な市場力を有していることが認められたが、被告の差別的取扱については、実質的に正当な理由があるとされた。

5 搾取的濫用行為と相対的市場力の濫用行為規制

二〇条に基づくドイツの相対的市場力濫用規制は、いわゆる高価格による搾取的濫用行為を規制対象としていない。価格の不当性を問う場合には、一九条の規定を用いることになり、そこでは、市場支配的地位にある事業者の価格設定を搾取的濫用として問題としており、相対的地位にある事業者については含まれない。一方的な価格の引き上げについては、相対的な契約関係の問題として捉えられるが、事実上独占的な地位にある事を前提にしている。

七　相対的市場力に対する規制

ドイツ法では、基本的に妨害・差別行為というかたちで、相対的地位の濫用が捉えられている。この相対的地位は、期待可能かつ妥当な選択可能性が欠如するような状況を中心とした従属性概念で理解されている。他方で、市場支配的地位にある事業者の濫用規制も存在し、経済社会における地位を前提にした規制を行っている点に注目される。我が国においても、不公正な取引方法において検討の基準とされる「有力な事業者」であるかどうかというのは、ドイツ法の考え方と軸を一にすると考えられる。さらに、期待可能かつ妥当な選択可能性の基準は、我が国の不公正な取引方法における判断においても用いられている基準である。とりわけ、日本法にいう優越的地位にあるか否かの判断基準と共通する。ドイツ法に基づき捉えられている従属性の分類は、優越的地位の有無の評価に用いることができる様にも思われる。

さらに、従属性に関しては、その保護対象が中小事業者に限定してされている。競争政策から若干乖離した視点の様にも思われるが、社会政策的な視点はないと説明されており、大規模な事業者は保護する必要はなく、中小事業者が競争上不利にあることに鑑みれば、かかる規制の在り方も説得的である。事業者に関する従属性に関しては、個別具体的な関係の検討を前提としており、必ずしも、一定の広がりを前提としていない。

購買力に関する従属性は、近年、日本で重点が置かれている大規模小売店と納入業者等の関係を捉える類型に対応する。もっとも、ドイツでは、近年事例がなく、特にこの分野に重点が置かれている傾向は認められないともいえるが、大規模小売業者に対する警告の事件が最近見られ、購買力濫用に対して如何に対応するかは、今後の課題となっていると思われる。

相対的な地位の濫用規制は、従属性の評価を前提にして、さらに具体的行為類型として不当性がある差別妨害を基軸としていることから、競争法の一環として機能を果たしていることは重要である。さらに、そこでは、「正当な理由」「不当性」が、利益衡量という手法により、競争制限防止法の目的を基準として評価されている。かかる検討方法は、我が国の不公正な取引方法の要件である「公正競争阻害性」の検討と同様に位置づけられる。

八　おわりに

ドイツ法の競争制限防止法二〇条の規制対象は、差別・妨害を中心としたいわゆる不公正な取引方法である。さらに、この中に、いわゆる優越的地位の濫用行為も含まれている。公正競争阻害性にあたる不当性については、差別妨害行為と優越的地位の濫用規制と乖離した形では捉えられていない。日本法においては、優越的地位の濫用規制については、公正競争阻害性のなかでも「自由競争基盤の侵害」という独特の意味付けがなされている。ドイツ法における仕組みを手がかりに、優越的地位の濫用規制に係る競争への影響を再検討する余地があり、今後の研究の課題としたい。

米国投資会社法における組織再編規制の歴史的展開
――組織再編計画の公正性確保を中心に――

清　水　真　人

一　はじめに

本稿の課題は、米国投資会社法における組織再編規制の歴史的展開について、組織再編計画の公正性確保の法的枠組みを中心に考察することである。米国投資会社法は一九四〇年制定時に組織再編の内容について公正性を確保するための法的枠組みを導入し、それを今日まで発展させてきたことから、その歴史的経緯を考察することにより、米国投資会社法が有する組織再編計画の公正性確保に関する法的枠組みの特徴を明らかにするとともに、これからのわが国の組織再編法制の在り方を考える上で重要な示唆を得ることができると考えるためである。

米国における投資会社の領域では、一九二〇年代末から三〇年代にかけて緩い州会社法の下で様々な金融手法を用いた濫用的な組織再編が行われ、一般投資家の利益が大きく侵害されることとなった。そこで、SECはこれらの問題に対処するために、『保護および組織再編委員会に関する調査報告書』[1]および『投資信託および投資会社に関する調査報告書』[2]において一般投資家保護の観点から組織再編に関する州会社法の各規定および一連の判例について詳細な検討を行った。そして、これらの成果を基に連邦議会で投資会社法制定につき審議が行われ、その結果、一九四〇年の投資会社法制定時に当時の緩い州会社法を大幅に修正する形で厳格な組織再編規制が導入された。その上で、SECはそれらの法規定を積極的に執行し、組織再編計画の公正性を確保しようとした。このようなSECの努力により、投資会社法制定前に問題とされた組織再編に伴う濫用行為を根絶することに成功したと評価されている[3]。その後、一九七〇年の投資会社法改正を契機として従前の法的枠組みが強化されるとともに、独立取締役制度の強化により取締役会の監督機能を通じた組織再編計画の公正性確保の枠組みが整備された。

他方、投資会社業界の成長に伴い投資会社の数が増加するにつれ、組織再編の必要性が徐々に高まり、その際に従来からの厳格な規制が足枷と認識されるようになった。また、SECが個々の申立てに基づき適用除外命令を発し、組織再編規制の適用除外を認めるという方法にも限界が感じられるようになった。そこで、SECは規則制定により、過半数の独立取締役からなる取締役会が組織再編計画の内容を中立的な立場から十分に審査できる状況下では、組織再編に関する規制の一部を一律に適用除外し、組織再編の柔軟化を認めるようになった。

このように、当初は投資会社法の厳格な規制の下でSECが組織再編計画の公正性確保のために積極的に関与する方法から、取締役会の監督機能を通じて組織再編計画の公正性を確保しつつ、組織再編の柔軟化を認める方向へと徐々に移行しているところに、米国投資会社法における組織再編規制の特徴があるように思われる。このような枠組みの下で今日多くの投資会社の組織再編が行われている[4]。本稿では、このような組織再編規制の枠組みが形成され今日に至るまでの歴史的経緯について検討する。

本稿の構成は次の通りである。二においては、一九四〇年投資会社法制定により組織再編計画の公正性確保のための法的枠組みが整備され、ＳＥＣがそれを積極的に執行するに至るまでの経緯について検討する。三においては、一九七〇年投資会社法改正を契機として当初の枠組みが強化されるとともに、取締役会が監督機能を十全に発揮できるよう、取締役会に対し十分な情報提供を行う体制の整備が要求されるようになっていった経緯について検討する。四においては、ＳＥＣ規則に基づく組織再編規制の適用除外が徐々に進展していった経緯について検討する。最後に、本稿における検討作業から得られるわが国の法制度に対する示唆について若干の考察を行う。

（1） SEC, Report on the Study and Investigation of the Work, Activities, Personnel and Functions of Protective and Reorganization Committees : Part Ⅶ. Management Plans Without Aid of Committees (1938). 本報告書の内容およびそれが公表された背景については、拙稿「米国州会社法における事業再編の展開とＳＥＣの関与（一）～（三・完）」徳島大学社会科学研究二四号五七～一二四頁（二〇一一）、二五号一～二四頁、二六号二九～五二頁（二〇一二）で検討した。

（2） SEC, Report on Study of Investment Trusts and Investment Companies : Part Ⅲ, Abuses and Deficiencies in the Organization and Operation of Investment Trusts and Investment Companies Ch. 1-6, H.R. Doc. No. 279, (1939) [hereinafter SEC Report Part Ⅲ Ch. 1-6].

（3） SEC, Report on the Public Policy Implications of Investment Company Growth, H.R. Rep. No. 2337, at 5, 71 (1966) [hereinafter PPI Report]. 北茂訳『投資会社の成長と国策の帰結――ＳＥＣ報告書』一一頁、八六頁（大阪証券業協会、一九六九）（初出：インベストメント二二巻三号～二三巻四号（一九六九～一九七〇））。

（4） 世界金融危機発生後に多くのミューチュアル・ファンドの合併が行われたが、それらは必ずしも投資家の利益にならないと警鐘が鳴らされている。Eleanor Laise, *Fund Investors Can Lose Out When Portfolios Are Merged*, Wall St. J., Sept. 2, 2009, at R1.

二　一九四〇年投資会社法制定による組織再編規制の整備

本章では、一九四〇年投資会社法制定時に組織再編計画の公正性確保のための各規定が導入され、ＳＥＣがそれらを積極的に執行するようになるまでの経緯について検討する。

1　投資会社の組織再編に伴う濫用行為

米国において投資会社[5]は、一般投資家が分散投資および専門家による資産運用という利益を享受しながら証券市場に参加するための制度として、一九二〇年代の証券市場の拡大に伴い投資顧問[6]により次々と設立され、とりわけ一九二七年以降その数は急増した[7]。しかし、一九二九年の証券市場崩壊により、投資会社の保有するポートフォリオ証券の価格も暴落し、投資会社は甚大な打撃を被った。そこで、投資会社の運営を合理化するために、定款変更による既存株主の権利の変更や、投資会社同士の合併といった方法により組織再編が数多く行われるようになった。しかし、これらの中には投資顧問およびその利害関係人の利益を図ることを目的とする濫用的な組織再編も存在し、ＳＥＣによる調査では投資会社の組織再編について次のような点が問題とされた。

第一に、組織再編の際には優先株主の犠牲の下に普通株主の利益を図るような様々な手法が用いられたという点である。複数種類の株式を発行している投資会社においては、一般投資家が優先株式を保有し、投資顧問およびその利害関係人が普通株式を有している場合がほとんどであったが、組織再編が行われる際には定款変更や合併により、優先株主の累積未配当利益の排除や優先権の変更、議決権の排除等が行われ、優先株主の権利は大きく侵害された[8]。このような内容の組織再編計画を承認し株主総会にかけるのは各投資会社の取締役会であるが、投資会社は投資顧問により設立され、取締役会構成員も投資顧問により選任されていたことから、取締役会の意思決定は実質上投資顧問によって支配されていた(9)。

第二に、投資会社の中には交換買付けにより他の投資会社または一般事業会社の株式を次々と取得し、支配権を獲得するものが存在していたが、それらの投資会社が交換買付けを行う際に一般投資家が交換買付けの勧誘に応じるよう、虚偽または誤解を招くような情報開示や、二段階買収の予告等の強圧的な勧誘が行われたという点である(10)。買収者はこれらの手法を用いて対象会社の支配権を獲得し、その後対象会社を解散し利益を実現したり、合併、会社財産全部の譲渡等を行うことにより、対象会社を傘下に収め巨大な企業グループを形成していった。

このような一般投資家を害するような組織再編を可能にしたのが、当時の州会社法および連邦証券諸法であった。定款変更、合併、会社財産全部の譲渡を行う際に行われた優先株主の権利の変更は、当時の判例法の下ではその多くが適法と解されていた(11)。また、組織再編計画の公正性について監督する独立機関は一部の州を除き存在せず、各投資会社の取締役会の監督機能にも期待できる状況にはなかったため、組織再編計画の内容は投資顧問または支配株主にとって都合の良いように決定されていた(12)。さらに、組織再編に伴い発行される証券の情報開示について州会社法は情報開示規定の対象外とし(13)、また、一九三三年証券法の情報開示規定および一九三四年証券取引所法の委任状勧誘規定も州会社法における組織再編に対してはほとんど適用されなかった(14)。投資会社はビジネス・トラストとして設立されることもあったが、州法ではビジネス・トラストの組織再編について全く規定していなかった(15)。

さらに、少数株主が自らの利益を保護するための手段である、組織再編計画の承認に係る株主総会における議決権行使、組織再編行為の事前差止めおよび事後的な無効確認・取消しの訴え、反対株主の株式買取請求権も、一般投資家の利益保護にとって極めて不十分であるとＳＥＣは評価していた(16)。

以上のような法的状況を踏まえた上で、ＳＥＣは組織再編の場面において一般投資家保護を実現するためには、連邦証券諸法の情報開示規定および州会社法の少数株主保護規定だけでは不十分であると考え、投資会社法制定に際して投資会社の組織再編について実体的な規定を導入しようとした。

2 連邦議会における審議

(1) SECによる当初の法案

SECが当初連邦議会に提出した投資会社法法案は、その二五条(d)項で、「組織再編計画又は交換買付けが……(1)利害関係を有する全ての者若しくはクラスにとって公正かつ公平でない場合、(2)組織再編計画の内容が実行可能でない場合、又は(3)本法の目的に合致しない場合」に該当するとSECが判断したときは、当該組織再編計画を許可しないものとすると規定し、SECが組織再編計画の内容を審査し、全ての証券保有者にとって公正であると認めた場合でなければ、証券保有者に対し組織再編計画への賛成を勧誘し、または株主総会にかけることはできないとしていた[17]。組織再編計画の内容は複雑であり一般投資家にとって理解するのは困難であることから、たとえ大多数の投資家が当該組織再編計画の内容に賛成していたとしても、SECが中立的な立場からその中身を審査する必要があると考えられたためである[18]。この点については、公聴会において当時の会社法制の主要論者であるドッドからも賛成意見が出され[19]、投資会社業界もこのような独立機関の必要性を認識していた[20]。

しかし、SECの実質審査を通過しなければ組織再編計画を実行できないとする点に対しては投資会社業界から強い反対意見が出された。組織再編はあくまでも証券保有者が決定すべき問題であり、それを政府機関が全て決めてしまうのは民主主義の精神に反するとの批判や、公正性の具体的な判断基準が明らかでなくSECが恣意的に判断を下してしまうのではないかとの批判、さらには従来からのSECの権限は連邦倒産法上の倒産処理計画について助言者としての立場から裁判所に意見申述を行うことにとどまっていたのであり、それを投資会社の組織再編一般にまで拡大するのは行き過ぎであるといった批判が投資会社業界の代表者から出された。[21]
これらの反対意見に直面し、SECは当初の提案を大幅に修正することを余儀なくされた。

（2）投資会社法制定により導入された組織再編規制の枠組み

そこで、修正案が連邦議会に提出され、SECと投資会社業界との間でさらに審議が行われた。最終的に、両者の妥協により次のような規定が設けられた。

第一に、組織再編計画の公正性についてSECが助言者としての立場から意見書を公表することができることとされた。投資会社法二五条(b)項は、「委員会は、登録投資会社又は当該登録投資会社の発行する証券が、組織再編計画の対象である場合若しくは組織再編計画へ参加する場合において、当該登録投資会社から要求された場合、又は当該投資会社の特定種類の証券の二五パーセントを保有する者によって要求された場合には、当該組織再編計画に関する証券保有者への勧誘に先立って当該組織再編計画の公正性及び特定種類の証券保有者に及ぼす影響に関する意見書を公表する権限を有するものとする」と規定し、組織再編の当事会社またはその証券保有者の要求に応じて、助言者としての立場から組織再編計画の公正性について意見書を公表する権限が付与された。ただし、要求があった場合であってもSECが意見書を公表しないことが望ましいと考える場合には意見書を公表する必要はなく、またSECが組織再編計画の内容について不公正であるとの意見書を公表した場合であっても、投資家はSECの見解に従わずに当該組織再編計画を承認することも可能であるとされた。[22]

第二に、SECの申立てに基づき組織再編計画を差し止める権限が連邦地方裁判所に付与された。投資会社法二五条(c)項は、「登録投資会社の設立州における合衆国地方裁判所、又は当該会社の主たる営業所所在地を管轄する合衆国地方裁判所が、組織再編計画が著しく不公正であり、又は当該登録投資会社の役員、取締役、投資顧問、若しくは当該組織再編計画のスポンサーによる著しい不正行為若しくは著しい信託の濫用に該当すると認めるときは、当該裁判所は、委員会（委員会は当該登録会社の証券保有者又は当該会社のある種類の証券保有者を代表して手続を進行させる権限を有する）により制定された手続に基づき、当該登録投資会社の組織再編計画の実行を差し止める権限を有するものとする」と規定し、裁判所の差止命令を通じた組織再編計画の公正性を確保するための仕組みが導入された。この規定において採用された判断基準は、当時の州会社法における組織再編において裁判所が組織再編計画を差し止めるか否かを判断する際に用いられていた判断基準に倣ったものとされている[23]。

これらの規定が適用される組織再編の範囲については投資会社法二条(a)項三二号に規定が置かれ、組織再編とは、「(A) 管轄裁判所の監督下における更生、(B) 吸収合併又は新設合併、(C) 会社総資産の七五パーセント以上の売却、(D) 会社資本の変更、会社の新規発行証券と当該会社の社外証券との交換、(E) 会社の任意解散又は清算、(F) 会社定款又はその他の方法により創設され又は規定されている諸権利、優先権、若しくは諸特権を変更、修正、若しくは排除するための資本再構成、その他の手続又は取引、(G) 以上に規定する手続の実効性を確保するためにあらかじめ行われる、又はそれらの手続を開始するために行われる、会社の新規発行証券と他の会社の社外証券との交換、(H) 投資会社でない会社により発行された証券と登録投資会社によって発行された証券との交換」と定義された。この定義には裁判所の監督下で行われる更生手続も含まれるが、しかし、二五条(d)項により連邦倒産法の下における裁判所の権限に如何なる影響も及ぼさないとされていることから、二五条(b)項および(c)項はあくまでも州会社法の下における投資会社の組織再編を念頭に置いたものであると説明されている[24]。

組織再編計画の公正性の判断は各投資会社の取締役会が行うことになる。そこで、投資会社法一〇条(a)項は取締役会構成員の四割以上は投資会社法二条(a)項三号に規定する「関係者[25]」でない者でなければならないと規定し、取締役会の独立性を確保しようとした。このような一定割合の独立取締役を構成員とする取締役会の承認を経た上で、投資家に対する組織再編計画への賛成の勧誘または株主総会における承認決議が行われることになる。

以上の規定に加え、一九四〇年当時に導入された各種の行為規制[26]も、投資会社の組織再編を制限する方向で働くことになる。例えば、投資会社法一七条(a)項は関係者間の取引を禁止しているが、同じ投資顧問の傘下にある投資会社は投資会社法二条(a)項三号の関係者に該当するため、それらの投資会社同士の合併や会社財産全部の譲渡は禁止された。また、二二条(d)項は投資会社の償還可能証券は目論見書に記載された現在の公募価額により売り付けられなければならないと規定していることから、これによりオープンエンド型登録投資会社がクローズドエンド型登録投資会社と交換買付けを行い、また三条(c)項一号の投資会社の定義に該当しない投資会社と合併を行うことは事実上不可能となった。その他、投資会社法一八条により種類株式の発行やストック・オプションの付与が大幅に制限され、さらに投資会社法一二条(d)項によりピラミッディングが禁止されたことにより[27]、投資会社は複雑な資本構成を採用することができなくなったことも、投資会社の組織再編に影響を及ぼしている。

このように、登録投資会社の組織再編は投資会社法制定前と比べ大幅に制限されることとなった。しかし、これらの規定を形式的に適用した場合にはかえって投資家にとって不利益が生じることも考えられる。そこで、このような場合には、個々の投資会社からの個別の申立てに応じて、SECが投資会社法六条(c)項または一七条(b)項に基づき適用除外命令を発することで対応することとされた。

3　SECによる組織再編規制の執行

以上のような組織再編規制の導入後、SECは組織再編計画の公正性を確保するために、これらの法規定に基づく権限を積極的に行使した。

投資会社法二五条(b)項[28]に基づく組織再編計画の公正性[29]に関する意見書の公表[30]については、投資会社法施行直後に[31]、Liberty Share Corporation, Standard Investing Corporation, Burco, Inc., The Cliffs Corporationの組織再編の際に行

われた。これらの事例は全てクローズドエンド型登録投資会社に関するものであり、SECは組織再編の当事会社が設立され現在に至るまでの経緯から、当事会社が発行している各種証券の権利内容、組織再編計画が策定された経緯、並びに当該組織再編計画が各証券保有者の権利内容に及ぼす影響といった点について詳細に検討した上で、組織再編計画の公正性について意見書を公表している。

また、投資会社法二五条(c)項に基づく差止請求権についてもSECは積極的に行使しようとする姿勢を示した。SEC v. Aldred Investment Trust事件[32]においてSECは非公式に組織再編の当事会社の経営陣と面談し、当該組織再編計画の内容は著しく不公正であり、当該組織再編計画への賛成の勧誘を実行するならば二五条(c)項に基づく差止請求権を行使すると警告を発した。その後、当事会社の経営陣が何ら手続を進めなかったため、最終的に当該組織再編計画は実行されなかった。

このように投資会社法制定当初は同法で認められた権限をSECが積極的に行使することで組織再編計画の公正性を確保しようとした。以上が、一九四〇年投資会社法制定時に組織再編規制が導入されるまでの経緯およびその直後における法執行の状況である。

(5) 投資会社には様々な種類がある。投資会社の分類については、落合誠一編『比較投資信託法制研究』一一〜一七頁(有斐閣、一九九六)(近藤光男)、川島いづみ「一九四〇年投資会社法の研究――立法に至る経緯を中心として」比較法学三九巻三号二四〜二六頁(二〇〇六)を参照。

(6) Hugh Bullock, The Story of Investment Companies, at 25-28 (1959). 投資会社は投資のための器であり、投資会社のポートフォリオ証券の管理から証券の発行に至るまで、外部の投資顧問によって行われる。投資会社と投資顧問の関係については、落合誠一編・前掲注(5)八〜九頁(近藤光男)を参照。

(7) 当時の投資会社の設立数および存続数については、日本生産性本部『アメリカの投資信託――証券投資信託専門視察団報告書』四二〜四七頁(日本生産性本部、一九六二)を参照。

（8）　これらの優先株主の権利を侵害するような手法は、投資会社の領域に限らず、一般事業会社の組織再編においても広く行われていた。山下友信「累積的配当優先株における優先株主の保護――優先株に関する一考察――」ジュリ六四五号八九～九一頁（一九七七）、神田秀樹「資本多数決と株主間の利害調整（四）」法協九八巻一二号五八～六一頁（一九八一）を参照。

（9）　*Investment Trusts and Investment Companies*：*Hearings on S. 3580 Before a Subcomm. of Sen. Comm on Banking and Currency*, 76th Cong., 3d Sess. at 587（1940）［hereinafter *Senate Hearings*］（Statement of Hugh W. Long, President, New York Stocks, Inc., and Manhattan Bond Fund, Inc., New York, N.Y.）.

（10）　ＳＥＣによる調査報告書では、The Equity Corporation, Atlas Corporation, Fiscal Management and Northern Fiscal Groups といった投資会社による企業買収が問題とされている。それらの事例のうち、The Equity Corporation および Atlas Corporation の事例については、三谷進『アメリカ投資信託の形成と展開』一五二～一六八頁（日本評論社、二〇〇一）を参照。

（11）　当時の判例と、それらに対するＳＥＣの批判については、拙稿・前掲注（1）「米国州会社法における事業再編の展開とＳＥＣの関与（一）」一一二～一一三頁で検討した。

（12）　SEC Report Part Ⅲ Ch. 1-6, *supra* note 2, at 1415.

（13）　*Id.* at 1411.

（14）　*Id.* at 1415.

（15）　*Id.* at 1413.

（16）　*Id.* at 1421-28.

（17）　*Senate Hearings*, *supra* note 9, at 17.

（18）　*Senate Hearings*, *supra* note 9, at 297-98（Statement of John H. Hollands and Robert E. Healy, Securities and Exchange Commission, Washington D.C.）.

（19）　*Senate Hearings*, *supra* note 9, at 765-776（Statement of Prof. E. Merrick Dodd Jr., Harvard Law School, Cambridge, Mass.）.

（20）　*Senate Hearings*, *supra* note 9, at 297-98.

（21）　*Senate Hearings*, *supra* note 9, at 385-87, 449（Statement of Cyril J.C. Quinn, Vice-President, Tri-Continental Corporation and Partner of J. & W. Seligman & Co. New York City）；*Investment Trusts and Investment Companies*：*Hearings on H.R. 10065 Before Subcomm. of House Comm. on Interstate and Foreign Commerce*, 76th Cong., 3d Sess. at 127（Statement of Alfred Jaretzki, Jr., Sullivan and Cromwell）（1940）［hereinafter *House Hearings*］.

（22） *House Hearings, supra* note 21, at 125, 127 (Statement of David Schenker and Robert E. Healey, Securities and Exchange Commission, Washington D.C.).

（23） *House Hearings, supra* note 21, at 127 (Statement of Alfred Jaretzki, Jr., Sullivan and Cromwell).

（24） *House Hearings, supra* note 21, at 125 (Statement of David Schenker, Securities and Exchange Commission, Washington D.C.).

（25） 投資会社法二条ⓐ項三号に関係者の定義が置かれており、他者の「関係者」とは、（A）他者の社外議決権証券の五パーセント以上を、直接又は間接に、所有し、支配し、若しくは保持する者、（B）他者によりその社外議決権証券の五パーセント以上を、直接又は間接に、所有され、支配され、若しくは保持されている者、（C）他者を直接又は間接に支配する者、他者から直接又は間接に支配されている者、若しくは他者と共同支配下にある者、（D）他者の役員、取締役、パートナー、共同パートナー、又は従業員、（E）他者が投資会社である場合には、当該会社の投資顧問又はその顧問会の構成員、（F）他者が取締役会を有しない法人格なき投資会社の場合にはその寄託者、と定義されている。

（26） これらの行為規制の概要については、神田秀樹「アメリカにおける証券投資信託規制――販売チャネル、投資形態、外国投資信託規制を中心として――」資本市場研究会編『証券市場における適正な競争の促進等について――証券取引審議会報告――』二一九～二二一頁（資本市場研究会、一九九二）、神田秀樹「証券投資信託の法的側面」フィナンシャルレビュー三六号一四八～一四九頁（一九九五）を参照。

（27） 米国投資会社法のピラミッディング禁止規定については、松山三和子「アメリカ投資会社法におけるピラミッディング禁止規定」平出慶道先生・高窪利一先生古稀記念論文集『現代企業・金融法の課題〔下〕』八八九頁以下（信山社、二〇〇一）を参照。

（28） Liberty Share Corp., 8 S.E.C. 1008 (1941).

（29） Standard Investing Corp., 8 S.E.C. 1019 (1941).

（30） Burco, Inc., 15 S.E.C. 828 (1944).

（31） The Cliffs Corp., Investment Company Act Release No. 1059 (May 26, 1947).

（32） SEC v. Aldred Inv. Trust, 58F. Supp. 724 (D. Mass. 1945).

三　一九七〇年投資会社法改正を契機とする組織再編規制の強化

一九七〇年投資会社法改正により取締役会の監督機能が強化されたことで、前章で検討したようなＳＥＣによる積極的な権限行使を通じた組織再編計画の公正性確保の方法は、その後大きな転換点を迎えることになる。本章では、そのような組織再編規制の方向転換にとって布石となっている一九七〇年投資会社法改正の経緯および改正法の下における判例法理の展開について検討する。

1　ＳＥＣによる投資会社法改正の勧告とその背景

一九五〇年代末からミューチュアル・ファンド業界が大きく成長し、投資会社の数が増加するにつれ、規模の経済に基づく効率的な投資会社の運営を行うために投資会社の組織再編を行う必要性が認識されるようになった。また、ファンド複合体（mutual fund complex）の形態が普及し、一つの投資顧問の下で複数の投資会社が運営され、それらの会社間で組織再編が行われるようになった。さらに、一つのミューチュアル・ファンドが他のミューチュアル・ファンドの株式を保有するという、ファンド・オブ・ファンズの形態も登場するようになった。このような状況において、投資会社の組織再編の公正性を如何に確保するかが改めて問題となった。そこで、一九六六年にＳＥＣは『投資会社の成長が公共政策に及ぼす含意について』と題する報告書を公表し[33]、その中で投資会社法の組織再編に関する各規定の改正を勧告した。

第一に、投資会社法二五条(c)項に基づく裁判所による組織再編計画の事前差止めに関する判断基準を、著しい不公正、著しい不正行為、または著しい信託の濫用に該当する場合から、公正かつ公平でないと認められる場合へと変更するよう勧告した。[34] 従来からの判断基準は裁判所による組織再編計画の差止めを不当に制限していることから、裁判所が適正に差止命令を発することができるよう判断基準を改める必要があり、[35] またこのように判断基準を改正することで連邦倒産法における倒産処理計画や公益事業持株会社法における組織再編計画の公正性の判断基準と平仄を合わせることができると考えられたからである。[36]

第二に、独立取締役の独立性要件を厳格化し、取締役会の監督機能を強化するよう勧告を行った。[37] 組織再編計画の中身を審査し承認するのは各投資会社の取締役会であることから、独立取締役の独立性要件を厳格化し取締役会の監督機能を強化することにより、組織再編計画の公正性を確保しようと考えられたからである。この独立取締役制度強化の勧告は直接的には投資顧問の運用報酬および投資会社が発行する株式の販売手数料に関する問題に対処するために行われたものであるが、[38] 投資会社の独立取締役制度は投資会社における利益相反問題に広く対処するために導入されたものであり、投資会社の組織再編は投資家と投資顧問等との利益が相反する一場面であることから、独立取締役制度の強化により組織再編計画の公正性を確保することもＳＥＣは念頭に置いていたと思われる。

以上の勧告に基づき、投資会社法改正法案が連邦議会に提出された。

2　一九七〇年投資会社法改正

連邦議会における投資会社法改正の審議[39]では、主としてオープンエンド型登録投資会社に対する投資顧問の運用報酬について合理性の基準を導入すべきか否か、また投資会社株式の販売手数料について上限を設けるべきか否かが主たる争点とされたため、[40] 組織再編計画の差止めに関する判断基準については全く議論がなされず、ＳＥＣの勧告内容がそのまま法改正により実現した。[41] それにより、二五条(c)項における差止めの判断基準は「当該組織再編計画が全証券保有者に対して公正かつ公平でないと認めたとき」へと変更された。

また、独立取締役の独立性要件の厳格化および取締役会の監督機能の強化についても、投資会社業界から若干の反対意見が出されたものの、ＳＥＣの勧告がほぼそのまま改正法に反映された。それにより、投資会社法二条(a)項一九号に「利害関係者（interested person）」という新たな概念が導入され、投資顧問と事業上または職業上密接な関係を有する者、投資顧問またはその利害関係人と親族関係にある者等が独立取締役として職務に従事することができなくなった。また、投資会社の取締役会に対する情報提供義務について新たに規定が設けられ、投資会社法一五条(c)項改正により、「ある者を当該投資会社の投資顧問として定常的に職務に従事させ、又は行動させることを規定する契約の条件を評価するにあたって、通常必要と認められる情報を請求してこれを評価することは登録投資会社の取締役の義務であり、また当該情報を提供することは当該会社の投資顧問の義務である」との規定が設けられた。この規定をきっかけとして、後に投資会社と投資顧問等との間における利益相反が問題となる場面において取締役会に対する情報提供義務が広く認められるようになり、投資会社の組織再編の場面における取締役会への十分な情報提供を通じた組織再編計画の公正性確保が実現されていった。

その他、一九七二年には一九三三年証券法の下で組織再編の場面における情報開示制度の拡充が行われ、さらに一九六四年には一九三四年証券取引所法改正による組織再編の際の委任状勧誘規定の適用範囲の拡大も行われた。投資会社の組織再編においてもこれらの規定が適用されることから、これらの法改正も組織再編計画の公正性確保にとって重要である(42)。

3　改正投資会社法の執行

一九七〇年投資会社法改正後、ＳＥＣおよび裁判所は改正投資会社法の各規定を執行し、それにより組織再編計画の公正性を確保するための新たな枠組みが形成されていった。

投資会社法二五条(c)項に基づく組織再編計画の差止めについては、改正投資会社法施行直後の SEC v. Vantage Ten-Ninety Fund, Inc. 事件[43]において早くも執行され、コロンビア特別区連邦地方裁判所は改正後の投資会社法二五条(c)項の判断基準に従い、当該組織再編計画は不公正であるとして、株主に対する組織再編計画への賛成の勧誘を差し止めた。この事例は一九四〇年の投資会社法制定以降、裁判所による組織再編計画の差止めが初めて行われた事例であり、これを契機にＳＥＣが当該権限をさらに積極的に行使し、組織再編計画の公正性を確保するのではないかと期待された[44]。

取締役会の監督機能の強化については、一九七〇年投資会社法改正後の一連の判例が投資会社法三六条(b)項の投資顧問の信認義務違反の判断に際して、①独立取締役が真に独立していたかどうか、②独立取締役に対して当該取引に関する客観的な情報が十分に提供されていたかどうか、③独立取締役が客観的な情報に基づいて採用することができるあらゆる手段の可能性について十分に議論を尽くしたどうか、を責任の有無を判断する際の決定的な要素とし[45]、さらに Burks v. Lasker 事件[46]において連邦最高裁が独立取締役が監督者としての役割を十分に果たすためには利益相反が問題となる場面における十分な情報提供が必要不可欠であると判示したことから、訴訟リスクに対応するために、投資会社の取締役会に十分な情報提供を行い取締役会が監督機能を十全に発揮できるための体制の整備が求められるようになった。

また、投資会社法三六条(a)項に基づく投資顧問等に対する責任追及の文脈においても、投資顧問および利害関係者である取締役は独立取締役に対し利益相反が問題となる場面において十分な情報開示を行う義務があり、また独立取締役は監督義務を遂行するにあたって十分な情報を要求する義務があると解されるようになった[47]。

このような判例法理の展開により、投資会社の組織再編の場面においても取締役会の監督機能を強化し、組織再編計画の公正性を確保するための体制整備が求められるようになっていった。

（33）PPI REPORT, *supra* note 3. 北・前掲注（3）

（34）*Id.* at 31, 336-37. 北・前掲注（3）三九頁、三七八～三七九頁

（35）S. REP. No. 184, at 40（1969）; H.R. REP. No. 1382, at 32（1970）.

（36）H.R. REP. No. 1631, at 13（1970）.

（37）PPI REPORT, *supra* note 3, at 30, 332-35. 北・前掲注（3）三八頁、三七四～三七七頁

（38）この点については、拙稿「米国投資会社法における独立取締役制度の歴史的展開（一）（二・完）――投資会社法制定時から一九七〇年代までを中心に」早稲田大学ＧＣＯＥ企業と法創造三三号三二六～三四一頁（二〇一二）、三四号一七九～一八〇頁（二〇一三）で検討した。

（39）*Hearings on H.R. 9510, H.R. 9511 Before Subcomm. on Commerce and Finance of House Comm. on Interstate and Foreign Commerce*, 90th Cong., 1st Sess.（1967）; *Hearings on S. 1659 Before Subcomm. on Banking and Currency*, 90th Cong., 1st Sess.（1967）; *Hearings on H.R. 11995, S. 2224, H.R. 13754, and H.R. 14737 Before Subcomm. on Commerce and Finance of House Comm. on Interstate and Foreign Commerce*, 91st Cong., 1st Sess.（1969）.

（40）投資顧問の運用報酬に関する連邦議会における議論については、石田眞得『米国投資会社法の研究――利益相反規制を中心に――』一二七～一二八頁（大阪府立大学経済学部、二〇〇四）を参照。

（41）一九四〇年投資会社法制定時に、組織再編計画の差止めを行う際の判断基準として公正性基準を導入することに対し、投資会社業界は特に反対していなかった。PPI REPORT, *supra* note 3, at 336-37. 北・前掲注（3）三七八～三七九頁

（42）これらの法改正の詳細については、岸田雅雄「企業結合における公正の確保（三）」神戸二六巻三・四号四三五～四三八頁、四四二～四四四頁（一九七七）を参照。

（43）SEC v. Vantage Ten-Ninety Fund, Inc., 1971 U.S. Dist. LEXIS 10416（D.D.C. 1971）.

（44）Robert Charles Clark, *Fair and Equitable Reorganizations of Investment Companies*, 53 B.U.L. REV. 1, 1-2（1973）.

（45）これらの判例については、拙稿・前掲注（38）「米国投資会社法における独立取締役制度の歴史的展開（二・完）」一九二～一九七頁で検討した。

（46）Burks v. Lasker, 441 U.S. 471（1979）.

（47）この点については、William K. Sjostrom, Jr., *Tapping the Reservoir: Mutual Fund Litigation Under Section 36(a) of the Investment Company Act of 1940*, 54 U. KAN. L. REV. 251, 263-71（2005）. を参照。

四　ＳＥＣ規則に基づく組織再編規制の適用除外の進展

前章で検討したように、取締役会の監督機能の強化を通じた組織再編計画の公正性確保の枠組みが構築される一方、投資会社の組織再編の必要性が高まるにつれ、従来からの規制が足枷と認識されるようになった。また、ＳＥＣが個別の申立てに応じて適用除外命令を発する方法は、ＳＥＣが個々の事例を実質審査しなければならず、また申立会社も適用除外が投資家の利益を害さないことをＳＥＣに対し十分に説明しなければならないことから、ＳＥＣと申立会社の双方にとって大きな負担となり、限界が感じられるようになった。そこで、ＳＥＣは規則制定により、過半数の独立取締役からなる取締役会が組織再編計画を中立的な立場から十分に審査できる状況においては、一定の組織再編規制について適用除外を一律に認めるようになった。本章においては、これらのＳＥＣ規則による適用除外の進展について検討する。

1　一九八〇年のＳＥＣ規則制定および改正

この時期においては同じファンド複合体に属する投資会社間の組織再編を認める必要性が大きく高まったことから、一九七九年にＳＥＣは登録投資会社の組織再編に係る一連の規則制定を提案し(48)、パブリックコメントの手続を経て、一九八〇年にこれらの規則は採用された(49)。

(1)　規則 17a-8 の制定

規則 17a-8 の制定により、共通の投資顧問、取締役、または役員を有する投資会社同士の合併（ＳＥＣ規則でいう「合併」には、吸収合併、新設合併、会社財産全部の譲渡を含むと定義されている。以下同じ。）が認められるようになった。投資会社法一七条(a)項は、投資会社がその関係者と証券その他の財産の売買を行うことを一般的に禁止しており、合併もこの規定に該当することから、従来はＳＥＣの適用除外命令が発せられない限りこのような合併は認められなかった。しかし、共通の投資顧問等を有する場合は比較的弊害が生ずる可能性は低く、他方このような合併は投資家にとって利益となりうると考えられるようになった。そこで、合併当事会社の各取締役会が過半数の独立取締役から構成され、当該取締役会が（1）当該合併が当該投資会社にとって最善の利益となり、かつ（2）当該合併により投資会社の株主の持分価値に希薄化が生じないと判断を行い、さらに（3）当該判断を取締役会が行ったという事実および当該判断の根拠について完全に取締役会議事録に記録する場合には、このような関係者同士の合併が認められることとなった。これらの判断を行うにあたり、取締役会は、合併当事会社の投資目的、方針、投資制限、ポーフォリオ、合併の際に交付される株式の価格に影響を及ぼす取引条件、当該合併により投資会社に直接または間接に生じる費用等、当該判断にとって重要なあらゆる要素を考慮する必要があるとされた。

ただし、共通の投資顧問等を有すること以外を理由に二つの投資会社が関係者に該当する場合には規則17a-8は適用されず、従来通りＳＥＣが個別の申立てに応じて適用除外命令を発することとされた。このような場合には、一九四〇年以前に問題とされた濫用行為が発生する可能性が依然として懸念されたからである。

（2）規則22d-4の制定

規則22d-4の制定により、オープンエンド型登録投資会社と投資会社法三条(c)項一号の投資会社の定義に該当しない投資会社との合併が認められることとなった。投資会社法二二条(d)項は、登録投資会社の発行する償還可能証券は目論見書に記載されている現在の公募価額でのみ販売されなければならないと規定しており、オープンエンド型登録投資会社の償還可能証券は純資産価額またはそれに一定の販売手数料を上乗せした価額でしか販売することができない。しかし、オープンエンド型登録投資会社が投資会社法三条(c)項一号の投資会社の定義に該当しない投資会社と合併を行うニーズがあり、このような会社と合併を行う場合には、証券の発行価額は合併当事者間で将来生じる可能性のある様々な負担等を考慮して現在の公募価額より低い価額で発行し、また証券発行の際の販売手数料も各場合に応じて個別に設定する必要がある。そこで、過半数の独立取締役からなる取締役会が、(1)当該合併により登録投資会社の既存株主の持分価値に希薄化が生じず、かつ(2)合併の際に発行される証券の販売手数料の割引または免除が当該合併による経済状況を反映したものであり、当該会社の発行する証券の通常の販売方法とは実質的に異なるとの判断を行い、さらに(3)当該判断を取締役会が行ったという事実および当該判断の根拠について完全に取締役会議事録に記録する場合には、このような合併が認められることとなった。

(3) 規則 22d-5 の制定

規則 22d-5 の制定により、オープンエンド型登録投資会社とクローズドエンド型登録投資会社との交換買付けが認められることとなった。従来はオープンエンド型登録投資会社同士が交換買付けを行う場合には、投資会社法一一条ⓐ項およびⓑ項により二二条ⓓ項が適用除外されていたが、当該規則制定により、二二条ⓓ項の適用除外がオープンエンド型登録投資会社とクローズドエンド型登録投資会社との間の交換買付けにも認められることとなった。

(4) 規則 17d-1(d)(8) の改正

規則 17d-1(d)(8) の改正により、投資会社の合併に際して投資顧問がその費用を負担することが認められることとなった。投資顧問は投資会社の関係者に該当することから、登録投資会社の合併に際して投資顧問がその費用を負担することは投資会社法一七条ⓓ項および規則 17d-1 に規定する共同取引に該当し、禁止されていた。しかし、このような投資顧問による合併費用の負担は当事会社にとって利益となり、また深刻な利益相反が必ずしも発生するわけではないと指摘されるようになった。そこで当該規則改正により、規則 17a-8, 22d-4, 22d-5 が適用される場合に限定されることなく、投資会社による全ての合併の場合において、投資顧問による合併費用の支払いが認められることとなった。

（5）規則22c-1の改正

規則22c-1の改正により、投資会社が他の投資会社と交換買付けを行う場合、現在の純資産価額より低い価額で償還可能証券を発行することが可能となった。規則22c-1は登録投資会社の発行する償還可能証券は現在の純資産価額に基づく価額により売り付けられなければならないとしているが、投資会社が他の投資会社と交換買付けを行う場合には、当事会社で将来生じる可能性のある様々な負担等を考慮して、現在の純資産価額よりも低い価額で償還可能証券を発行する必要がある。そこで、規則17a-8または規則22d-4の要件を満たす場合には、このような価額による証券の発行が認められることとなった。

2　二〇〇一年のSEC規則改正

一九八〇年のSEC規則制定および改正後、SECは過半数の独立取締役からなる取締役会の監督機能を高く評価し、投資会社法一〇条(a)項で要求される独立取締役の割合も四割以上から過半数に増やすよう勧告を行った[50]。また、SECと投資会社業界との間でも独立取締役制度の強化について積極的に議論が交わされ[51]、投資会社業界も自主的に取締役会の監督機能を強化するための取り組みを進めていった[52]。

このような流れの中で、SECは二〇〇一年に組織再編規制を含む一〇の適用除外ルールの適用を受けるための要件を変更し[53]、投資会社がこれらの適用除外ルールに依拠するためには個々のルールに規定されている要件に加え、（1）取締役会構成員の過半数が独立取締役であること、（2）在任中の独立取締役が独立取締役候補者の選出および指名を行うこと、（3）独立取締役が顧問弁護士を利用する場合、当該弁護士は独立性を有していなければならないことを要件とした[54]。このようにして取締役会の監督機能を一層強化するとともに、投資会社運営の柔軟性を確保しようとした。

3　二〇〇二年のSEC規則改正

一九九〇年代後半から二〇〇〇年にかけて投資会社の組織再編が再び増加し[55]、SECによる個別の適用除外命令による対応が多くなってきた。また、一九九九年のグラム・リーチ・ブライリー法によりグラス・スティーガル法が廃止されたことに伴い、これまでとは異なる種類のファンドと投資会社との合併を認める必要性が生じるようになった。そこで、二〇〇一年に投資会社の組織再編に関するSEC規則17a-8の改正に関する提案が再度行われ[56]、その翌年の規則改正により、適用除外の範囲が拡大された[57]。

第一に、合併できる関係者の範囲について従来の制限を撤廃し、どのような理由により関係者に該当するかを問わず、関係者である登録投資会社同士の合併が認められることとなった。ただし、このような合併が行われる場合には、関係者が自らの利益を図るために合併条件の決定に影響を及ぼす恐れがあるため、この点に如何に対処するかが問題とされた。そこで、適用除外を利用するための要件として、従来からの要件に追加するかたちで取締役会の監督機能について規定が明確化され、取締役会が合併契約を承認するにあたり合理的に必要とされる全ての情報を要求し審査した上で、関連する全ての要素について適切に重点を置き合併内容を評価しなければならないとされた。そして、取締役会が考慮すべき要素として、投資会社の合併による投資会社の年間運営費用および株主管理に要する費用への影響、合併により生じた投資会社の投資目的・制限・方針の変更、合併により投資会社株主に対し連邦所得税が直接または間接に及ぼす影響が規則上明文で列挙された。しかし、これらは取締役会が考慮すべき要素の一部であり、他の関連する全ての要素を考慮しなければ取締役は監督義務を果たしたことにはならないとSECは注意を喚起している。

第二に、従来は認められていなかった登録投資会社と銀行の未登録集合信託ファンド、並びに保険会社の未登録特別勘定との合併が認められることとなった。ただし、これらのファンドは基準価額を毎日算出しているわけではなく、流動性の高い資産のみを保有しているわけでもないことから、これらのファンドとの合併により投資会社の株主に持分価値の希薄化が生じる可能性が問題となった。そこで、既存株主の持分価値の希薄化を防止するために、取締役会が独立評価人を選任し、当該評価人による資産価値評価を経た上で、合併を承認することが要件とされた。また、これらのファンドと合併と行う場合、登録投資会社が存続会社でなければならないとされた。

第三に、一定の場合を除き、合併当事会社の株主総会における合併承認決議を要しないこととされた。州のビジネス・トラスト法には組織再編の際に受益者集会による承認を要しないとしているものが多いことから、このような法規定を利用した実務慣行を尊重するためである。他方、投資会社の株主総会における議決権行使は投資家が自らの利益を保護するために重要な制度と従来から位置付けられてきたことから、安易に株主による議決権行使の機会を奪うのは適切でないと考えられた。そこで、次のような要件が設けられ、（1）消滅会社の方針で投資会社法一三条によりその変更に投資会社株主の過半数による承認が必要なものの内容が、存続会社の方針と大きく異なる場合、（2）存続会社と消滅会社の投資顧問契約の内容が大きく異なる場合、（3）消滅会社の独立取締役が合併後、存続会社の独立取締役の過半数を占めない場合、（4）合併後、存続会社が投資家に課す 12b-1 手数料が消滅会社の 12b-1 手数料を上回る場合という、四つの要件のいずれかに該当する場合にのみ、消滅会社の株主総会による合併承認決議が必要とされた(58)。

4　その後の法制度の進展および法執行の状況

以上のような一連のSEC規則の制定および改正により整備された組織再編計画の公正性確保の枠組みに基づき、今日においても投資会社の組織再編は行われている。投資会社業界も投資会社の取締役会の独立性を強化するための自主的な取り組みをさらに推し進めるとともに[59]、投資会社の合併に際して取締役会が考慮すべき事項や関連する法規定について報告書を公表している[60]。同報告書では、組織再編計画の公正性を確保するために取締役会が考慮すべき事項がより具体的に列挙されており[61]、実務の現場において取締役会が組織再編計画を審査する際の指針となっている。

規則17a-8の適用については近時、関係者に該当する登録ETF同士の合併が可能かどうかが問題となった。ETFは指定参加者による現物株バスケットと交換する形で投資会社株式の発行および償還が行われる仕組みとなっているところ、ETFの合併が行われる場合には現物株バスケットに含まれているか否かに関係なく被合併投資会社が有する全ての財産が合併投資会社に移転され、その対価として発行される投資会社株式は指定参加者を仲介することなく被合併投資会社の株主に直接交付されることになるからである。この点について、SECスタッフは二〇一三年九月にETFの合併に関するガイダンスを公表し、ETFの合併に際して生じ得る問題は従来からの投資会社の合併の際に生じてきた問題と異なる点はなく、ETFのみに固有の新たな問題も生じないとして、関係者に該当する登録ETF同士も規則17a-8に基づき合併を行うことが可能であるとの見解を示した[62]。

最後に、近時において投資会社法二五条(c)項に基づく組織再編計画の差止めも裁判所によって執行された[63]。リーマン・ショック後の投資会社の清算による資産分配について争われたSEC v. Reserve Management Co. 事件において、ニューヨーク州南部地区連邦地方裁判所は、SECの申立てに基づき投資会社法二五条(c)項を執行し、当該投資会社の組織再編計画を差し止めた。この事例は、同規定に基づき組織再編計画が差し止められた二番目の事例であり、SECが当該申立てを行う場合は現在のところ非常に稀である。しかし、緊急事態が生じた場合にはSECがその伝家の宝刀を行使し、組織再編計画の公正性確保を実現しようとする点は依然として、米国投資会社法の組織再編規制が有する重要な特徴であると思われる。

(48) Investment Company Act Release No. 10886 (Oct. 2, 1979).
(49) Investment Company Act Release No. 11053 (Feb. 19, 1980).
(50) Div. of Inv. Mgmt., SEC, Protecting Investors : A Half Century of Investment Company Regulation 266–68 (1992).
(51) Conference on the Role of Independent Investment Company Directors, The Role of Independent Investment Company Directors (U.S. Securities and Exchange Commission, Washington, D.C. February 23 & 24, 1999).
(52) Investment Company Institute, Report of the Advisory Group on Best Practices for Fund Directors : Enhancing A Culture of Independence and Effectiveness (June 24, 1999).
(53) Investment Company Act Release No. 24816 (Jan. 2, 2001). 当該SECリリースについては、三浦康平「独立取締役の役割——米国一九四〇年投資会社法を素材として」同法六一巻五号一五六～一五八頁（二〇〇九）を参照。
(54) これらの適用除外ルールについては、拙稿「米国投資会社制度と信託法制」新井誠＝神田秀樹＝木南敦編『信託法制の展望』（日本評論社、二〇一一）一七一～一七六頁で検討した。
(55) SECスタッフの推計によると、一九九四年に五〇件未満であった合併件数は一九九五年には一一九件に増え、一九九八年～九九年には約一八〇件で推移した。そしてネットバブルが崩壊した二〇〇〇年には二五二件の合併が行われた。Investment Company Act Release No. 25259 (Nov. 8, 2001). を参照。
(56) Investment Company Act Release No. 25259 (Nov. 8, 2001).
(57) Investment Company Act Release No. 25666 (July 18, 2002).
(58) これらの要件の概要については、野村亜紀子「海外の投資信託・投資法人制度」金融庁金融研究センターディスカッションペーパー DP2011-8（二〇一二年一月）一三～一四頁を参照。
(59) Mutual Fund Directors Forum, Practical Guidance for Mutual Fund Directors–Board Governance and Review of Investment Advisory Agreements 1–12 (Report of the Mutual Fund Directors Forum, October 30, 2013).

(60) Independent Director Council, Board Consideration of Fund Mergers (Independent Directors Council Task Force Report, June, 2006).
(61) これらの要素の詳細については、野村亜紀子「商品ラインアップ合理化の手段として活用される米国の投信合併」資本市場クォータリー二〇〇七年冬号一八九頁を参照。
(62) Div. of Inv. Mgmt., SEC, IM Guidance Update : Merger of Two Exchange-Traded Funds, No. 2013-6 (September, 2013).
(63) SEC v. Reserve Mgmt. Co. Inc., et al., No. 09 Civ. 4346 (PGG), F. Supp. 2d, 2009 WL 4249128 (S.D.N.Y. Nov. 25, 2009).

五　結　語

以上のように、本稿では米国投資会社法の組織再編規制の歴史的展開について考察してきた。わが国においても今後、投資信託の組織再編が増加する場合には米国における場合と同様に組織再編計画の公正性を如何に確保するかが問題になると思われ、米国投資会社法の組織再編規制の法的枠組みはその際の重要な先例になると思われる。また、米国投資会社法の組織再編規制が有する歴史的経緯は、米国州会社法型の会社法制を採用したわが国の組織再編法制の在り方を考える上でも重要であると思われる。本稿における作業から得られる示唆は次の点であるように思われる。

第一に、投資会社法の組織再編規制は一九二〇年代~三〇年代において緩い州会社法の下で行われた濫用的な組織再編に対処するために導入されたという点である。当時の緩い州会社法の下で組織再編の広範な自由が認められている中、どのように組織再編の自由を抑制するのか、誰が一般投資家のために組織再編計画の公正性を確保すべきであるかが議論され、その成果が投資会社法に結実し、現在に至っている。わが国においても大幅に柔軟化された組織再編規定の下で組織再編の内容の公正性を如何に確保するかは重要な課題であり、このような問題を考えるにあたって米国投資会社法における組織再編規制の歴史的経緯を参照すべきであると思われる。

第二に、投資会社法の組織再編規制は独立取締役制度と共に発展し、今日に至っているという点である。わが国においては現在、社外取締役の設置義務化について議論が行われているが、米国投資会社法における組織再編規制の歴史は、組織再編の場面における取締役会の監督機能という観点からも議論を進める余地があることを示唆しているように思われる。このような観点から議論を進める場合、そもそも社外取締役の監督機能に期待できるかどうか、また組織再編の場面において取締役会の監督機能を十全に発揮させるためにどのような体制を構築する必要があるかが問題となるであろう。他方、そのような体制を構築することにより柔軟な組織再編が可能になると同時に、訴訟リスクにも対応することができる点も強調されるべきであろう。

本稿の成果を踏まえつつ、組織再編規制と独立取締役制度の在り方について、比較法的観点からさらに研究を進めていきたい。

※本稿は、平成二五年度科学研究費補助金（基盤研究（C））（課題番号：25380106）および平成二四年度信託研究奨励金による研究成果の一部である。

訴訟費用の担保提供義務に関する一考察
——最近の証券訴訟の事例を踏まえて——

溝渕　彰

一　はじめに

訴訟費用の担保提供義務の制度（民訴七五条以下）は、外国人の原告に対する被告側の妨訴抗弁としてこれまで活用されることが多かった。[1] この訴訟費用の担保提供義務については、近年増加した証券訴訟を巡って新たな問題が発生している。[2] すなわち、証券訴訟においては、原告が多数にのぼると共に請求される損害賠償額が巨額になる傾向がある。とりわけ、機関投資家が集団で証券訴訟を提起した場合、相当な損害賠償額となるであろう。オリンパス証券訴訟はその顕著な例といえるだろう。すなわち、オリンパス証券訴訟は、多数の海外で設立された機関投資家から訴えが提起された点や損害賠償額が極めて巨額であった点が特徴の一つであった。[3] このようなタイプの証

券訴訟においては、理由は定かではないが、訴訟費用の担保額が巨額になる可能性がある。(4)

本論稿は、海外で設立された機関投資家が集団で原告となって日本で証券訴訟を提起した場合に訴訟費用の担保額が巨額となる可能性があることを前提に訴訟費用担保提供義務の制度の妥当性を論じる。(5) 本論文の構成であるが、二において民事訴訟法における訴訟費用の担保提供義務の制度に関する概観を行うこととする。その上で、三において、その例外的取扱いについて定める「民事訴訟手続に関する条約（CONVENTION ON CIVIL PROCEDURE：昭和四五年六月五日条約第六号）」（以下、民訴条約という）及びこれを内国法化した「民事訴訟手続に関する条約等の実施に伴う民事訴訟手続の特例等に関する法律（以下、この法律を民訴特例法という）」に基づく民訴条約の締約国における訴訟費用の担保提供義務の免除について検討を行う。最後に、四において民訴条約を批准していない米国及び英国について関連すると思われる（日本との間の）二国間の条約を取り上げて、このような国で設立された会社が訴訟費用の担保提供義務が免除されるか否かについて検討を行うこととする。

（1）成田信子「民訴法一〇七条の担保提供義務」判タ五三四号七八頁（一九八四年）

（2）ここでは、証券訴訟について余り厳密な定義は行わないが、有価証券報告書等の虚偽記載により、株式の価額が下落し、損害を被った投資家が証券の発行会社等に対して損害の回復を求めて損害賠償請求を行う訴訟と一応定義しておく。

（3）オリンパスのプレスリリースによると、同社に提起された海外機関投資家からの証券訴訟は三つのグループに分けられる。第一グループは、二〇一二年六月二八日付で機関投資家四九社からオリンパス社が訴えの提起を受けたものである（訴え提起の時点での損害賠償請求金額は、一九一億三八〇〇万五九四八円である）。なお、http://www.olympus.co.jp/jp/common/pdf/nr20121113.pdf 参照。第二グループは、二〇一二年一二月一四日付で機関投資家六八社からオリンパス社が訴えの提起を受けたものである（訴え提起の時点での損害賠償請求金額は五八億九二四四万三一八四円である）。なお、http://www.olympus.co.jp/jp/common/pdf/nr20130401.pdf 参照。第三グループは、機関投資家四三社から二〇一三年六月二七日付でオリンパス社が訴えの提起を受けたものである（訴え提起の時点での損害賠償請求金額は一六八億三二三四万五九五三円である）なお、http://www.olympus.co.jp/jp/common/pdf/td130716.pdf 参照。

（4）　これまで、担保費用の額は少額であるケースが多く、被告による担保提供の申立は、実務的には、せいぜい時間稼ぎの意味しかないと言われてきた（古田啓昌『国際民事訴訟法入門―国内訴訟との対比で考える』一一五-一一六頁（日本評論社、二〇一二年））。なお、海外機関投資家によるオリンパス社に対する証券訴訟（注3参照）のうち、第一グループについては、三〇〇〇万円程度の担保を命ずる決定がなされたとも言われている。

（5）　なお、フランス法の訴訟費用の担保提供義務について論じたものとして、矢澤昇治「訴訟費用担保義務の批判的検討序説（一）（二）―フランス法にみる同義務の生成と廃止―」専修大学法学研究所紀要一二号『民事法の諸問題Ⅴ』八五頁（昭和六二年）、専法四七号一四五頁（昭和六三年）。

二　民事訴訟法における担保提供義務

1　沿革

訴訟費用の担保提供義務に関し、大正一五年に民事訴訟法が改正される以前の民事訴訟法八八条は、原告又は原告の従参加人である外国人は、被告に対して、被告の求めに基づき訴訟費用について保証を立てなければならないと定めていた（大正一五年改正前民訴八八条一項）[6]。ただし、①国際条約又は原告の属する国の法律より本邦人が訴訟費用につき保証を立てる義務を免除される場合、②反訴の場合、③証書訴訟及び為替訴訟の場合、④公示催告に基づき提起した訴えの場合、には、外国人の被告は保証する必要がないと規定し、例外を明確にしていた（大正一五年改正前民訴八八条二項）。なお、この規定はドイツ民事訴訟法一一〇条に倣った規定であるとされている[7]。

しかしながら、この規定は、外国人に訴訟費用につき保証を要するものであることから、国籍による差別として不当であると考えられ、内外人平等主義の見地から問題があると考えられた[8]。そこで、この規定が改正され、平成八年改正前民事訴訟法一〇七条となった[9][10]。すなわち、原告の国籍は問題とはならず、外国人であれ日本人であれ、日本に住所等を有しない者が規定の適用を受けることとされた[11]。その後、平成七年の民事訴訟法の改正により、この規定は、その実質的内容を維持したまま口語体に変更され、現行民事訴訟法七五条に引き継がれている[12]。

2　制度の趣旨及び概要

訴訟費用とは、広義では、当事者が民事訴訟追行のために行う支出を意味する[13]。他方、狭義の訴訟費用とは、当事者その他の関係人や国が支出した費用のうち、法令の定めにより、当事者等が納付又は償還しなければならないが、結局は当事者等の負担に帰するものをいう。本論稿で問題にする訴訟費用は狭義の訴訟費用である。この訴訟費用は、原則的に敗訴者の負担に帰する（民訴六一条）。狭義の訴訟費用は、「民事訴訟費用等に関する法律（昭和四六法四〇号）」二条に列挙されたものに限られる。例えば、①訴えの提起に関する手数料、送達の費用、証人の出頭に関する旅費や日当（これらは裁判費用と言われる）や②当事者の出頭に関する旅費、日当、準備書面等の作成及び提出の費用（これらは当事者費用と言われる）が挙げられる[14]。

しかしながら、敗訴した原告が日本国内に住所、事務所及び営業所を有しない場合には、実際上、被告に訴訟費用償還請求権があったとしてもその実行が困難となる可能性もある[15]。すなわち、外国において強制執行することは外国判決の承認・執行制度からそもそも不可能なこともある。仮に可能であったとしても、その費用・手間・時間は莫大なものとなる恐れがある。そこで、民事訴訟法は、被告が被る可能性がある損害を考慮して被告に訴訟費用の担保の申立権を認めることとした。原告が日本国内に住所、事務所及び営業所を有しないときは、裁判所は、被告の申立てにより、決定で、訴訟費用の担保を立てるべきことを原告に命じなければならず、原告は訴訟費用の担保提供義務を負うことになる（民訴七五条一項）[16]。なお、被告の申立は、口頭弁論の開始前に行われなければならない（民訴七五条三項参照）。申立を行った被告は、原告が担保を立てるまで応訴を拒むことができる（民訴七五条四項）[17]。

日本国内における事務所及び営業所とは、主たるものである必要はないが、ある程度恒久的に存続するものでなければならないとされる[18]。例えば、外国会社の職員が来日した際に滞在するホテルの所在地を営業所としたとしても、日本における営業上の活動の中心と称する人的、物的設備を備えているとはいえないことから、本条にいう事務所ないしは営業所には該当しないとした裁判例もある[19]。

裁判所は、担保提供命令の決定の際に、担保の額及び担保を立てるべき期間を定めることとなる（民訴七五条五項）[20]。原告が担保を立てるべき期間内に担保を立てない場合には、裁判所は口頭弁論を経ないで判決で訴えを却下することができる（民訴七八条本文）。訴訟費用の負担の額については、当事者の申立により訴訟費用の額の確定手続によって定められる（民訴七一―七三条）[21]。

3　廃止論

訴訟費用の担保提供義務に関する規定については従前より、廃止すべきとする見解があった[22]。現行民事訴訟法制定時も廃止論が主張されたが、その有用性も指摘され、抜本的な改正には至らなかったようである[23]。まず、訴訟当事者の一方から実効的な正義へのアクセスの機会を奪うこと等を根拠に訴訟費用の担保提供義務に関する規定を廃止すべきとする見解がある[24]。これは、渉外事件において、訴えを提起しようとする者に困難をもたらす可能性があると考えられたからである。例えば、わが国で発生した不法行為に基づく損害賠償事件において、わが国に住所等を有しない者―特に外国人―が原告となり、訴えを提起した場合に困難をもたらすことを想定すれば、容易に首肯できるとする。

また、原告がわが国に十分な財産を有しているが住所等を有していなければ、担保提供義務が被告の申立により命ぜられることになる[25]。他方、原告がわが国に住所等を有してさえいえれば、いかに無資力であっても担保提供義務は課されず、この点に関してアンバランスであると批判する見解もある。[26] 訴訟費用の担保提供義務の制度は外国判決の承認・執行によらないと回収できないという手間を考慮したものであろうが、わが国で十分な財産があっても命じることになるのは筋が通らないとも批判される。[27] 民訴条約の締結国の国民にはこの義務を免除していることが外国判決の承認・執行とは無関係になされていることからしても、一貫性を欠くとも指摘される。[28]

訴訟費用の担保提供義務に関する規定を全廃したとしても、余り問題は生じないという考えもある。[29] すなわち、訴訟費用に弁護士費用は含まれないだけではなく、証人費用や翻訳費用を各当事者が各自支弁するほうが慣行化しているわが国においては、訴訟費用の担保提供がなされなくとも問題はないと考えられるからである。

また、現実の訴訟実務では、判決主文の中で訴訟費用の負担が命ぜられても、これを取り立てる権利を有する当事者が権利を行使することは余り多くないとも言われる。[30] 勝訴した原告は判決主文に従って給付される金銭に満足し、勝訴した被告は、弁護士に依頼して訴訟費用を取り立てようとまではしないからであろうと推測されている。また、訴訟費用の取り立てが一般化しない理由として、訴訟費用の確定決定の申立をする場合、訴訟費用の算定が煩雑だからであるとも言われている。

仮にこのような規定を存置しようとするのであれば、わが国に住所・事務所・営業所を有していないことを基準とするのではなく、原告が無資力であるか否かを判断基準とするとか、少なくとも資力があり、わが国に確実かつ十分な財産を有する外国人の原告は、訴訟費用の担保提供義務を負わなくてもよいようにすべきであるといった主張もみられる。[31]

原告及び被告の経済力や勝訴の見込みを考慮し、弾力的に運用されることが望ましいとする見解もある。[32]

（6） 大正一五年改正前民事訴訟法八八条は以下のように定めていた（成田・前掲注（1）・七八頁参照）。

第八八条

①原告又ハ原告ノ従参加人タル外国人ハ被告ニ対シ其求ニ因リ訴訟費用ニ付キ保証ヲ立ツ可シ
②左ノ場合ニ於テハ保証ヲ立ツル義務ヲ生セス
第一　国際条約又ハ原告ノ属スル国ノ法律ニ依リ本邦人カ同一ノ場合ニ於テ保証ヲ立ツル義務ナキトキ
第二　反訴ノ場合
第三　証書訴訟及ヒ為替訴訟ノ場合
第四　公示催告ニ基キ起シタル訴ノ場合

(7)　成田・前掲注（1）・七八頁

(8)　斎藤秀夫他編『注解民事訴訟法（5）〔第2版〕』四五〇頁（第一法規、平成三年）

(9)　旧民事訴訟法一〇七条は以下のように規定されていた。

第一〇七条
①原告カ日本ニ住所、事務所及営業所ヲ有セサルトキハ裁判所ハ被告ノ申立ニ因リ訴訟費用ノ担保ヲ供スヘキコトヲ原告ニ命スルコトヲ要ス担保ニ不足ヲ生シタルトキ亦同シ
②前項ノ規定ハ請求ノ一部ニ付争ナキ場合ニ於テ其ノ額カ担保ニ十分ナルトキハ之ヲ適用セス

(10)　平成八年改正前民事訴訟法を中心に訴訟費用の担保提供義務について検討した文献として、斎藤秀夫他編『注解民事訴訟法（3）〔第二版〕』一二〇-一九八頁（第一法規、平成三年）、上田徹一郎他編『注釈民事訴訟法（2）』四〇三-四二一、五一六-五八〇頁（有斐閣、平成4年）及びそこに掲げられた文献参照。

(11)　秋山幹男他『コンメンタール民事訴訟法Ⅱ』六九頁（日本評論社、二〇〇二年）、園尾隆司編『注解民事訴訟法【Ⅱ】』一〇五頁（青林書院、二〇〇〇年）。ただ、実際には、外国人の提訴に対する有効な反撃材料として利用されている。

(12)　現行民事訴訟法を中心に訴訟費用の担保提供義務について検討した文献として、秋山他・前掲注（11）・六八-一〇七頁、園尾編・前掲注（11）・一〇〇-一四九頁及びそこに掲げられた文献参照。

(13)　以下、広義の訴訟費用及び狭義の訴訟費用の定義は、秋山他・前掲注（11）・三-四頁参照。なお、訴訟費用全般の解説については、例えば、同書三-一五頁参照。

(14)　弁護士費用は、原則的にここでいう訴訟費用には含まれない。なお、例外として民訴一五五条二項、民訴費二条一〇号参照。

(15)　以下の趣旨に関する説明については、秋山他・前掲注（11）・六九頁、園尾編・前掲注（11）・一〇〇頁参照。

(16)　これに対して、原告にはこのような担保提供の申立権は与えられていない。被告が日本国内に住所、事務所及び営業所を有し

ない危険があることを知りながら、原告は敢えて訴えを提起したのであり、担保提供の利益を与えることは相当ではないからである（園尾編・前掲注（11）・一〇三頁）。

(17) 原告が担保を立てなくとも、被告が応訴しなければならないとすると、訴訟費用の償還を困難ならしめることになり、公平の観点から妥当ではないから被告に応訴拒絶権を認めた（園尾編・前掲注（11）・一一二頁）。

(18) 成田・前掲注（1）・七九頁

(19) 東京高判昭和四〇年一〇月一八日判タ一八五号一三九頁。平成八年改正前民事訴訟法一〇七条に関して下された判決であるが、現行民事訴訟法七五条にも妥当するであろう。

(20) 担保の額は、被告がその事件の全審級で支出すべき訴訟費用の総額を標準として裁判所の裁量により定める（民訴七五条六項。秋山・前掲注（11）・七六頁）。実際には、訴訟の種類、事件の性質・内容、難易等の事情を総合的に考慮して定められるべきとされる（園尾他編・前掲注（11）・一一一頁）。実務上、算定の根拠等が示されることはないが、担保額の決定の根拠は示されるべきであろう。なお、担保額に不足が生じれば、被告の申立により裁判所はさらに追加の担保の提供を命じることができる（民訴七五条一項後段）。

(21) 秋山他・前掲注（11）・一四－一五頁、園尾編・前掲注（11）・一〇一頁

(22) 以下での廃止論は、平成八年改正前民事訴訟法一〇七条について主張された廃止論を紹介するが、現行民事訴訟法七五条でも妥当すると思われる。

(23) 秋山他・前掲注（11）・六九頁

(24) 矢澤・前掲注（5）・専大法研八八頁

(25) 小林秀之「国際化の中の日本の裁判制度」ジュリ九七一号五六頁

(26) 同上

(27) 同上

(28) 同上

(29) 同上。また、原則的に、弁護士費用が訴訟費用に含まれないので訴訟費用の金額は小さく、国内事件では訴訟費用の取立ても行われないことと比較すると大げさな義務であるとも指摘される。しかしながら、オリンパス証券訴訟（注3及び4参照）に見るようなケースでは訴訟費用の担保の額も巨額になる可能性もあるので、訴訟費用の金額は小さいとの指摘はあたらないケースもあるだろう。

(30) 成田・前掲注(1)・八一頁
(31) 小林・前掲注(25)・五六頁
(32) 成田・前掲注(1)・八一頁

三　訴訟費用の担保提供義務と民訴条約

1　民訴条約

ハーグ国際私法会議（Hague Conference on International Private Law）[33]で締結された民訴条約[34]は、締約国の裁判所において原告又は参加人となる者がいずれかの締約国に住所を有するいずれかの締約国の国民である場合には、その者に対し、外国人であること又はその国に住所若しくは居所を有しないことを理由としては、いかなる保証又は供託（その名称の如何を問わない。）をも命じることができないとする（民訴条約一七条一項）[35]。これは、渉外関係にある民事訴訟の手続を円滑合理化ならしめるための規定と考えられている[36]。民訴条約では、担保という文言にとらわれることなく、訴訟費用の支払を確保するために原告等が要求する費用の前納に広く適用が及ぶ（民訴条約一七条二項）。自国民よりも不利な条件を外国人の原告に課してはならないとする条約の精神に従い、条約の適用範囲を拡張することを理由とする[37]。

この条約を受けて、民訴特例法が制定された。民訴特例法一〇条本文は、民訴条約一七条を受けて、民訴条約の締約国に住所、事務所又は営業所を有する締約国の国民である原告は、本邦に住所、事務所及び営業所を有しないときでも、民事訴訟法七五条一項に規定する訴訟費用の担保を供することを要しないと定める[38]。ただし、民訴条約は留保条項（民訴条約三二条）を有する。すなわち、締約国は留保を行うことにより、民訴条約一七条の適用を自国に常居所を有する締約国の国民に限定することもできる（民訴条約三二条一項）[39]。この場合には、訴訟費用の担保は免除されない（民訴特例法一〇条但書）。

民訴条約によると、締約国間では訴訟費用の担保提供義務は免除される。他方、訴訟費用の支払を原告が拒んだ場合には、外交ルートを通じて支払を強制することになる。この場合、担保提供義務を免除する代償措置として、条約締結国間では、勝訴した被告は簡易な手続により訴訟費用を回収することができる。

なお、わが国との関係が比較的深いと考えられる米国、英国、大韓民国、中華人民共和国、オーストラリア等は民訴条約を批准していない[40]。わが国とこのような国との間における訴訟費用の担保については民訴条約以外の―例えば、二国間の―条約により判断されることになる。

2　訴訟費用の支払に係る手続

民訴条約及び民訴特例法により訴訟費用が免除された原告であっても、わが国の裁判で敗訴した場合、原則として訴訟費用を負担しなければならない[41]。もし、原告が訴訟費用の支払を拒んだ場合、訴訟費用債権者は外交ルートを通じて簡易に請求することができる。

まず、訴訟費用債権者は、わが国の訴訟費用確定手続を経た後、第一審受訴裁判所に対して申し立てを行うことになる（民訴特例法一一条）[42]。これは執行認許を求める本案裁判が係属していた裁判所に申し立てを行うことが、直接外務大臣に申し立てを行うよりも実際上便宜であることを考慮したものである[43]。申し立てを受けた裁判所は、訴訟費用債権者の申立てにより、執行認許の請求をすべき旨を外務大臣に嘱託する。すなわち、外務大臣が当該締約国に対し執行認許を請求することになるが、当事者の審理なしに執行を認許される（民訴条約一九条）。これは、訴訟費用の担保が免除される代償措置として、簡易に執行力を付与する趣旨であるとされる[44]。民訴条約によると、締約国の相手国の請求により、訴訟費用の負担を命ずる裁判又は訴訟費用の額を確定する裁判について、無償でかつ当事者を審尋することなく執行認許の審理が行われる（民訴条約一八条一・二項）。執行認許の審理において裁判所が審理すべき事項も限定されている（民訴条約一九条二項一-三号参照）。

このように、民訴条約当事国の間では、訴訟費用の取り立てにつき簡易な執行手続が付与されている。しかしながら、この制度は有効に活用されているとは言い難い状況にあるようである。(45) 例えば、執行認許に係る費用のうち無償となるのは、現地裁判所の手数料等の手続費用だけである。通常は現地で弁護士に委任することが必要となるため、一定の費用負担が被告に生じることになる。民訴条約に基づく執行認許によって回収できる訴訟費用よりも回収に要するコストのほうが多額となる可能性もあり、経済的には合理性に乏しいと指摘される。(46)

(33)　民事訴訟手続に関する条約は、ハーグ国際私法会議において締結された条約である。この会議は、国際民事訴訟も含めた国際私法の統一を目的とする政府間国際機関であり、オランダ・ハーグに事務局を置く。一八九三年にオランダ政府主催で第一回会議を開催したことを起源とする。二〇一三年五月現在の加盟国は七四ヵ国である。わが国は一九〇四年から同会議に参加し、一九五七年に加盟国となった。同会議作成の条約のうち、わが国は六つの条約を締結している。そのうちの一つが民事訴訟手続に関する条約である（なお、ハーグ国際私法会議については、http://www.mofa-irc.go.jp/link/kikan_hcch.html 参照。この条約については、外務省のホームページの中の条約データ検索から入手した（http://www3.mofa.go.jp/mofaj/gaiko/treaty/）。条約の英語版については、http://www.hcch.net/index_en.php?act=conventions.text&cid=33 参照。条約については【補遺】参照（ただし、関連する条文のみ引用）。【補遺】に示した条約の英語版・日本語版についてはこれらのサイトのものを利用した。

(34)　民訴条約は、昭和二九年（一九五四年）三月一日にハーグで作成された後、昭和三二年（一九五七年）四月一二日に効力が発生した。わが国は、昭和四五年（一九七〇年）五月八日に同条約を国会で承認し、同月一九日に批准の閣議決定を行って、同月二八日に批准書をオランダ外務省に寄託した。同年六月五日に条約第六号として公布及び告示が行われたが、批准の効力が発生したのは、同年七月二十六日である。

(35)　なお、この箇所については、秋山他・前掲注（11）・六九-七〇頁、園尾編・前掲注（11）・一〇七-一〇八頁、斎藤他編・前掲注（8）・四五〇頁、成田・前掲注（1）・八〇-八一頁、古田・前掲注（4）・一一四-一一六頁、浦崎浩「訴訟費用の担保」高桑昭他編

『新・裁判実務体系　第三巻　国際民事訴訟法（財産法関係）』二六〇-二六五頁（青林書院、二〇〇二年）参照。

(36) 浦崎・前掲注（35）・二六〇頁。なお、同書によると、この条約の当該規定の詳細は必ずしも明らかではなく、この点に言及した文献もほとんどないという。

(37) 浦崎・前掲注（35）・二六一頁

(38) 何が訴訟費用に該当するかは裁判を行う国の法律による（同上）。

(39) 締約国の中で留保条項を有する国は明らかではないが、そのような国はないようである（成田・前掲注（1）・八一頁注（17））。なお、民訴特例法一〇条但書は民訴条約三二条二項を受けたものである。

(40) 平成一一年一月の時点で、同条約を批准し又はこれに加入している国は、アルゼンチン、アルメニア、イスラエル、イタリア、ヴァチカン、ウズベキスタン、エジプト、オーストリア、オランダ、キルギス、クロアチア、スイス、スウェーデン、スペイン、スリナム、スロヴァキア、スロヴェニア、チェコ、デンマーク、ドイツ、トルコ、ノルウェー、ハンガリー、フィンランド、フランス、ベラルーシ、ベルギー、ボスニア・ヘルツェゴビナ、ポーランド、ポルトガル、マケドニア、モルドバ、モロッコ、ユーゴスラヴィア、ラトビア、ルクセンブルグ、ルーマニア、レバノン、ロシアであった（秋山他・前掲注（11）・七〇頁）。

(41) 以下については、全般的に、秋山他・前掲注（11）・七二頁、園尾編・前掲注（11）・一〇七-一〇八頁、浦崎・前掲注（35）・二六三-二六五頁、古田・前掲注（4）・一一四-一一六頁参照。

(42) 古田・前掲注（4）・一一六頁。執行認許の請求手続きについては、「民事訴訟手続に関する条約等の実施に伴う民事訴訟手続の特例等に関する規則（昭四五最高規六号）」六-八条参照。なお、この規則については、http://www.courts.go.jp/vcms_lf/tokurei-kisoku.pdf 参照。

(43) 浦崎・前掲注（35）・二六三-二六四頁

(44) 浦崎・前掲注（35）・二六四-二六五頁

(45) 以下の指摘については、古田・前掲注（4）・一一六頁参照。

(46) 同上

四　二国間の条約による取扱い——米国及び英国の例

民訴条約を批准していない代表的な国としては米国と英国が挙げられる。特に、証券訴訟に参加する機関投資家の中には英国や米国で法人として設立され、わが国に事務所や営業所を有していないものも少なくないと考えられる。そこで、以下では、英米の機関投資家がわが国において訴えを提起する場合に、担保提供義務が免除されるか否かについて、関係すると思われる条約を取り上げて、若干の考察を加えていくこととする。

1　日米友好通商航海条約

一九五三年（昭和二八年）に、日米両国が相互に有益に投資することを根拠等にして「日本国とアメリカ合衆国との間の友好通商航海条約（TREATY OF FRIENDSHIP, COMMERCE AND NAVIGATION BETWEEN JAPAN AND THE UNITED STATES OF AMERICA）（以下においては、日米友好通商航海条約という）」を締結した[47]（発効も一九五三年（昭和二八年））。日米友好通商航海条約四条一前段は、いずれの一方の締約国の国民及び会社も、その権利の行使及び擁護については、他方の締約国の領域内ですべての審級の裁判所の裁判を受け、行政機関に対して申立をする権利に関して内国民待遇及び最恵国待遇を与えられると規定する。従って、米国で設立された会社は、内国民待遇及び最恵国待遇を受けることができる。

また、日米友好通商航海条約の議定書一は、四条一における「裁判所の裁判を受け、及び行政機関に対して申立をする権利」には、特に、訴訟上の救助、訴訟費用の担保及び裁判のための担保に関する権利を含むとしている。

ここで、最恵国待遇とは、一締約国の領域内で与えられる待遇で、第三国の国民、会社、産品、船舶又はその他の対象が同様の場合にその領域内で与えられる待遇よりも不利でない待遇のことをいう〔日米友好通商航海条約二二条二〕。前述したとおり、民訴条約の締約国は、日本において担保提供義務を免除される。このような待遇が民訴条約を締結した第三国に与えられている以上、米国で設立されたが、日本に事務所等を有しない会社であっても、最恵国待遇が与えられるため、このような第三国に与えられる待遇よりも不利ではない待遇が与えられなければならない。従って、米国の会社である原告は、最恵国待遇により、訴訟費用の担保提供義務を免除されると解すべきである。

なお、「会社」とは、有限責任のものかどうかを問わず、また、金銭的利益を目的とするかどうかを問わず、社団法人、組合、会社その他の団体をいう〔日米友好通商航海条約二二条三〕。このように会社の概念を広く解したのは、できる限り多くの形態の法人組織を条約の対象となる主体にしようと考えたからであろう。そして、いずれか一方の締約国の領域内で関係法令に基づき成立した会社は、当該締約国の会社と認められ、かつ、その法律上の地位を他方の締約国の領域内で認められる。米国に所在する原告の会社の組織形態は様々な形態が考えられるが、その多くは本条約にいう「会社」に該当すると考えてよいだろう。

この条約に関連して、争われた裁判例がある。被告による訴訟費用の担保提供の申立に対して、日本国内に住所、事務所及び営業所を有しない原告〔原告は米国籍を有する個人であった〕が、日米友好通商航海条約四条一、同議定書一及び同条約二二条一に基づき、内国民待遇を根拠に担保提供義務の免除を主張した。これに対して、東京地裁は、原告の主張を認めず、担保の提供を命じた。(48) すなわち、東京地裁は、「…アメリカ合衆国の国民が、原告として日本の裁判所の裁判を受ける場合における訴訟費用の担保提供義務に関し、日米通商条約の右の諸条項〔筆者注：日米友好通商航海条約四条一、同議定書一及び同条約二二条一〕及び前記民訴法一〇七条一項〔筆者注：現行民訴法七五条一項〕の規定から導き出される帰結は、単に、当該原告が日本に住所、事務所又は営業所を有するときは、右の要件を備えた日本国民と同様、訴訟費用の担保提供義務を負うことはないが、然らざるときは、右の要件を備えない日本国民と同様、（被告の申立と裁判所の裁判により）右の義務を負うことになる、というに留まる。…」との判断を下した。この判決は、国籍を問わず、日本国に住所等を有しない者が訴えを提起した場合には、訴訟費用の担保提供義務を負うとし、このような取扱いは原告が問題とする内国民待遇に反するものではないとの判断を示したものである。従って、最恵国待遇について判断を下したものではないという点には注意を要する。

2　日英通商居住航海条約

一九六二年（昭和三七年）に日英間で、それぞれの国民や会社が公正かつ公平な待遇を引き続き享受できること等を希望して「日本国とグレート・ブリテン及び北部アイルランド連合王国との間の通商、居住及び航海条約（TREATY OF COMMERCE, ESTABLISHMENT AND NAVIGATION BETWEEN THE UNITED KINGDOM OF GREAT BRITAIN AND NORTHERN IRELAND AND JAPAN）」（以下、日英通商居住航海条約という。）が締結された[49]（発効は、一九六三年（昭和三八年））。

日英通商居住航海条約七条（4）は、一方の締約国の国民及び会社は、自己の権利の確認、行使又は擁護のため、他方の締約国の領域内において、当該他方の締約国の国民及び会社又は他の外国の国民及び会社が従う条件よりも不利でない条件で、裁判所、審判機関及び行政機関に審査を求め申立てを行う権利を有すると定める。この規定は、日英両国において相互に裁判所に申立を行う等につき内国民待遇及び最恵国待遇を認めたものである。この規定により、英国で設立されたが、日本に事務所等を有しない会社であっても最恵国待遇を根拠に訴訟費用の担保提供義務が免除されると考えられる。

また、日英通商居住航海条約七条（8）前段は、七条に定める全ての事項につき、一方の締約国の国民及び会社は、他方の締約国の領域内において、当該他の締約国の国民及び会社又は他の外国の国民及び会社に課される支払とは別個の又はそれよりも重い支払を要求されないと定める。これは、英国で設立された会社が、日本に事務所等を有していない場合であっても、裁判の中立を行う等につき日本以外の国の会社よりも重い負担を負わされることはないと規定するものである。先に述べた最恵国待遇と共に、訴訟費用の担保提供義務が免除される根拠となると考えられる。

日英通商居住航海条約二条（4）（a）によると、「会社」とは、自然人以外の権利能力を有するすべての者をいうと定義する。日英通商居住航海条約は、法人組織としての「会社」と自然人である「国民」を区別している（「国民」については、日英通商居住航海条約二条（2）参照）。具体的には、この条約が適用されるその締約国の領域において施行されている法令によりその地位を与えられたすべての会社のことをいうと定義すると共に、他の国に関しては、その国において施行されている法令によりその地位を与えられたすべての会社のことをいうと定義する（日英通商居住航海条約二条（4）（b）及び（c））。日米友好通商航海条約と同様に、会社という名称に拘泥せずに、条約の適用対象として広く法人組織を含める趣旨のように読める。英国で設立された法人組織は原則的に日英通商居住航海条約二条（4）が定義する「会社」であると考えられる。従って、原則的に英国で設立された法人組織は訴訟費用の担保提供義務を免除されると解される。(50)

(47)　この条約については、外務省のホームページの中の条約データ検索から入手した（http://www3.mofa.go.jp/mofaj/gaiko/treaty/）。条約については【補遺】参照（ただし、関連する条文のみ引用）。なお、【補遺】に示した条約の英語版・日本語版についてはこれらのサイトのものを利用した。

(48)　東京地決昭和五八年二月一日判タ四九八号一三一頁

(49)　この条約については、外務省のホームページの中の条約データ検索から入手した（http://www3.mofa.go.jp/mofaj/gaiko/treaty/）。条約については【補遺】参照（ただし、関連する条文のみ引用）。【補遺】に示した条約の英語版・日本語版についてはこれらのサイトのものを利用した。

(50)　七条（8）の後段は、一方の締約国の国民は、他方の締約国の領域内において、他方の締約国の国民又は他の外国の国民と同一の条件でかつこれと同一の限度において訴訟費用の免除等の利益を受けることができると定める。この後段部分は、「国民」に限定したものであるが、これまで見て来たように担保提供義務に関して、外国の被告にとって不合理な点が多いことに鑑みると、「会社」が訴訟費用の担保提供義務を免除されることを妨げる根拠にはならないと解すべきではなかろうか。

五　結び

以上、訴訟費用の担保提供義務に関して、外国で設立された多数の機関投資家から成る原告が多額の損害賠償を請求する証券訴訟のケースを念頭に、担保費用が巨額になるケースを想定しつつ検討を行って来た。この場合、わが国に事務所等を有していないという理由だけで、原告に担保提供義務を課すことはその妥当性から見て問題があると思われる。

先にみたように、訴訟費用については、民訴条約を批准している締約国間においても、訴訟費用の返還を受けるためには―多少の簡易な手続が認められるものの―現地で弁護士に依頼して手続を進めなければならず、かつ相当なコストを負担しなければならない。また、国内の規制等諸般の事情により返還がなされない可能性もないではない。他方、条約を批准していない国の間であっても、外国判決の執行・承認の手続に従い、訴訟費用の返還を求める場合には、現地の弁護士に依頼して訴訟費用の返還を求めて提訴することになるであろう。この場合にも返還がなされるかどうかは不明確であり、かつ相当なコストを負担しなければならない。このように見ると返還がなされるか否か不明確である点や相当なコストを負担するという点で両ケースに余り違いはない。簡易な執行手続を有するかどうかの違いはあるが、この制度も果たして実効力のある制度かどうか疑わしい。また、民訴条約を批准せず二国間の条約を締結している日米・日英両国間では、訴訟費用の担保について免除されることを想定したと思われる規定が見られる。免除された場合、民訴条約の締約国間の場合と異なり、簡易な執行手続は規定されておらず、外国判決の執行・承認の手続に従って勝訴した被告は訴訟費用を取り立てざるを得なくなる可能性がある。[51] このように解すると、訴訟費用を回収するためには、条約が締結されていない国同士における手続と同様な手続を取ることが要求されることになる。以上のようなケースの整合性を充分に検討した上で現行の訴訟費用の担保提供義務の制度について見直しを行う必要があるだろう。

わが国が海外からの長期的な投資を呼び込みたいのであれば、法制をできる限り、投資家にとってフレンドリーなものに変える必要がある。[52] 証券訴訟のケースで日本に事務所等を有しない海外で設立された機関投資家であることを理由に極めて高額な担保の提供を要求されることになるのであれば、海外からの投資の妨げの一因となる可能性がある。加えて、このような投資家の裁判を受ける権利（憲32条）を侵害する可能性もあるだろう。ただ、現行制度を前提にすれば、当面は、締結されている条約の解釈を通じて訴訟費用の担保提供義務を可能な限り免除すべきように思われる。また、今後の課題として、民事訴訟法七五条以下に規定する訴訟費用の担保提供義務については廃止も含めた抜本的な見直しが必要であるように思われる。

（51） なお、最恵国待遇により、簡易な執行手続が条約締約国の国民等に認められる可能性もある。

（52） 平成二五年六月一四日、政府は成長戦略である「日本再興戦略―JAPAN is BACK―」を策定した（http://www.kantei.go.jp/jp/headline/seicho_senryaku2013.html）。この成長戦略の中では対内直接投資の拡大を目指すことが含まれている。

【補遺】

I．民訴条約

Article 17

No security, bond or deposit of any kind, may be imposed by reason of their foreign nationality, or of lack of domicile or residence in the country, upon nationals of one of the Contracting States, having their domicile in one of these States, who are plaintiffs or parties intervening before the courts of another of those States.

The same rule shall apply to any payment required of plaintiffs or intervening parties as security for court fees.

All conventions under which Contracting States have agreed that their nationals will be exempt from providing security for costs or for payment of court fees regardless of domicile shall continue to apply.

第一七条

締約国の裁判所において原告又は参加人となる者がいずれかの締約国に住所を有するいずれかの締約国の国民である場合には、その者に対し、外国人であること又はその国に住所若しくは居所を有しないことを理由としては、いかなる保証又は供託（その名称のいかんを問わない。）をも命ずることができない。

前項の規定は、訴訟費用の支払を確保するため原告又は参加人に要求する費用の前納についても適用する。

締約国間の条約であって、それらの締約国の国民に対しその住所がどこにあるかを問わず訴訟費用の担保又は前納を免除することを定めるものは、引き続き適用する。

Article 18

Orders for costs and expenses of the proceedings, made in one of the Contracting States against the plaintiff or party intervening exempted from the provision of security, deposit or payment under the first and second paragraphs of Article 17, or under the law of the State where the proceedings have been instituted, shall, upon request made through diplomatic channels, be rendered enforceable without charge by the competent authority, in each of the other Contracting States.

The same rule shall apply to the judicial decisions whereby the amount of the costs of the proceedings is subsequently fixed.

Nothing in the foregoing provisions shall prevent two Contracting States from agreeing that applications for enforcement may also be made directly by the interested party.

第一八条

前条第一項及び第二項の規定又は訴えが提起された国の法律によって保証、供託又は前納を免除された原告又は参加人に対し締約国においてされた訴訟費用の負担を定める裁判は、外交上の経路を通じて行なわれる請求に応じ、他の各締約国において、権限のある当局により無償で執行を認許される。

前項の規定は、その後に訴訟費用の額を定める裁判についても適用する。

この条の規定は、二の締約国が関係当事者の直接行なう執行認許の請求をも認めるための取極をすることを妨げるものではない。

Article 19

The order for costs and expenses shall be rendered enforceable without a hearing, but subject to subsequent appeal by the losing party in accordance with the legislation of the country where enforcement is sought.

The authority competent to decide on the request for enforcement shall itself examine-

（1） whether, under the law of the country where the judgment was rendered, the copy of the judgment fulfils the conditions required for its authenticity ;

（2） whether, under the same law, the decision has the force of res judicata ;

（3） whether that part of the judgment which constitutes the decision is worded in the language of the authority addressed, or in the language agreed between the two States concerned, or whether it is accompanied by a translation, in one of those languages and, unless there is agreement to the contrary, certified as correct by a diplomatic officer or consular agent of the requesting State or by a sworn translator of the State addressed.

To satisfy the conditions laid down in the second paragraph, sub-paragraphs 1 and 2, it shall be sufficient either for there to be a statement by the competent authority of the State of origin establishing that the judgment has the force of res judicata, or for duly legalised documents to be presented showing that the judgment has the force of res judicata. The competence of the authority mentioned above shall, unless there is agreement to the contrary, be certified by the highest official in charge of the administration of justice in the requesting State of origin. The statement and the certificate just mentioned must be worded or translated in accordance with the rule laid down in the second paragraph, sub-paragraph 3.

The authority competent to decide on the request for enforcement shall assess, provided the party concerned so requests at the same time, the amount of the cost of attestation, translation and legalisation referred to in sub-paragraph 3 of the second paragraph. Those costs shall be considered to be costs and expenses of the proceedings.

第一九条

訴訟費用に関する裁判は、当事者の審尋なしに執行を認許される。もっとも、費用の負担を命ぜられた当事者は、執行を求められる国の法律に従ってその後に不服を申し立てることができる。

執行認許の請求について裁判をする権限を有する当局は、次の事項のみを審理する。

一　費用の負担を定める裁判の謄本が、その裁判の行なわれた国の法律上、真正なものであるために必要な条件を満たしているかどうか。

二　その裁判が、その行なわれた国の法律上確定力を有するかどうか。

三　裁判の主文が、受託当局の用いる言語又は両関係国間で合意する言語で作成されているかどうか。また、それらの言語のいずれか一方による翻訳文であって、反対の取極がない限り、嘱託国の外交官若しくは領事館又は受託国の宣誓した翻訳者がその正確であることを証明したものが、裁判の主文に添付されているかどうか。

前項一及び二の条件は、その裁判が確定力を有することを確認する嘱託国の権限のある当局の宣言又はその裁判が確定力を有することを立証するような正当に認証された書類の提出によって満たされる。その当局の権限は、反対の取極がない限り、嘱託国の司法行政を担当する最上級の職員が証明する。それらの宣言及び書類は、前項三の規定に従って作成し又はこれらに翻訳文を添付する。

執行認許の請求について裁判をする権限を有する当局は、当事者が同時に請求する場合には、第二項三に規定する証明、翻訳及び認証の費用の額を定める。その費用は、訴訟費用とみなされる。

Article 32

Each Contracting State, on signing or ratifying this Convention or on acceding to it, may reserve the right to limit the application of Article 17 to the nationals of Contracting States having their habitual residence in its territory.

A State availing itself of the right mentioned in the preceding paragraph shall be able to claim application of Article 17 by the other Contracting States only on behalf of its nationals who have their habitual residence within the territory of the Contracting State before the court of which they are plaintiffs or intervening parties.

締約国は、この条約の署名若しくは批准又はこれへの加入に際して留保を行なうことにより、第一七条の規定の適用を自国の領域に常居所を有する締約国の国民に限定することができる。

前項の留保を行なう国は、他の締約国の裁判所において原告又は参加人となる自国民につき、その者が当該他の締約国の領域に常居所を有する場合を除くほか、当該他の締約国が第一七条の規定を適用することを要求することができない。

Ⅱ．日米友好通商航海条約

ARTICLE IV

1. Nationals and companies of either Party shall be accorded national treatment and most-favored-nation treatment with respect to access to the courts of justice and to administrative tribunals and agencies within the territories of the other Party, in all degrees of jurisdiction, both in pursuit and in defense of their rights. It is understood that companies of either Party not engaged in activities within the territories of the other Party shall enjoy such access therein without registration or similar requirements.

第四条

一　いずれの一方の締約国の国民及び会社も、その権利の行使及び擁護については、他方の締約国の領域内ですべての審級の裁判所の裁判を受け、及び行政機関に対して申立をする権利に関して、内国民待遇及び最恵国待遇を与えられる。いずれか一方の締約国の会社で他方の締約国の領域内で活動を行っていないものは、その領域内において、登記その他これに類する要件を課されないで、それらの裁判を受け、及び申立をする権利を有するものとする。

Protocol

：

1. The term "access to the courts of justice and to administrative tribunals and agencies" as used in Article IV, paragraph 1, comprehends, among other things, legal aid and security for costs and judgment.

：

議定書

：

一　第四条一における「裁判所の裁判を受け、及び行政機関に対して申立をする権利」には、特に、訴訟上の救助、訴訟費用の担保及び裁判のための担保に関する権利を含む。

：

ARTICLE XXII

1. The term "national treatment" means treatment accorded within the territories of a Party upon terms no less favorable than

the treatment accorded therein, in like situations, to nationals, companies, products, vessels or other objects, as the case may be, of such Party.

2．The term "most-favored-nation treatment" means treatment accorded within the territories of a Party upon terms no less favorable than the treatment accorded therein, in like situations, to nationals, companies, products, vessels or other objects, as the case may be, of any third country.

3．As used in the present Treaty, the term "companies" means corporations, partnerships, companies and other associations, whether or not with limited liability and whether or not for pecuniary profit. Companies constituted under applicable laws and regulations within the territories of either Party shall be deemed companies thereof and shall have their juridical status recognized within the territories of the other Party.

…

第二二条

一．「内国民待遇」とは、一締約国の領域内で与えられる待遇で、当該締約国のそれぞれ国民、会社、産品、船舶又はその他の対象が同様の場合にその領域内で与えられる待遇よりも不利でないものをいう。

二．「最恵国待遇」とは、一締約国の領域内で与えられる待遇で、第三国のそれぞれ国民、会社、産品、船舶又はその他の対象が同様の場合にその領域内で与えられる待遇よりも不利でないものをいう。

三．この条約において「会社」とは、有限責任のものであるかどうかを問わず、また、金銭的利益を目的とするものであるかどうかを問わず、社団法人、組合、会社その他の団体をいう。いずれか一方の締約国の領域内で関係法令に基いて成立した会社は、当該締約国の会社と認められ、且つ、その法律上の地位を他方の締約国の領域内で認められる。

…

Ⅲ．日英通商居住航海条約

ARTICLE 2

In the present Treaty-

（2）the term "nationals"：-

（a）means physical persons；

（b）in relation to the United Kingdom means-

all citizens of the United Kingdom and Colonies, all citizens of any territory for the international relations of which the United Kingdom is responsible and all British protected persons ; except in each case those who belong to any territory to which the present Treaty may be extended under the provisions of Article 32 but has not been so extended ; and

（c）in relation to Japan means-

all nationals of Japan ;

…

（4）the term "companies" : -

（a）means all legal persons except physical persons ;

（b）in relation to a Contracting Party means all companies which derive their status as such from the law in force in any territory of that Contracting Party to which the present Treaty applies ; and

（c）in relation to a country means all companies which derive their status as such from the law in force in that country.

第二条

この条約において、

…

（2）国民とは、

（a）自然人をいう。

（b）連合王国に関しては、

すべての連合王国及び植民地の市民、連合王国が国際関係について責任を負う領域のすべての市民並びにすべての英国保護民をいう。ただし、それぞれの場合に、第三十二条の規定〔筆者注：英国の他の領域への当該条約の適用に関する規定〕に基づきこの条約を適用することができるがまだ適用していない領域に属する者を除く。

（c）日本国に関しては、

すべての日本国民をいう。

…

（4）「会社」とは、

（a）自然人以外の権利能力を有するすべての者をいう。

（b）締約国に関しては、この条約が適用されるその締約国の領域において施行されている法令によりその地位を与えられたすべての会社をいう。

（c）他の国に関しては、その国において施行されている法令によりその地位を与えられたすべての会社をいう。

ARTICLE 7

…

（4）The nationals and companies of one Contracting Party shall have access to the courts of justice, tribunals and administrative authorities in any territory of the other for the declaration, prosecution or defence of their rights, on terms not less favourable than those enjoyed by the nationals and companies of the latter Contracting Party or of any other foreign country. In any event proceedings to which nationals or companies of one Contracting Party are parties in any territory of the other shall be heard and determined without undue delay.

…

（8）In all matters dealt with in this Article, nationals and companies of one Contracting Party in any territory of the other shall not be required to make any payments which are other or more onerous than those imposed on nationals and companies of the latter Contracting Party or of any other foreign country. Moreover nationals of one Contracting Party shall in any territory of the other be admitted to the benefit of free legal assistance and exemption form court fees on the same conditions and to the same extent as the nationals of the latter Contracting Party or of any other foreign country.

…

第七条

…

（4）　一方の締約国の国民及び会社は、自己の権利の確認、行使又は擁護のため、他方の締約国の領域内において、当該他方の締約国の国民及び会社又は他の外国の国民及び会社が従う条件よりも不利でない条件で、裁判所、審判機関及び行政機関に審査を求め申立てを行う権利を有する。いかなる場合にも、一方の締約国の国民又は会社が当事者である他方の締約国の領域内における訴訟その他の手続については、不当に遅滞することなく、審理が行なわれ、かつ決定がなされるものとする。

…

（8）　この条に定めるすべての事項につき、一方の締約国の国民及び会社は、他方の締約国の領域内において、当該他の締約国の国民及び会社又は他の外国の国民及び会社に課される支払とは別個の又はそれよりも重い支払を行なうことを要求されない。さらに、一方の締約国の国民は、他方の締約国の領域内において、他方の締約国の国民又は他の外国の国民と同一の条件でかつこれと同一の限度において、無料の法律扶助及び訴訟費用の免除の利益を受けることができる。

…

【追記】

本論文を執筆するにあたっては、香川大学連合法務研究科三谷忠之教授、大山徹准教授及び香川大学法学部山本慎一准教授に様々な点においてご教示頂いた。改めて深く御礼申し上げたい。ただ、本論文の内容や意見については、当然のことながら論文執筆者であるわたくしが全面的に責任を負うものであることを申し上げておきたい。

会社の代表者とその権限――実務の観点から――

宮崎浩二

一　はじめに

1　会社代表者の意義

（1）一般人の見方、法的な見方

会社を代表する者は、一般には「社長」あるいは「代表取締役」と呼ばれている人だと理解されている。しかし、法的にはそう単純でない。

法的な構造としては、取締役会非設置会社の場合、取締役が（各取締役）がそれぞれ代表権を有するが、代表者の定めがあればその代表者が代表権を有し（会社法　三四八条一項、同三四九条一項、二項以下、たんに法という）、取締

役会設置会社の場合は、代表取締役が代表権限を有することになっている。（法三六二条二項三号、三項）[1]

ただし、この原則には多くの制限、例外が設けられている。取締役や代表取締役の代表権限がどのような場面でどのように制限されているのか、あるいはなくなるのか、会社債権者、取引の相手方、さらに株主はどのように保護されるのかは実務上も極めて重要な問題である。しかるに、実務の現場では誰が会社を代表するのか、あるいはしているのか、代表権限はあるのかについて必ずしも明確でない場面に遭遇することがある。

この問題について、筆者がこれまで関与してきた事例を取り上げ考察してみたい。

2　会社代表者に関する原則と例外

（1）　会社の代表者は、会社の業務全般に関する一切の裁判上、または裁判外の行為に関する権限を有する。（法四二〇条三項、三四九条四項）その行為は会社の業務に関するものである限り会社自体の行為とされ、その行為の効果は当然に会社に及ぶ。業務の一部に限定された権限をもつにすぎない使用人が、会社の代理人として活動するのとは様相を異にしている。[2]

（2）　このように会社の命運にかかわる重要な役割を担わされている代表者、およびその権限については、①組織上どのように位置づけられ、どういう手続きで選任されるのか（機関構成と選任のあり方）、②それに関し会社自治はどこまで認められるのか、法はどのレベルで介入すべきか、③取引上、あるいは訴訟上どのような場面でその地位、権限が変容を受けるのか、④会社の清算時（破産宣告時）における権限の変容、⑤代表取締役個人に特別事情が発生した場合はどうなるかについて、会社（株主）の利益保護、場合によりこれと対立関係に立つ取引関係者の利益保護等からのアプローチが必要となる。

本稿では、主として③の内、訴訟上の権限行使についてのしくみ、および④⑤の見地から事例分析を通じアプローチしてみたい。

（1）従前の共同代表の制度（数人が共同してだけ会社を代表でき、その氏名と共同代表の定めを登記する制度）は平成一七年の会社法で廃止された。

（2）「代表者と使用人の権限等」および「代表者と使用人の義務と責任」については相澤哲他編著「論点解説『新・会社法』」（二〇〇八年五月発行・商事法務）三二一頁、三二二頁）に的確な分類と解説がなされている。

二〔事例検討その一〕会社が取締役の責任を追及する場合の代表者

1　筆者はかって、某株式会社（株式譲渡制限の定めがある非公開会社で、監査役設置会社）の現在の代表取締役から委任を受け、株主総会の承認を受けずに多額の退職金を取得したことを理由とする前代表取締役に対する役員退職慰労金返還請求の訴訟を提起したことがある。

2　この訴訟がある程度進行した段階で、担当裁判官から、本件は監査役設置会社が過去の取締役の責任を追及する訴訟であるところ、法三八六条一項により、監査役が会社を代表すると解されるから検討されたいとの指示を受けた。

当方としては漫然と代表取締役は裁判上、裁判外の一切の行為について権限を有するとの前記原則に則り、現代表者から委任を受け訴訟を提起し、遂行していたのであわてた。調べると確かに会社代表者が裁判上の行為についても権限を有する原則の例外として、会社が取締役の責任を追求する場合（過去の取締役も含む）[3]、監査役に会社を代表する権限が付与されている。（このとき、本来の代表者は権限を有しない。）

ただし、これにはさらに例外があり、監査役の監査の範囲を会計に関するものに限定された監査役を置く会社は含まれないこと（法三八九条一項、七項）とされている。そして、非公開会社の場合、定款の定めにより監査役の権限を会計監査のみに限定することができ、その規定がある場合には前記法三八六条の規定の適用はなく原則どおり代表取締役に訴訟提起、およびその遂行権限があることとされている。

前記依頼会社の定款には右監査役の権限を会計監査に限定する旨の定めはなかった。よって、やはり本件前取締役に対する訴訟の権限は監査役にあるかと思われた。

3 ところが、会社法の改正に際し制定された「会社法の施行に伴う関係法律の整備等に関する法律」（五三条）によれば、「会社法施行時（二〇〇六年五月一日施行）、従前の商法特例法上の小会社（株式会社の監査等に関する商法の特例に関する法律一条の二第二項・資本の額が一億円以下の場合）であった会社の定款には監査役の権限を会計監査に限定する旨の定めがあるものとみなす」とされているのであった。

前記依頼会社の資本の額は昔から四〇〇〇万円ほどであり、前記商法特例法上の「小会社」であったことは歴然としていた。この結果、前記事件の訴訟遂行権限はやはり代表取締役にあると解され、その旨担当裁判官に説明し納得してもらったのであった。

実務家は法の改正時においてはその「経過規定」に十分注意を払うべしとの経験則にあらためて思いを致された次第である。(4)

4 ところで、会社が取締役の責任を追及する場合、なぜ監査役に会社を代表する権限をもたせたのか。

その立法趣旨は「馴れ合い防止」にあると説明されているが、(5)通常の場合、多くの会社では、会社が（過去の）取締役に対して訴えを提起するかどうかの判断をする段階でスクリーニングされていると解される。すなわち、訴えを提起すると決断された場合にはもはや馴れ合いの可能性はないとみられるのでこの立法趣旨の解釈には疑問がある。

一定規模以上の会社の場合、役員責任に関しては、監査役、さらには第三者委員も加わり対象役員の責任を調査、審理する機関が設置されている場合が多く（「役員責任審査委員会」等の名称が付されていることが多い。）むしろ、業務監査権限を有する監査役の方が役員責任の違法性の事実調査、訴訟提起すべきかについての判断を行なっているから監査役の方が訴訟遂行の代表者にふさわしいと考えられるからであろう。[6]

5　なお、監査役に訴訟代表権がある場合、その性質は業務執行権限であると解されているが、監査役は独任制であることを理由に各自代表であるとされている。

この場合において監査役間に意見の対立がある場合の規律を会社法は定めていない（複数取締役の場合、原則として過半数で決することとされている。三四八条二項）。

多数説は各監査役がバラバラに権限行使することを妨げることはできないと解しているようであるが、[7] 少数株主グループから選任されている取締役が会社方針に反対し、会社相手に訴訟提起した場合、会社側の訴訟遂行代表権は監査役にあるところ監査役間で意見対立があった場合、混乱に陥ることとの問題点が指摘されている。[8]

（3）　過去の取締役の責任追及の場合も含むかについて争いがあったが、今回の会社法では「取締役であった者を含む」と規定されている。（三八六条一項括弧書き）

（4）　この点につき、平成二三年度日弁連夏期研修において、松田亨大阪地裁判事（当時）は注意を喚起され、かつ、会社・取締役間の訴えの場合、誰が代表者となるかについてわかりやすいフローチャートを作成して示しておられる。

そのキィワードとして①特例有限会社か、②公開会社か、③監査役会設置会社、または会計監査人設置会社か、④平成一八年五月一日以降の設立か、⑤資本の額が一億円以下か、⑥定款に監査役の監査範囲の限定があるかを挙げて分類しておられる。（平成二三年度研修「日弁連研修叢書・現代法律実務の諸問題」日本弁護士連合会編　第一法規二六四頁以下）
（5）論点解説「新・会社法」相澤哲ほか編著　三五八頁
（6）落合誠一編「会社法コンメンタール」商事法務四二一頁も同様の考えを示されておられる。
（7）前記「会社法コンメンタール（八）」商事法務四二四頁
（8）金融法務事情No.一九五八　二〇一二・一一・二五　弁護士大塚和成「時論」

三 〔事例検討その二〕会社解散の場合、誰が会社の代表者か

1　会社の解散事由については法第四七一条一号から六号に定めがある。この場合、誰が会社を代表する立場になるのかを考える際、①清算手続がとられない合併の場合、②財産管理について別途の仕組みがとられている破産手続開始決定の場合と（破産管財人の選任）③その他例外の場合を分けて分析する方が理解しやすい。

2　清算（合併、破産を除く）の場合の一般原則
（1）誰が清算会社の清算人、代表清算人となるか。
（a）株式会社が解散、清算となった場合、定款に別段の定めがある場合、株主総会において取締役以外の者を清算人に選任した場合を除き、取締役（全員）が清算人となる（法四七八条一項）。
解散前に任期が満了し取締役としての権利義務を有していた者（法三四六条一項　実務では多くみられるケースである。）は清算人としての権利義務を有するとされている。（最高裁昭和四四年三月二八日判決）

（b）　代表清算人

ア　清算人会非設置会社の場合、清算人が会社を代表し、清算人が複数いる場合は各自が会社を代表する。（法四八三条一項本文、二項）

イ　清算人会設置会社においては清算人会が代表清算人を選定する権限をもつ。（法四八九条二項三号）なお、解散前に定款で取締役会を置く旨の定款の定めがあってもその定款の定めは解散前の会社限りのものであり、清算人会を設置するためには清算人会を設置する旨の定款規定を設けなければならない。実務上は清算人会非設置会社が圧倒的に多いと思われる。（法律上清算人会設置が義務付けられている監査役会設置会社のような場合は別である。）

ウ　株式会社の取締役が引続いて清算人になった場合には、従前の代表取締役が当然に代表清算人となる。（法四八三条四項）

3　休眠会社の清算人は誰か

（1）　従前の商法第四〇六条ノ三第一項の規定（いわゆる休眠会社の整理の規定）により平成元年一二月三日付解散を原因として同月四日付けで解散登記がなされ、同一五年二月三日登記用紙が閉鎖されている株式会社Dがあった。形式的には解散時点で三名の取締役が登記されたままであったが（全員とっくに任期満了）、I取締役は昭和五七年一二月一七日、M取締役も平成一三年七月二八日死亡しており、K取締役一名のみが生存している権利義務取締役（旧商法二五八条、現在の法三四六条一項）という状況であった。

（2）　平成一四年、この会社所有名義の土地を含む地域に関し、災害防止事業として土地収用法に基づく事業認定がなされ、この土地が買収されることになった。

（3）　筆者は、平成一六年、起業者からこの会社を相手として同会社所有名義の不動産の所有権移転を受けたいとの依頼を受けた。このとき筆者は閉鎖登記簿上、一人残っている権利義務取締役Kが当然に清算人となり、かつ清算会社を代表する立場になるものと考えた。しかしながら、土地収用委員会は、従前実例では清算人選任をあらたになす必要があると主張した。そこで、筆者は前記K取締役が清算人就任の意思を全く有していないことを理由として、非訟事件手続法により大阪地方裁判所へ清算人選任の申立をなした。しかし、同地方裁判所は平成一六年七月一日決定で、最高裁判例(9)を引用し、K取締役は任期満了しているものの権利義務取締役であり、解散と同時に当然に当該会社の清算人としての権利義務を有することになり、現に清算人は存在しているとの理由で清算人選任申立を却下し、大阪高裁もこの結論を支持した。(大阪高裁平成一六年九月二四日決定)

この場合、清算人が一人しかいないからK氏が清算会社を代表して業務執行することになったはずであるが、K氏には業務遂行の意思がまったくなかったので辞任届を提出してもらい、結局、裁判所にてあらたな清算人を選任してもらった経緯がある。

4　会社が破産手続開始（決定）を受けた場合、会社を代表する者は誰か

（1）　破産管財人と従前の取締役との関係

一般に破産会社が破産手続開始決定を受けても、会社財産は破産法人に帰属することには変わりなく、ただその管理処分権が破産管財人に移行するにすぎない(破産法七八条一項)と解されている(10)。

従って、この場合においても法人の組織に関する権限は従来どおりの機関(=取締役)に残るとされている。破産手続開始決定に対する即時抗告の申立を従前の代表取締役ができるのは当然の事である。

ただし、従前の取締役がそのままの地位にとどまれるかについては争いがある。すなわち、会社と取締役間は委任契約であるところ、委任契約は委任者(会社)の破産宣告により当然に取締役の地位を失うという考え方(当然終

任説、最判昭和四三・三・一五民集二二巻三号六二五頁）[11]と破産手続開始後もなお会社自身が行ない得る行為については委任関係は終了せず、取締役の地位を失わないとする考え方がある。[12]

前者の考えに従えば、後記のように担保権者が別除権放棄をしたり、財団から放棄された物件を任意売却しようとすれば裁判所で清算人を選任してもらわねばならなくなる。

5　別除権放棄の相手方

（1）破産手続きにおいて、債権者（特に後順位担保権者や売却困難物件に担保を付けている担保権者）は、担保権を放棄して一般債権者として配当手続きに加わった方がより多く債権を回収できる場合が多々ある（破産法一〇八条一項但書（旧破産法九六条））。

目的物が破産財団に属している場合には破産管財人に対し放棄の意思表をなせばよいが、破産管財人が財団から目的物件の所有権を放棄している場合誰に意思表示すればよいのか。

（2）これに関連して、最高裁平成一六年一〇月一日第二小法廷決定は、破産宣告による会社解散の場合において、破産財団から放棄された財産を目的とする別除権放棄の意思表示をする相手方に関し、次のとおり判示している。

すなわち、株式会社の破産宣告当時の代表取締役は（旧）商法四一七条一項本文の規定によって当然に清算人となるものではなく、別除権者が別除権放棄の意思表示をする相手方は破産前の代表取締役ではなく改正前商法四一七条一項但書または同条二項（法四七八条一項二号、三号・二項に該当）によって選任される清算人であるとした。[13]

6　会社破産の場合における代表者

なお、会社が破産した場合の取締役の地位に関し、次のとおり最高裁の判例があり、これら各判例の射程距離が問題となる。

① **最判昭和四三・三・一五　民集二二巻三号六二五頁**(14)

【判旨】会社が破産宣告を受け、かつ、同時破産廃止決定を受けた場合、取締役は会社の破産により当然取締役の地位を失うのであって同時破産廃止決定があったからといって従前の取締役が（旧）商法四一七条一項本文により当然清算人となるものとは解し難い。このような場合には同項但書の場合を除き、同条二項により利害関係人の請求によって裁判所が清算人を選任すべきものと解するのが相当である。

② **最判平成一六・六・一〇　民集五八巻五号一一七八頁**

【判旨】「有限会社の破産宣告当時に取締役の地位にあった者は破産宣告によっては当然には失わず、社員総会の招集等の会社組織に関わる行為等については、取締役としての権限を行使しうると解される」

「前記①の判決は……本件とは事案を異にする。」

7　前記①②の判決の理論は一見矛盾しているように見受けられるが、②の判決は火災保険の免責約款の免責対象である「保険契約者、被保険者またはこれらの者の法定代理人（保険契約者又は被保険者が法人であるときはその理事、取締役、法人の業務を執行するその他の機関）の故意または重過失又は法令違反」の「取締役」に該当するか否かの判断に際し採用された理論であり射程距離はその限りであると思われる。

なお、この②の判例の存在を前提として、平成二三年四月一日民商八一六号通知により従前の取り扱いが変更され、会社につき破産手続開始決定があった場合でも代表取締役はその地位を当然には失わないとして破産手続開始の登記がある旨の付記をした上、当該代表取締役に係る代表者事項証明書または印鑑証明書を交付して差し支えないとされている。(15)

(9) 大阪地裁が引用したのは（最高裁昭和四四年三月二八日　民集二三巻三号六四五頁）
(10)「大コンメンタール破産法」竹下守夫編集　青林書院　三三二頁以下
(11)「倒産判例百選（第四版）青山善充外編　有斐閣一七六頁以下、弥永真生解説
右判例は株式会社が破産宣告ならびに同時破産廃止決定を受けた事案に関するもので、原審（大阪高裁）の決定が破棄され、破産宣告、同時廃止の場合、従前の取締役は当然にその地位を失うので（会社が対外的行為を行なおうとすれば）改正前商法四一七条一項但書きの場合を除き、利害関係人の請求により裁判所が清算人を選任すべきものとする立場をとった。
(12) 前記「大コンメンタール破産法」一四三頁以下
(13)「倒産判例百選（第四版）」青山善充外編　有斐閣一一二頁　八田卓也解説
(14)「倒産判例百選」第四版　青山善充ほか・有斐閣一七六頁参照
(15)「商業登記ハンドブック」第二版　松井信憲著　商事法務四〇七頁

四　〔事例検討その三〕会社の（代表）取締役個人が破産手続開始決定を受けた場合、その地位はどうなるのか

1　会社法制定前は、破産手続開始決定を受け、復権しない者は取締役の欠格者とされていたが、現行会社法では欠格者とされていない。（江頭・株式会社法第四版三六二頁）
ただし、取締役と会社の間は委任関係であるから取締役が破産すると退任することにはなるが、(16)それが欠格事由となるわけでない。（「新会社法概説　大隅健一郎他　有斐閣一九四頁）

委任終了事由の発生によりいったん退任することになる。ただし、この場合には株主総会を開催して同一の者を再度取締役として選任することもできる。（相澤哲他 編「新会社法」論点解説二八〇頁）

2 登記との関係

（1） 登記実務では、（代表）取締役が破産した場合で、後任取締役が選任されず（破産者が退任すると取締役の人数が三人以下となるケースでは）、後任者の就職まで退任の変更登記はできないとされている。（最判昭和四三・一二・二四、民集 二二・一三・三三三四）（昭和三四・九・二三民甲二一三六号民事局長回答）[17]

学説にはこのような場合、（仮に取締役の法定人数を欠く場合でも）退任登記が認められるべきとするものもあるが（前掲田中亘論文）現状、登記実務上認められていない。

よって、退任登記請求していた取締役に対し、仮に会社、ないし会社債権者から権利義務取締役としての責任追求がなされた場合、事案に応じその責任を免れさせる理論（例えば競業避止義務違反を理由とする差止め請求などに対し権利濫用論やそもそも競業避止義務を負わないなどの理論）で個別救済が図られるべきであろう。

（2） 破産による退任のとき、商法二五八条一項（会社法施行前）が類推適用されるかどうか。（倒産判例百選（第三版）三三頁　田中亘解説参照）[18]

この点、判旨は商法二五八条一項の類推適用を否定し、学説も否定説が一般とされている。

（16） 法三三〇条＝取締役と会社との関係は委任、民法六五三条二項＝受任者の破産手続き開始決定は委任契約の当然終了事由とされている。

（17） 前記「商業登記ハンドブック」松井信憲著　四一〇頁

（18） 商法二五八条一項―法律又は定款に定めたる取締役の人数を欠くに至るたる場合においては、任期の満了又は辞任によりて退

任したる取締役は新たに選任せられたる取締役の就職するまでなお、取締役の権利義務を有す。（現行法では三四六条一項）

五　結　語

以上、会社を代表する者が各場面でどのように変容するのか、条文・判例を俯瞰しながら見渡してきた。しかしながら、現行法の仕組みも、また判例も必ずしも理論的体系的に整備、整理されているとは思われず、とりわけ監査役が独立して代表権をもつ場合の最終決定のあり方や会社が破産手続となった場合の組織法上の行為についての代表者に関する判例の射程距離は不明確であり、立法の手当が必要ではないかと思われる。あえて問題提起をしておくことにする。

取締役の経営判断と弁護士意見の聴取

八木俊則

一　はじめに

平成二二年七月一五日に言い渡されたアパマンショップ株主代表訴訟最高裁判決(1)は、我が国会社法におけるいわゆる経営判断原則の適用に関し、取締役の裁量を広く認めた判断として注目を集めた(2)。取締役らが経営判断にあたり弁護士の意見を聴取した点について、原審東京高裁判決(3)が買取価格の設定に関する当該事件の具体的事実関係のもとでは取締役らの任務懈怠を否定する理由にならないとしたのに対し、最高裁は任務懈怠否定の一事情として認めた。

経営者が経営判断を行うに当たり弁護士の意見を聴取することは我が国でも広く行われてきたが、近年において

は、訴訟リスクの高まりやビジネス・ロイヤーの増加等を背景として、その傾向がより顕著になってきた。(4)

本稿では、取締役が経営判断に当たり弁護士の意見を聴取したことが、その任務懈怠責任の成否の判断に当たりどのような影響を与えるか、また与えるべきかについて、米国法と対比しつつ検討するとともに、経営判断について助言を行う我が国の弁護士に求められるべき実務のあり方等についても検討を行う。

(1) 最判平成二二年七月一五日金商一三四七号一二頁。
(2) 本最高裁判決に関する代表的な評釈として落合誠一「本件判批」旬刊商事法務一九一三号四頁(二〇一〇年)など。
(3) 東京高判平成二〇年一〇月二九日金商一三〇四号二八頁。
(4) 日本経済新聞二〇一〇年五月三日朝刊「(法務インサイド)法的判断補強　企業に広がるセカンドオピニオン活用　訴訟リスクを勘案」参照。

二　経営判断と弁護士の役割

1　米国における「信頼の抗弁」(5)

(1)　判例法の概観

米国においては、一九世紀前半ないし半ば以降、様々な法分野において弁護士の助言への信頼を被告の抗弁として認める判例法が形成された。(6) これは、会計士など弁護士以外の専門家や、会社の他の従業員等の行為に対する信頼を保護するいわゆる「信頼の抗弁」の一類型である。

ただ、判例法上の弁護士の助言への信頼を被告の「抗弁」として整理することは必ずしも正確な理解とはいえず、むしろ被告の負う誠実かつ注意深く行為する義務(act with good faith and due care)の違反を原告が主張する場合において、当該義務の違反がないことを被告側で証明するため、又は被告側の抗弁としての誠実性（good faith）や善管注意（due care）を証明するための一事情としてとらえられているに過ぎないとの指摘がある。[7]

かかる法理の射程や適用のための具体的要件は必ずしも明確ではなく、学説においても詳細な検討がなされることは希であったが、[8]少なくとも誠実性及び善管注意が抗弁となり得るような請求の場合には、被告は、（i）被告が弁護士の選任に際し、適格な弁護士であると信じたこと、（ii）被告が、自己が関連すると信じたすべての事実を弁護士に開示したこと、（iii）法律問題に関しての助言であること、（iv）被告が助言通りに行動したことの四つの要件を証明することにより、責任を免れることができると考えられる。[9][10]

（2）判例法の法典化

このように、弁護士に対する信頼の抗弁は長く判例法において認められてきたものであるが、一九五〇年以降、複数の州が同様の抗弁を認める規定を会社法に置くようになった。[11]また次に述べるとおり、全米で統一したルールを設ける動きも起こった。

（a）模範会社法　一九七四年に、アメリカ法律家協会の模範会社法が改正され、三五条において、取締役による弁護士意見への信頼の権利が設けられた。[12]この規定は、現行の八・三〇（e）項及び（f）項に受け継がれ、[13]以下のような規定となっている。

八・三〇条（取締役のための一般的基準）

（e）取締役会又は委員会の義務を履行するに当たり、信頼を不当なものとするようなことを知らない取締役は、（f）項に定める者が作成し又は提出した、財務諸表及びその他の財務上の資料を含む情報、意見、報告、又は陳述を信頼する権利を有する。

（f） 取締役は、（d）項又は（e）項に従い、次の者を信頼することができる。

（1） その取締役が当該の事項について信頼に値しかつ有能であると合理的に信ずるその会社の一人若しくは数人の役員若しくは従業員又はその作成した情報、意見、報告若しくは陳述。

（2） 弁護士、公認会計士、若しくはその他の者であって、(i)その者の職業的若しくは専門的能力の範囲内であるとその取締役が合理的に信ずる事項又は(ii)その者が信頼に値する事項に関して当該会社に起用されたもの。[14]

この規定は、取締役が弁護士の助言を信頼する権利を認めるものであるが、取締役に対し完全な抗弁（absolute defense）を提供するものではなく、コモン・ローにおけるのと同様の誠実性や善管注意を立証するための一つの要素に過ぎないと解される。[15]弁護士の助言への信頼が認められるのは、取締役が意見書を実際に読んだり、助言の内容が取締役会に提示されるなど、取締役が助言の内容に通じている場合に限られる。[16]弁護士の「能力」が認められる範囲は広く、たとえば一九三三年証券法上の「専門家」のように厳格に解されるべきものではない。[17]

（b） デラウェア州

デラウェア州一般会社法一四一（e）項は次のように定める。

取締役会の構成員、又は取締役会が指名した委員会の構成員は、その義務の履行に当たり、会社の記録、及び会社の役員若しくは従業員、若しくは取締役会の委員会が会社に提出し、又は会社により若しくは会社のために相当な注意をもって選任されたその他の者がその者の職業上の若しくは専門家としての能力の範囲内にあるとその構成員が合理的に信ずる事項に関して会社に提出した情報、意見、報告又は表明に善意で信頼する場合には、十分に保護されなければならない。[18]

模範会社法においては、取締役の弁護士の助言に対する信頼は、取締役の誠実性や善管注意を立証するための一つの要素に過ぎないとされていたが、デラウェア州においては、一四一（e）項の定める要件を満たした信頼を被告が立証できれば、そのことのみにより取締役の責任が否定されることになる。[19]

そのため、被告取締役が一四一（e）項による抗弁の提出に成功した場合、その責任を追及する原告は、（a）取締役が現実に弁護士に依拠していないこと、（b）信頼が善意によるものでないこと、（c）取締役が、弁護士の助言が当該弁護士の職業上能力の範囲内であると合理的に信じていないこと、（d）弁護士が合理的な注意をもって弁護士を選択しなかったことについて責任が認められること、（e）争点となっている問題の解決方法が極めて明確なものであって、取締役会がそのような方法をとらなかったことが当該助言にかかわらず重過失なること、又は（f）取締役会の決定が毀損（waste）又は詐欺（fraud）を構成するような極めて不当なものであったことを立証しなければならない。[20]

もっとも、Smith v. Van Gorkom 事件の最高裁判決[21]を受けて、取締役の責任を免除するデラウェア州一般会社法一〇二（b）（7）号[22]が設けられた。同号に基づき、会社は定款において、(i)忠実義務（duty of loyalty）の違反があった場合、(ii)誠実（good faith）でない行為[23]又は意図的な不法行為若しくは故意の法律違反の場合、(iii)違法配当若しくは違法な自己株式取得の場合[24]、又は(iv)その取引により取締役が個人的な利益を得た場合を除き、取締役の責任を免除することができる。

これ以降、ほとんどの公開会社では当該規定による取締役の責任免除を定めたため、取締役の責任を問う訴訟においては、責任免除が認められない要件である誠実性や忠実義務違反の有無に争点が置かれることとなった。[25]かかる訴訟において、原告が取締役の行為の不誠実性（bad faith）や忠実義務違反を主張・立証できなければ、被告が弁護士の助言に対する信頼の抗弁を提出するまでもなく、原告は敗訴することとなる[26]。

しかるに、不誠実性が認められるためには、取締役が意図的に会社の利益の最大化以外の目的のために行為したこと、適用ある積極的な法令に違反する意図をもって行為したこと、又は一定の行為を行う義務があることを知りながら意図的にその行為を行わなかったことなど、意識的に自らの義務を無視したことが必要であり[27]、原告株主に課せられるハードルは非常に高い。

他方、デラウェア州衡平裁判所は、忠実義務違反が主張されるケースにおいては、一四一（e）項は適用されず、弁護士の助言への信頼は、取締役が忠実義務を果たしたかどうかを判断するに当たっての一要素にすぎないと考えているようである[28]。

このように、現在においては、弁護士助言への信頼を認める一四一（e）項の重要性は限定的であると指摘されている[29]。

（c）　ALIの「分析と勧告」

アメリカ法律協会（ALI）が一九九四年に公表した「コーポレート・ガバナンスの原理―分析と勧告」（以下「分析と勧告」という。）においても、弁護士の助言を信頼する権利が定められている。

四・〇二条　取締役、役員、使用人、専門家及びその他の者に対する信頼

取締役又は役員は、その義務及び職務を遂行するに当たり、誠実に行為しかつ信頼が正当の根拠を有するものと合理的に信ずる場合、次の者が作成し、提出し、行い又はなした情報、意見、報告、説明（財務諸表及び財務資料を含む）、決定、判断、行為（四・〇一（b）項の範囲内の決定、判断及び行為を含む）を信頼することができる。

（a）当該取締役又は役員が信頼に値すると合理的に信ずる、会社又は会社と連帯若しくは共同の支配下にある事業体の一人又は二人以上の取締役、役員又は使用人、又は

（b）当該取締役又は役員が信頼に値すると合理的に信ずる弁護士、公認会計士、技師又はその他の者。[30]

なお、ALIの公式コメントによれば、四・〇二条は、多くの法域において採用されている準則と整合性の取れたものである。[31]

同条においては、模範会社法と同様に、弁護士による助言への信頼は、善管注意義務違反を問われる訴訟において、合理的な行為（reasonable conduct）を立証するための証拠になるのみであり[32]、デラウェア州のように被告取締役の完全な抗弁となるわけではない。[33]なお、弁護士による助言への信頼が認められるためには、取締役は当該助言等の内容に通じておく必要がある。[34]

また、取締役の弁護士による助言への信頼の可否を判断するに当たり、助言の対象となった論点の重要性、助言の性質、当該論点の複雑さ、当該取締役の助言の対象となった分野における経験等、及び当該取締役が弁護士の助言に正確に従ったかどうか等が考慮される。[35]

分析と勧告四・〇二条においても、取締役が弁護士の助言を信頼するためには、当該取締役は「誠実に行為」していなければならない。誠実に行為しているかどうかの判断に当たっては、取締役の主観面が考慮される。[36]なお本来、弁護士助言への信頼は、特別の技能、背景、経験等を有しない取締役のための制度であり、当該取締役がこれらを有する場合には、「信頼が正当の根拠を有」しないとされる可能性がある。[37]

（3）政策的合理性

前述のとおり、弁護士に対する信頼の法理は判例法及び制定法において広く認められてきたが、その背後にある

政策的理由については必ずしも明らかにされてこなかった[38]。

しかし少なくとも現代では、かかる制度は、取締役に対し、高度又は困難な経営判断に当たって専門家を起用しアドバイスを得るインセンティブを与えることで、結果としてより適切な経営判断が行われる可能性を高める点にその合理性を求めることができる[39]。

しかし、弁護士の助言への信頼を取締役の免責事由とすることについては、古くから批判もある。最も理解し易い疑問としては、被告取締役らが選任した弁護士が誤ったアドバイスをしたことによるコストを、なぜ原告株主が負担しなければならないのかというものである[40]。デラウェア州のように弁護士意見への信頼を完全な抗弁として構成する場合にはとくに、当該抗弁が意味を持つのは、基本的には弁護士意見の内容が誤っていた場合である（弁護士意見が「正しい」内容であったのであれば、それに基づき行動した取締役の行為も「正しい」ものであったはずであり、被告取締役は、あえて弁護士意見への信頼を持ち出す必要はない。）。またこの議論は、誤った弁護士の損害賠償責任を株主が追及することが一般的に困難であることにより補強される[41]。

加えて経営者が自己に有利な意見を出してくれる弁護士を求めて複数の弁護士を渡り歩く、いわゆるオピニオン・ショッピングを誘発するなどの批判もある[42]。

私見では、信頼の抗弁が認められる場合、取締役の視点から見れば弁護士意見はD&O保険と同種の意義を有する。D&O保険を買うのと同じく、取締役が弁護士意見を「買って」おけば[43]、賠償責任から逃れることができる。しかし、たんに弁護士意見を取得すれば無条件に責任を免れることができるということであれば、一般にD&O保険について指摘されるのと同様のモラルハザードが生じる危険がある[44]。そこで、コモン・ローや制定法等においては、弁護士の適格性、弁護士に対する情報の開示、取締役の善意等に関する要件を設け、モラルハザードのリスクを低減しているといえる。

（4）小　括

以上で見たとおり、米国では判例法上古くから取締役の弁護士意見に対する信頼の「抗弁」が認められており、近年では各州の会社法に取り入れられて制定法化されている。その要件としては、概ね、取締役が適切な注意をもって適格と信ずる弁護士を選任したこと、弁護士に情報を開示したこと、取締役が弁護士の助言に従ったこと、取締役が善意であることなどである。

その効果としては、信頼が認められれば直ちに取締役の責任が否定される法域（デラウェア州（ただし現代的意義は限定的））と、責任を否定するための一要素として考慮されるにとどまる法域とがある。またその政策的合理性は、少なくとも現代では、取締役に対し弁護士意見を聴取するインセンティブを与えることで、間接的に取締役の行為が法令に適合することを促進する点にあるであろう(45)。

2　日　本

以下では、前述のような米国における信頼の抗弁に関する議論による示唆を踏まえ、我が国会社法における取締役の責任と弁護士意見聴取との関係について、とくにアパマンショップ事件に焦点を当てて検討する。

（1）経営判断原則と下級審裁判例の概観

我が国では、1で見たような、取締役の弁護士への助言を明示的に認める明文規定は存在しない。しかし取締役の善管注意義務違反の有無の判断に当たり、取締役が弁護士の意見を聴取したことを、義務違反否定のための一要素とする裁判例が見受けられる。

従前の我が国の下級審判例では、①その前提となった事実の認識について不注意な誤りがなく、かつ、②その事実の認識に基づく意思決定の過程・内容が会社経営者として著しく不合理でない場合には、取締役の経営判断につ

いて善管注意義務違反は認められない、という我が国における経営判断原則がほぼ確定していた。(46)

そして例えば、大阪地判平成一一年五月二六日(47)では、放送会社の株式を取得した新聞社の取締役の経営判断について、顧問弁護士らが関係する契約書や事実関係等を精査したことを指摘し、上記①の要件（前提事実の認識）の判断に当たって肯定的に評価している。

また東証一部上場会社が、関係会社の特別清算に先立ち、当該関係会社に六一〇億円の支援金を支出した際の取締役の経営判断が争点となった東京地判平成一七年三月三日(48)でも、一定の事実関係を前提として具体的な取締役の経営判断が「特に不合理・不相当であるとはいえない」という内容の弁護士意見(49)を取得し、これを踏まえて経営判断を行ったことが、取締役の判断過程における不合理さ・不自然さを否定するための一事情となっている。

また一方で、取締役が弁護士等のしかるべき専門家に助言を求めることを怠ったことを、取締役の任務懈怠の判断に当たり考慮した事例もある。(50)

このように我が国でも、経営判断原則の適用に当たって、取締役が弁護士の助言を得たことは、上記①②の要件の審査において積極的に考慮されてきている。

他方、我が国会社法の規定上当然の帰結ではあるが、弁護士の意見の聴取は、デラウェア州会社法のように、それだけで取締役の責任を否定する抗弁とはなっておらず、上記①②の要件に関して取締役の事実認識に不注意な誤りがないことや、意思決定の過程・内容に不合理性がないことを基礎づける一事情として考慮されるにとどまっている。(51)

（2）アパマンショップ事件

アパマンショップ事件最高裁判決は、最高裁が経営判断原則の適用に当たっての具体的な判断枠組みを明確にした初めての事例であると評される。(52)

ではこの判断枠組みの中で、取締役による弁護士の助言の聴取はどのように位置づけられるだろうか。

（a）　事案の概要　本件は、大証ヘラクレス（当時）に上場していた株式会社（アパマンショップ。以下「AS」という。）が、発行済株式総数の六六・七パーセントを有する株式会社アパマンショップマンスリー（以下「ASM」という。）を完全子会社化するため、ASMの株主からASM株式三一六〇株（発行済株式総数の約三一パーセント）を一株当たり五万円で購入し、その後株式交換によりASMを完全子会社化した事案である。原告らは、一株五万円の買取価額は不当に高額であり、取締役としての任務懈怠があるとして、会社法四二三条一項による損害賠償を株主代表訴訟により求めた。

第一審判決(53)の認定によれば、ASは、本件に係る経営会議に弁護士の出席を求め、当該弁護士から次のような意見を得た(54)。

「基本的に経営判断の問題であるため、特に法的に問題となるような性質のものではない、ASMの株主に重要な加盟店が多く、関係を良好に保つ必要性があるのであれば特に問題となるものではないであろう」「買取価格として五万円が妥当かどうかについては、任意の売買における価格設定は、結局のところ必要性とのバランスの問題であるため、最終的にASで判断すべきであるが、五万円ということであれば、トータルの金額としてもそれほどのものでもないことから、上記のような事情があれば許容範囲ではないか」

（b）　東京高裁判決　東京高裁判決は、まず、「取締役としての善管注意義務に違反するかどうかは…その判断の前提となった事実の調査及び検討について特に不注意な点がなく、その意思決定の過程及び内容がその業界における通常の経営者の経営上の判断として特に不合理又は不適切な点がなかったかどうかを基準とし、経営者としての裁量の範囲を逸脱しているかどうかによって決するのが相当である」とした。

そして、取引時におけるASM株式の価値を一株あたり一万円と認定したうえで、次のように判示した。「完全子会社にすることについて経営上の必要性があるかどうか、また、完全子会社にすることが経営上どの程度有益な効果を生むかといったことを左右する要因の中には、企業の業績に関する将来の見通し等に関する不確実なものが少なくないと考えられる。したがって、このような必要性ないし有益性の有無、程度についての判断は、将来についての予測を含む経営上の判断であるから、取締役には、このような判断をするについて…一定の裁量が認められるのであり、したがって…一株当たり一万円…を上回る金額を買取価格として設定したとしても、そのことのみによって当然に取締役がその任務を怠ったものということはできない。しかし、その判断が許された裁量の範囲内であるというためには、一株当たり一万円の株式について一株当たり五万円を買取価格として設定したことが、買取りを円滑に進めるために必要であったかどうか、より低い額では買取りが円滑に進まないといえるかどうか、また、買取価格が［裁判所の］認定した［一株一万円という］価額から乖離する程度と買取りによって会社経営上の期待することができる効果（必要性ないし有益性）とが均衡を失しないかどうか、買取りの手続と同時に計画されていた株式交換の手続における交換比率及びこれを決定する前提となるASMの株式の評価額はいくらであるか等の諸点に関する調査及び検討について特に不注意な点がなく、その意思決定の過程及び内容がその業界における通常の経営者の経営上の判断として特に不合理又は不適切な点がなかったことが必要である。」

そのうえで、(i)当該取引による支出はASの経営上かなり大きな影響があり得るため、買取価格については、ASMを完全子会社にすることが経営上どの程度有益な効果を生むかという観点から、慎重な検討が必要であったというべきであるが、そのような観点からの検討が十分に行われたことをうかがわせる証拠がないこと、(ii)株式の買取りと同時期に計画された株式交換も、ASM株式一株あたりの価値を一万円程度として計画されたと考えられること等から、十分な調査及び検討をすることなく、単に出資価格が一株当たり五万円であったことからそれと同額の買取価格としたことには、何ら合理的な根拠又は理由を見いだすことができず、取締役の経営上の判断として許された裁量の範囲を逸脱したと判示した。

最後に裁判所は、「なお、前記認定事実によれば、上記買取価格を設定するに当たり、被控訴人らは、弁護士の意見を聴取したことが認められるが、買取価格の設定に関する上記事実関係の下では、弁護士の意見を聴取したからといって、被控訴人らの注意義務違反を否定することはできない」と判示した。

（c）　**最高裁判決**　これに対し最高裁は、以下のとおり判示して、ASの取締役の責任を否定した。

「［本件］のような事業再編計画の策定は、完全子会社とすることのメリットの評価を含め、将来予測にわたる経営上の専門的判断にゆだねられていると解される。そして、この場合における株式取得の方法や価格についても、取締役において、株式の評価額のほか、取得の必要性、ASの財務上の負担、株式の取得を円滑に進める必要性の程度等をも総合考慮して決定することができ、その決定の過程、内容に著しく不合理な点がない限り、取締役としての善管注意義務に違反するものではないと解すべきである。

以上の見地からすると、ASがASMの株式を任意の合意に基づいて買い取ることは、円滑に株式取得を進める方法として合理性があるというべきであるし、その買取価格についても、ASMの設立から五年が経過しているにすぎないことからすれば、払込金額である五万円を基準とすることには、一般的にみて相応の合理性がないわけではなく、AS以外のASMの株主にはASが事業の遂行上重要であると考えていた加盟店等が含まれており、買取りを円満に進めてそれらの加盟店等との友好関係を維持することが今後におけるAS及びその傘下のグループ企業各社の事業遂行のために有益であったことや、非上場株式であるASMの株式の評価額には相当の幅があり、事業再編の効果によるASの企業価値の増加も期待できたことからすれば、株式交換に備えて算定されたASの株式の評価額や実際の交換比率が前記のようなものであったとしても、買取価格を一株当たり五万円と決定したことが著しく不合理であるとはいい難い。そして、本件決定に至る過程においては、ＡＳＭ及びその傘下のグループ企業各社の全般的な経営方針等を協議する機関である経営会議において検討され、弁護士の意見も聴取されるなどの手続が履践されているのであって、その決定過程にも、何ら不合理な点は見当たらない。

以上によれば、本件決定についての上告人らの判断は、ＡＳの取締役の判断として著しく不合理なものということはできないから、上告人らが、ＡＳの取締役としての善管注意義務に違反したということはできない。」

(d) 検討　では、本件最高裁判決のもとで、取締役に対する弁護士の助言等は、経営判断原則の適用に当たり、どのような役割を持つのだろうか。

私見では、この問題は、弁護士の助言や意見等の態様等がどのようなものであったか、そして本件最高裁判決自体をどのようにとらえるかの二点により結論が異なってくるものと思われる。

ア　弁護士の助言の態様等　実務上、弁護士が依頼者から助言や意見等を求められる内容は多岐にわたり、また会社の行為に対して弁護士が関与する態様も場面や事案に応じて様々である。本稿でそのすべてに対し検討を加えることは不可能であるが、たとえば会社が他の会社の株式を取得する場合一般を考えると、弁護士の関与の態様は、(i)弁護士が会社のために当該株式の発行会社の法務デュー・ディリジェンス（以下「法務ＤＤ」という。）を行う場合、(ii)株式売買契約のクロージング条件として、売主側の弁護士が、当該株式譲渡契約の有効性等について法律意見書を発行する場合、(iii)当該株式取得にかかる取締役の経営判断が、取締役の任務懈怠を構成しないか助言を行う場合などがあり、以下これらの種類ごとに検討を加える。

イ　法務ＤＤ

（ア）　法務ＤＤの方法等　弁護士が行う法務ＤＤの目的や内容、アウトプットの方法等も様々であるが、一般的には、M&Aの対象となる会社や事業その他の関連事項について、法律面に関する事実の調査を行い、それに法的分析を加え、問題点及びリスクの洗い出しや解決方法を報告書にまとめ依頼者に提出することとなる。[55]

これは、基本的には、前述の従来の経営判断原則の要件①②のうち、①の部分（意思決定の前提となる事実の認識・検討）に関するものといえ、取締役は、当該レポート等に記載された問題点やリスク等をふまえ、最終的に当該取引を行うかどうかを決定する（要件②のレベル）ことになる。

では、アパマンショップ最高裁判決において示された審査基準によれば、このような法務DDの結果の斟酌はどのような位置づけとなるのだろうか。

（イ）アパマンショップ最高裁判決に対する二つの理解　本最高裁判決がどのような判断枠組みを採用したかについては、いくつかの異なる理解がある。

たとえば落合教授は、経営判断原則の適用の基準については、最高裁と原審の双方とも従来の下級審判例と同様の基準によりつつ、あてはめのレベルで最高裁はより経営者の経営決定の過程・内容に対して積極的に介入・吟味しないという態度をとったと理解される。[56]

これに対し奈良弁護士は、以下のように、（あてはめ以前の）判断基準のレベルにおいて、最高裁判決と原審判決の違いを指摘される。すなわち、原審が、要件①②の双方について高い合理性を要求したのに対し、最高裁は②の点（意思決定の過程・内容）を主たる審査対象とした上で、①の点については明示的な審査対象とせず、取締役が総合考慮することができる事項として指摘するにとどめ、また、要求する合理性のレベルも「著しく不合理な点がない限り、取締役としての善管注意義務に違反するものではない」と判断し、求められる合理性のレベルを緩やかなもので足りるとしたと理解される。[57]

（ウ）法務DDの位置づけ　この最高裁判決について、前者のような理解（最高裁は従前の下級審と同じ規範によりつつ、ゆるやかにあてはめを行った）によれば、法務ＤＤを行ったことは、経営判断原則の要件における①のレベル（意思決定の前提となる事実の認識・検討）の合理性（不合理でないこと）を支える事情として、積極的に評価されよう。

他方、最高裁判決について後者のような理解（②の部分の審査に重点を置くもの）ととらえれば、少なくとも本件と同様に経営者としての高度の専門的判断が必要となる事案では、主に①の点の合理性を支える法務ＤＤの位置づけは、司法審査の「本丸」ではなく、その位置づけも限定的なものにとどまるということになるかもしれない。ただ、後者の理解をとった場合でも、本最高裁判決について、そこまで一般化できるかどうかは疑問が残る[58]。アパマンショップ事件の争点は、買取価格の合理性であり、それ自体、高度な経営判断が必要な事項として、取締役の広い裁量が認められるべき事柄であって、最高裁が経営判断への介入に謙抑的な態度をとったのも、そのためではないかと推察される[59]。したがって、例えば求められるべき取締役の判断の程度はそれほど高くないような場合には、裁判所は、①②の双方とも、より詳細な合理性の審査を行う可能性はある（例えば、会社が売掛債権を有する取引先が経営危機に瀕した場合において、債権保全のため何らかの措置をとるべきかどうかを取締役会で判断する際、弁護士からの「何もしなくとも倒産手続において当該債権は法律上全額保全される」との意見を信頼して何らの措置をとらなかったが、実際には当該弁護士の見解が誤っており、貸し倒れにより多額の損失を会社に生じさせたというケースがこれにあたるであろう。）。

ウ　相手方弁護士からの法律意見書　米国での慣行の影響を受け、我が国でも商事取引に当たって相手方当事者の弁護士から法律意見書を求める実務が広がってきている[60]。相手方の弁護士から意見書を求める理由は、取引当事者間の情報の非対称性を是正すること[61]、より自己から独立した弁護士の意見を求めることによって、意見内容の適切性を確保すること等にある[62]。

M&A取引における法律意見書の内容としては、一般に、売主の適法な設立、売主の権限、取引が売主に適用される法規等に違反しないこと、取引に係る契約が有効であり売主を拘束すること、売主が取引の対象となる株式等につき適法な権限を有していること等が含まれ、その発行が取引のクロージング条件とされる(63)。

かかる意見についても、経営判断原則の要件における①のレベル（意思決定の前提となる事実の認識・検討）の問題であり、前記イで述べた分析が基本的には当てはまると思われる。さらにいえば、後に述べるような弁護士意見の取得の経緯等をより詳細に検討するアプローチがとられれば、意見を提出する弁護士の独立性などにつき、取締役による調査・分析・検討の合理性を支える事情としてより肯定的な評価がなされる可能性はありうる(64)。

エ　取締役の任務懈怠等の有無を対象とする法律意見　前掲東京地判平成一七年三月三日においては、具体的な取締役の経営判断が「特に不合理・不相当であるとはいえない」との内容の意見を弁護士が述べている。取締役が一定の行為をした（又はしなかった）場合に、それが任務懈怠責任を生じさせるかどうかは法律問題であり、法律専門家たる弁護士が意見を述べる対象となりうる(65)。

また、アパマンショップ事件における弁護士の意見についても、必ずしも判然とはしないが、取締役の経営判断が任務懈怠を構成しないという趣旨ではないかと思われる。

このようなタイプの意見の聴取は、基本的には、意思決定過程を慎重に行ったことを示す一事情として、経営判断原則の要件における②のレベル（意思決定の過程・内容）の合理性を支える事実であると整理できよう(66)。

したがって、アパマンショップ最高裁判決の判断枠組みについて、意思決定の過程及び内容の合理性の審査に重点を置くものととらえる見解によれば、このような法律意見の重要性はより強調されることになろう。

他方で、意思決定の前提となる事実の認識・検討についても同等に審査の対象とするという理解によれば、やや結論は異なってくる。通常、弁護士は会社から提示された事実関係に基づき、取締役が特定の経営判断を行った場合の任務懈怠責任の成否について意見を述べるが、その事実関係の調査等に不足があった場合には、①のレベルでの不合理性が認定され、任務懈怠責任が認められるということは考えられよう。

いずれにせよ、アパマンショップ最高裁判決がとった判断枠組みやその射程は、必ずしも明確なものとはいえず、その中での弁護士意見の位置づけの解明も、最終的には今後の判例の積み重ねを待つ必要があると思われる。

オ　弁護士意見自体の正誤が結論に影響するか

既にみたとおり、米国における信頼の抗弁では、信頼の対象となる弁護士意見の内容が一見明白に誤っている場合などを除き[67]、その正誤は一般に抗弁の成否に直接関係しない。むしろ信頼の抗弁の意義は、誤った内容の弁護士意見等を信頼した場合にもなお、取締役等が責任を免れる点にある（1（3）参照）。

本最高裁判決も、弁護士に意見聴取をしたこと自体を尊重し、弁護士の意見の内容が具体的にどのようなものであったかを審査の対象としておらず[68]、一見、米国の信頼の抗弁と同様の考え方が採用されているようにも見える。しかしながら、最高裁はなお、経営判断原則の適用に当たって、（米国の経営判断原則と異なり）取締役の判断の「内容」が不合理でないことを要求している。本件では、非上場株式の買取りというそれ自体高度な経営上の判断を要求する事項が争点となったことから、最高裁は判断内容の合理性については緩やかな審査にとどめて取締役の専門的判断を尊重し、そのため弁護士意見の「内容」についても審査対象としなかったが[69]、求められる経営判断の難易度が低い場合には、弁護士意見の内容も含めて、裁判所による審査の対象となる可能性は残されているのではないかと思われる。そしてその場合、弁護士意見の内容が不合理である（その結果、取締役としても不合理な意思決定を行っている）場合には、仮に弁護士意見の聴取の過程が適切であっても、なお任務懈怠責任が認められる可能性はあろう。

ただし、三で述べるとおり、法律の専門家でない取締役に対して弁護士意見の内容の誤りを発見せよというのは適当でない場合が多い。したがって、議論の方向性としては、弁護士の側に、アドバイスの内容の適正化のための責任を負わせた上で、取締役が（法律の素人としての）一定の注意義務を果たしていれば、仮に弁護士の意見が最終的に誤りと判断された場合であっても、取締役の任務懈怠責任は生じないものとすることが適当ではないだろうか。

（3）小　括

以上みてきたとおり、我が国においても、経営判断原則の適用に当たり、取締役が弁護士意見を聴取したことは、任務懈怠責任を否定する一事情として考慮される。他方、裁判所が取締役の経営判断を審査するに当たり、弁護士意見の聴取がどのような位置づけを占めるか、弁護士意見の内容の当否についても裁判所が審査の対象とするかは、弁護士意見の性格や具体的事案の内容等により異なってくる可能性があり、今後の裁判例の集積を待つ必要がある。

弁護士意見の聴取を積極的にとらえる方向性自体は、取締役に弁護士意見を取得するインセンティブを与え、間接的に経営判断の適正化を図るものとして大いに評価できる。他方、アパマンショップ事件最高裁判決を含め、弁護士意見の聴取を肯定的にとらえた裁判例の中に、意見を提供した弁護士の専門性や経験の程度、意見の方式、また取締役側における弁護士の選任プロセスや弁護士意見の吟味の程度等について詳細な検討をしたものは見当たらない。

しかし、前述のとおり、弁護士意見に対し無条件で肯定的評価を与えることは、取締役のモラルハザードにつながるおそれがある。三では、かかる問題に対処するための方策について若干の検討を行う。

（5）一九九〇年ころまでの米国法の状況について、畠田公明「取締役の監視義務とその信頼の保護」民商一〇二巻一号四〇頁（一九九〇年）。

（6）Douglas W. Hawes and Thomas J. Sherrard, *Reliance on Advice of Counsel as a Defense in Corporate and Securities Cases*, 62 Va. L. Rev. 1, 4 (1976). 信頼の抗弁の適用範囲については *Id.* at 9. なお、一九六〇年ころまでの判例法については、*see* Comment,

Reliance on Advice of Counsel, 70 Yale L.J. 978（1961）.

（7） Hawes & Sherrard, *supra* note 6, at 7-8, 16-17.

（8） *Id.* at 4.

（9） 要件の和訳は、主として池田尚志「アメリカにおける取締役の監視義務と信頼の権利（Ⅱ―完）」（国際商科大学論叢商学部編三〇号八一頁）（一九八四年）にならった。

（10） かかる整理は、Hawes 及び Sherrard によるものである。Hawes & Sherrard, *supra* note 6, at 19.

（11） テキサス州（Texas Bus. Corp. Act art. 2.41D（1956））、ニュージャージー州（N.J. Stat. Ann. §14 A：6-14（1969））及びミシガン州（Mich. Corp. L. Ann. §450. 1541（1973））。

（12） Model Bus. Corp. Act §35（1974）.

（13） Model Bus. Corp. Act Ann. 8-189（2008）.

（14） 北沢正啓＝平出慶道『アメリカ模範会社法』（社団法人商事法務研究会、昭和六三年）六九頁の、一九九八年改正前の八・三〇条の訳を参考にした。

（15） Douglas W. Hawes and Thomas J. Sherrard, *Model Act Section 35—New Vigor for the Defense of Reliance on Counsel*, 32 Bus. Law. 119, 139-140（1976）.

（16） Model Bus. Corp. Act Ann. 8-202.

（17） *Id.* at 8-203-204.

（18） 8 Del. C. §141（e）.

（19） 一四一（e）項の「十分に保護されなければならない」は、原文では「fully protected」である。*See* Brehm v. Eisner, 746 A.2d 244, 261（Del. 2000）（"the question here is whether the directors are to be 'fully protected'（i.e., not held liable）on the basis that they relied in good faith on a qualified expert under Section 141（e）of the Delaware General Corporation Law."）

（20） *Id.* at 262, Ash v. MaCall, 2000 WL 1370341, at ＊9（Del. Ch. 2000）, Selectica, Inc. v. Versata Enterprises, Inc. 2010 WL 703062, at ＊17（Del. Ch. 2010）.

（21） Smith v. Van Gorkom, 488 A.2d 858（Del. 1985）.

（22） 8 Del. C. §102（b）（7）.

（23） デラウェア州法上取締役に求められる「good faith」とは、一般に、自らの行為が会社及び株主の利益のためのものであると正直に信じているという、受託者の心理状態をいうとされる。*See* Leo E. Strine, Jr. et al., *Loyalty's Core Demand*：*The Defining Role of Good Faith in Corporation Law*, 98 GEO. L.J. 629, n.81.

（24）　8 DEL. C. §174.

（25）　邦語文献として、小林一郎「経営責任判断原則の日米比較にみるコーポレート・ガバナンスの在り方」金法一九四五号二一頁（二〇一二年）。

（26）　*See* In re Novell, Inc. Shareholder Litigation, 2013 WL 322560 (Del. Ch. 2012), at ＊7, In re Alloy, Inc., 2011 WL 4863716 (Del. Ch. 2011), at ＊7. なお、一〇二（b）（7）号における誠実性と忠実義務との関係については、Strine, et al., *supra* note 23, at 659.

（27）　*See* Stone v. Ritter, 911 A.2d 362, 369（Del. 2006）, Ryan v. Gifford, 918 A.2d 341, 357（Del. Ch. 2007）.

（28）　*See* Boyer v. Wilmington Materials, Inc., 754 A.2d 881, 910-11 (Del. Ch. 1999), Valeant Pharmaceuticals Intern. v. Jerney, 921 A.2d 732, 751（Del. Ch. 2007）, In re Primedia, Inc. Shareholders Litigation, 67 A.3d 455, 489（Del. Ch. 2013）.

（29）　Thomas A. Uebler, *Reinterpreting Section 141*（*e*）*of Delaware's General Corporation Law*：*Why Interested Directors should be "Fully Protected" in Relying on Expert*, 65 BUS. LAW. 1023, 1040（2010）.

（30）　和訳は証券取引法研究会国際部会訳編『アメリカ法律協会「コーポレート・ガバナンスの原理：分析と勧告」の研究』（日本証券経済研究所、一九九四年）二四頁による。

（31）　PRINCIPLES OF CORPORATE GOVERNANCE：ANALYSIS AND RECOMMENDATIONS §4.02 cmt. a（1994）. もっとも、分析と勧告四・〇二条は、取締役のみならず役員（officer）もカバーするものであることなど、伝統的に判例法で認められてきたものより広い範囲で取締役等の信頼の権利を認めるものである。*Id.* at b.

（32）　「信頼することができる」（entitled to rely）とはこのような意味である。*Id.* at c.

（33）　*Id.* したがって、仮に取締役が四・〇二条の要件を満たして弁護士意見を信頼したとしても、他の証拠から義務違反が認められる場合もある。*Id.*

（34）　*Id.*

（35）　*Id.*

（36）　*Id.* at h.

（37）　*Id.*

（38）　Hawes & Sherrard, *supra* note 6, at 139.

(39) 例えば、米国証券取引規則一〇b-五条に関する議論ではあるが、Bevis Longstreth, *Reliance on Advice of Counsel as a Defense to Securities Law Violations*, 37 Bus. Law. 1185, 1188 (1982)。なお証券法上のいわゆる due diligence defense については本稿の対象としない。

(40) *See id. See also* Comment, *supra* note 6, at 988.

(41) *Id.* なお、誤った法律意見書に係る弁護士の責任と、当該責任を追及する際の実務上の問題点については、*see* Jonathan M. Barnett, *Certification Drag : The Opinion Puzzle and Other Transactional Curiosities*, 33 J.Corp. L. 95, 112-118 (2007).

(42) Hawes & Sherrard, *supra* note 6, at 8. *See also* Longstreth, *supra* note 39, at 1189.

(43) 通常、取締役個人の責任をカバーするD&O保険も、会社の費用によりかけられる。同様に法律意見取得にかかる費用も、通常は会社が負担する。

(44) D&O保険とモラルハザードに関する米国における近時の実証的研究として Tom Baker & Sean J. Griffith, *The Missing Monitor in Corporate Governance : the Directors' & Officers' Liability Insurer*, 95 Geo. L.J. 1795 (2007).

(45) このほか、取締役が任務懈怠責任を免れるための合理的な制度を与えることにより、より有能な人材を取締役に選任することができるようにするということもあるかもしれない。

(46) 北村雅史「本件判批」ジュリ一四二〇号一三九頁(二〇一一年)参照。

(47) 判時一七一〇号一五三頁。

(48) 判時一九三四号一二一頁。

(49) 当該弁護士意見は、「〔関係会社〕の再建は現実的に不可能であり、近々破産状態が公然化することは必至であった。貴社が六一〇億円を拠出すれば主要な債権者との間の信頼関係を維持することができ所要の資金調達が可能であり、六一〇億円を拠出してもこれにより貴社の業績が今後悪化することはない、という事実認識に誤りがなければ、現時における経営判断として六一〇億円を拠出することはやむを得ないものと考える。〔関係会社〕の破産状態が公然化して、貴社に対する一覧払手形の取立・債権回収の発生が予想され、これを回避するには貴社の資金調達によって〔関係会社の〕債権者の貴社に対する信頼を維持する他方法がないと考えられる。これは経営判断として特に不合理・不相当であるとは言えず、むしろ通常の経営者であれば当然に選択する方法であると考える」というものであった(ただし、当該訴訟に補助参加した会社による要約)。

(50) たとえば福岡高判平成二四年四月一〇日判タ一三八三号三三五頁。

(51) 弁護士意見の聴取は、被告取締役などが立証責任を負うべき、①②の要件に係る不合理性の評価障害事実の一つということになろう。

(52)　落合・前掲注（2）七頁、北村・前掲注（46）一三九頁。

(53)　東京地判平成一九年一二月四日金商一三〇四号三三頁。

(54)　金商一三〇四号三六頁。

(55)　長島・大野・常松法律事務所編『法務デューディリジェンスの実務【第二版】』（二〇〇九年、中央経済社）四七頁等を参照。

(56)　落合・前掲注（2）七頁。

(57)　奈良輝久「本件判批」判タ一三七〇号四頁（二〇一二年）。

(58)　奈良・前掲注（57）一二頁参照。

(59)　松井秀征「本件判批」民商一四三号七一六頁（二〇一一年）。

(60)　米国の状況については、*see* Comm. on Legal Ops, *Guidelines for the Preparation of Closing Opinions*, 57 Bus. Law. 875 (2002).

(61)　Steven L. Schwarcz, *The Limits of Lawyering：Legal Opinions in Structured Finance*, 84 Tex. L. Rev. 1, 12-13 (2005).

(62)　*Id.* at 9-10.

(63)　米国の実務に関するものであるが、W. Raymond Felton III, *Legal Opinions in Merger and Acquisition Transactions*, N.J. Law. Dec. 2002, at 52, 55.

(64)　弥永真生「法律意見書はお守りか」山原英治『法律意見書の読み方―15のストーリーで学ぶ―』（二〇一三年、商事法務）vi頁。

(65)　ただ、経営判断原則に関わる問題について弁護士がクリーンな意見を出すことは実務上難しい場合が多い（山原・前掲注（64）一七八頁）。

(66)　北村・前掲注（46）一三八頁。ただし北村教授は、「経営会議や取締役会の審議決定は、判断の前提となる事実の認識を踏まえて行われるのであり、弁護士等の意見を聴取することも、調査分析…の一部を構成するとみることもできる」と示唆される。

(67)　このような場合には、誠実性等の信頼のための要件が否定される結果として抗弁が認められないこととなるにとどまる。Comment, *supra* note 6, at 980.

(68)　松井秀征教授はこの点をもって、「いわゆる信頼の抗弁が認められた形となっている」と評される（松井・前掲注（59）七一六頁）。

(69)　松井・前掲注（59）七一七頁。

三　弁護士意見の適正化とモラルハザードの防止に向けた方策

弁護士意見の適正化の方策を検討するに当たっては、ひとつの重要なポイントがある。すなわち、弁護士意見は、弁護士と依頼者（又はその他の名宛人）との間のコミュニケーションを通じて形成・提出されるものであるが、多くの場合、依頼者は法律の専門家ではなく（そのために弁護士に依頼するのである）、弁護士意見の内容が正しいかどうかの十分な判断能力を持たない。また、依頼者に社内弁護士がいる場合などにおいても、外部弁護士に依頼するような専門的な事項についてその正誤又は当否を判断する能力は、当該外部弁護士の側のほうが優れている可能性が高い。

したがって、基本的な方向性としては、弁護士意見の適正化の責任を主として弁護士の側に配分するとともに、取締役（会社）の側にも、実務上可能な範囲で一定の「注意義務」を負わせることが妥当と考えられる。

1　弁護士側

冒頭に述べたとおり、我が国でも、企業が弁護士に経営判断に関連する法律問題について助言を求める場面が増えてきた。他方で、中には「ハンコ代」欲しさに法律意見書を乱造する弁護士や、[70]「不良弁護士」も存在するとの指摘もある。[71]

またあくまで筆者の個人的な印象ではあるが、例えば当事者対立構造のもと想像力を働かせて依頼者のために考え得るあらゆる正当な主張を行うべき紛争解決の業務と、依頼者に対して可能な限り確実性のある助言をすべきリーガル・アドバイザーとしての業務との間の差異についても必ずしも明確な認識が共有されていないようにも思

われる。(72)

この点米国では、弁護士会などの弁護士団体が主体となり、主に相手方当事者に対し発行する法律意見書に係る標準的な実務を、ガイダンスとして取り纏めることが行われてきた。(73) かかる動きについては、必ずしも意見書の内容自体の改善・適正化を目的としてなされてきたものではなく、主に意見書の名宛人等に対する弁護士の責任を避けるため一定のルールを定めてきたともいえるが、(74) その目的が弁護士団体が自らのレピュテーションを守るためであったとしても、このような標準的な指針があることは、少なくとも間接的に、弁護士による意見（書）全体の質を高める効果は認められよう。(75)

そのような中、日弁連弁護士倫理委員会が、二〇一一年六月「証券取引にかかわる状況の中で弁護士が上場企業から法令以外の事項（特に上場規則等のソフトロー）につきリーガル・オピニオンを求められた場合の弁護士倫理上の留意点について（事例研究・解説）」を公表するなど、近年では弁護士会による弁護士意見の適正化のための取り組みが見られるようになった。当該「事例研究・解説」が前提とするとおり、弁護士意見の質の向上は弁護士倫理の問題と位置づけることが可能であり、今後とも弁護士会による積極的な取組みが望まれる。

2　取締役側

他方、弁護士意見を取得する取締役の側にも、一定のリテラシーを求めるなどの必要がある。二1で述べた米国における信頼の抗弁の要件を参考にすると、弁護士選任の適切性、弁護士に対する情報の開示、意見内容の検討等に関して取締役に一種の注意義務を負わせ、取締役の任務懈怠が争点となった場合には、裁判所がこれらの事項について具体的な審査をすることを提唱したい。

まず弁護士選任の段階では、取締役は意見を求める分野について的確性を有する弁護士を選任する努力をすべきである。ただし我が国では、必ずしも弁護士の専門化が広く進んでいるとはいえず、また企業法務の十分な経験をもった弁護士に対するアクセスが必ずしも確保されていない地域等もあり、求められる努力の程度は具体的事情により大きく変わってくると考えられる。また取締役により不適当なオピニオン・ショッピングがなされている場合には、意見聴取の意義が減殺されるべきと考える。

弁護士が意見を述べるために必要として会社・取締役に要請した情報を依頼者が開示しなかった場合も、意見聴取の価値を低めることになろう。ただ、法的判断に当たってどのような事実が必要かは当該分野の法律専門家でなければわからないことも多い。したがって、取締役にペナルティを与えてもよいのは、弁護士から要求された情報を意図的に開示しなかった場合等に限られるだろう。

取締役は、弁護士意見を得た場合には、その前提事実に誤りがないか、また留保の対象となっていないか[76]吟味すべきである[77]。他方で、意見の理由付けや論理構成自体については、取締役又は会社の側においてその吟味の能力を持たない場合も多く、取締役側に求められる検討の程度はかなり限定的になる場合が多いと思われる（ただし、多くの社内弁護士や法務部員を抱える会社については、意見の内容によっては、高いレベルの検討が求められるということはあろう[78]。）。

（70） 齊藤誠＝久保利英明＝国廣正＝池永朝昭＝竹内朗「企業ニーズの進展と弁護士の新たな価値創出」自由と正義六四巻三号四五頁〔竹内発言〕（二〇一三年）

（71） 佐々木清隆「証券市場に広がる弁護士の役割　中には『不良弁護士』も　日弁連の第三者委員会ガイドラインは重要な一歩」Asahi Judiciary http://astand.asahi.com/magazine/judiciary/fukabori/2010080500004.html（二〇一三年十二月四日最終訪問）

（72） 齊藤ほか・前掲注（70）〔国廣発言〕参照。

（73） かかる試みは多数の弁護士団体においてなされ、多くの報告書が公表されているが、代表的なものとして、TriBar Op. Comm.,

Third-Party "Closing" Opinions, 53 Bus. Law. 591（1998）［hereinafter *TriBar*］, Section of Bus. Law, Am. Bar Ass'n, *Third-Party Legal Opinion Report, Including the Legal Opinion Accord*, 47 Bus. Law. 167（1991）, Comm. on Legal Ops. *Legal Opinion Principles*, 53 Bus. Law. 831（1998）, Comm. on Legal Ops, *supra* note 60, at 875.

（74）　また弁護士団体は弁護士のギルドとして、弁護士の利益を守ることに腐心してきたとする批判もある。*See* John C. Coffee, Jr., *Comment : Can Lawyers Wear Blinders? Gatekeepers and Third-Party Opinions*, 84 Tex. L. Rev. 59, 62-63, 73-74（2005）.

（75）　齊藤ほか・前掲注（70）四五頁〔池永発言〕。

（76）　このほか、弁護士がどの程度の確実性をもって当該意見を述べているかも問題にすべきだろう。いわゆる reasoned opinion や odds opinion について、TriBar, *supra* note 73, at n.18, Hawes & Sherrard, *supra* note 6, at 34.

（77）　弥永・前掲注（64）vi頁。

（78）　このほか、弁護士が意見に「依拠」できる者を限定した場合において、その者以外の第三者が当該意見に「依拠」できるかという論点がある。これは、「依拠」の結果当該第三者に損害が生じた場合等において弁護士が責任を負うかという議論と思われる（山原・前掲注（64）一六頁、齊藤ほか・前掲注（70）四五頁〔池永発言〕）。かかる議論は、米国では弁護士は依頼者以外の第三者に「依拠」（reliance）せしめた場合のみ意見について責任を負うとされていること（Restatement（Third）of the Law Governing Lawyers § 51（2）（a）（2002）（"a lawyer owes a duty to use care…to a nonclient when and to the extent that…the lawyer or（with the lawyer's acquiescence）the lawyer's client invites the nonclient to rely on the lawyer's opinion"））から来たものではないかと推察されるが、「依拠」という概念は我が国不法行為法においてはあまり馴染みがないように思われる。この点の検討は別稿に譲ることとしたい。

四　終わりに

近年における我が国のビジネス・ロー実務は、米国のそれを学び、取り入れることにより発展してきた側面が大きい。本稿で取り扱った法務ＤＤや法律意見書の実務も、主として米国の実務を参考にすることにより発展してきた。

一方で、米国のように「信頼の抗弁」を認めてきた歴史を有さず、また経営判断原則についても米国とは異なる制度を採用する我が国において、弁護士意見の聴取が取締役の任務懈怠責任の成否にどのように影響するのか必ずしも明らかでなかった。

アパマンショップ最高裁判決は、この点について有益な示唆を提供するものであったが、その意義や射程は未だ明確ではない。

一方で、弁護士意見の聴取は、取締役の経営判断の適正化を助けるものであり、社会的有用性を持つ。本稿では、かかる有用性と表裏の関係にあるモラルハザードのリスクを低減するための議論の方向性についても提示したつもりであり、本稿がこの分野における実務の向上・発展に寄与することがあれば筆者としては望外の喜びである。

＊＊＊

なお、本稿の校正中に言い渡された横浜地判平成二四年一〇月二二日金商一四三二号四四頁は、取締役の善管注意義務及び善管注意義務がつくされたかどうかの判断について、「情報収集や調査の際、弁護士や公認会計士など専門家の知見を信頼した場合には、当該専門家の能力を超えると疑われるような事情があった場合を除き、善管注意義務違反とはならないし、他の取締役・使用人等からの情報等については、特に疑うべき事情がない限り、それを信頼すれば善管注意義務違反とはならない」と明確な規範を示しており注目に値する。さらにいえば同判決の事案では、取締役が信頼したのは会社の財務担当顧問の「弁護士の確認をとっている」との説明であったが、実際には当該弁護士に対しては十分な前提事実の説明がなされておらず、また弁護士からは種々の問題点の指摘がなされていた。にもかかわらず裁判所は「担当者の（弁護士への）依頼手法にまで取締役が意を用いる義務があるとは考えられない」と判示して、取締役の信頼を保護した。本稿において同判決の詳細な検討をすることができなかったことは大変残念である。

＊＊＊

平成二〇年ころ、私が当時勤務していた金融庁の図書館で市川先生の『従業員持株制度の研究』（信山社、二〇〇一年）に接し、先生の精緻かつ丁寧な分析に感銘を受けたことを今でも鮮明に覚えております。

　商法理論と弁護士実務・弁護士倫理が交錯するテーマを取り扱うことが、研究と法曹実務の双方において活躍されてきた先生の古希をお祝いするのにふさわしいのではと考え本稿のテーマを定めましたが、私としても心許ない部分が多く、先生の忌憚ないご意見・ご指導をいただければ幸甚です。

ユニオン・ショップ協定の有効性に対する疑問

柳瀬治夫

一　はじめに

ユニオン・ショップ協定（以下「ユ・シ協定」という。）の効力については、これを有効とするのが我が国の多数説である。しかし、有効説の理由は決して納得できるものではなく、無効説の方が論理的であり、かつ説得的であると考える。(1)

なお、無効説のなかには、組織強制を、いずれかの組合への加入を義務付ける一般的強制と、特定の組合への加入を義務付ける限定的組織強制に区別し、後者は憲法二八条の団結権（積極的団結権）に違反して無効と解する説(2)もある。

裁判例も基本的にはユ・シ協定が有効であることを前提としているが、実際の事件の解決においては、ユ・シ協定の効力を制限したり、部分的に無効であるなどとしているものがほとんどであり、ユ・シ協定の有効性については、いわば総論賛成・各論反対的な態度を取っている。すなわち、労働組合の除名が無効な場合にはユ・シ協定を根拠とする解雇は無効であるなどとしたり[3]、ユ・シ協定のうち、締結組合以外の他の労働組合に加入している者及び締結組合から脱退し又は除名されたが他の労働組合に加入し又は新たな労働組合を結成した者について使用者の解雇義務を定める部分は、民法九〇条により無効と解すべきであるとし[4]、結論としては、ユ・シ協定に基づく解雇は無効であるなどとしている。

(1) 西谷敏『労働組合法〔第三版〕』九六頁以下(二〇一二年、有斐閣)
(2) 石井照久=萩沢清彦増補『労働法総論〔増補版〕』三三九頁(一九七九年、有斐閣法律学全集四五)
(3) 最判昭和五〇年四月二五日民集二九巻四号四五六頁
(4) 最判平成元年一二月一四日民集四三巻一二号二〇五一頁

二　ユ・シ協定の内容と効力

ユ・シ協定は、使用者が労働組合との間で、使用者に雇用された労働者に対して組合への加入を義務付け、使用者に対して組合に加入しない労働者及び組合員でなくなった労働者を解雇する義務を負わせるものである。具体的なユ・シ協定の規定の仕方は、統一しているものではないが、一般的には、労働協約中に、①会社の従業員であって組合規約に定める組合員の資格を有する者は全て組合員でなければならない、②会社は、組合に加入していない者、組合より除名された者又は組合を脱退した者を解雇しなければならない、という規定を設けている。

前記①の点についていえば、組合に加入するかどうかは労働者が自由に判断すべきことであって、使用者と組合とが勝手に決められることではないはずである。学説には、労使間でいかなる合意をするかは契約自由の領域に属し、強行法規や公序良俗に違反しない限りその合意は有効と判断されるというものがある。(5) しかし、契約自由の原則は、私的自治の原則から導かれるもので、個人が自分の意思に基づいて自律的に法律関係を形成するということである。(6) 組合に加入するのは労働者であって、使用者が勝手に組合への加入の義務の負担のことまで決めてよいわけではなく、使用者と組合とが労働者の組合加入義務を取り決めることは、本来の私的自治の原則や契約自由の原則からは導かれないのではなかろうか。むしろ、私的自治の原則に反するとさえいえる。例えば、民法は、第三者のためにする契約（民法五三七条）を規定するが、第三者に権利が発生するには、第三者の受益の意思表示を必要としている（同条二項）。ましてや第三者に義務を負わせる場合に第三者の意思を無視して勝手に義務を負わせることができるはずなどないのではなかろうか。第三者の負担を目的とする契約は、「何人も自己の意思に基づかずして義務を負担せしめられることはないのだから、契約に関与しない第三者をして直接に当事者の一方に給付をなすべき義務を負担せしめるような契約は、むろん無効である。」とされている。(7) また、前記①の点は、後述する労働者の団結しない自由（消極的団結権）を否定するものであるから公序良俗にも反し、この点からも無効である。

前記②の点については、使用者には「解雇の自由」があるというものの、判例は、「使用者の解雇権の行使も、それが客観的に合理的な理由を欠き社会通念上相当として是認することができない場合には、権利の濫用として無効になる」とし、(3) あるいは、「普通解雇事由がある場合においても、使用者は常に解雇しうるものではなく、当該具体的な事情のもとにおいて、解雇に処することが著しく不合理であり、社会通念上相当なものとして是認することができないときには、当該解雇の意思表示は、解雇権の濫用として無効になるものというべきである。」としている。(8)

実務的にも、使用者は、解雇事由が存在するということだけではなく、使用者及び労働者双方の様々な事情を考慮し、極めて慎重に解雇権を行使しているのが一般的である。そのような判例・実務が法律に反映され、平成一五年七月四日改正の労働基準法一八条の二を経て、平成一九年に制定された労働契約法一六条で、最高裁昭和五〇年四月二五日判決の判示内容が明文化されるに至った。このように、一般的には、使用者の解雇権の行使は慎重になされているにもかかわらず、労働者が労働組合に加入していないという形式的な判断で使用者に解雇権の行使を義務付けることには違和感を覚える。西谷敏教授も、「独自の解雇権濫用法理を確立して雇用の維持に意を用いてきた通説・判例が、ユニオン・ショップにもとづく解雇だけを安易に肯定してきたのは理解しがたいところである。」としている(9)。

ユ・シ協定に基づくというだけで、解雇に合理性があるかという点は、ユ・シ協定に対する考え方によって判断が異なるであろうが、私の考えでは、労働者が労働組合に加入していないという形式的な理由で直ちに解雇権を行使するのは、まさに、客観的に合理的な理由を欠き社会通念上相当として是認することができず、権利の濫用として無効(労働契約法一六条)というべきである。したがって、他の事情を問題としないまま、そのような合理性のない解雇権の行使を義務付けている前記②の協定は、公序良俗に反して無効なものというべきである。

最高裁(3)は、ユ・シ協定がある場合でも、労働組合からの除名が無効な場合には、ユ・シ協定に基づく解雇は合理的な理由がないとして解雇は無効として、労働者を救済している。しかし、除名が無効な場合には解雇も無効になるというのであれば、使用者としては、組合を除名された労働者をユ・シ協定に基づき解雇する場合には、まず除名が有効になされたのかどうかを判断しなければならなくなる。現実には、使用者が、労働組合の行った除名処分の有効無効を判断することは困難であるし、また、組合が行った除名を使用者が無効であると判断することになれば、組合に対する介入になるのではなかろうか。

（5）本多淳亮『ユニオンショップの研究』三〇二頁（一九六四年、有斐閣）
（6）四宮和夫・能見善久『民法総則〔第八版〕』一〇頁（二〇一〇年、弘文堂法律学講座双書）
（7）竹屋芳昭「第三者のためにする契約」松坂佐一・西村信雄・舟橋諄一・柚木馨・石本雅男先生還暦記念『契約法大系Ⅰ（契約総論）』二七六頁（一九六二年、有斐閣）
（8）最判昭和五二年一月三一日・裁判集民事一二〇号二三頁
（9）西谷・前掲注（1）一〇三頁

三　労働者の団結しない自由（消極的団結権）

ユ・シ協定を有効とする見解の中でも、労働者が消極的団結権を有しないと考えるかどうかは、様々な立場があるようであるが、ユ・シ協定を有効とする考え方の大勢は、憲法が結社の自由（二一条）のほかに、二八条で労働者の団結権を規定したのは、労働組合に組織強制を認めたものであり、その限りにおいて消極的団結権を否定したもの、あるいは、消極的団結権の保障を含まないものであると解釈している。

例えば、宮沢俊義教授は、「ここで作られる団体は、単なる自由契約による結社とちがい、多かれ少なかれ加入強制（または組織強制）の要素を含んでおり、関係労働者に対してある限度で加入が強制される。」とする。[10]

また、外尾健一教授は、「団結権が結社の自由とは別個に改めて規定されているのは、団結権が結社の自由の延長線において成立しながらも、質的にはこれと異なった意味内容をもつものであることを示すものである。すなわち、団結権は、単なる個人の自由の集積ではなく、それをこえる団体的権利であり、団結権には結社の自由以上の法的効果が付与されている。したがって、結社の自由のコロラリーである「団結しない自由」（消極的団結権）は、団結権にはそもそも無縁のものといわざるをえない。」としている。[11]

さらに、菅野和夫教授は、「団結権は、生存権的基本権として保障されている点で、純然たる自由権的基本権である「結社の自由」(憲二一条)とは原理的に異なる。すなわち、結社の自由は結社しない自由を不可分のものとして含むのに対し、団結権は団結しない自由(「消極的団結権」と称されることがある)を含まない。」とする。[12]

しかし、これらの見解には、賛成できない。

まず、結社の自由(憲法二一条一項)の内容として、結社しない自由(消極的団結権)が含まれていることは争いがないであろう。[13][14] そして、労働者の団結権(憲法二八条)は、結社の自由(憲法二一条一項)の一つであり、[14][15] 憲法二一条一項により、団結しない自由が保障されているはずである。西谷教授は、結社の自由に加えて憲法一三条の自己決定の理念を踏まえて、憲法二八条は団結しない自由(消極的団結自由)も保障していると解さなければならないとしている。[16]

ところで、憲法二八条が、労働者の組合に加入しない自由を否定し、あるいは労働組合への加入を義務付けているという解釈は、どこから出てくるのであろうか。前述の宮澤教授の記述からすると、労働者の団結権は単なる自由権とは異なり、社会権であり、憲法が独立した規定を設けたのは積極的な意味を与えたものであるから、単に労働者の団結する権利を規定したと解釈するだけでは十分でない(実効性がない)ということであろうか。しかし、憲法二八条の規定内容を見る限り、あくまでも労働者の権利を保障している規定であって、そこに表現されていない、労働者の義務(組織加入の義務)や自由の剝奪(団結しない自由の剝奪)を規定しているというのは、解釈として行き過ぎである。労働者の団結権は、憲法二一条で保障された結社の自由に含まれるものであるから、そこで保障された「結社しない自由」を、労働者に関しての特則(憲法二八条)を設けて剝奪するのであれば、明確な規定が必要というべきである。労働者の団結権が社会権であるということから労働者に労働組合への加入の義務があるというのは、立法論は別として、憲法の解釈論としては行き過ぎであろう。例えば、憲法が、社会権として、労働者の働く権利を規定しているからといって、その実効性を確保するために、事業主に労働者を雇用する義務があるという解釈は出てこないのではないか。労働者を雇用するか否かは、どこまでも事業主の自由である。現に、主要先進国では、ユ・シ制度は明確に禁止されるか極めて厳しく制限され、そのうち明確に禁止しているドイツでは、禁止の論拠は、消極的団結自由が強調されているとのことである[17]。奥平康弘教授は、「団結権ももとをただせば個人たる労働者の権利にほかならない。この権利の行使の結果、ひとたび労働組合が出来上がったならば、こんどはその組合が、個々の労働者の自由を制限し受忍を強制できるというのは、度がすぎる団体優位主義だと思う。」と述べておられるが[18]、全く同感である。

労働者が組合から脱退する自由を有することについては、後で検討するが、労働者の消極的団結権を否定する学者の多くも、労働者には脱退の自由があるという[10][19]。とすれば、加入を強制しても、直ちに脱退が可能であるから、一時的な加入を強制することに何の意味があるのか疑問である。脱退後に再度の加入を強制することは脱退の自由を認めないのと同じであるから、脱退が自由である以上、脱退をした労働者に再度の加入を強制することはできない。とすれば、最初から加入しない自由もあるというべきである。

したがって、使用者による解雇という、労働者を最も窮地に陥れる手段によって威嚇し、労働組合への加入を強制するユ・シ協定は、憲法によって保障された消極的団結自由を事実上否定し、また勤労の権利（憲法二七条一項）の趣旨にも反するので、違憲・無効であるとする西谷教授の見解は、筋が通っており、説得的である[20]。

使用者に雇用の義務を負わせるものではないとしても、勤労の権利（憲法二七条一項）は労働者の生活を守る上で極めて重要である。その勤労の権利を、労働者の権利・利益を守るために結成された労働組合が、奪おうと威嚇しているのがユ・シ協定である。労働者に対し、組合を脱退すれば解雇されるとの威嚇をもって労働者の脱退の自由を奪おうとするのは、労働組合の結成の精神にも反するのではなかろうか。考え方としては、組合への加入を強制し、労働組合の組織が強固なものとなれば、ひいては、その労働者の利益にもつながるから、加入を強制されることも利益につながると考えられているようである。しかし、労働者が、組合に加入したくないと考えたり、組合を脱退したいと考えるのは、当該組合が偏った政治的意見を有していたり、一部の利益の擁護に傾いていたりすることが原因であることの方が多いのではなかろうか。真に、その労働者の権利・利益を擁護するのであれば、ユ・シ協定によって強制されるまでもなく、その労働組合に加入するのではなかろうか。仮に、労働組合への加入が労働者の利益になるとしても、それゆえに威嚇して加入を強制して良いということにはならないのではなかろうか。利益になるとしても、労働者も、人格を有する主体として扱われる必要があり、労働組合に加入するか否か、労働組合から脱退するか否かについては、個々の労働者の自由な意思決定に基づいて決定できなければならない。

(10) 宮沢俊義『憲法Ⅱ〔新版〕』四三九頁（一九七四年、有斐閣法律学全集四）
(11) 外尾健一『労働団体法』九頁（一九七五年、筑摩書房現代法学全集四〇巻）
(12) 菅野和夫『労働法〔第九版〕』二三頁（二〇一〇年、弘文堂法律学講座双書）
(13) 伊藤正己『憲法〔第三版〕』三〇三頁（一九九五年、弘文堂法律学講座双書）
(14) 芦部信喜著＝高橋和之補訂『憲法〔第五版〕』二一一頁（二〇一一年、岩波書店）
(15) 伊藤・前掲注(13)三九三頁
(16) 西谷・前掲注（1）一〇二頁
(17) 西谷・前掲注（1）九七頁
(18) 奥平康弘『憲法Ⅲ』二七七頁（一九九三年、有斐閣法学叢書）
(19) 東京大学労働法研究会『注釈労働組合法上巻』一七五頁（一九八〇年、有斐閣）は「組合員が原則として自由に脱退をなしうることについてはほとんど異論が存しない」としている。
(20) 西谷・前掲注（1）一〇四頁

四　労働者の組合選択の自由

積極的団結権の内容には、労働者の組合選択の自由及び他組合の団結権が当然含まれていることは、有効説も認めているところ、ユ・シ協定に基づく特定組合への加入強制は、かかる自由及び権利を甚だしく侵害する。

この点、最高裁平成元年一二月一四日第一小法廷判決[4]も、ユ・シ協定及び同協定に基づく解雇について、「ユニオン・ショップ協定は、労働者が労働組合の組合員たる資格を取得せず又はこれを失った場合に、使用者をして当該労働者との雇用関係を終了させることにより間接的に労働組合の組織の拡大強化を図ろうとするものであるが、他方、労働者には、自らの団結権を行使するため労働組合を選択する自由があり、また、ユニオン・ショップ協定を締結している労働組合（以下「締結組合」という。）の団結権と同様、同協定を締結していない他の労働組合の団結権も等しく尊重されるべきであるから、ユニオン・ショップ協定によって、労働者に対し、解雇の威嚇の下に特定の労働組合への加入を強制することは、それが労働者の組合選択の自由及び他の労働組合の団結権を侵害する場合には許されないものというべきである。したがって、ユニオン・ショップ協定のうち、締結組合以外の他の労働組合に加入している者及び締結組合から脱退し又は除名されたが、他の労働組合に加入し又は新たな労働組合を結成した者について使用者の解雇義務を定める部分は、右の観点からして、民法九〇条の規定により、これを無効と解すべきである（憲法二八条参照）。そうすると、使用者が、ユニオン・ショップ協定に基づき、このような労働者に対してした解雇は、同協定に基づく解雇義務が生じていないのにされたものであるから、客観的に合理的な理由を欠き、社会通念上相当なものとして是認することはできず、他に解雇の合理性を裏付ける特段の事由がない限り、解雇権の濫用として無効であるといわざるを得ない。」と判示している。

この最高裁判決は、前述のとおり、「ユニオン・ショップ協定によって、労働者に対し、解雇の威嚇の下に特定の労働組合への加入を強制することは、それが労働者の組合選択の自由及び他の労働組合の団結権を侵害する場合には許されないものというべきである。」と判示するが、その前段部分に述べられているように、「解雇の威嚇」の下に特定の労働組合への加入を強制しておきながら、組合選択の自由を侵害していない場合があり得るのか極めて疑問である。もしあるとすれば、労働者が威嚇を受ける前から自分で当該労働組合に入ることを決めていた場合か、労働組合が複数存在せず選択の余地がない場合であろう。しかし、労働者は新しく組合を結成する自由を有しているから、組合が複数存在しないからといって組合選択の余地がないとはいえないし、既に自分でその組合への加入を決定していたとしても、加入時に威嚇の下に強制するのであれば、やはりそれは強制されているというべきで、決して自由な意思によっているということはいえないであろう。そもそも、ユ・シ協定の中に、「締結組合以外の他の労働組合に加入している者及び締結組合から脱退し又は除名されたが、他の労働組合に加入し又は新たな労働組合を結成した者について使用者の解雇義務を定める部分」とそれ以外の部分があるわけではなく、一部有効と考えるため理屈上分けているにすぎない。最高裁判決が「労働者の組合選択の自由及び他の労働組合の団結権を侵害する場合には許されない」といっているのは、「労働者の組合選択の自由及び他の労働組合の団結権を侵害するから許されない」と表現すべきであるといえる（傍点は筆者）。

五　労働者の組合からの脱退の自由

労働者には労働組合からの脱退の自由が当然に認められる。なぜなら、特定の団体に加入するか否かは個人の自己決定（憲法一三条）によるべきである以上、特定の団体から脱退するか否かについても自己決定によるべきことが当然であり、結社の自由（憲法二一条）は、特定の団体に加入し、又は加入しないことのみならず、団体の構成員としてとどまり、又は脱退することも保障していると解され、前述した消極的団結権（憲法二八条）が憲法一三条や同二一条も踏まえたものであることにも鑑みれば、労働組合からの脱退の自由も当然に保障されていると解すべきだからである。

この点、労働者の消極的団結権を否定する学者の多くも、労働者には脱退の自由があるという。[10][19] 本多教授は、脱退する自由は、原理的原則的には否定できず、「脱退の自由を完全に奪うような組合規約の条項は、公序良俗違反として無効である」としながら、[21]「労働者個人の団結権は、労働組合という団体の機能をとおしてはじめて具体的に実現されるものであるから」、団結権の団体的側面はその個人的側面に優越する機能をもつことを承認しなければならないとし、[22]「組合員の脱退は、大なり小なり労働組合の団結を弱める効果をもつのであるが、さればといって個人の脱退の自由を全面的に否定することもできないから、少なくとも、脱退が仲間である多数の組合員の生存権を脅かし、労働組合の組織や団体行動を阻害するごとき場合には、脱退の自由ないし脱退権の濫用として、その脱退の効力を否認せざるをえないのである。」とする。[23] もちろん、権利を有する場合にも、一般条項としての権利濫用の法理により、その権利行使の効果が否定されることはあろうが、そのことによって権利自体を有していないことになるわけではない。本多教授の見解は、脱退の自由を制限的に捉え、権利の濫用として効果を否定される場合を広く捉えようということであろう。しかし、その見解には疑問がある。例えば、脱退の自由を完全に奪うような組合規約の条項は公序良俗違反として無効であると述べておられるが、それはどのような場合を指すのであろうか。ユ・シ協定があっても、労働者は、解雇されることを覚悟すれば労働組合から脱退することができるのは当然であるから、脱退の自由を完全に奪うような組合規約の条項はあり得ないのではなかろうか。それとも、労働者として解雇されることは事実上死活問題となるから、解雇を覚悟しなければ脱退できない組合規約の条項は、脱退の自由を事実上完全に奪っているといえ無効となるのであろうか。これでは、ほとんどのユ・シ協定は無効であるといっているのと同じではなかろうか。

次の疑問として、「脱退が仲間である多数の組合員の生存権を脅かし、労働組合の組織や団体行動を阻害するごとき場合」というのは、どんな場合であろうか。本多教授は、「組合員の脱退は、大なり小なり労働組合の団結を弱める効果をもつ」と述べておられるから、例えば、一〇〇人の組合員のうち一人だけが組合を脱退する場合（当該組合員の地位や時期的な問題等はここでは考慮外とする。）は、「脱退が仲間である多数の組合員の生存権を脅かし、労働組合の組織や団体行動を阻害するごとき場合」には該当しないのではなかろうか。それでは、その後も一人ずつ脱退していったとしたら、何人目かのところでは、「脱退が仲間である多数の組合員の生存権を脅かし、労働組合の組織や団体行動を阻害するごとき場合」に該当することになるのではなかろうか。それが何人目かは、具体的事情によって異なるのであろうが、先に脱退した者と後から脱退する者とで扱いが異なり、早い者勝ちのような結果になるのは妥当ではない。

最高裁の判例としては、ユ・シ協定に関するものではないが、労働者の組合からの脱退の自由に関して、「一般に、労働組合の組合員は、脱退の自由、すなわち、その意思により組合員としての地位を離れる自由を有するものと解される」と述べた上で、労働組合から脱退する権利を行使しないことを義務付ける合意が公序良俗に反して無効であると判示しており(24)、かかる判例からしても、一般に、労働者にはその意思に基づいて労働組合から脱退する自由が認められることは明らかであるといえよう。そのような労働者の脱退の自由を労働組合と使用者の合意によって奪おうとするユ・シ協定は、やはり公序良俗に反しており、無効というべきである。

(21) 本多・前掲注（5）三九九頁
(22) 本多・前掲注（5）四〇〇頁

（23）本多・前掲注（5）四〇一頁
（24）最判平成一九年二月二日民集六一巻一号八六頁

六　まとめ

ユ・シ協定は、労働者にとって最大の不利益というべき解雇による威嚇をもって特定の労働組合への加入を強制するものであり、消極的団結権を著しく侵害するため、公序良俗（民法九〇条）に反して無効であるところ、脱退の自由の観点から見ても、労働者に対して同様の威嚇をもって特定の労働組合への残留を強制するものであり、労働組合の脱退の自由を甚だしく侵害するものであるから、公序良俗に反して無効である。

山口浩一郎教授は、「わが国におけるユニオン・ショップ協定の広範な普及率（さきにのべたように九〇％近い）を考えると、私にはこの説[25]に従うだけの勇気がない。」として[26]、通説に従っておられるが、これまでの通説・判例は、山口教授と同じような心理から、ユ・シ協定に疑問を持ちながらも、その有効性を否定することができなかったのではなかろうか。菅野教授も、「学説の大勢は、ユニオン・ショップ制が他方でもつ効用から、それをことごとく無効としてしまうことに躊躇を感じ、組合選択の自由（少数者の団結権）との調整をはかりつつ一定限度でそれを有効とする立場をとってきた。」とされるのも[27]、同じような理解であろうか。

その心情は、分からないではないが、法律論としては、到底賛成できないところである。

（25）石井照久『新版労働法』七八～七九頁・八二頁（一九七一年、弘文堂）
（26）山口浩一郎『労働組合法』三三二頁（一九八三年、有斐閣法学叢書）
（27）菅野・前掲注（12）五二九頁

従業員の横領に見る企業の対応のあり方

吉川和良

一　はじめに

我々税理士は、顧問契約を締結したクライアントとは、税理士法第四五条「真正の事実」を遂行するために、そのクライアントの表面上のみならず、隅々までの情報を得ることになる。その詳細な情報を得るために近年税理士は、「巡回監査」の名のもとにクライアント先で会計資料並びに会計記録をつぶさに確認している。

巡回監査について、故・武田隆二博士は、その著書『最新財務諸表論（第一一版）』（中央経済社）で、「税理士等が月次に顧問先を訪問し、会計処理の実践状況を現場でチェックし、不備があれば是正し指導すること」とし、会社法第四三二条の第一項に明示された「記帳要件」（適時性と正確性）を充足するための〝手段（業務）〟として、「取引記録（会計帳簿）は関与先企業自らが実施し、税理士は『記帳の信頼性』を第三者的に裏付けるために月次巡回監査を行い、その記帳の信頼性を確かめる」と述べ、大企業における内部統制に代わりうるものとしている。

しかし、全てのクライアントにおいて、常に成果物に適時性と正確性が充足されているかといえば、必ずしもそうとはいえない。長引く不況による損失隠し、経営者による私的な資金の流用、循環取引による粉飾、中には従業員による横領などが発見されることさえある。特に中小企業の場合、〇〇さんだから大丈夫といった属人的な組織風土が強く、内部統制が不十分で、不正の機会が多分に見受けられる。企業不祥事は、企業活動をしていくうえで、どの企業にも起こり得るものである。

そこで、本稿において、下記ケースに基づき、企業内で不正が行われた場合に、不正があった後の企業の対応のあり方について学説、裁判例等を通じて検討していきたい。

［ケース］

中小企業であるX社の経理担当者Aは昭和〇年にX社に入社した。X社の代表取締役BはAを信用しX社の経理全般を任せており、給与関係の帳簿は、すべてAが作成していた。長年経理はAに任せっきりであったが、業務拡大に伴い、Aの補助者としてCを雇用した。しばらくすると、CよりAが横領を図っているかもしれないとの報告があった。そこで、税理士Yに調査を依頼した。税理士YはAが作成した、給料計算関係書類を重点的にチェックした結果、Aによる給料計算を利用した横領スキームが判明した。

なおその水増し額は、Xの各事業年度の所得の金額の計算上、「給与」として損金の額に算入されていた。

二　社内調査

まずは、Cの報告によるAの容疑が正しいものか否かの社内調査を実施しなければならない。社内調査方法については、平成二二年七月一五日、調査内容と調査報告書の客観性を強く求める社会的要請にこたえるため、日本弁護士連合会から「企業等不祥事における第三者委員会ガイドライン」が公表され、このガイドラインに従って第三者委員会を設置する事案も増えてきている。

（1）不正行為の内容及び事実確認（関与者の特定、損失額の確認、会計処理を含む）
（2）不正行為発生の原因・背景分析
（3）不正行為の類似行為の確認（調査は網羅的か）
（4）不正行為による損害の回復方法
（5）不正行為による会計処理の影響額の確認
（6）不正行為に対する責任の所在及び関係者の処分
（7）不正行為に対する再発防止策（内部統制上の問題点の把握、業務運営上の改善策）

人的制約や資金的制約がある中小企業では、内部調査委員会や第三者委員会等の委員会の設置はできないのが通常である。しかし少なくとも上場企業で不正行為が発覚した場合に行う社内調査項目のうち、不正行為の内容及び事実確認、原因・背景分析、類似行為の確認、再発防止策等を顧問税理士等と組んで調査する必要はあろう。不正行為に関連する会計データ、領収書や請求書などの証憑の吟味、不正行為容疑者及びその上司や取引先に対する質問等により損失額の確定・損失額の回復の方法の検討を行い、原因を分析して再発防止策を構築するとともに容疑者及び関係者の処分を行うこととなる。

三　労務上の対応

社内調査により横領が確定した場合、次はその社員に対する制裁=懲戒処分である。懲戒処分は、企業秩序を守るためには当然必要な行為と考えられているが、会社は当然に懲戒処分を行う権利を有しているわけではない。ただし横領など金銭上の不正行為については、その立証が難しいことも多いが、不正行為の立証ができれば、金銭の多寡にかかわらず、判例もほとんどの場合、懲戒解雇有効としている。［（東京都公営企業管理者交通局長事件（東京地決平成二三年五月二五日）、前橋信用金庫事件（東京高決平成一年三月一六日）ＮＴＴ東日本（出張旅費不正請求）事件（東京地決平成二三年三月二五日）、博報堂事件（東京地決平成一一年六月二九日）、ダイエー（朝日セキュリティーシステムズ）事件（大阪地決平成一〇年一月二八日））

懲戒処分とは、雇用関係において使用者が行う制裁で、企業秩序を侵害し、あるいは対外的名誉・信用を低下させた者に対してなされる不利益処分をいい、企業秩序維持のための制裁罰であり、労働契約による契約罰（たとえば、債務不履行に基づく契約の解除（解雇）や損害賠償）ではないと解されている。裁判例では、「私企業における懲戒処分は使用者が経営秩序を維持し生産性の高揚を図るために、労働者の秩序違反又は生産性に対する不寄与その他の信義則違反に対する制裁として労働者に一定の不利益を課し兼ねて他戒の目的を遂げるものであって、就業規則に懲戒事由を掲げたときは、その規定は本来右の趣旨を具有するものであり、その具体的適用は使用者の恣意に専ら委ねられるものではなく、その規定の本旨と労働者の行動に鑑み、その処分の客観的妥当性の評価を受け、これを欠くときはその処分は無効と解するのが相当である」とし（東京地決昭和三〇年三月三一日）、また「懲戒処分の本質は、従属労働関係における使用者の労働者に対する事実上の支配力に依拠し、生産過程における違反事由に基づいて、法的には自由、平等な当事者間の契約関係に立っている労働者に対して流通過程において課される一定の不利益処分にほかならず、従って懲戒処分は、損害賠償及び契約解除の如き違約罰とは質的に異なる秩序罰（退職金の剝奪等労働者に対して特別の不利益を与える）たる性格を有するものである」とするものがある（横浜地横須賀支決昭和三六年七月二二日）。また最高裁は、「懲戒解雇なるものは、普通解雇と異なり、譴責、減給、降職、出勤停止等とともに、企業秩序の違反に対し、使用者によって課せられる一種の制裁罰であると解するのが相当である」とし（最二小決昭和三八年六月二一日）、「使用者がその雇用する従業員に対して課する懲戒は、広く企業秩序を維持し、もって企業の円滑な運営を可能ならしめるための一種の制裁罰である。従業員は、雇用されることによって、企業秩序の維持確保を図るべき義務を負担することになるのは当然のことといわなければならない」とする（最一小決昭和四九年二月二八日）。近時の裁判例として、懲戒という制裁罰を課しうる実質的根拠は企業秩序維持の要請にあり、懲戒権は、単に労働者が雇用契約上の義務に違反したというだけでは足りず、企業秩序を現実に侵害した（業務阻害や職場規律の支障の発生）か、少なくともその具体的な危険性が認められる場合に発動することができると判示したものがある（東京地決平成二二年九月一〇日）。すなわち、使用者は、労働者に制裁罰としての懲戒処分を行う権利を有し、労働者はこれを受ける義務を有することになる。

懲戒権の根拠については、①使用者が企業の運営者として固有の懲戒権を有するとの見解（固有権説）と、②使用者と労働者との労働契約による合意を根拠に、具体的な同意の範囲において懲戒権を認める見解（契約説）とがある。①の見解によれば、企業は就業規則等に特に定めがなくても懲戒処分が可能であり、懲戒規定の定めは例示列挙であることになり、②の見解によれば、懲戒処分をするためには就業規則等による定めが必要であり、懲戒規定の定めは制限列挙であるということになる。もっとも、最高裁は、「企業は、その存在を維持し目的たる事業の円滑な運営を図るため、それを構成する人的要素及びその所有し管理する物的施設の両者を総合し合理的・合目的的に配備組織して企業秩序を定立し、その企業秩序のもとにその活動を行うものである」とし、その一環として「規律に定めるところに従い制裁として懲戒処分を行うことができる」と判示しており（最高裁決昭和五四年一〇月三〇日）、懲戒権について企業の企業秩序を維持する権能を根拠とする一方で、就業規則等による懲戒規定が存在することを前提に懲戒処分をなし得るとの折衷的な立場を採っている。なお、近時の最高裁判例では「使用者の懲戒権の行使は、企業秩序維持の観点から労働契約関係に基づく使用者の権能として行われるものである」と判示しており、より契約説に神話的な立場に軸足を移しつつある。なお、労働基準法では、制裁の定めをする場合には、その種類および程度に関する事項を就業規則に記載すべきこととされており（労働基準法八九条九号）、このような意味においても、懲戒規定は就業規則に定めておくことが必要である。

1　懲戒処分の要件

懲戒処分を適法とするための法的要件として、制度上のものと運用上のものがある。前者は、罪刑法定主義で説明され、後者は懲戒権の濫用法理で説明される。

（1）　罪刑法定主義

懲戒処分の根拠である処分事由と処分の種類は、就業規則上明確に定めておく必要がある（明確性の原則）。「犯罪なければ刑罰なし」とされる罪刑法定主義の応用であり、これは労働基準法八九条一項九号の要請として、禁圧されるべき非違行為とこれに対する処分の内容をあらかじめ告知して、従業員に事前抑止作用を与えるとともに、処分されるべき言動や処分の内容を明確して、懲戒処分の行為の恣意性を回避するためだと解される。懲戒処分の法的根拠を固有権説・契約説のいずれとするにせよ、その通告が使用者から従業員への一方的不利益行為であり、法理上も当該処分通告で直ちに雇用終止等法的効果を生ぜしめる形成的行為であることから、労働契約一般に求められる制約に服すべきものと解される。したがって、まず、懲戒権の行使は、法令上の制限に服することになる。

（2）懲戒権の濫用法理

使用者が懲戒権を濫用して行う懲戒処分も、違法・無効とされる。これが、懲戒権濫用の法理といわれるものである。労働契約法一五条は、「使用者が労働者を懲戒することができる場合において、当該懲戒が、当該懲戒に係る労働者の行為の性質及び態様その他の事情に照らして、客観的に合理的な理由を欠き、社会通念上相当であると認められない場合は、その権利を濫用したものとして、当該懲戒は無効とする」と定め、懲戒処分の発動に一定の目安を示している。すなわち懲戒処分は、規律違反の種類・程度に応じて相当なものでなければならず、行為と処分との均衡を欠き、過重な処分は懲戒権の濫用として無効となる。同条の「趣旨」について、「懲戒は、使用者が企業秩序を維持し、企業の円滑な運営を図るために行われるものであるが、懲戒の権利濫用が争われた裁判例もみられ、また、懲戒は労働者に労働契約上の不利益を生じさせるものであることから、権利濫用に該当する懲戒による紛争を防止する必要がある。このため、労働契約法一五条において、権利濫用に該当するものとして無効となる懲戒の効力について規定したものであること」とし、「内容」について、「使用者が労働者を懲戒することができる場合であっても、その懲戒が『客観的に合理的な理由を欠き、社会通念上相当であると認められない場合』には権利濫用に該当するものとして無効となることを明らかにするとともに、権利濫用であるか否かを判断するに当たっては、労働者の行為の性質および態様その他の事情が考慮されることを規定したものであること」、「労働契約法一五条の『懲戒』とは、労働基準法八九条九号の『制裁』と同義であり、同条により、当該事業場に懲戒の定めがある場合には、その種類及び程度について就業規則に記載することが義務付けられているものであること」とする行政解釈がある（「労働契約法の施行について（平成二〇年一月二三日）」。

2　懲戒処分の有効性

労働契約法一五条は、「使用者が労働者を懲戒することができる場合において、当該懲戒が、当該懲戒に係る労働者の行為の性質及び態様その他の事情に照らして、客観的に合理的な理由を欠き、社会通念上相当であると認められない場合には、その権利を濫用したものとして、当該懲戒は、無効とする。」と定めている。具体的には、①「使用者が労働者を懲戒することができる場合」があること、すなわち、懲戒権に基づいて定められた有効な懲戒処分の根拠規定が存在すること、②「客観的に合理的な理由」があること、すなわち、懲戒規定において定められた懲戒事由に該当すること、③「社会通念上相当」であること、すなわち、相当性が認められることの各要件について判断されることになる。

（1）「使用者が労働者を懲戒することができる場合」があること

懲戒権の根拠については理論的な対立があるものの、企業が懲戒処分を行うには、あらかじめ就業規則において懲戒の種別および事由を定めておくことが必要であるというのが判例の立場である。このような判例の立場からすると懲戒処分の根拠となる規定は限定列挙と解することになるから、懲戒規定に規定されていない事由および手段による懲戒処分は認められないことになる。

（2）「客観的に合理的な理由」があること

懲戒処分が有効と判断されるためには、有効な懲戒規定が存在することを前提に、懲戒処分を行う「客観的に合理的な理由」があること、すなわち、証拠等に基づいて客観的に存在すると認められる非違行為が、懲戒規定において定められた懲戒事由に該当していなければならない。また、懲戒事由該当性は「当該懲戒に係る労働者の行為の性質および態様その他の事情に照らして」判断するとされているため、懲戒事由該当性の判断は、単に懲戒事由に形式的に該当するか否かを判定するのではなく、懲戒事由が定められた目的や個別具体的な事情等を踏まえ、企業秩序の維持と労働者の自由保障との調和の観点から実質的に判断されることになる。

（3）「社会通念上相当」であること

企業は、懲戒処分を課すべき非違行為について、懲戒事由として定めることができるが、どのような行為であっても懲戒事由として定めておけば、懲戒処分ができるというものではない。懲戒処分は、企業の秩序や利益を維持するために認められるもので、企業の秩序や利益と何ら関係しない行為を対象とすることはできないし、企業の秩序や利益と関係しないとまではいえないとしても、従業員の人格的利益を過度に支配することは許されない。

イ．経歴詐称
ロ．職務懈怠
ハ．業務命令違背
ニ．職場規律違反

使用者は、職場における人的要素および物的施設を組織し、維持・管理する権能を有している。使用者は、このような権能に基づいて労務の遂行や職場内でのその他の行動を規律する諸規定を定立しており、これに対する違背行為は懲戒事由となる。典型的な懲戒事由としては「故意又は重大な過失により会社に重大な損害を与えたとき」「素行不良で著しく会社内の秩序又は風紀を乱したとき」「職務上の地位を利用して私利を図り、又は取引先等により不当な金品を受け、若しくは求め、又は供用を受けたとき」などとして定めている。業務規律違反の典型は、横領、背任、会社物品の窃盗・損壊、暴力行為などである。

ホ．従業員たる地位・身分による規律違反

また有効な懲戒規定が存在し、特定の非違行為が懲戒事由に該当すると判断されても、社会通念上相当と認められない場合には、懲戒処分は無効となる。この相当性については、懲戒事由の重さと懲戒処分の重さの均衡（処分の絶対的相当性）、と他の同一または同種事案における処分例との均衡（処分の相対的相当性）のほかに、懲戒処分に至るまでの手続的相当性が問題となる。また、相当性についても、「当該懲戒に係る労働者の行為の性質および態様その他の事情に照らして」判断するとされているため、個別具体的な事案に即して、実質的に判断されることになる。

懲戒の種別

イ．譴責（けんせき）・戒告

譴責とは始末書を提出させて将来を戒める処分のことをいい、戒告とは将来を戒めるのみで、始末書の提出を伴わない処分のことをいうのを通例とする。これらの処分は、いずれも実質的な不利益を伴わないところに特徴がある。

ロ．減給

減給とは、服務規律に違反した労働者に対する制裁として、本来ならば労働者が労務提供の対価として受けるべき賃金額から、一定額を差し引く処分をいう。減給については、多額の減給制裁によって労働者の生活が脅かされることのないように、労働基準法九一条において減給できる金額の上限が画されている。すなわち、使用者は、一回の非違行為に対して、平均賃金の一日分の半額を超えて減給することはできず、また、数回の非違行為に対して減給を行う場合であっても、一賃金支払期における賃金の総額の一〇分の一を超えて減給することはできず、これを超える部分については次期以降の賃金から減給しなければならない。このように減給に該当する場合には、同条による制限が加わることになるため、いかなる場合がこれに該当するのかが問題となる。

ハ．降格

降格とは、服務規律に違反した労働者に対する制裁として、役職、職位、職能資格等を引き下げる懲戒処分をいう。

ニ．出勤停止

出勤停止とは、服務規律に違反した労働者に対する制裁として、労働契約を維持しながら労働者の就労を一定期間禁止する処分をいう。出勤停止期間中の賃金の支払いについては、就業規則の定めるところによるが、多くの企業では支給されず、勤続年数にも算入しない取り扱いとされている。出勤停止期間については、法律による上限が定められていないが、賃金の不支給を伴う場合には労働者の生活を脅かす重大な不利益となり得るため、一ヶ月を超える長期の休職命令の場合には、裁判所において有効性を厳格に審査される傾向にある。

ホ．懲戒解雇

懲戒解雇とは、服務規律に違反した労働者に対する制裁として、一方的に労働契約を解消する処分をいう。

ヘ．諭旨解雇

諭旨解雇とは、服務規律に違反した労働者に対する制裁として、労働者に退職届や辞表の提出を勧告し、即時退職を求める処分をいう。外形上は、依願退職の形式をとりますが、労働者が一定期間内に退職届や辞表の提出をしない場合には、懲戒解雇とするとの取り扱いがなされることが多く、懲戒処分の一種であるとされている。

3　解雇予告および解雇予告手当の免除について

使用者が、労働者を懲戒解雇する場合、通常は即時解雇が言い渡されるが、このような場合においても、労働基準法二〇条の定める解雇予告に関する規制を受ける。すなわち、解雇予告手当の支払いは、解雇の効力発生要件とされるため、使用者が懲戒解雇による即時解雇を言い渡す場合には、それと同時に解雇予告手当を現実に提供するか、または労働基準法二〇条三項に定める労働基準監督署長による解雇予告除外認定を受ける必要がある。

4　退職金の減額・不支給について

懲戒解雇では、退職金の不支給が通例とされているが、退職金の不支給は懲戒解雇の当然の効力であるとはいえず、懲戒解雇の場合の退職金の取り扱いについては就業規則や退職金規定等において別途定めておく必要がある。また、このような定めがある場合でも、退職金は功労報償的性格に加えて賃金の後払い的性格も有するため、懲戒解雇の有効性判断とは別に、永年の勤労の功を抹消してしまうほどの重大な不信行為の有無の観点から、退職金の減額・不支給の効力が判断されることになる。

四　業務上横領の罪

3で社内における制裁を科すことはできたとしても、AがX社を退社後は「ただの人」である。何十年もかけて積み上げてきた利益をみすみすドブに捨てる経営者はいないだろう。第1に回収する、賠償請求することだろうが、横領する者で、横領額を残している者はなかなかいないのが現状である。第二に、横領した者を刑事告訴することである。

刑法二五三条　業務上横領
　業務上自己の占有する他人の物を横領した者は、一〇年以下の懲役に処する

（1）　意義

業務上横領罪は、単純横領罪の加重規定である。単純横領罪と合わせて委託物横領罪と呼ばれる。単純横領罪と異なるのは、客体である他人の物の占有が業務上の占有であることである。この点で、本罪は単純横領罪に対する特別罪である。業務上占有する物に対する横領行為は、通常、多数の者との信任委託関係を破壊する点で単純横領行為の場合より法益侵害範囲が広く、また、反復の可能性も大きいため、一般予防の見地から、単純横領罪より重く処罰されるのである。

（2）　主体

業務上他人の物を占有する者である。すなわち他人の物の占有であるとともに業務者でなければならないという点で二重の身分が要求されるところの身分犯である。

（3）　業務の意義

業務とは社会生活上の地位にもとづいて反復または継続して行われる事務をいうが、本罪の業務は、その性質上他人の委託にもとづいて他人の財物を占有、保管する事務であることを要する。業務上過失の場合と異なり、危険防止を業務内容とする事務である必要はもちろんない。

（4）　客体

業務上自己の占有する他人の物である。業務上の占有とは、「業務」を有する者が、その業務の遂行として他人の物を占有していることである。その中には、業務上の地位にもとづいて包括的に信任委託関係が存在し、当然に物の占有が行われる場合と、業務者に対する委託者の具体的個別的な委託行為を介して物の占有が行われる場合との

二つの類型がある。いずれにしろこの場合、保護法益である財物についての信任委託関係は、占有者の業務上の地位と結びついて成立することになる。したがって、業務者であっても、業務外において占有している物は、本罪の客体とはならないし、業務行為の範囲を逸脱する物も同様である。

（5） 行為

横領することである。本罪の故意は、自己の占有する物が他人の所有物であることとともに、それを業務上占有していることを認識することを要する。

五　会計処理

次にCによる横領が発覚した際の会計処理を検討したい。通常、従業員の不正は単年度で終わることなく、数年間にわたるケースがほとんどである。従来わが国では、当期に過去の誤謬を発見した場合でも、金融商品取引法の適用を受ける企業が、過去の誤謬を訂正するため、過去に遡って有価証券報告書の訂正報告書等を訂正する場合以外は、その修正金額は前期損益修正損益として処理されていたが、国際財務報告基準とのコンバージェンスの過程で導入された企業会計基準第二四号「会計上の変更及び誤謬の訂正に関する会計基準」及び企業会計基準適用指針第二四号「会計上の変更及び誤謬の訂正に関する会計基準の適用指針」が、平成二三年四月一日以後開始する事業年度の期首以後に行われる会計上の変更及び過去の誤謬の訂正から適用されており、この会計基準の適用によって、従来の処理が変更された。具体的には、過去の誤謬については修正再表示が求められており、過去の財務諸表の遡及処理が必要とされる。すなわち、会計監査が義務づけられている上場企業などは、過去の財務諸表に関連して、従業員不正を含む不適切な会計処理が発覚した場合には、この会計基準に則り、原則として、当期の損益ではなく、期首利益剰余金を変動させなければならなくなった。以前のように、不適切な会計処理の影響を前期損益修正として当期の特別損益で処理する方法は採用できなくなったのである。上場企業等は、過年度遡及会計基準の適用を考慮し、従業員の不正に係る会計処理を考慮しなければならなくなった。

1　誤謬（過年度遡及会計基準第四項）

原因となる行為が意図的であるか否かにかかわらず、財務諸表作成時に入手可能な情報を使用しなかったことによる、又はこれを誤用したことによる、次のような誤りをいう。

①財務諸表の基礎となるデータの収集または処理上の誤り
②事実の見落としや誤解から生じる会計上の見積りの誤り
③会計方針の適用の誤り又は表示方法の誤り

また会計上の誤謬には不正も含まれ、いずれも同一の会計上の取り扱いがなされる。

従来、我が国の監査においては、旧監査基準委員会報告書第三五号「財務諸表の監査における不正への対応」において、財務諸表の虚偽の表示の原因となる行為が意図的であるか意図的でないかで、誤謬と不正が区別されており、具体的には、以下のように定義されていた（旧監査基準委員会報告書第三五号第五項、第六項）。

誤謬とは、財務諸表の意図的でない虚偽の表示であって、金額又は開示の脱漏を含み次のようなものをいう。

・財務諸表の基礎となるデータの収集又は処理上の誤り
・事実の見落としや誤解から生ずる会計上の見積もり誤り
・認識、測定、分類、表示又は開示に関する会計基準の適用の誤り

不正とは、財務諸表の意図的な虚偽の表示であって、不当又は違法な利益を得るために他社を欺く行為を含み、

経営者、取締役等、監査役等、従業員又は第三者による意図的な行為をいう。

2　会計基準で遡及処理が必要な場合の会社法上の計算書類の確定

会社法上の計算書類の確定は、会社法の規定する手続が適法に行われたかどうかによって判断される。そのため適法な確定手続きが行われていれば、会計基準により遡及処理が必要な場合であっても、計算書類は確定するのが原則である。他方、過去の誤謬について重要性が認められる場合には計算書類が確定せず、かつ、会計基準により遡及処理が求められる場合もある。このように、会社法上の計算書類の確定と過年度遡及会計基準は、基本的にはそれぞれ独立して検討されるべき関係にある。

3　計算書類の確定

確定手続きが行われた計算書類の内容に法令違反となる重要な誤謬が存在する場合には、取締役会または株主総会の承認決議が無効となり、計算書類は確定しない。会社法においては株主総会の決議内容が法令に違反する場合には決議の無効原因となるとされており（会社法八三〇条二項）、計算書類の内容が法令に違反する場合にはその計算書類を承認した決議は無効であると解されている。会計監査人設置会社等においては、取締役会の計算書類の承認決議により確定する場合もあるが、当該計算書類の内容が法令に違反する場合には、株主総会決議の場合と同様に取締役会決議も無効となると解するべきである。

会社法は「株式会社の会計は、一般に公正妥当と認められる企業会計の慣行に従うものとする」と規定しており（会社法四三一条）、「一般に公正妥当と認められる企業会計の慣行」に従って作成されない計算書類は、通常、その内容が法令に違反することになると考えられる。そして、企業会計原則は、我が国の会計実務において一般に公正妥当と認められる会計慣行として広く根づいており、平成一〇年六月一六日に大蔵省・法務省が公表した『商法と企業会計の調整に関する研究会報告書』においても、商業帳簿の作成に関する当時の商法第三二条第二項の「公正ナル会計慣行」に、企業会計原則が含まれるとされ、また平成一四年商法改正においても商法会計と証券取引法会計との可及的統一化を図るために従来商法に規定されていた規定を省令委任とする旨の改正が行われた。したがって、企業会計原則をはじめとする会計基準に従って作成されていない計算書類の承認決議は、一般的には、公正な企業会計の慣行に従っていないものとして、内容の法令違反となると考えられる。もっとも、計算書類に誤謬があれば、常に承認決議が無効になるというわけではない。企業会計原則に係る企業会計原則注解は、企業会計に重要性の原則が適用されることを規定している。重要性の原則とは、「企業会計が目的とするところは、企業の財務内容を明らかにし、企業の状況に関する利害関係者の判断を誤らせないようにすることにあるから、重要性の乏しいものについては、本来の厳密な会計処理によらないで他の簡便な方法によることも正規の簿記の原則に従った処理として認められる」とするものである。企業会計原則における重要性の原則が計算書類の作成に適用される以上、重要な誤謬が計算処理にある場合には、その計算書類は企業会計原則をはじめとする会計基準に従って作成されておらず、法令に違反すると考えられる一方で、重要性の乏しい誤謬が計算書類に含まれていたとしても、そのような誤謬によってはその計算書類は法令違反とはならないと考えるべきである。以上のように、理論的には、会社法上、計算書類が確定するか否か（承認決議が無効となるか否か）と、企業会計原則をはじめとする会計基準に従った計算書類か否かは、別の事項ではあるものの、会社法第四三一条を介して、可及的にその取り扱いを統一するような考え方がされてきたのである。もっとも、過去の誤謬が発見された場合の取扱いについては、従来から会社法上の取扱いと会計上の取扱いは、必ずしも一致していなかった。すなわち、従来、企業会計は特別損益処理方法を採用していたため（企業会計原則注解注一二）、会社法上は、粉飾決算等の重要な誤謬があるため計算書類が確定していないと判断される場合であっても、会計上は、過去の誤謬を登記の特別損益として処理するような取り扱いがされることもあった。しかも、金融商品取引法により、会社が有価証券報告書における記載の誤謬を発見したときに、訂正報告書の提出を求められる場合もあるから、会計上は特別損益処理方法により当期に処理されるにもかかわらず、訂正報告書では修正再表示方式により過去の財務諸表を訂正する例が多いというのが実情だった。このように、従来から、会社法・会計基準・金融商品取引法における過去の誤謬の取扱いは、それぞれの制度目的に従って異なるものとされてきた。言い換えれば、会社法上「計算書類の内容が会計基準に従って作成されたものであるか」という問題と会計上「過去の誤謬が発見された場合に、どのように処理するか」という問題は別の問題である。ところで、過年度遡及会計基準においては、過去の誤謬の取扱いについて原則として修正再表示方式（遡及処理）を取ることとされたが、上記で述べた通り、過去の誤謬が発見された場合の処理が特別損益処理方式から修正再表示方式に変更されたからといって、会社法上「計算書類の内容が会計基準に作成されたものであるか」という判断の基準が変更されるわけではない。よって、「会計基準により、修正再表示を行うべき場合には、計算書類は確定しないから、必ず計算書類について再承認手続きをとらなければならない」という考え方は非論理的であり、採用すべきではない。会計上の遡及処理は、確定手続きという制度的制約がない財務諸表の過年度の数字を遡及的に修正することを想定しているから、企業会計上、修正再表示という遡及処理が行われる場合であっても、会社法上は、計算書類として確定している場合があり得ることになる。確定した過年度の計算書類を任意に修正できるかという点については、確定済みの過年度の計算書類を修正することはできないとする考え方もある一方で、誤謬が残ったままの計算書類の備置、公告に伴い生じ得る問題や、誤謬の重要性の判断が困難な場合の実務上の取扱いを考慮して、任意の修正・再確定も許されるとする考え方もあり得る。

4　中小企業における会計処理

会計監査を強要されない中小企業等は、過年度遡及会計基準の採用は強制ではなく、中小企業が採用することを前提に平成二四年二月一日に「中小企業の会計に関する検討会」により公表された「中小企業の会計に関する基本要領」（平成二四年二月一日　中小企業要領）では、前期損益修正益の例示が示され、かつ、国際会計順の影響を受けない旨の記載がなされている。

六　従業員の横領に係る損害賠償金の計上時期

損害賠償請求を行った場合を想定してその税務処理について説明する。まず法人が被害者として、当該横領した役員等に対して損害賠償請求の訴訟等を提起し、刑事告訴を考慮しているような事実関係の下では給与の認定はありえないことになる。また、従業員による不正は、長年にわたり行われることが通常である。このため、不正行為が事業年度をまたいで行われた場合、不正が発覚した事業年度以前の税務申告について修正申告を検討することになる。

1　法人税に関する処理

法人税では、従業員による経費の過大計上が行われていた場合、各事業年度においては過大部分も含めて損金計上されているが、その金額のうち過大部分相当額は、法人が被った損害としてその損害が生じた事業年度の損金を構成することになり、他方、その従業員に対して法人が被った損害に相当する金額の損害賠償請求権を取得するため、益金を構成することになる。

2　損害賠償金の計上時期

損害賠償金の計上時期については、学説上同時両建説と異時両建説とがある。同時両建説とは、不法行為による損失については当該損失が生じた事業年度の損金の額に算入することとし、これと同時に取得する損害賠償請求権を同事業年度の益金の額に算入する学説であり、異時両建説は不法行為による損失については当該損失が生じた事業年度の損金の額に算入するが、損害賠償請求権については相手方との合意や訴訟等によりその額が決した事業年度の益金の額に算入する学説である。

法人税法上、いずれの説を採るべきかについては、最高裁決昭和四三年一〇月一七日において、法人の代表取締役の横領行為によって生じた損失とこれに対する損害賠償請求権の計上時期が争われた事件について、原則として同時両建説によるものとの判断が示され、一応の決着をみたところである。なお、その後の課税実務においては、昭和五五年の法人税基本通達改正に際して、その相手方がその法人の役員又は使用人以外の「他の者」である場合には、異時両建説を採用し現在に至っている。

ゆえに、Aの横領額については、当該損失の発生時における相手方、損害額が判明しているため、損害賠償請求権はその時において権利が「確定」したものということができる。

七　付帯税・重加算税

従業員により行われた不正によって修正申告などを行った場合には付帯税が賦課されることになる。まず、従業員の不正行為を自ら発見し、自発的に修正申告を提出した場合、延滞税が賦課されることになる。

国税通則法第六〇条（延滞税）
納税者は、次の各号の一に該当するときは、延滞税を納付しなければならない。
2．期限後申告書若しくは修正申告書を提出し、又は更正若しくは第二五条（決定）の規定による決定を受けた場合において、第三五条第二項（期限後申告等による納付）の規定により納付すべき国税があるとき。

ただ、不正行為は税務調査などで発覚することが多く、税務調査による更正や修正申告の慫慂（しょうよう）による申告の場合には延滞税に加え過少申告加算税が賦課されることがある。

国税通則法第六五条（過少申告加算税）
期限内申告書が提出された場合において、修正申告書の提出又は更正があったときは、当該納税者に対し、その修正申告又は更正に基づき納付すべき税額に一〇〇分の一〇の割合を乗じて計算した金額に相当する過少申告加算税を課する。
4　第一項又は第二項に規定する納付すべき税額の計算の基礎となった事実のうちにその修正申告又は更正前の税額の計算の基礎とされていなかつたことについて正当な理由があると認められるものがある場合には、これらの項に規定する納付すべき税額からその正当な理由があると認められる事実に基づく税額として政令で定めるところにより計算した金額を控除して、これらの項の規定を適用する。
5　第一項の規定は、修正申告書の提出があつた場合において、その提出が、その申告に係る国税についての調査があつたことにより当該国税について更正があるべきことを予知してされたものでないときは、適用しない。

さらに不正が行われた場合には、上記の過少申告加算税に替えてより賦課課税率が高い重加算税が賦課される。

国税通則法第六八条（重加算税）

第六五条第一項（過少申告加算税）の規定に該当する場合において、納税者がその国税の課税標準等又は税額等の計算の基礎となるべき事実の全部又は一部を隠ぺいし、又は仮装し、その隠ぺいし、又は仮装したところに基づき納税申告書を提出していたときは、当該納税者に対し、政令で定めるところにより、過少申告加算税の額の計算の基礎となるべき税額に係る過少申告加算税に代え、当該基礎となるべき税額に一〇〇分の三五の割合を乗じて計算した金額に相当する重加算税を課する。

国税通則法六八条一項は、国税通則法法六五条過少申告加算税一項の規定に該当する場合において、納税者がその国税の課税標準等又は税額等の計算の基礎となるべき事実の全部又は一部を隠ぺいし、又は仮装し、その隠ぺいし又は仮装したところに基づき納税申告書を提出していたときは、当該納税者に対し、過少申告加算税の税額の基礎となるべき税額に係る過少申告加算税に代え、当該基礎となるべき税額に百分の三十五の割合を乗じて計算した金額に相当する重加算税を課する旨規定している。

重加算税は、課税要件や負担の重さから、実質的に刑事罰色彩が強く、罰則との関係上二重処罰の疑いがあるという議論があるが、この点、次のように判示している。「重加算税は、申告納税を怠った者に対する制裁的意義を有することは否定し得ないが、脱税者の不正行為の反社会性ないし半道徳性に着目し、これに対する制裁として科される罰金とは、その性質を異にすると解すべきであり、それは、納税義務違反の発生を防止し、もって納税の実を挙げんとする趣旨に出た行政上の措置であるため、憲法第三九条の規定に違反していない（最高裁決昭和三三年四月三〇日）」。「重加算税は、事実の仮装隠ぺいという脱税を意図した行為があったことを理由に重い税率の加算税を賦課するものであるから、仮装隠ぺいしたことについて正当な理由があるなどとして過少申告加算税におけるような例外を設ける意味がない（仙台高決昭和五八年五月三一日）」。「国税通則法第六八条に規定する「事実を隠ぺいする」とは、課税標準等又は税額の計算の基礎となる事実について、これを隠ぺいあるいは故意に脱漏することをいい、また「事実を仮装する」とは、所得財産あるいは取引上の名義等に関し、あたかも、それが事実であるかのように装う等、故意に事実を歪曲することをいうと解するのが相当である（名古屋地決昭和五五年一〇月一三日）」。

つまり国税通則法第六八条に規定する重加算税は、国税通則法六五条に規定する加算税を課すべき納税義務違反が事実の隠ぺい又は仮装という不正な方法に基づいて行われた場合に、違反者に対して課される行政上の措置であって、故意に納税義務違反を犯したことに対する制裁ではないから、国税通則法第六八条第一項による重加算税を課し得るためには、納税者が故意に課税標準等又は税額等の計算の基礎となる事実の全部又は一部を隠ぺいし、又は仮装し、その隠ぺい、仮装を原因として過少申告の結果が発生したものであれば足り、それ以上に、申告に際し、納税者において過少申告を行うことの関心を有していることまでを必要とするものではないと解するのが相当である（最高裁決昭和六二年五月八日）。これは、罰則規定における「偽りその他不正の行為」と異なり、重加算税の賦課決定に際して、税務署長の判断基準をより外形的、客観的ならしめようとする趣旨である。

この重加算税制度の趣旨は、納税者が過少申告をすることについて、隠蔽又は仮装という不正手段を用いていた場合に、過少申告加算税よりも重い行政上の制裁を課すことによって、悪質な納税義務違反の発生を防止し、もって申告納税制度による適正な納税の実現を確保しようとするものである。したがって、上記制度の趣旨からすれば重加算税は納税者本人の刑事責任を追求するものではないのであって、納税者本人の行為に問題を限定すべき合理的理由はないと解されている。かえって、納税者本人の行為に問題を限定しなければならないとすると、従業員が経済的活動又は所得申告等に関与し、隠蔽又は仮装を行った場合には、納税者の「故意」を立証することは容易ではなく、発覚したときも従業員自身は重加算税を課されることはないから、納税者が従業者の行為に隠れて不当な利得を図るおそれがあることとなり、重加算税の制度はその機能を充分発揮し得ない結果に陥ることになると解されているからである。そして、隠ぺい又は仮装行為については、その行為者は納税者たる法人の代表者に限定されるものではなく、法人の代表者がその事実を知らなかったとしても、役員や従業員等で経営に参画していると認められる者及び納税者の申告行為に重要な関係のある相当な権限を有する地位に就いている者が事実を隠蔽し又は仮装し、かつ、代表者がそれに基づき過少申告した場合は、当該法人の代表者が納税申告をするにあたり、隠蔽又は仮装行為を知っていたか否かに左右されることなく、当該法人の行為と同一視されると解される。

ここで納税者以外の第三者が隠ぺい仮装行為を行った時に納税者本人の重加算税責任を問うことができるかという問題である。これについては、以下の通り、学説、判例が分かれており、その主要なものを挙げると次の通りである。

①適用肯定説

この説は単なる文理解釈からすれば、納税義務者本人が隠ぺい又は仮装行為をしなければ、重加算税は課されないことになるが、重加算税制度の趣旨を考慮して解釈するならば、隠ぺい又は仮装の行為に限定はなく、それを納税者が知っているかどうかを問うことなく、隠ぺい又は仮装行為に基づき申告義務違反をすれば、重加算税を課されることになるという考え方である。また、重加算税制度の趣旨は隠ぺい仮装したところに基づく過少申告又は無申告による納税義務違反の発生を防止し、もって申告納税制度の信用を維持するところにあり、納税者本人の刑事責任を追及するものではない。したがって、重加算税の賦課要件を納税者本人の行為に限定して判断すべき合理的理由はなく、広くその関係者の行為まで含めて違法性を判断し、違法性（隠ぺい又は仮装行為）があると判断されれば重加算税を賦課すべきであるとする考え方である。

②利害関係同一集団に属する者の行為につき適用肯定説

納税者と行為者が「利害関係同一集団」という集団に属する場合には、工作者（第三者）の行為を納税者の行為と同視できるため、納税者本人に重加算税を賦課すべきであるが、そのような集団に属さない者が自らの利得のために行った行為については、重加算税を賦課すべきでないとするもので、集団性を強調する説である。

③総合判断説

隠ぺい仮装の態様や事情は千差万別であるから、個々の事件態様や特徴に応じて、これらの事情等を勘案して総合的に判断すべきであるとする見解である。

ここで、横領損失は他の損金科目に仮装されているが、その仮装された損金科目は発生した横領損失という損金が仮装されているにすぎないから、その仮装された横領損失が損金の額に算入される以上、その評価目等の仮装の事実により、法人税が過少申告になるというものではない。ところが、同時両建説により損害賠償請求権を収益として認識する場合には、横領行為が損金科目等に仮装されて行われている場合には、その損害賠償請求権を益金に計上することにより新たに発生する課税所得に対して、重加算税の賦課決定が行われる場合が多い。

そこで、同時両建説に立てば、横領による損失に対して観念的に発生している損害賠償請求権を収益として認識すべきことになるが、横領された事実を了知していない法人が横領の事業年度の法人税の所得金額の計算上、当該損害賠償請求権を収益として認識して申告することは難であり、しかも、その潜在的に発生している損害賠償請求権を収益として認識して納税申告しなかったことが、「課税標準等又は税額等の計算の基礎となるべき事実の全部又は一部を隠ぺいし、又は仮装し」たところに基づいて納税申告書を提出したと認定できるかということも問題となる。

当該損金科目の仮装行為等による損金控除は横領損失に振り替わるものであるから、納税申告の過少申告の要因となるものではない。横領損失の損金算入による申告が過少申告に至ったのは、損害賠償請求権を収益に計上していないということであるが、その損害賠償請求権の発生を了知したのは、当該事業年度の確定申告後である。

当事案について、横領＝法人（納税者）の隠ぺい又は仮装行為＝重加算税の算式が常に成立させるのではなく、納税者と当事者の関係、当該行為に対する納税者の認識の可能性、納税者が払った注意の程度等に照らして、具体的事案ごとに判断すべきであろう。

（1）武田隆二　最新財務諸表論（第一一版）中央経済社
（2）刑法各論　第六版　弘文堂　西田典之
（3）大コンメンタール刑法第二版　第一三巻　青林書院　大塚仁　川上和雄　佐藤文哉　古田佑紀
（4）従業員不正の防止と事後対応　税務経理協会　田口安克　白土英成　田島雅子
（5）二〇〇七年五月二五日＜ＭＪＳ判例研究会＞役員等の横領と重加算税の賦課決定の疑問～役員等の横領による経理処理と仮装・隠ぺい～　大淵博義
（6）懲戒処分　適正な対応と実務　労政時報選書　太田・石井法律事務所　石井妙子／西濱康行／石井拓士著　労務行政研究所編
（7）判例から考える懲戒処分の有効性　経営書院　河本毅
（8）事例からみる重加算税の研究第四版　清文社　八ツ尾順一
（9）国税通則法六五条四項の「正当な理由」を巡る問題点―裁判例の分析を通して―佐藤謙一
（10）「中小会計要領」対応版　会計で会社を強くする　ＴＫＣ出版　坂本孝司
（11）裁決事例集　大蔵財務協会
（12）不法行為に係る損害賠償金等の帰属の時期―法人の役員等による横領等を中心に―矢田　公一　税務大学校
（13）平成16年版実務国税通則法　財団法人大蔵財務協会　荻野豊
（14）税務事例（Vol. 42 No. 8）二〇一〇年八月重加算税の賦課要件に関する一考察（上）―制裁的要素を踏まえた刑事法的アプロー

チから―奥谷健　田坂晶
(15) 過年度訴求処理の会計・税務Q＆A　中央経済社　有限責任監査法人トーマツ
(16) Q＆A決算修正の実務詳細　法律・会計・税務のすべて　中央経済社　TMI総合法律事務所　有限責任あずさ監査法人　KPMG税理士法人
(17) 宇澤　亜弓　財務諸表監査における不正対応　清文社
(18) 最近の粉飾―その実態と発見法　井端和男　税務経理研究会
(19) 過年度決算訂正の法務　中央経済社　弥生真生
(20) 平成二五年度版　会計監査六法　日本公認会計士協会

市川兼三先生　略歴・主要著作目録

略　歴

昭和四三年（一九六八年）一一月　香川大学経済学部助手
昭和四四年（一九六九年）一二月　香川大学経済学部講師
昭和四八年（一九七三年）七月　香川大学経済学部助教授
昭和五六年（一九八一年）四月　香川大学法学部助教授
昭和五七年（一九八二年）四月　香川大学法学部教授
昭和六〇年（一九八五年）四月　香川大学大学院法学研究科兼担
平成　八年（一九九六年）一月　博士（法学、早稲田大学）
平成一四年（二〇〇二年）四月　香川大学附属図書館館長（平成一六年三月三一日まで）
　　　　　　　　　　　　　　　香川大学教育研究評議会評議員（平成一六年三月三一日まで）
平成一六年（二〇〇四年）四月　香川大学大学院連合法務研究科教授
　　同　年　　　　　　七月　弁護士登録（香川県弁護士会）
平成一九年（二〇〇七年）三月　香川大学定年退職
　　同　年　　　　　　四月　香川大学名誉教授、姫路獨協大学法科大学院法務研究科教授
平成二四年（二〇一二年）三月　姫路獨協大学退職

主要著作目録（著書のみ）

大企業の所有と支配―相互参加規制を考える―	平成六年	成文堂
従業員持株制度の研究	平成一三年	信山社
株式会社入門―新聞記事に学ぶ―四訂版	平成一四年	成文堂
会社支配と社会的利益	平成一五年	成文堂

編者・執筆者紹介（掲載順）

内 海 淳 一（うつみ じゅんいち） 松山大学法学部准教授
王　 冷 然（おう れいぜん） 徳島大学総合科学部准教授
大 山　 徹（おおやま とおる） 香川大学大学院連合法務研究科准教授
岡 田 陽 介（おかだ ようすけ） 愛媛大学法文学部専任講師
籠 池 信 宏（かごいけ のぶひろ） 弁護士（香川県弁護士会）、香川大学大学院連合法務研究科教授
兼 平 裕 子（かねひら ひろこ） 愛媛大学法文学部教授
菊 池 直 人（きくち なおと） 高知短期大学専任講師
切 詰 和 雅（きりづめ かずまさ） 高知大学人文学部准教授
肥 塚 肇 雄（こえづか ただお） 香川大学法学部教授
柴 田 潤 子（しばた じゅんこ） 香川大学大学院連合法務研究科教授
清 水 真 人（しみず まさと） 徳島大学総合科学部准教授
溝 渕　 彰（みぞぶち あきら） 香川大学大学院連合法務研究科准教授
宮 崎 浩 二（みやざき こうじ） 弁護士（香川県弁護士会）
八 木 俊 則（やぎ としのり） 弁護士（香川県弁護士会）
柳 瀬 治 夫（やなせ はるお） 弁護士（香川県弁護士会）
吉 川 和 良（よしかわ かずよし） 税理士（四国税理士会）

企業と法の現代的課題
――市川兼三先生古稀祝賀論文集――

2014年10月1日　初版第1刷発行

編集委員　柴 田 潤 子
　　　　　籠 池 信 宏
　　　　　溝 渕　 彰
　　　　　肥 塚 肇 雄

発 行 者　阿 部 耕 一

〒162-0041 東京都新宿区早稲田鶴巻町514
発 行 所　株式会社　成 文 堂
電話 03(3203)9201(代)　FAX 03(3203)9206
http://www.seibundoh.co.jp

製版・印刷　三報社印刷　　製本　弘伸製本

ISBN978-4-7923-2666-1 C3032　検印省略
定価（本体8500円＋税）